ZHENJIANG
GONGLU JIAOTONG KEJI LUNWEN XUANCUI

镇江公路交通科技论文选萃

江苏省镇江市公路学会　编

江苏大学出版社
JIANGSU UNIVERSITY PRESS

领导视察

▲ 江苏省副省长史和平视察交通绿化工程

▲ 交通运输部副部长冯正霖视察镇江综合交通客运枢纽

▲ 镇江市委书记许津荣视察建设中的镇江综合交通客运枢纽工程

▲ 镇江市长刘悍东视察建设中的镇江综合交通客运枢纽工程

▲ 镇江市委副书记杨省世、副市长陈杰视察镇江综合交通客运枢纽

镇江市综合交通客运枢纽

▲ 综合交通客运枢纽全景

------------ 镇江市综合交通客运枢纽简介 ------------

　　镇江市综合交通客运枢纽是镇江历年来拆迁量最大、投资额最高的单项交通城建工程，由镇江市交通局承建，镇江市交通投资建设发展公司实施建设。

　　镇江市综合交通客运枢纽位于现镇江火车站铁路以南李家大山区域，占地270亩，拆迁总面积26万平方米，估算总投资达28亿元。该项目于2009年6月开工建设，于2010年7月与沪宁城际铁路同步建成并投入使用。

　　镇江市综合交通客运枢纽设置了道路、广场、长途客运站、航站楼、公交首末站、出租车停靠站、地下停车库以及地下商业区等多种功能区，并按照"上进下出、左右贯通、铁公相连、人车分流"的原则，形成了一个有机整体。这一布局充分体现了"零换乘、无缝对接"的理念，把站场建设和城市建设结合起来，并兼顾了铁路、公路、公交、航空、未来轨道交通等多种交通方式和功能。综合交通客运枢纽设计还包括了结构、给排水、电气、消防、暖通、监控智能化、无障碍设施、绿化景观以及商业开发等各项功能。设置的这些功能使镇江市综合交通客运枢纽达到了协调布局、综合规划、立体开发、有机衔接的要求。

镇江市综合交通客运枢纽

▲ 综合交通客运枢纽开工典礼

▲ 镇江汽车客运站

▲ 镇江城市候机楼

◀ 沪宁高铁镇江站开通仪式

▲ 建设中的泰州大桥三塔全景

▲ 泰州大桥南接线——丹阳九曲河大桥施工

▲ 泰州大桥南接线路面底基层试验段施工

▼ 泰州大桥南接线 96 区施工

▲ 拓宽改造后的金港大道

▲ 金港大道左湖立交夜景

▲ 建成后的 238 省道区段路面

▲ 建成后的 238 省道区段绿化

▲ 利用废水泥板路面轧制水稳集料

◀ 丹阳 340 省道路面施工

镇江市公路管理处

---------------- 镇江市公路管理处简介 ----------------

镇江市公路管理处坐落在312国道南侧丹徒新城,是受政府主管部门委托,具有行政执法职能的事业单位,主要负责全市公路建设、维护的行业管理,承担路政管理和路网运行调度管理。该处下辖丹阳、句容、扬中、丹徒4个辖市(区)公路管理处和镇江市区公路管理站、312国道镇江段公路管理站、镇江市公路(桥梁)检测中心、镇江市公路养护应急处置中心、镇江市公路超限治理检测站5个直属单位。

"十一五"以来,镇江公路干部职工坚持以科学发展观为指导,大力弘扬"创业创新创优,争当发展先锋"新时期镇江公路精神,紧紧围绕"率先基本实现公路现代化"的奋斗目标,创新发展理念,强化发展举措,公路三个文明建设协调共进,创造了新的业绩。截至"十一五"末,全市公路部门管养总里程达6 457公里,其中国道139公里、省道312公里、县道1 047公里,公路桥梁791座。全行业连续9年保持江苏省文明行业创建成果,荣获全国"模范职工之家"、全国交通行业抗灾保通先进集体,被江苏省总工会授予"五一劳动奖状"、"工人先锋号",先后被镇江市委、市政府授予"先进基层党组织"、"跨越发展有功单位"等荣誉称号。2007年以来,连续3年荣获全省公路工作综合优胜单位称号。

▲ 镇江市公路管理处综合大楼

▲ 现代化的公路网管理与应急指挥中心

▲ 镇江市公路养护应急处置中心

编 辑 说 明

　　近年来,公路交通行业涌现出一批优秀成果,镇江市公路学会共收集了153篇科技与管理论文。在广泛听取行业管理部门意见和专家学者认真评审、严格筛选的基础上,选取68篇论文编辑成该论文集,它们集中反映了镇江公路交通科技工作者在科技研究、成果应用、管理创新等方面的经验总结和最新成果。

　　本论文集可供广大从事公路、桥梁、船闸、汽车运输等方面的规划设计、施工建设、行业管理、科研等人员交流与参考。

序

　　2010 年是交通行业全面完成"十一五"规划的最后一年，是推进改革、加快建设、跨越发展的重要之年，是全面构建立体化交通大格局，加快现代综合交通运输体系建设的起步之年。为适应经济社会发展需要，镇江交通建设以推进铁路、强化公路、提升水路、突出枢纽、完善网络为主线，大力加强交通基础设施建设投入。据统计，镇江 2010 年基础设施建设投入突破 90 亿元，其中，公路建设投资达 38 亿元。

　　在公路交通大改革、大发展、大建设的新形势下，广大公路交通工作者以提高公路交通科技水平，促进科技进步为己任，紧紧围绕公路交通建设、管理、发展这个中心，立足岗位，深入思考，不断探索，认真实践，总结、撰写了一批具有理论性、实践性、科学性、前瞻性和可操作性的质量较高的科研与管理论文。这些论文为公路交通管理建言献策，为公路交通工程建设提高质量、节省投资、缩短工期，推广应用新技术、新工艺、新材料、新成果，解决技术难题，发挥了积极作用。

　　《镇江公路交通科技论文选萃》内容涵盖了公路交通规划，路、桥、闸施工，行业管理，信息化建设和节能减排等多个方面。这些优秀论文成果促进了公路交通科技交流与应用，必将推进公路交通行业的科技创新与发展。

　　2011 年是全面实施"十二五"规划的起步之年，是建设现代综合交通运输体系，实现交通行业跨越发展的关键之年。希望公路学会进一步组织发动广大公路交通科技工作者继续发扬立足岗位、勤于思考、不断实践、勇于创新的精神，不断产生更多、更好、更有价值、更高水平的科研新成果，勇当公路交通建设的科技主力军，为提高公路交通科技水平，促进科技进步，建设创新型行业作出新贡献！

目　录

桥　梁　工　程

道路、机械工程

经济管理、行业管理

桥梁工程

QIAOLIANG GONGCHENG

丹阳市北二环大桥主塔斜拉索施工工艺探讨

王余虎　吴伟林　尹银火　杨文宏

（丹阳市交通局　丹阳 212300）

摘　要　斜拉索施工是斜拉桥施工的关键工序,斜拉索施工又可分为拉索的挂索和张拉两部分,其中挂索分为塔上挂索和梁上挂索,而张拉也分为塔端张拉和梁端张拉。斜拉索的施工不仅关系到桥梁的线性,也关系到桥梁的内部受力情形,因此,斜拉索施工会影响到斜拉桥工程的成败。本文根据丹阳市北二环大桥改建抢修工程斜拉索的施工情况,阐述了斜拉索施工工艺流程,概述了挂索及张拉等主要施工工序要点和关键技术,总结出同一桥型施工过程中的施工要点和体会。

关键词　斜拉桥　挂索施工工艺　斜拉索张拉施工工艺　施工要点

1　工程概况

丹阳市北二环大桥改建抢修工程对象为一座塔墩梁固结的独塔双索面混凝土斜拉索桥,计算跨径为 89.2 m+109.2 m,边跨距离主塔中心线 67 m 处设置一个辅助墩。主塔为矩形断面,桥面以上塔高 55 m,桥宽 36.2 m(含风嘴)。桥面拉索标准索距为 6.5 m,塔上拉索索距为 2～4 m。

斜拉索采用 $\phi7$ 镀锌高强平行钢丝成品索,标准强度为 1 670 MPa,拉索采用双层 PE 护套,两端均采用张拉端冷铸锚(见图 1)。

图 1　冷铸锚剖面

全桥共设斜拉索 2×15 对,分 $\phi7$—223,211,187,163,139 共 5 种规格。斜拉索断面及防护见图 2。

1.1　索号表示

主跨索 Z01～Z15

边跨索 B01～B15

最大索(Z15)长 112 m,重约 8.3 t。

最大成桥索力(Z13):568.6 t。

主跨拉索间距 6.5 m,边跨拉索标准间距 6.5 mm,锚固区 3～4.5 m。

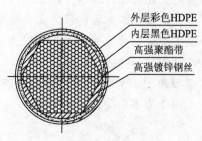

图 2　斜拉索断面

主跨、边跨、主梁都采用前支点挂篮悬臂浇筑施工工艺。

前支点体系转换最大索力($B14$):520.2 t。

二次最大张拉力($B14$):298.7 t。

1.2　斜拉索安装施工内容

斜拉索安装施工工艺流程如下:施工准备→拉索塔端挂索(临时锚固)→桥面展索、梁端拉索锚头按设计位置定位→挂篮弧首锚固→塔端拉索牵引锚固→主边跨塔内张拉→索力转换→调索→安装上下减震器及锚具防护罩→防腐处理→安装桥面拉索不锈钢保护套。

2　斜拉索挂索

斜拉索挂索是将斜拉索的两端分别穿入梁上和塔上预留的索孔(索导管),并初步固定在索孔端面的锚板上。斜拉索挂索是斜拉桥施工中极其重要的一个环节,只有掌握了挂索技术,才能加快斜拉索安装速度,从而缩短主梁标准段施工周期,加快施工进度。

2.1　斜拉索塔上挂索工艺

根据索重、索长、索的牵引力以及不同的施工区段可采取不同的施工方法,分别叙述如下:

前期　1#~6#索,因索长小于 55 m,索重小于 3 t,采用桥塔根部放索方案。用塔吊直接起吊,放索到桥面以上高度,横移斜拉索至施工区段,松钩使斜拉索下落至桥面适当长度后,用桥面卷扬机把斜拉索拖至待装锚管附近,拖拉距离以满足挂索要求为宜。放索时拆下螺母,装上牵引装置,为挂索做准备。此阶段不需放索盘,直接从地面起吊上桥,索离开地面后静停几分钟,让其自由旋转以释放扭力。

中期　7#~10#索,因索长大于 55 m,索重小于 7 t,采取桥面放索方案。索通过桥面吊机吊上桥、装盘,桥面索盘倒运通过平板车完成。塔端通过塔外卷扬机提升放索,在放索过程中直接上塔完成塔端挂索过程,梁端通过卷扬机拖拉到索道管附近完成全部放索。8#索在 7#施工完成后及时上桥,在 7#梁段养护过程中,放索到位适当位置并做好挂索的准备工作。重复以上施工过程完成 7#~10#的放索任务。

后期　11#~15#索,采取桥面放索方案。索长大于 80 m,为了尽可能地释放扭力,此阶段的索在桥面通过桥面卷扬机牵引完全展开。展开时先用平板车把索倒运至梁端,然后用桥面卷扬机把索向塔端牵引至索完全展开。

2.2　斜拉索梁上 (挂篮端) 挂索工艺

上索头在塔上临时锚固后,可用塔吊二次吊索,将下锚头吊起并放在锚头小车上,索下放置尼龙托轮和托棍,卷扬机牵引直接将索展开。

在距离下锚头后数米处安装哈夫夹和卷扬机滑轮组,挂篮端龙门架配合,牵引拉索,把下锚头喂进梁下索导管,锚头露出锚箱锚板后,按设计要求的外伸量,旋合锚杯螺母,螺母要离开索导管垫板一定距离(大于 4 cm),不要碰触锚垫板。安装弧首连接杆组件,弧首张拉撑脚和千斤顶,将拉索在弧首处锚固。

图 3 为塔上挂索示意图,图 4 为梁上挂索示意图。

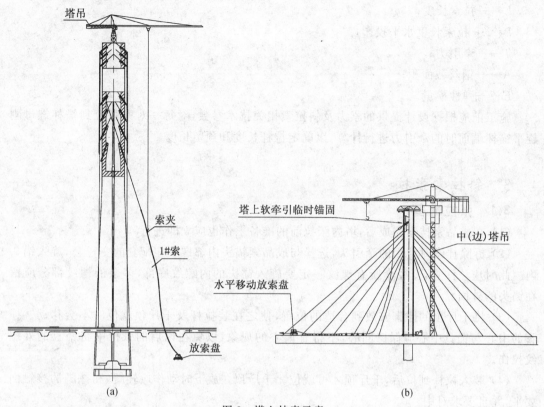

图 3　塔上挂索示意

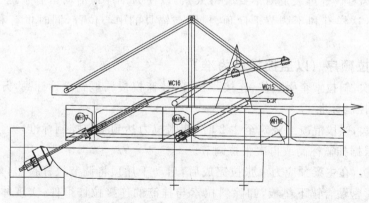

图 4　梁上(挂篮端)挂索示意

2.3　斜拉索安装牵引力计算

根据拉索的长度、上下两端锚垫板中心距离可估算出牵引力为 T 时,拉索上端离塔柱上相应索孔锚板端面的距离 ΔL(安装索力计算图式如图 5 所示):

$$\Delta L = L_0 - L + (\omega^2 L_x^2 L_0)/(24T^2) - TL/(AE)$$

式中:

　　L_0——上下两端锚垫板中心距离;

　　ω——拉索单位长度重量;

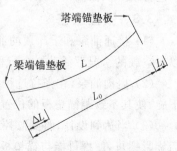

图 5　安装索力计算图式

L——拉索长度；

L_x——拉索长度水平投影；

T——牵引力；

A——钢丝截面积；

E——弹性模量。

施工前应根据设计提供的索力及斜拉索相关技术参数，对每一对索张拉到锚杯螺母刚旋平锚杯端面时的牵引力进行计算，以确定拉杆长度和预留长度。

3　斜拉索张拉

3.1　张拉准备

（1）在成品索挂索完成后，塔内张拉前的准备工作也应立即进行。

（2）拆除挂索时使用的牵引头，选择与成品索锚头内部螺纹相配套的变径套，旋入锚头内。此时应该注意，变径套所有螺纹一定要旋入锚头的内螺纹底部，多余的螺纹部分应留在锚头的外面。

（3）将千斤顶的撑脚安放到合适的位置，使之在装拉杆及千斤顶就位时不会移动。撑脚的中心与锚具中心应保持同心，不得有偏心的现象，以免在以后的张拉中将锚具的外螺纹拉伤。

（4）装入拉杆到位后，千斤顶才可就位。千斤顶在放下时动作应轻缓，和撑脚的接触面要平，并且要求对中。

（5）装配螺母。螺母装上后不要旋得太紧，以便为千斤顶活动留有余地。一般应离千斤顶1～2 cm，这样有利于调节千斤顶、撑脚与锚具的中心位置，同时也有利于千斤顶的供油。

3.2　张拉顺序（以监控指令为准）

（1）第一次，斜拉索牵引到位，连接张拉杆，挂篮模板调整到设计标高，开始张拉，使张拉力到达指定控制标准。

（2）第二次，梁段混凝土浇筑至 1/2 时，使张拉力达到指定控制标准，梁段全部混凝土浇筑完成时，根据挂篮标高或再次张拉调节。

（3）第三次，在主梁预应力束张拉完成后，启动千斤顶将调节拉杆拉出，然后向前旋动下锚圈，使其紧密贴合锚下垫板，卸除斜拉索与挂篮的连接拉杆组件，实现体系转换，使得原先锚固于挂篮的索力转换到主梁上去。当已浇梁段完成体系转换后，同时对本梁段的拉索进行第三次张拉调整索力。

3.3　张拉工艺

（1）接通油泵和千斤顶的油管，检查精密压力表是否与千斤顶相符，在未张拉之前，可以在空载的情况下活动 2 个行程，确保千斤顶在张拉时无任何问题。

（2）启动油泵，在张拉过程中，成品索缓慢上升。与此同时，应将成品索的锚圈缓慢地下旋，使其不致距锚垫板的位置过高。

（3）当达到设计、监测监控给定的张拉吨位后，应先稳住油压，检查索力值是否正确，然后旋紧螺母，使螺母能与锚垫板充分的结合。

（4）卸除油压回油、关机、断电，完成张拉的全过程。

3.4 张拉施工要点及安全措施

3.4.1 张拉施工要点

（1）施工要严格按设计的张拉程序及张拉力进行。如施工过程中出现异常现象，应停止施工，并及时报请现场监理和设计，待查明原因、采取措施后再继续施工。

（2）千斤顶、油泵等整个加载系统在施工前必须标定，以确保张拉控制的准确性。施工中应同时观察油压表读数是否同设计计算值等同，确保张拉力控制在标准范围内。

（3）若张拉设备（如千斤顶、压力表等）损坏或超过规定使用期限，应重新进行标定。

（4）张拉操作必须逐级、平稳、对称进行，以每10％～20％吨位分级为宜，不允许出现超载现象，并作好张拉记录。

（5）在张拉过程中，须不断拧紧斜拉索冷铸锚的锚环，防止千斤顶回油时斜拉索产生冲击，损坏千斤顶和油泵。

（6）张拉斜拉索和索力调整应在温度比较稳定的夜间进行。如需在白天施工时，应根据设计计算提供的张拉力温度修正值施工。

3.4.2 张拉安全措施

（1）作业场地两端外侧应设有防护栏杆和警告标志。

（2）作业前应检查被拉锚具，如有损伤，应及时进行处理。

（3）高压油泵起动前，应将各油路调节阀松开，开动油泵，待空载运转正常后，再紧闭回油阀。逐渐拧开进油阀，待压力表指示值达到要求，油路无泄漏并确认正常后，方可作业。

（4）作业中，操作应均匀、平稳。张拉时，两端不得站人。在有压力情况下，严禁拆卸液压系统任何零件。

（5）高压油泵不得超载作业，安全阀应按设备额定油压调整，严禁任意调整。

（6）在测量伸长值时，应先停止拉伸，操作人员必须站在侧面操作。

（7）高压油泵停止作业时，应先断开电源，再将回油阀缓慢松开，待压力表退回零位时，方可卸开通往千斤顶的油管接头，使千斤顶全部卸荷。

（8）各指示仪表应定期校验其准确值。

4 结 语

斜拉索的安装需要根据拉索的不同长度采用不同的安装方案，挂索的顺序一般是先塔上挂索后梁上挂索。拉索的张拉则需要根据设计要求分次进行，一般均要求对称进行张拉。控制张拉同步对结构受力影响较大，因此它是拉索施工的重要阶段，需要采取合适的措施确保同步对称张拉。从目前的监控结果看，丹阳市北二环大桥改建抢修工程拉索的安装与张拉是成功的，桥梁内力与线形均符合设计要求。

参考文献

[1] 刘钧岩,杨新林.武汉长江二桥缆索挂设与张拉.桥梁建设,1995(3).

碳纤维布加固技术在危桥改造中的应用

杭云峰

（江苏润通交通工程监理咨询有限公司 镇江 212005）

摘　要　随着交通运输量的大幅度增长，行车密度及车辆载重的日益增加，相当一部分现有桥梁已满足不了承载能力和使用性能的要求。因此，对桥梁结构的维修、加固和补强等领域的研究和工程应用就引起了世界性的关注。本文以一个小型桥梁改造工程为例，论述了碳纤维布加固技术在桥梁加固中的应用。

关键词　碳纤维　混凝土结构　桥梁　加固技术

碳纤维布加固修补结构技术是一种新型的结构加固技术，它利用树脂类粘结材料将碳纤维布粘贴于混凝土表面，以达到对结构及构件加固补强的目的。碳纤维具有强度高、自重轻、施工方便、快捷、应用广泛等优良性能，因而利用碳纤维布加固钢筋混凝土构件以提高承载力及延长寿命是目前比较流行的方法，在建筑业中有着广泛的发展前景。材料（CFRP）用于混凝土结构加固修补的研究始于 20 世纪 80 年代的美、日等发达国家，我国起步较晚，但近年来发展十分迅速，在航空、航天、汽车、环境工程、化工、能源、交通、建筑、电子、运动器材等众多领域得到了广泛应用。采用碳纤维布进行加固具有以下优点：① 抗拉强度高，是普通钢材的 10 倍；② 加固后能大大提高结构的耐腐蚀性及耐久性；③ 自重轻（约200 g/m²），密度只有普通钢材的 1/4，基本不增加结构自重及截面尺寸，柔性好，易于裁剪，适合任何形状；④ 施工简便（不需大型施工机构及周转材料），没有湿作业，易于操作，经济性好；⑤ 适用范围广，施工工期短。

1　工程概况

沙腰河桥位于 S238 大路镇，老桥为一座 3 m×13 m 板梁，下部结构采用桩柱式桥墩、桩柱式桥台，经过检测评定桥梁技术等级为二类桥，上部主要承重结构为三类。部分板梁底面横向裂缝宽度为 0.05～0.10 mm，长度为 0.2～1.0 m，存在严重的板梁底面渗水、析白结晶病害，部分板梁顶、底板均存在裂缝病害。由于部分板梁的横向及竖向裂缝分布较为普遍，并位于板梁受弯的关键区域，而且板梁底面裂缝（尤其是处于跨中区域的裂缝）对板梁的正常工作性能和耐久性均存在不利影响，因此在经过方案论证和经济技术可行性比较后，决定采用碳纤维复合材料进行加固。

2　材料特性

（1）本工程使用材料为日本进口的碳纤维布（C－300 型），其主要性能指标为：

碳纤维面积重量为 300 g/m²；

设计厚度 0.167 mm；

抗拉强度 3 570 MPa；

弹性模量 2.49×10^5 MPa；

延伸率 1.78%。

（2）粘贴用树脂采用国产建筑结构胶，其主要性能指标见表 1～表 3。

表 1　底层涂料的规格及性能

TP(EPOTHE-RM PRIMER)	适用温度 /℃	可使用时间 /min	指触干燥时间 /h	性状	性能指标/MPa			主要用途
					与混凝土粘结强度	抗压强度	抗拉强度	
TP350W	5～15	20～145	3.0～9.0	淡黄色透明胶状物	≥2			涂刷混凝土表面（可渗入混凝土表面内）
TP350S	15～35	45～205	2.5～10.5	淡黄色透明胶状物	≥2			涂刷混凝土表面（可渗入混凝土表面内）

表 2　环氧腻子的规格及性能

TE(EPOTH-ERM PUTTY)	适用温度 /℃	可使用时间 /min	指触干燥时间 /h	性状	性能指标/MPa			主要用途
					与混凝土粘结强度	抗压强度	抗拉强度	
TE550W	5～15	30～160	3.5～10.0	腻子状	≥2	≥50		修补混凝土表面缺陷及找平
TE550S	15～35	50～210	3.0～10.0	腻子状	≥2	≥50		修补混凝土表面缺陷及找平

表 3　粘结树脂的规格及性能

TR(EPOTH-ERM RESIN)	适用温度 /℃	可使用时间 /min	指触干燥时间 /h	性状	性能指标/MPa			主要用途
					抗拉强度	抗弯强	抗剪强度	
TR550W	5～15	35～170	4.0～12.0	乳脂状	≥30	≥40	≥10	浸透粘贴碳纤维片
TR550S	15～35	70～180	6.0～18.0	乳脂状	≥30	≥40	≥10	浸透粘贴碳纤维片

3　加固设计

3.1　设计概况

沙腰河桥由于板梁底面横向裂缝在车辆荷载的重复作用下会产生张合，并可能进一步扩展，影响板梁的正常工作性能、结构耐久性和承载能力，因此若仅采用封闭措施，裂缝仍会扩展。鉴于此，可考虑采用在板梁底面粘贴碳纤维片的方法对板梁进行加固，改善其工作性能和耐久性,提高板梁的承载力。

3.2 构造做法

对全桥 1♯,3♯孔共 52 块空心板梁底横向裂缝进行粘贴碳纤维布加固,纵向粘贴一层,横向粘贴一层,粘贴顺序为纵向—横向(采用 C-300 型高强度碳纤维片)。

4 施工工艺

一般工艺流程为:表面处理→涂刷底胶→找平处理→粘贴碳纤维布→表面保护。基本施工步骤如下:

(1)表面处理。

① 混凝土表面出现剥落、空鼓、蜂窝、腐蚀等劣化现象的部位应予以凿除,使其露出混凝土结构层,对于较大面积的劣质层在凿除后利用环氧砂浆进行修复。

② 按设计要求对裂缝进行灌缝或封闭处理。

③ 利用混凝土角磨机、砂纸等机具除去混凝土表面的浮浆、油污等杂质,构件基面的混凝土要打磨平整,尤其是表面的凸起部位要磨平,转角粘贴处要进行倒角处理并打磨成圆弧状($R \geqslant 20$ mm)。

④ 利用风机将混凝土表面清理干净,并保持干燥。用干抹布将砼表面再擦一遍,碳纤维粘前必须保持混凝土表面干净。

(2)涂刷底胶。

① 按主剂与固化剂的质量配合比为 3∶1 配置底胶。将主剂与固化剂先后置于容器中,用弹簧秤计量,电动搅拌器均匀搅拌。根据现场实际气温决定用量并严格控制使用时间,一般情况下应在 20~50 min 内用完。

② 将底胶均匀涂刷于混凝土表面,待胶固化后(固化时间视现场气温而定,以指触干燥为准)再进行下一工序的施工。一般固化时间为 6~24 h。

(3)找平处理。

① 混凝土表面凹陷部位应用修补剂填平,模板接头等出现高度差的部位应用修补剂填补,尽量减小高度差。

② 转角处也应用修补剂修补成光滑的圆弧(R≥20 mm)。待修补剂表面指触干燥后立即进行下一步工序。

(4)粘贴碳纤维布。

① 按设计要求的尺寸裁剪碳纤维布。

② 调配、搅拌粘贴材料粘结剂(使用方法与底胶相同),然后均匀涂抹于待粘贴的部位,在搭接、混凝土拐角等部位要多涂刷一些,涂刷厚度要比底胶稍厚。严禁出现漏刷现象,应特别注意粘贴碳纤维的边缘部位。

③ 在确定粘贴部位无误后,用特制工具反复沿纤维方向滚压,去除气泡,并使粘结胶充分浸透碳纤维布;利用刮板刮涂碳纤维布表面粘结胶,使之均匀。多层粘贴应重复上述步骤,待碳纤维布表面指触干燥方可进行下一层的粘贴。

④ 在最后一层碳纤维布的表面均匀涂抹粘结胶。用工具反复沿纤维方向滚压,并用刮板刮涂碳纤维布表面粘结胶,使之均匀。

⑤ 粘贴步骤为:先纵向粘贴一层,再横向粘贴一层。粘贴时注意纤维受力主方向,避免

粘贴方向错误。碳纤维布沿纤维方向的搭接长度不得小于 100 mm,搭接位置宜避开主要受力区。

(5) 表面保护。

裁剪及使用碳纤维片时应尽量远离电源,并注意现场防火。加固后的碳纤维布表面采用抹灰或喷防火涂料的方式进行保护。

(6) 施工安全及注意事项。

① 碳纤维布为导电材料,施工时要远离电气设备及电源,或采取可靠的防护措施。

② 施工过程中应避免碳纤维片材的弯折。

③ 碳纤维片材配套树脂等原料应密封储存,远离火源,避免阳光直接照射。

④ 现场施工人员要采取相应的劳动保护措施。

(7) 检验与验收。

① 每一道工序结束后均应按工艺要求进行检查,并作好相关的验收记录,如出现质量问题,应立即返工。

② 施工结束后的现场验收以评定碳纤维布与混凝土之间的粘结质量为主,用小锤等工具轻轻敲击碳纤维布表面,以回音判断粘结效果。如出现空鼓等粘贴不密实的现象,应采用针管注粘结胶的方法进行补救。总粘结面积不应低于 95%,如果低于该标准,需重新施工。当碳纤维布的空鼓面积不大于 10 000 mm² 时,可采用针管注胶的方法修补。当空鼓面积大于 10 000 mm² 时,宜将空鼓部位的碳纤维布切除,重新搭接贴上等量的碳纤维布,搭接长度不应小于 100 mm。

③ 严格控制施工现场的温度和湿度。施工温度应控制在 5~35 ℃ 范围内,相对湿度不大于 70%。

5 施工效果

本工程采用碳纤维加固的方式施工,从准备到竣工只用了 15 d,没有出现任何质量问题,施工效果良好,得到了设计单位、业主单位的好评。因此,粘贴碳纤维复合材料新技术是加固钢筋砼结构行之有效的方法,值得推广应用。在混凝土结构的加固中,碳纤维布主要用于分担钢筋的受力,即碳纤维布的主要作用是提高结构构件的抗拉强度;而在其他的结构中,碳纤维布也较好地起到了加强抗拉强度的作用。

参考文献

[1] 岳清瑞.我国碳纤维增强材料(CFRP)加固修复土木建筑结构技术研究应用现状与展望.冶金工业部建筑研究总院院刊,2000(1).

[2] 国家工业建筑诊断与改造工程技术研究中心.CECS 146:2003 碳纤维片材加固修复混凝土结构技术规程.2003.

缓凝水冲法在砼结合面处理工程中的应用

王矿山

（江苏省镇江路桥工程总公司杭州分公司 镇江 310007）

摘 要 为了加强混凝土二次结合面或混凝土与其他结构层之间的粘合力，从而使因施工或结构需要进行分次浇筑的混凝土或复合结构层形成一个整体，确保工程质量，通常会对砼结合面进行粗糙化处理。本文结合镇江路桥工程总公司在宁波绕城高速板梁预制水冲法工艺试验，论述了缓凝水冲法在混凝土二次结合面粗糙处理过程中的应用，以及水冲法施工过程中的控制要点。

关键词 混凝土二次结合面 粘结 缓凝 喷洒 冲刷

由混凝土二次结合面处理不到位而引起的结构物质量问题（如脱皮、裂缝、剥落等）已成为砼工程的一个质量通病。目前，公路工程对混凝土二次界面处理工艺已达成了共识：即通过对混凝土表面进行粗糙处理，达到加强混凝土新旧结合面或混凝土与其他结构层之间的粘合力，减少结构层的早期破损。砼二次结合面粗糙处理通常采用人工糙化法和机械糙化法。混凝土缓凝水冲法是砼表面糙化处理的新工艺，应在施工实践中掌握该新工艺的操作要点，熟悉主要参数和影响因素。该工艺已在混凝土构件施工中尤其是在钢筋较密集的砼构件中取得了理想的应用效果。

1 处理原理

缓凝水冲法，是指用喷洒设备均匀喷洒高效缓凝剂于混凝土表面或模板表面，使构件表面 3～5 mm 厚范围内的混凝土凝结时间大于构件内部混凝土凝结时间，形成一个时间差。当构件内部混凝土凝结，但表层混凝土尚未凝结时，用冲洗设备对表层混凝土进行冲洗，去除表层的浮浆和部分细集料，使粗集料部分裸露（1/3～1/2 粒径）以形成粗糙的表面。

2 适用范围

砼结合面处理的目的是增加结合面的粗糙度，进而增强连接面两侧结构的结合强度。结合面处理存在于现浇箱梁施工缝、桥面铺装、箱梁、板梁与铺装层间等，目前采用的方法基本为人工凿毛、钢丝刷拉毛处理等。人工凿毛处理的缺点为费时、费工，劳动强度大，甚至有可能影响到结构物的内在质量，效果不是十分理想；钢丝刷拉毛工效高但效果较差，处理深度达不到要求。缓凝水冲法适用于混凝土预制构件顶面、侧面、端部、混凝土桥面铺装层顶面、混凝土分段浇筑的界面等各种界面处理，具有操作简单方便、快捷、成本低、效果好的特点，其缺点是会产生部分水泥浆废水，污染环境，但水泥浆体亦可回收利用，变废为宝。

3 施工步骤及控制要点

以镇江路桥工程总公司在宁波绕城高速预制板梁为例,介绍缓凝水冲法处理结合面的施工步骤。板梁上顶面及侧面、端面需进行结合面处理,原采用的方法为:顶面利用毛刷进行拉毛处理,侧面为人工凿毛,但毛刷拉毛处理的深度达不到设计要求,且外观较差。因此,改用缓凝水冲法对其进行处理。

(1)水冲法所需仪器设备:能均匀喷洒的普通喷雾器1个,水枪及冲水设备1套,缓凝剂若干。

(2)板梁梁体浇筑按正常施工工艺、工序进行浇筑、振捣、抹平。待定浆后利用喷雾器将按一定比例(小块试验确定)配置完成的缓凝剂均匀喷洒于梁体顶面,并记录缓凝剂配置比例、喷洒起止时间、砼标号及施工温度。待一定时间后采用高压水枪对砼表面进行冲刷,冲刷时从高处向低处进行,待顶面3~5 mm砂浆冲掉露出砼骨料粒径即可。

(3)对于混凝土非外露面浇筑前可在需处理的砼面模板上涂刷一定剂量的缓凝剂,待拆模后,利用水枪冲刷。

(4)水冲法施工控制要点包括:① 缓凝剂配置比例及喷洒均匀度;② 高压水枪冲刷压力;③ 水枪冲刷角度;④ 开始冲刷时间;⑤ 混凝土标号;⑥ 施工温度等。不同的砼结构物施工工艺及工序时间不同,故缓凝剂掺加比例、冲刷开始时间亦有所不同。在进行水冲法处理之前必须进行相关试验,收集相关数据,调整至最佳比例及最佳冲刷时间。

影响缓凝水冲法施工质量的因素较多。根据作业经验总结,确定冲水压力为3~4 MPa;冲水高度0.6~0.7 m;冲水角度30°~45°;单位面积缓凝剂喷洒量:普通混凝土宜在0.2 kg/m²左右,高性能混凝土宜在0.25 kg/m²左右。经过现场使用和总结,得出作业温度与冲水时间的关系如表1、表2所示,可供其他施工单位参考。

表1　普通混凝土作业温度与冲水时间的关系

作业温度/℃	15~20	20~25	25~30	30以上
冲水时间/h	7~8	6~7	4.5~5.5	4~5

表2　高性能混凝土作业温度与冲水时间关系

作业温度/℃	0~10	10~20	20~25	25~30
冲水时间/h	12~13	10~11	7~8	5.5~6.5

现场作业时,混凝土感观判定冲水时间也是行之有效的。混凝土桥面浇筑完成后,表面有小石子淡淡的印迹,可用手去按,表面(3~5 mm深)较软,下面有硬物触觉反应,表明此时便可实施水冲法。

4 注意事项

水冲法施工不宜在雨天进行;如果混凝土处理面积比较大,则可采用多台喷洒器、多支水枪同时冲水的方法。对于存在横坡的处理面,应从横坡的高点向低点方向冲水,这样有利于冲水时将固废物一起排出,使表面清洁。

参考文献

[1] 冯克勤,吴燕军.混凝土工程.北京:中国建筑工业出版社,1997.

[2] 葛兆明.混凝土外加剂.北京:化学工业出版社,2005.

横梁支架在泰州长江公路大桥南塔中的应用

蔡　峰

（江苏省交通工程集团有限公司 镇江 212001）

摘　要　泰州长江公路大桥为三塔两跨悬索结构，塔顶标高 180.0 m，共设上、下两道横梁；高塔施工过程中横梁自重大，施工高度高，施工风险极大，为泰州长江公路大桥建设的关键部位。在综合考虑各种因素后，泰州大桥 C06 标采用落地式支架进行横梁施工，本文将简要介绍泰州长江公路大桥南塔下横梁采用落地式支架的施工工艺。

关键词　泰州长江公路大桥　南塔　横梁支架　施工

1　工程简介

泰州长江公路大桥主桥采用桥跨结构，为 390 m＋1 080 m＋390 m 三塔两跨悬索桥。南塔位于扬中段长江西岸外侧滩地，共设上、下两道横梁。

上、下横梁均为单箱单室预应力混凝土箱型结构。下横梁梁体尺寸为：底板长 35.084 m，宽 8.384 m；顶板长 34.668 m，宽 8.279 m；梁高 9.0 m。上横梁梁体尺寸为：底板长 29.424 m，宽 8.157 m；顶板长 28.939 m，宽 8.035 m；梁高 10.5 m。

2　下横梁支架布置简介

在综合考虑本工程的结构以及施工方法等多方面的因素后，泰州长江公路大桥南塔下横梁采用落地式支架施工，落地支架主要由 $\phi90\times1.4$ cm 钢管搭设而成。

下横梁支架包括钢管立柱，纵、横桥向水平缀杆，附墙杆，牛腿，砂筒，钢横梁、承重梁，分配梁等。

2.1　钢管立柱

钢管立柱共计 10 根，沿横桥向 5 排，每排 2 根。立柱采用 $\phi90\times1.4$ cm 钢管。钢管分标准节和非标准节两种：标准节每根长度为 5.42 m，非标准节每根长度为 3.77 m，单根钢管立柱高度为 36.356 m。钢管柱柱脚采用地脚螺栓固定在承台顶面，管节上下通过法兰用螺栓连接固定。

2.2　纵、横桥向水平缀杆

为增加钢管立柱的单肢和整体稳定性，立柱之间采用水平缀杆两两相连，共设 4 层。第 1～3 层（从下向上）水平缀杆采用 HM58.8×30 cm 型钢，其两端采用加劲板与立柱焊接固定。第 4 层水平缀杆布置在柱顶，横桥向为单拼 HM58.8×30 cm 型钢，顺桥向为双拼 2HM58.8×30 cm 型钢。

2.3 附墙杆

为减少塔肢的悬臂施工高度,增加支架的整体稳定性,南塔支架施工过程中在第3层水平缀杆处设一道附墙杆,共4根,每边2根。附墙杆与塔肢之间采用铰板相连,与钢管之间采用加劲板焊接固定。铰接锚板用锥形螺母固定在塔肢外壁。单铰的设计承载力为1 000 kN。

2.4 牛腿

牛腿由 HM58.8×30 cm 型钢加工而成,每边6根。牛腿锚板为400 mm×938 mm、厚度为20 mm 的钢板,型钢单根长度为1 000 mm;牛腿型钢与锚板焊结,两侧辅以厚度为16 mm 的加劲板,底部设厚度为16 mm 的三角板。锚板预埋在塔肢外壁内。牛腿上铺设2HM44×30 cm型钢作垫梁,以安装砂筒。

2.5 砂筒

支架的落架设备为砂筒,共计36只。单只砂筒的设计承载力为1 000 kN,卸落高度为15 cm。

2.6 钢横梁

砂筒顶部钢横梁分成立柱顶和牛腿处两个部位。立柱顶部横梁采用双拼2HM44×30 cm 型钢,牛腿处采用单拼 HM44×30 cm 型钢。

2.7 承重梁

承重梁采用321贝雷桁架,下横梁支架横桥向共设19路。

2.8 分配梁

承重纵梁顶铺设 I18 作模板的分配梁,单根长度为12 m。分配梁的中心间距约为75 cm,布置在贝雷桁架的各节点上。

下横梁支架的总体布置如图1所示。

3 下横梁支架的搭设

3.1 钢管立柱安装

钢管立柱采用塔吊垂直吊运,立柱柱脚采用锚筋固定,上下管节通过法兰利用 M24 螺栓联结,柱间采用水平缀杆两两相连。钢管立柱安装的关键是底节钢管固定牢固、柱顶竖直度偏差≤0.1%。

3.1.1 底节钢管的安装

在承台施工时,按施工图准确预埋地脚钢筋。在底节钢管安装前施工支座垫石。支座垫石布置如下:尺寸为140 cm×140 cm×15 cm(长×宽×高);砼为C40级,设3层φ10的钢筋网片,网格间距为10 cm×10 cm;顶部为承压钢板。支座垫石情形具体见图2。

在支座垫石达到一定强度后,用全站仪定出钢管立柱纵、横轴线,然后安装底节钢管。底节钢管严格对中后,用两台经纬仪按交汇法(夹角约为90°),调整钢管两个方向的垂直度。在垂直度均达到要求后,固定钢管柱脚。柱脚与锚筋焊接固定,与承压钢板采用间断焊。柱脚与承压钢板之间如有间隙,采用薄钢板塞实。

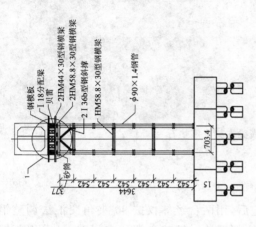

图1 下横梁支架总体布置

说明:
1. 图中尺寸除标高以米计外，余均以厘米计。
2. 支架结构:

支架包括底模、分配梁、承重桁架、砂筒、承重钢管柱、牛腿、附墙杆等部分：

① 底模 底模板为大面面钢模，采用区格结构(30 cm×40 cm)；面板为6 mm钢板，肋板为 I10槽钢，加密板为8 mm端钢。

② 分配梁 采用 I18，横桥向间距为75 cm，在横隔梁处加密。

③ 承重桁架 采用单层321贝雷，共19榀。

④ 横梁 采用2HM44×30型钢

⑤ 砂筒 为落架设备，单只设计承载力为100 t。

⑥ 牛腿 牛腿与塔柱内的预埋钢板焊接固定。

⑦ 承重钢管柱 采用 ϕ90×1.4 cm钢管，共10根，为格构柱结构，纵横杆采用HM58.8×30 cm型钢；水平连接采用 ϕ90×1.4 cm钢管，每端各3根，采用M24螺栓，附墙杆与塔钢管之间采用铰接，与钢管之间采用加劲板焊接连接。

⑧ 附墙杆 采用HM58.8×30型钢，每端2根，附端采用HM58.8×30型钢，水平连接采用焊接。

3. 支架设计:

横梁分两次浇筑，两次张拉：第一次浇筑高度为5.0 m，张拉4N3、6N4、10N5；第二次浇筑高度为4.0 m，张拉剩余钢束。共计采用20根钢束。

图 2 下横梁支架支座垫石

按同样的方法安装其他底节。

3.1.2 中间标准管节的安装

上下管节之间采用 M24 螺栓临时固定后,用两台经纬仪按 90°夹角交汇法调整钢管两个方向的垂直度,在垂直度均满足要求后拧紧螺栓。管节之间如有间隙,可采用薄钢板塞紧。在使用经纬仪监控钢管的垂直度时,起始照准点均为底节钢管根部。

3.1.3 顶节钢管的安装

在顶节第 7 层钢管安装之前,应首先测量第 6 层钢管顶标高,每根钢管顶测两个点,两点处标高平均值作为该根钢管顶标高(钢管编号见图 3);根据实测标高与设计标高之间的差值确定顶节钢管的长度(顶节每根钢管的具体调节高度见表 1),然后利用螺栓连接上下节钢管。

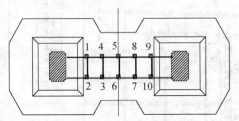

图 3 下横梁支架钢管具体编号

表 1 顶节钢管调节高度

编　号		管顶实测标高/m	平均标高/m	管顶设计标高/m	管高/m
1	1—1	36.954 8	36.950 5	40.738	3.788
	1—2	36.946 2			
2	2—1	37.007 3	37.008 4	40.738	3.730
	2—2	37.009 5			
3	3—1	36.991 0	36.987 8	40.738	3.750
	3—2	36.984 6			

编 号		管顶实测标高/m	平均标高/m	管顶设计标高/m	管高/m
4	4－1	36.978 1	36.981 7	40.738	3.756
	4－2	36.985 3			
5	5－1	36.993 1	36.989 0	40.738	3.749
	5－2	36.984 9			
6	6－1	36.995 8	36.995 7	40.738	3.742
	6－2	36.995 6			
7	7－1	37.000 1	36.999 45	40.738	3.739
	7－2	36.998 8			
8	8－1	36.986 3	36.985 85	40.738	3.752
	8－2	36.985 4			
9	9－1	37.033 0	37.030 85	40.738	3.707
	9－2	37.028 7			
10	10－1	37.002 2	37.003 35	40.738	3.735
	10－2	37.004 5			

3.2 水平缀杆安装

水平缀杆的安装包括缀杆和加劲板安装两部分。缀杆在现场按设计尺寸断料或接长，其两端均留存 2 cm 的安装间隙。加劲板分上、下两块，下部为底托，上部为压板，安装过程中注意上、下劲板位置不要颠倒。钢管接高到设计标高后，在管节法兰底端焊接底托，然后安装缀杆，再焊接压板，焊缝高度和长度要满足设计要求；柱顶缀杆直接与封头钢板焊接固定。

3.3 附墙杆安装

附墙杆与塔肢采用铰接相连，与钢管之间采用加劲板焊接。铰的构造系统包括锚板、阳头铰板、阴头铰板、销子等。锚板包括两部分：带锥型螺母的 $\phi25$ 锚筋以及厚度为 20 mm 的钢板。钢板与锚筋采用高强螺杆连接固定于塔壁。在塔柱施工时，按设计位置预埋锚筋。锚筋与锥型螺母拧紧，锥型螺母的一端涂满黄油后用胶带密封，然后与塔柱侧模顶紧密贴合。

在安装附墙杆前应先安装锚板，然后焊接阴头铰板。铰板须严格按设计尺寸定位，焊缝须满足设计要求。在阴头铰板焊接完毕后安装附墙杆：先用销子安装阴头铰板，定位后焊接另一端加劲板。

3.4 牛腿安装

牛腿包括锚板与型钢钢腿两部分，采用焊结方式连为一体。锚板、钢腿在内场分开加工。锚板的锚筋数量、尺寸、位置须按施工图纸加工，焊缝尺寸须满足设计要求；型钢牛腿单根长度为 1 000 mm。

在塔肢施工至设计标高后，预埋锚板，定位须准确。在爬架爬升移位后，焊接钢牛腿，焊缝须满足设计要求。

3.5 砂筒安装

单只砂筒的设计承载力为 1 000 kN。砂筒由筒心、底座、砂、掏砂孔 4 个部分组成;每只砂筒均对称布置 2 个掏砂孔,掏砂孔采用 M32 螺栓制作;砂筒编号后,按设计的高度装砂,然后采用 100 t 油顶进行预压,砂筒预压见图 4;砂筒预压完毕后,采用胶带密封底筒顶口,以防雨水淋湿砂子;砂筒安装完毕后,复测砂筒顶标高,进行微调,确保砂筒顶标高与设计标高相一致,微调后密封;砂筒微调合格后,砂筒底与横梁点焊固定,每个砂筒至少有 4 根钢筋。

图 4　砂筒现场预压

3.6 砂筒顶钢横梁安装

砂筒安装完毕后,吊装钢横梁。钢横梁的一端须有一定悬臂,以满足拆除贝雷所需滑移长度。

3.7 贝雷承重梁的安装

在地面上分段组拼贝雷承重梁,后用塔吊将其吊至支架上,分段接长。分段的长度需满足单台塔吊的起重能力。同时贝雷采用加强竖杆,加强竖杆为 10 槽钢,单根长度为 1 298 mm;吊装之前应检查加强竖杆与贝雷之间是否有间隙,如有间隙则需采用薄钢片塞紧,待全部检查合格后方可吊装。

3.8 分配梁的安装

按施工图纸铺设分配梁。分配梁的一端须有一定悬臂,以满足拆除底模所需的滑移长度。

3.9 支架预拱度设置

为消除支架的压缩变形对永久结构的影响,支架设置向上的反拱

反拱值＝支架的竖向弹性变形＋支架的接缝间隙＋永久结构的反拱值

参数叠加后按二次抛物线进行设置。

竖向弹性变形、接缝间隙值和永久结构预拱度如表 2 所示。

表 2　竖向弹性变形、接缝间隙值以及永久结构预拱度

部　　位	弹性变形/mm	接缝间隙/mm	永久结构预拱/mm	合计/m
牛　腿	0	8	0	8
横梁跨中处钢管	10	15	f_y	$25+f_y$

注:每个接缝间隙取 1 mm;砂筒的弹性压缩取 2.0 mm。

预拱度调整分两步实施:第一步在贝雷下弦杆底调整部分数值;第二步在贝雷上弦杆

顶调整剩余值。

4 下横梁支架应力监控

为了真实地反映支架在下横梁施工过程中的受力情况以及稳定性等,C06 标对整个下横梁支架进行应力监控。具体操作如下:将应力元件焊接在自下游到中间的 3 排共 6 根底节钢管立柱上,每根钢管上安装一个应力元件,共计 6 个(见图 5);在下横梁第一次混凝土浇筑之前进行测量,并记录数据;混凝土浇筑结束后,每隔 3~4 d 测量一次,同时为了消除高温及施工过程产生的荷载等因素的影响,每次应力测量时间选择在 18:30~19:00,以将外界影响降低到最低点。

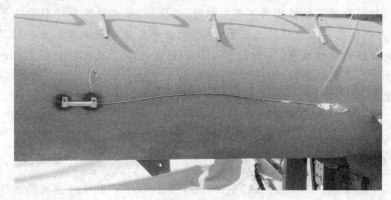

图 5 下横梁底节钢管上所点焊的应力元件

5 结 语

泰州大桥为世界第一的三塔两跨大跨径悬索桥,单跨跨径为 1 080 m,其中南塔下横梁是全桥施工关键控制部位,而横梁支架搭设直接关系到横梁施工的成败,它的顺利施工为泰州大桥全桥的圆满竣工奠定了坚实的基础。泰州大桥南塔下横梁从 2009 年 5 月 2 日开始至 2009 年 6 月 1 日顺利完成两次混凝土的浇筑,整个横梁质量满足设计与规范要求,得到了业主、指挥部以及社会各界的一致好评。泰州大桥南塔下横梁落地支架施工的技术创新,拓展了高塔横梁的施工方法,施工安全度、质量精确度都得到了大大的提高。因此,下横梁落地支架施工工序必将为即将建设的大型桥梁提供有益的借鉴。

参考文献

[1] 路桥集团第一公路工程局.JTJ 041—2000 公路桥涵施工技术规范.北京:人民交通出版社,2000.

[2] 陆仁达.公路施工手册桥梁.北京:人民交通出版社,2000.

[3] 桂业昆,邱式中.桥梁施工专项技术手册.北京:人民交通出版社,2001.

莺歌桥拆除施工技术

李红卫 王 勇

（江苏省镇江市路桥工程总公司 镇江 212017）

摘 要 钢筋砼桁架拱桥因为具有省材料、造价低、施工简便和外形美观等优点,在20世纪60—70年代桥梁施工中被广泛应用,对推动当时桥梁建设起了很大的作用。近年来,随着我国社会经济的快速发展,当初设计荷载已经满足不了现代社会的需求,部分桁架拱桥需要拆除重建。本文根据谏壁镇莺歌桥拆除的实践经验,着重介绍了钢筋砼桁架拱桥拆除的一种施工方法。

关键词 钢筋砼 桁架拱桥 拆除 方案

1 工程概况

莺歌桥位于京丁线(X101)上 K13＋100 处,于1977年12月由水利局承建,桥梁全长129 m。该桥所在线路是连接镇江与大港方向的主要通道之一,沿线工业企业和居民众多,公交等各类运输车辆运行繁忙。2009年9月22日,该桥部分桥面突然断裂、沉陷(形成约4 m² 坑洞),桥梁砼脱落,钢筋网外露。经江苏省交通科研院技术检测评定为三类桥梁,建议拆除重建。

莺歌桥老桥采用三孔桁架拱桥的形式,每孔净跨 36 m²,设计荷载为汽－20、挂－100,桥面行车道宽 9 m,两侧人行道 2×1.5 m,桥梁与河流交角为 35°18′30″。下部结构每墩采用双排 10 根直径 100 cm 的灌注桩组成,上部结构桥梁横向 6 片拱片,如图 1 所示。

图 1 莺歌桥实物图

2 施工方案及拆除顺序

采用搭设支架配合风镐、捣机的方法，按照"先建后拆、后建先拆"、"纵向6条拱肋依次拆除"的原则实施拆除，桁架拱的拆除顺序采取"整体支撑，逐条对称拆除吊离"的施工方案。

全桥纵向三孔，拟分别在每跨 L/4(11.5 m)及 3L/4(24.5 m)处各设一个临时支墩。支墩采用两排共12根（每排6根，设在拱肋下）φ400钢管桩基础，横向用10号槽钢剪刀撑固定形成整体，其上用I28号工字钢作为分配传力梁，工字钢梁上采用2组贝雷片作为横梁，上铺设型钢及木楔支撑。

拆除按以下4个阶段进行：

（1）第一阶段：以小型机具拆除全桥栏杆、人行道板等附属构件；

（2）第二阶段：以捣机及小型机具拆除全桥的桥面砼、微弯板等；

（3）第三阶段：桥下搭设支架，逐条对称拆除纵向6条拱肋，吊车吊离，运至堆料场统一破碎；

（4）第四阶段：以捣机破除水中承台、灌注桩等构件。

表1　桁架拱片的拆除顺序

桁架片编号	第一跨	第二跨	第三跨
桁架片1	1－1	1－2	1－3
桁架片2	2－1	2－2	2－3
桁架片3	3－1	3－2	3－3
桁架片4	4－1	4－2	4－3
桁架片5	5－1	5－2	5－3
桁架片6	6－1	6－2	6－3

桁架拱片的拆除顺序为：1－1→1－3→1－2；6－1→6－3→6－2；2－1→2－3→2－2；5－1→5－3→5－2；3－1→3－3→3－2；4－1→4－3→4－2。

3 拆除方法

3.1 准备工作

3.1.1 道路封闭

施工前，经路政、交警等主管部门审批，老桥两端用彩钢瓦全部围护，并设置了齐全的交通管制标志牌，实行全封闭施工，派专人负责值勤看护，严禁非施工人员和车辆进入施工区域。

3.1.2 选择堆放场地

对于拆除的桁架拱片及其他砼构件，将其在堆放场地用捣机破碎后，统一外运至弃土场。

3.1.3 人员、设备投入

拆除施工队投入施工人员约30人，其中现场负责人1人，专职安全员2人，起重工6

人,钢筋切割 6 人,起重指挥 2 人,砼拆除工 10 人,捣机驾驶员 2 人,自卸车驾驶员 1 人。

投入拆除设备 15 台,同时根据现场施工需要随时增加设备数量,拆除设备见表 2。

表 2　拆除设备汇总表

序号	设备名称	型号	功率	数量	备注
1	挖掘机	PC220	145 kW	1 台	带破碎器
2	挖掘机	卡特 307B	107 kW	1 台	带破碎器
3	自卸汽车	解放		1 辆	
4	吊车	25 t		2 辆	
5	风镐			3 台	
6	气割设备			6 套	
7	贝雷片	321 型		168 片	
8	钢管、型钢、木楔			若干	
9	驳船			1 艘	

3.2　栏杆、人行道及桥面系拆除

3.2.1　栏杆、人行道拆除

本工程采用"人工结合风镐"的方式分段拆除。

拆除栏杆时,先用吊车固定拆除段栏杆的立柱,防止拆除过程中立柱向外侧倾倒,将栏杆整体带入河中;然后拆除栏杆拉杆、凿断立柱根部,用吊车吊离并运至场外。

破除人行道板时,采用水平方向向内侧(桥面方向)破除的方法,防止大块的混凝土坠落河中。

栏杆、人行道拆除结束后及时清理散落在桥面上的砼碎渣。

3.2.2　桥面砼拆除

桥面砼拆除采取捣机和人工结合风镐拆除的方式。

桥面系破除前,先在桥面上准确放样,画线标记出所有桁架拱片及横系梁的位置。

两台捣机履带沿标记分别置于拱肋上,若拱肋宽度与履带宽度不等时,需用钢板将破碎机自重传递于 2 片或 3 片拱肋上,如图 2 所示。

主要拆除的步骤为:2 台捣机从跨中分别向两桥头方

图 2　捣机停放位置

向倒退对称拆除,先利用捣机对桥面进行初步破除,即捣机停留在老桥上,在桥面上凿出坑洞(坑洞深度不超过微弯板顶),为防止捣碎时产生共振,捣机履带下用废轮胎支垫,然后人工利用风镐(空压机)进行细致破碎。破除结束后,及时清理砼碎渣。

3.3 微弯板拆除

微弯板同样按照从跨中向两端对称拆除的方法进行拆除。

桥面砼清除之后,人工结合风镐(空压机)清理微弯板上的填料,暴露微弯板。清理完填料后,为保证拱肋在正式拆除前不受到破坏,避免造成拱肋受力失稳,用风镐(空压机)结合切割机凿开微弯板与拱肋的连接,并使微弯板脱离拱肋限制而独立。吊车停留在新建成的两侧慢车道桥上,将微弯板逐块吊出,运至堆料场,使整个桁架拱肋完全暴露,如图3所示。

图3 微弯板拆除后的拱肋图

3.4 桁架拱片拆除

3.4.1 钢管支架搭设

微弯板拆除后开始进行钢管支架的搭设,分别在每跨 L/4(11.5 m)及 3L/4(34.5 m)处各设一个墩,支墩采用两排共 12 根(每排 6 根,设在拱肋下)ϕ400 钢管桩基础,桩距 2.65 m×3 m,采用振动锤将钢管桩垂直击入河底持力层。横向用 14 号槽钢剪刀撑固定形成整体,其上用 28 号工字钢作为分配传力梁,工字钢梁上采用 2 组贝雷片组合作横梁,上铺设型钢及木楔支撑,贝雷片排距为 60 cm,组间净距为 80 cm,如图4、图5所示。

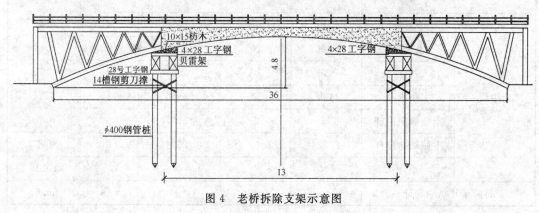

图4 老桥拆除支架示意图

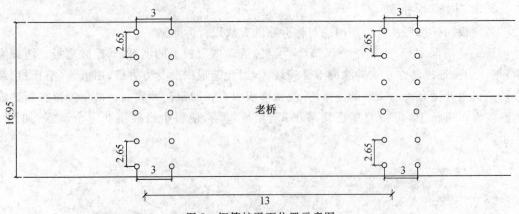

图5　钢管桩平面位置示意图

3.4.2　桁架拱重量计算（按拆除段进行划分）

通过查阅莺歌桥老桥竣工图,计算出每跨单片桁架拱的重量为 36.62 t,见表3。

表3　莺歌桥老桥单片拱肋重量计算(按拆除段进行划分)

部　位			断面尺寸/cm		长度/cm	数量	重量/t
			长	宽			
边侧 11.5 m	下弦杆		40	25	1 125	2	5.85
	上弦杆		40	20	1 150	2	4.78
	斜杆		25	25	1 100	2	3.58
			25	20	1 550	2	4.03
	剪刀撑	甲型	20	20	1 730	2	3.60
			20	30	265	2	0.83
		乙型	20	20	865	2	1.80
			20	30	265	2	0.83
	上弦横向拉杆		15	15	200	4	0.47
	下弦横向拉杆		22.24	15	200	4	0.69
	小计						26.46
跨中段	下弦杆		40	25	275	2	1.43
	上弦杆		40	20	402	2	1.67
	斜杆		25	20	300	2	0.78
	实腹段砼		90	23	438	2	4.71
	上弦横向拉杆		15	15	200	6	0.70
	下弦横向拉杆		22.24	15	200	5	0.87
	小计						10.16
每跨单片拱肋合计							36.62

3.4.3 桁架拱拆除

桁架拱拆除顺序按照平衡对称的原则进行,逐条对称拆除纵向6条拱肋。

采用人工风镐凿除法时,首先凿开两个拱片间的横系梁、剪刀撑连接,用吊车固定住中段(实腹段)拱片,再凿开1/4 L和3/4 L处老桥拱片安装时的接头,分3次将实腹段、两侧桁架段吊离原位。

拆除南边3片拱肋时,2辆吊车停在南侧慢车道桥上;拆除北边3片拱肋时,2辆吊车停在北侧慢车道桥上。

(1)实腹段拆除。

人工用风镐对上下弦杆、斜杆、拱肋间的横系梁进行破除,氧气割枪切割连接钢筋,此时支架开始受力。在切割过程中同时用2台25 t吊机稳定构件,并在构件两端全部切割后起吊运至堆料场进行破碎。采用两点吊,吊点以实腹段平面几何中心对称布置,如图6所示。实腹段重量为10.17 t。

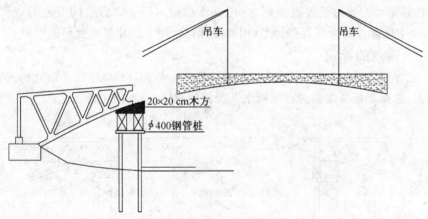

图6 桁架吊点布置示意图

(2)桁架段拆除。

用2台25 t吊机稳定住构件,人工用风镐凿开拱脚连接,单片桁架段每侧重量为13.2 t,同样采用2台吊机起吊至新桥上并用拖车运送至堆料场进行破碎。2台吊机起吊时采用四点吊,吊点以桁架重心对称布置。

3.5 基础拆除

桁架拱片完全拆除后,在老桥两个边跨的桥下回填土方,整平夯实,设置捣机的停放点,距离应满足要求,确保能够完全凿除两边的承台。水中承台拆除时,捣机停在驳船上,凿除水中的承台和桩基,破除至要求的深度。

3.6 场地、河道清理

作为拆除工作的重点,应调集足量的挖泥船、挖掘机、运输车、吊车、挖斗等施工机械,集中力量,在最短的时间内将河道清理干净,恢复流水断面。

3.7 监控观测

监控观测是拆桥过程中一个非常重要的环节,为此须专门委任具有丰富测量经验的2名测量人员对本桥梁拆除的整个过程进行测量观测,确保桥梁拆除的安全。

3.7.1 监控的内容

通过对结构的受力特点及既定老桥拆除方案的分析,确定本次拆桥监控工作的重点是对桁架拱片拆除过程的监控,主要内容为变形观测。

变形观测的基本内容是:依据拆桥方案的拆除施工顺序,对每一阶段各跨拱片四分点位置和跨中截面的竖向变形、各跨拱脚的空间变位进行测量。当监控发现异常时,应立即通知现场负责人,停止作业,撤离现场人员,避免事故的发生。

本工程主要以桥面及微弯板混凝土拆除、中跨桁架拱片的拆除作为观测、控制工作中的重点。桥面及微弯板混凝土拆除时,主要监控被拆跨拱片的竖向位移、相邻水平位移以及邻跨拱片竖向位移;中跨拱片拆除时,主要监控邻跨拱片的竖向位移。

3.7.2 监控的方法

在拆桥施工前需在河堤两岸建立稳定可靠的固定参考点,为桥梁拆除过程中拱片空间变形的观测奠定基础。采用全站仪、高精度水准仪对拱片关键截面进行空间变位测量。在拱脚截面的桥墩承台顶面设置观测标志(用红漆标记),用于拱脚空间变位的观测;在拱片1/4截面、跨中截面设置标高观测标志(用红漆标记),用于拱片竖向变形的观测。

3.7.3 测点的标记

从安全、方便测试的角度出发,选择对拱片的1/4截面、3/4截面、拱顶截面进行竖向变形的观测点,选择对桥墩盖梁进行拱脚水平变位的观测点,如图7所示。

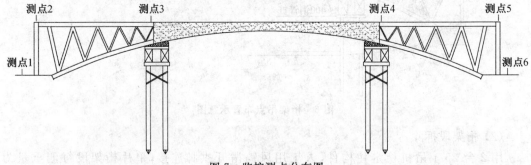

图7 监控测点分布图

3.7.4 变形测量工作

拆桥准备工作就绪后,对全桥拱片、拱脚测点的高程、坐标进行测读,记录初读数,确定拆桥前的标高零点及坐标零点。

待一个拆桥施工工序结束后进行一次变形观测,立即分析实测数据。根据变形值的大小,确定是否可进行下一步的拆桥施工。

3.7.5 仪器设备

投入拆桥过程监控的主要设备有DSZ2水准仪(其精度为0.01 mm)、全站仪。

4 结束语

钢筋砼桁架拱桥的拆除极易发生事故,只有制订出详尽可行的方案,并通过专家会论证,确保每个拆除环节均是安全的,才能保证拆除的安全进行。莺歌桥拆除前整理出的一套安全、快捷、经济的施工方案保证了拆桥施工的安全有序,加快了施工进度,为以后类似拱桥拆除提供了一个比较好的参考方案。

参考文献

[1] 田山坡.钢筋混凝土桁架拱桥安全拆除的方案研究.山西建筑,2009(5):281-282.

大体积混凝土承台温控措施

王余虎　吴伟林　杨文宏

（丹阳市交通局 丹阳 212300）

摘　要　大体积混凝土施工的关键是采取适当措施降低结构内部水化热引起的高温，从而减小结构内外温差，以达到降低因结构内部温差引起的应力、控制结构裂缝等问题的目的。本文根据丹阳市北二环大桥改建抢修工程项目部在主墩承台大体积混凝土施工过程中的一些经验，介绍大体积混凝土施工的温控措施及注意事项，为以后同类大体积混凝土的施工提供参考。

关键词　大体积混凝土　温控　措施

1　工程概况

丹阳市北二环大桥改建抢修工程为一座独塔双索面混凝土斜拉桥，位于丹阳市区北侧的 241 省道京杭运河上，工程段全长 700.0 m，桥跨布置为 287.555 m＋2×25 m＋（110 m＋67 m＋23 m）＋162.445 m，其中主桥长 200.0 m，主跨为 110.0 m，边跨为 90.0 m，引桥长 50.0 m。主桥桥面宽度为 35.8 m，桥面设置包括人行道、拉索保护区、非机动车道及机动车道；引桥及引道宽度为 30.5 m。本工程设计荷载等级：公路—Ⅰ级，人群荷载 3.0 kN/m²，设计行车速度为 60 km/h，桥下通航等级三级，设计标准为城市主干道。

本工程主塔承台共有 2 座，承台外形尺寸均为 17.25 m×17.25 m×4.5 m，采用 C35 混凝土，单个承台混凝土方量为 1 339.03 m³。由于工期要求紧张，单个承台采用一次浇筑完成的施工工艺，属大体积混凝土结构，左幅承台于 2009 年 9 月 11 日 17 时进行混凝土浇筑，至 12 日 8 时全部完成；右幅承台于 2009 年 9 月 21 日 14 时进行混凝土浇筑，至 22 日 16 时 30 分全部完成。

2　温度控制标准

（1）混凝土浇筑温度。混凝土入仓并经过平仓振捣后，在上层混凝土覆盖前距混凝土表面 10～15 cm 处的温度为浇筑温度。控制浇筑温度对降低混凝土内部最高温度具有重要意义，一般应控制混凝土浇筑温度不大于 45 ℃。

（2）内外温差。混凝土块体内部平均温度与表面温度之差为内外温差。为防止混凝土内外温差过大引起表面裂缝，施工中需控制混凝土内外温差小于 25 ℃。

（3）保温标准。混凝土表面裂缝多发生在浇筑的初期，而初期的气温骤降是引起表面裂缝的主要外因。当平均气温在 2～3 d 内连续下降 6～9 ℃时，未满 28 d 龄期的混凝土暴露表面可能产生裂缝，因此应采取的保温标准为 2～3 d 内温度不致连续下降 6～9 ℃。

（4）降温速率。控制降温速率可使混凝土内部温度应力得到及时释放,对减少温度裂缝具有重要意义,混凝土降温速率应控制在不大于 2 ℃/d。

3 温度控制措施

3.1 优化混凝土配合比

选择优质砂、石料和外加剂,掺加粉煤灰和矿粉等混合材,降低水泥用量,从而降低水化热温升,是大体积混凝土温控的重要措施。

3.1.1 混凝土原材料优选

（1）水泥。

大体积混凝土所用水泥的化学成分及水化热指标应满足有关规定,应避免使用早强、水化热较高和 C_3A 含量较高的水泥;水泥中的 C_3A 含量应控制在 6%～12%;水泥中的氯离子含量应小于 0.3%;水泥含碱量应小于 0.6%;水泥细度宜控制在 3%～6%,应防止水泥细度过小而引起早期发热过快,不利于温控。当水泥温度大于 60 ℃时,不允许进入水泥储料罐,同时应做到先入罐的水泥先用,以保证水泥有足够的降温时间。

（2）粉煤灰。

采用组分均匀和各项性能稳定的Ⅱ级优质粉煤灰,而且粉煤灰的烧失量应不大于 4%,需水量比应小于或等于 95%,以降低用水量,其他各项指标应满足规范要求。

（3）外加剂。

为提高混凝土耐久性并减少用水量,改善混凝土和易性,大体积混凝土施工时应掺加适量的高效缓凝减水剂。减水剂的减水率应大于 20%,同时还应检查外加剂的稳定性。

（4）骨料。

工程应用的骨料应没有碱活性并具有较低的热胀系数。粗骨料最大粒径为 31.5 mm,级配优良,针片状含量小于 8%,压碎指标小于 16%,含泥量小于 1.0%。细骨料为中粗砂,细度模数为 2.4～2.6,属Ⅱ区,含泥量小于 2.0%,其他指标应符合有关规范。

3.1.2 混凝土配合比优化

混凝土各项性能指标(抗压强度、弹性模量、抗冻、抗裂)应满足设计技术要求。

应通过混凝土配合比试验选择最优石子级配、最佳砂率和相容性最好的外加剂,以降低水泥用量。

丹阳市北二环大桥承台大体积混凝土水灰比为 0.49,粉煤灰最大掺量占水泥总量的 20%。根据实际情况,水灰比小于 0.4 时,粉煤灰最大掺量可适当放宽,以降低水化热温升。

本工程经过相关原材料及配合比试验,选定配合比为:$W/C=0.49$,水泥:砂:碎石:水:粉煤灰:外加剂=350:721:1 081:172:70:5.265,水泥采用常州盘固 P.O42.5、黄砂采用江西中粗砂、碎石采用安徽产 5～31.5 mm 连续级配碎石、粉煤灰采用谏壁科源粉煤灰、外加剂采用特密斯 TMS－Y1 型外加剂。

3.2 控制混凝土入仓温度

为控制大体积混凝土的入仓温度,主要可采取以下措施:

（1）对砂石料加以覆盖,防止日晒,降低原材料温度,从而达到解决混凝土入仓问题的目的。

（2）当气温较高，入仓温度可能超过限值标准时，应选择在夜间气温较低时浇筑。

（3）当气温很高时，可利用冷却水拌和，并加入磷状碎冰或液化氮等降温。控制混凝土体内最高温度不大于 45 ℃，温度上升量限制在 20 ℃以内。

3.3 布设冷却水管

为控制混凝土中心与表面之间的温度差，以及达到将混凝土表面与外界（空气间）的温度差控制在 25 ℃以内的目的，可根据承台混凝土分层浇筑的特征，采取在混凝土内部埋设冷却水管的方法来降低混凝土内部温度。

冷却水管固定在相应的骨架钢筋上，冷却水的温度应低于承台内部混凝土温度 20 ℃左右，水温与混凝土内部温度相差较大时，宜掺入冰块或用热循环水予以调整。通水流量控制在 16～20 L/min。冷却水管安装完毕后应及时进行压水检查，发现漏水或漏气时立即进行处理。

自混凝土终凝后，冷却管内开始通入冷却水，连续通水 10～12 d。通水过程中对管道流量、进出水温度及混凝土内部温度每隔 1～2 h 进行一次测量记录。冷却管在连续通水10～12 d 后灌浆封孔，并将伸出混凝土顶面的管道进行截除。

经过相应设计，本工程承台布设 3 层冷却水管，冷却水管采用 ϕ32 mm 直径热传导性能较好且有一定强度的输水黑特管，冷却水管的水平间距为 1.0 m，上下层间距为 1.1 m，从承台表面算起，各层水管埋设深度分别为 1.15 m，2.25 m 和 3.35 m。每层冷却水管进出水控制采用两进两出，具体布设情形见图 1。

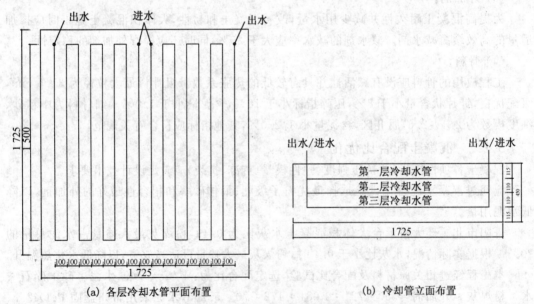

(a) 各层冷却水管平面布置　　　　　　(b) 冷却管立面布置

图 1　承台冷却水管布设示意图

3.4 加强混凝土养护

大体积混凝土由于混凝土的导热能力低，混凝土浇筑后水泥发生的水化热不易散发，引起混凝土内部的温度升高。如果混凝土中心与表面温差达到一定的极限，则可能出现裂缝。为了防止裂缝的扩展，控制混凝土的内、外温差及延缓降温速度是保证大体积混凝土质量的重要措施。

本工程承台四边均采用钢模板,混凝土浇筑完成后不拆除模板,同时在模板外侧悬挂草包保温层进行表面保温养护;承台顶面采用蓄热法养护。根据以往施工经验,钢模板外侧悬挂两层草袋保温层;顶面设置两道蓄热保温层,第一道保温层为两层塑料薄膜和五层草包,第二道保温层在离顶面一定距离设置一层油布,使油布和底板之间形成一个相对的保温隔层,同时抵抗自然界的突变情况。采取上述保温措施,可达到养护期间混凝土所需的适宜温度和湿度,控制混凝土的内外温差,促进混凝土强度的正常发展和防止裂缝的扩展。

4 温度监测

为了掌握大体积承台混凝土浇筑后的内部温度变化情况,以便控制内外的温差及混凝土降温速率,承台中布设了 4 根测温铜管对混凝土内部温度进行测量,铜管布设位置见图 2。

承台混凝土浇筑完成后,开始进行温度监测。前 7 d 每隔 2 h 观测一次测点温度,包括冷却水管进出口温度和气温的观测;以后每隔 4 h 观测一次,共监测 15 d。左右幅承台由初凝开始即进行蓄热保温养护。

测温铜管 4 个控制点的温度过程反映了承台内部升温和降温的变化过程。最高温度发生在第 4 天龄期左右,左幅承台内部最高温度达到 74 ℃,右幅

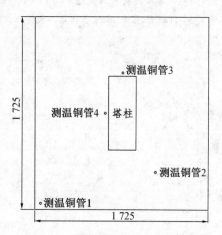

图 2 平台测温铜管平面布置图

承台内部最高温度达到 73.3 ℃,承台表面通过蓄热保温措施,表面平均温度保持在 48 ℃左右,确保内外温差控制在 25 ℃以内。冷却水循环系统对混凝土降温起了显著作用,吸收了大量水化热量。具体测温记录见表 1。

表 1 承台温控监测记录统计

温控		左幅承台				右幅承台			
		铜管 1	铜管 2	铜管 3	铜管 4	铜管 1	铜管 2	铜管 3	铜管 4
最高温度/℃		70.5	71.2	74	73.5	71.1	71.3	73.3	72.8
最高温升/℃		40.5	41.2	44	43.5	40.1	40.3	42.3	41.8
温升历时/h		89	93	92	93	86	91	90	91
混凝土入仓平均温度/℃		30				31			
自然温度/℃		25				26			
承台表面平均温度/℃		48				46			
冷却管进口平均水温/℃		27				27.5			
冷却管出口平均水温/℃	钢管 1	35				36			
	钢管 2	39				38			
	钢管 3	36				35			

5 结束语

丹阳市北二环大桥改建抢修工程主墩承台大体积混凝土施工,通过采取以上温控措施取得了较好的效果,承台经过现场的外观检查验收未发现裂缝。现场采取的这些温控措施保证了工程质量,证明了这些温控措施的可靠性。

参考文献

[1] 中华人民共和国交通部. JTJ 041—2000 公路桥涵施工技术规范. 北京:人民交通出版社,2000.

[2] 付松岩,张宇. 南京长江第二大桥北汊桥 24#墩承台温控措施与实测分析. 东北公路,2002,25(3).

现浇连续梁钢管支架的施工材料及计算

田喜东　张　萍

(江苏润通交通工程监理咨询有限公司 镇江 212005)

摘　要　碗扣式钢管脚手架构造简单,安装方便,在恒、活载作用下稳定性比较好,在目前桥梁施工特别是现浇梁施工中仍然是广泛应用的一种支架。本文就使用前在组合恒、活载作用下对模板支架、立杆地基承载力进行检算,并讨论安装时须注意的事项及安装顺序。支架安装完成后应做预压试验,以检查支架的压缩量及稳定性。

关键词　钢管脚手架　支架检算　搭设

碗扣式钢管脚手架工程是桥梁连续梁施工中常用且十分重要的临时设施,这项工作的优劣将直接影响工程的质量、安全、速度、效率等。碗扣式钢管支架安装、拆装速度快,结构强度高,较一般钢管支架能缩短周转时间,提高有效承载力,且在荷载作用下稳定性较好,没有扣件,施工方便。这些特点对于加快施工速度十分有利,现以 2010 年泰州长江公路大桥北接线 AO2 标 C1 匝道现浇连续箱梁碗扣式钢管支架的施工计算为例,浅述碗扣式钢管脚手架工程的应用。

1　工程概述

该桥孔跨布置:C1 匝道为 4×22 m$+(25$ m$+2 \times 26$ m$+25$ m$)+4 \times 22$ m 预应力混凝土连续箱梁,全长 278 m,截面类型为单箱三室结构、等高度连续梁,顶板宽 $17.5 \sim 17.75$ m,翼缘板宽 2.5 m,梁高 1.5 m,本桥现浇梁支架采用满堂碗扣式钢管脚手架。

2　满堂脚手架的布置

该桥陆地上梁体浇筑施工均采用满堂支架。支架材料为碗扣式钢管脚手架,支架基础必须经碾压并硬化达到要求后再搭设支架。地面进行硬化的方法为:场地平整后铺 20 cm 5‰灰土并用压路机压实,后铺 C15 砼 10 cm(软弱地段换填垫片石)。碗扣式钢管脚手架立杆的横向间距:支架翼板部位为 1.2 m,腹板位置为 0.6 m,底板位置为 0.9 m;支架纵向中端横梁步距为 0.6 m,过渡段为 0.9 m,正常段为 1.2 m。钢管上下均采用可调节支撑,支架底托下沿横桥向垫槽钢,所有支架应依据搭设高度设置剪刀撑。

因为满堂支架是整个梁体最重要的受力体系,钢管规格为 $\phi 48 \times 3.5$ mm。钢管的端部切口应平整,禁止使用有明显变形、裂纹和严重锈蚀的钢管。扣件应按现行国家标准《钢管支架扣件》(GB 15831)的规定选用,且与钢管管径相配套的可锻铸铁扣件,严禁使用不合格的扣件。新扣件应有出厂合格证、法定检测单位的测试报告和产品质量合格证,当对扣件质量有怀疑时,应按现行国家标准《钢管支架扣件》(GB 15831)的规定抽样检测。旧扣件使用前应进行质量检查,严禁使用有裂缝、变形、锈蚀的扣件。扣件活动部位应能灵活转动,当扣件夹紧钢管时,开口处的最小距离应不小于 5 mm。支架材料及施工必须满足《建筑施工扣件式钢管脚手架安全技术规范》(JGJ 130—2001)的规定。

3 支架检算

3.1 荷载计算

由于箱梁为等高度箱梁,跨中和支点截面型式见图 1,从支座向跨中方向 3 m 范围内逐渐由支点截面变化为跨中型式截面。现取 1 m 长的跨中型式的箱梁进行计算。

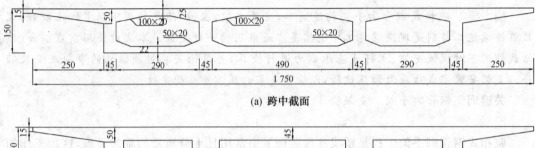

(a) 跨中截面

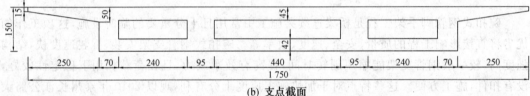

(b) 支点截面

图 1 箱梁横断面

(1) C_1 匝道箱梁自重。

经计算,跨中截面箱梁横截面面积 $A = 10.254 \text{ m}^2$,则 1 m 长箱梁自重为

$$10.254 \times 1 \times 25 = 256.35 \text{ kN}$$

(2) 模板自重。

底模采用竹胶板,外侧模采用精致钢模,内模则采用组合钢模,竹胶板容重 9.0 kN/m³,厚 12 mm,钢模重量为 1 kN /m²。

底模:$(12.5 + 2 \times 2.53) \times 1 \times 0.012 \times 9 = 1.9 \text{ kN}$

外侧模:$2 \times 1 \times 1 \times 1 = 2 \text{ kN}$

内模:$(2 \times 0.9 + 2 \times 1.9 + 2.9 + 3.9 + 8 \times 1.02 + 8 \times 0.54) \times 1 \times 1 = 24.88 \text{ kN}$

(3) 方木自重。

方木容重为 7.5 kN/m³

大横杆方木:$35 \times 0.15 \times 0.15 \times 1 \times 7.5 = 5.9 \text{ kN}$

小横杆方木:$(1/0.3) \times 0.1 \times 0.1 \times 20.4 \times 7.5 = 5.1 \text{ kN}$

(4) 支架自重。

支架重量为 0.038 4 kN/m,立杆以 5 m 高计算。

立杆:$147/102 \times 35 \times 5 \times 0.038 4 = 9.69 \text{ kN}$

横杆:$(20.4 \times 5 \times 1/0.6 + 3.9 \times 2 \times 1/0.6 + 5 \times 1 \times 35) \times 0.038 4 = 13.75 \text{ kN}$

(5) 施工荷载取 2.5 kN/m²。

$17.5 \times 1 \times 2.5 = 43.75$ kN

（6）倾倒与振捣荷载取 2 kN/m²。

$17.5 \times 1 \times 2 = 35$ kN

（7）其他荷载（张拉施工）取 2 kN/m²。

$17.5 \times 1 \times 2 = 35$ kN

每米的总重量为

$256.35 + (1.9 + 2 + 24.88) + (5.9 + 5.1) + (9.69 + 13.75) + 43.75 + 35 + 35 = 433.32$ kN

3.2　碗扣支架承载力验算

荷载按 1.2 倍的系数考虑，则重量为 $1.2 \times 433.32/(12.5 \times 1) = 41.6$ kN/m²。

支架采用多功能碗扣式支架，沿桥纵向步距为 90 cm，横向步距为 60 cm，每根立杆受正向压力为 $41.6 \times 0.9 \times 0.6 = 22.47$ kN，安全系数按 1.3 计算，则每根立杆受正向压力为 $2.247 \times 1.3 = 2.92$ t，小于碗扣式支架立杆允许承载力 3.31 t（规范），符合要求。

3.3　模板强度、刚度验算

方木间距按 60 cm×30 cm 排列，由于荷载为均布荷载，故可取 60 cm×30 cm 的面积荷载验算模板强度和刚度，计算荷载 $q = 41.6$ kN/m²。

模板抗弯截面系数为　$W = bh^2/6 = 0.6 \times 0.012^2/6 = 1.44 \times 10^{-5}$ m³

惯性矩为　$I = bh^3/12 = 0.6 \times 0.012^3/12 = 8.64 \times 10^{-8}$ m⁴

板承受线荷载为　$q = 0.6 \times 41.6 = 24.96$ kN/m

板跨中弯矩为　$M = ql^2/8 = 24.96 \times 0.3^2/8 = 0.281$ kN·m

弯拉应力为　$\sigma = M/W = 0.281/(1.44 \times 10^{-2}) = 19.5$ MPa $<$ $[\sigma] = 66.9$ MPa（厂家提供）

竹胶板弹性模量为　$E = 7.9 \times 10^4$ MPa

挠度为　$f = 5ql^4/(384EI) = 5 \times 24.96 \times 0.3^4/(384 \times 7.9 \times 10^7 \times 8.64 \times 10^{-8})$
　　　　$= 0.386 \times 10^{-3} = 0.154/400 \leqslant 0.3/400$

模板强度和刚度都满足施工要求。

3.4　大、小横杆验算

（1）小横杆横向方木（10 cm×10 cm），长 4 m，间距为 0.3 m，跨距为 0.6 m。木材 $[\sigma] = 11$ MPa，$E = 1.1 \times 10^4$ MPa。

$I = bh^3/12 = 10 \times 10^3/12 = 833.3$ cm⁴

$W = bh^2/6 = 10 \times 10^2/6 = 166.67$ cm³

$q_\text{总} = 41.6 \times 0.3 = 12.48$ kN/m

$M = q_\text{总} L^2/8 = 12.48 \times 0.6^2/8 = 0.562$ kN·m

$\sigma = M/W = 0.562/(166.67 \times 10^{-3}) = 3.37$ MPa $<$ $[\sigma] = 11$ MPa，强度符合。

$f = 5q_\text{总} L^4/(384EI) = 5 \times 12.48 \times 0.6^4/(384 \times 1.1 \times 10^4 \times 833.3 \times 10^{-8}) = 0.23$ mm

$f/L = 0.23/0.6 \times 10^3 = 1/2\,609 < [1/400]$，刚度符合。

（2）大横杆纵向方木（15 cm×15 cm），长 4 m，间距为 0.6 m，跨距为 0.9 m。木材 $[\sigma] = 11$ MPa，$E = 1.1 \times 10^4$ MPa。

$I = bh^3/12 = 15 \times 15^3/12 = 4\,219$ cm⁴

$W = bh^2/6 = 15 \times 15^2/6 = 562.5$ cm³

$q_总 = 41.6 \times 0.6 = 24.96$ kN/m

$M = q_总 L^2/8 = 24.96 \times 0.9^2/8 = 2.527$ kN·m

$\sigma = M/W = 2.527 \times 10^{-3}/(562.5 \times 10^{-6}) = 4.49$ MPa$<[\sigma] = 11$ MPa,强度符合。

$f = 5q_总 L^4/(384EI) = 5 \times 24.96 \times 0.9^4/(384 \times 1.1 \times 10^4 \times 4\,219 \times 10^{-8}) = 0.46$ mm

$f/L = 0.46/(0.9 \times 10^3) = 1/1\,957 < [1/400]$,刚度符合。

3.5 碗扣节点承载力验算

立杆承受大横杆传递来的荷载为

$$P_c = q_总 L/2 = 41.6 \times 0.6 \times 0.9 = 22.47 \text{ kN} \leqslant Q_b = [60] \text{ kN}$$

节点承载力满足要求。

3.6 支架稳定性验算

对于碗扣支架钢管($\phi48$ mm,壁厚 3.5 mm),中间横杆间距 0.9m,则

$$I = \pi(D^4 - d^4)/64 = \pi(4.8^4 - 4.1^4)/64 = 12.18 \text{ cm}^4$$

根据欧拉公式,有

$[P_{cr}] = \pi^2 EI/(\mu H)^2 = \pi^2 \times 2.1 \times 10^5 \times 12.18 \times 10^{-5}/(1 \times 1)^2 = 252$ kN>40 kN,符合稳定性要求。

3.7 基础验算

(1)立杆下端设一层厚度为 5 mm 的钢板,其尺寸为 10 cm×10 cm,再在下面铺设 5 cm 厚的脚手板,其尺寸为 150 cm×30 cm。布置情形见图 2。

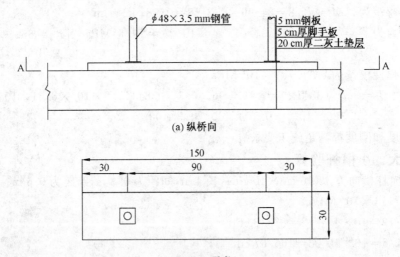

(a)纵桥向

(b)A-A 示意

图 2　地基处理及支架布置图

地基设定 20 cm 厚的二灰土垫层,扩散角为 $\theta = 28°$,二灰土压实度为 95%,7 天无侧限抗压强度为 0.6 MPa,则加固后地基顶面压应力

$\sigma = N/A = 22.47 \times 10^{-3} \times 2/(1.5 \times 0.3) = 0.1$ MPa<0.6 MPa 满足要求。

(2)原土层承载力验算

$\sigma = (N + \gamma hA)/A = [22.47 \times 2 + 18 \times 0.2 \times (1.5 + 2 \times 0.2 \times \tan28°) \times (0.3 + 2 \times 0.2 \times \tan28°)]/[(1.5 + 2 \times 0.2 \times \tan28°) \times (0.3 + 2 \times 0.2 \times \tan28°)] = 54.8$ kPa$\leqslant fg = 200 \times$

$0.4 = 80\ kPa$,其中地基承载力标准值按中密状态粉土标准值 $f_k = 200\ kPa$ 计算,砂土地基承载力调整系数为 $k_b = 0.4$。

地基承载力满足要求。

4 钢管脚手架搭设注意事项

立杆模数视桥下净空要求分别采用 $0.3\ m$,$0.6\ m$,$1.2\ m$,$1.8\ m$ 4 种。材质为 $\phi 48\ mm$ 普焊管,壁厚 3.5 mm,单根立杆允许荷载为 3 t(横杆竖向层高 1.2 m 时),立杆下端设可调底座,用于 60 cm 以内架高调整。根据标高和设计杆件长度进行底座调平,调节高度不得超过材料要求,立杆垂直度偏差小于 0.5%,顶部绝对偏差小于 5 cm。

横杆紧贴立杆布置,用碗式扣件扣紧,拆模前在任何情况下不得拆除贴近立杆的横杆。

纵向支撑的斜杆与地面夹角宜在 45°～60°范围内。斜杆的搭设是将一根斜杆扣在立杆上,另一根斜杆扣在横杆的伸出部分上,这样可以避免两根斜杆相交时弯曲钢管。斜杆用扣件与脚手架扣紧的连接头两端距脚手架节点不大于 200 mm,除两端扣紧外,中间尚需增加 2～4 个扣结点。斜杆的最下面一个连接点距地面不宜大于 500 mm,以保证支架的稳定性。斜杆的接长宜采用对接扣件对接连接。当采用搭接时,搭接长度不小于 400 mm,并用 2 个旋转扣件扣牢。

立杆纵横距和步距按支撑设计方案进行施工,立杆间设剪刀撑,剪刀撑应连接 3～4 根立杆。斜杆与地面夹角为 45°～60°,剪刀撑应沿步高连续布置,在相邻两排剪刀撑之间,设大斜撑。剪刀撑的斜杆除两端用旋转扣件与脚手架的立杆或大横杆扣紧外,在其中间应增加 2～4 个扣结点。

碗式扣件脚手架的搭设顺序是:做好搭设的准备工作→按支撑施工图放线→按立杆间距排放底座→放置扫地杆→逐根拉立杆并随即与扫地杆扣牢→安装横杆(与各立杆扣牢)→接立杆→架设剪刀撑。

拼装时应经常检查横杆水平和立杆垂直度,框架必须方正,不得偏扭。支架安装完毕后,及时对其平面位置、顶部标高、节点联系及纵横向稳定性进行全面检查。符合要求后,依次铺设横向卧木、立翼缘支架,安装模板,然后测量、放线、检查中线,核对断面几何尺寸。

满堂支撑需待砼达到设计强度方可拆除,拆除顺序和搭设顺序相反,先搭的后拆,后搭的先拆,并先从钢管支架顶端拆起。拆除顺序为:剪刀撑→横杆→立杆→……

立杆与横杆必须用碗扣件扣紧,不得隔步设置与遗漏。相邻立杆的接头位置应错开布置,在不同的步距内,与相近横杆的距离不宜大于纵距的 1/3;上下横杆的接长位置应错开布置,在不同的立杆步距中,与相近立杆的距离不大于纵距的 1/3;相邻步距的横杆应错开布置在立杆的里侧和外侧,以减少立杆偏心受载情况。

剪刀撑沿架高连续布置,横向也连续布置,纵向每隔 5 根与立杆设一道,每片架子不少于 3 道,剪刀撑的斜杆除两端用旋转扣件与脚手架的立杆或横杆扣紧外,在其中应增加 2～4 个扣结点。

由于排架搭设是依靠碗扣扣件紧固完成的,因此,在每个结点的碗扣扣件施工中都必须用力矩扳手进行检查。

支撑排架是箱体顶板的关键工序,排架搭设结束后应由专人对排架进行验收,验收合格后方可支模。

钢管支架完成后应做预压试验以检查支架的压缩量和稳定性，预压时在加载完成后每12 h观测一次。沉降稳定标准为24 h沉降±1 mm，满足上述要求后卸载。卸载后，按经确定的沉降值及设计标高调整模板标高。调整底模标高时，除为消除支架非弹性、弹性变形而设置的预拱外，跨中应设预拱度，向箱梁两端按二次抛物线变化至零，以保证箱梁混凝土施工后跨中形成预拱。预压可采用施工静载法、水静压法、沙袋静压法等。

预应力管道真空辅助压浆在
泰州长江公路大桥南塔中的应用

蔡 峰

（江苏省交通工程集团有限公司 镇江 212001）

摘 要 泰州长江公路大桥上、下横梁均采用预应力施工，为了保护预应力筋以及促进预应力筋与混凝土之间有效的结合，泰州长江公路大桥南塔采用了预应力管道真空辅助压浆工艺，很好地达到了技术规范要求。本文简要介绍泰州长江公路大桥南塔下横梁预应力管道采用的真空辅助压浆的施工工艺。

关键词 泰州大桥 南塔 预应力管道真空辅助压浆 施工

1 工程简介

泰州长江公路大桥主桥为 390 m＋1 080 m＋390 m 三塔两跨悬索桥。南塔位于扬中段长江西岸外侧滩地，共设上、下两道横梁。

上、下横梁均为单箱单室预应力混凝土箱型结构。下横梁梁体尺寸为：底板长 35.084 m，宽 8.384 m；顶板长 34.668 m，宽 8.279 m；梁高 9.0 m。上横梁梁体尺寸为：底板长 29.424 m，宽 8.157 m；顶板长 28.939 m，宽 8.035 m；梁高 10.5 m。

上、下横梁纵向预应力均采用 19Φ^{s}15.2 钢绞线束，其中下横梁共计 76 束，上横梁共计 52 束。预应力管道采用塑料波纹管，考虑到普通压浆存在的一些缺陷，为了提高压浆质量以及全面提高对预应力筋的保护，最终达到提高预应力构件耐久性和安全性的目的，泰州长江公路大桥南塔下横梁预应力管道压浆决定采用真空辅助压浆工艺。

2 真空辅助压浆工艺原理简介

2.1 原理简介

首先采用真空泵抽吸预应力管道的空气，使孔道达到 −0.06～−0.1 MPa 的真空度，然后在孔道的另一端用压浆机以 0.5～0.7 MPa 的正压力将水泥浆压入孔道，提高孔道内浆体的饱满度。

2.2 预应力管道压浆作用

① 保护预应力筋，防止锈蚀；

② 能够使预应力筋与混凝土有效的结合，以控制超载时裂缝的间距与宽度，并减轻梁端锚具的负荷状况。

3 真空辅助压浆所需材料及设备

3.1 压浆材料准备

3.1.1 压浆材料

压浆材料为普通硅酸盐水泥、混凝土外加剂、水。最佳的水泥浆配合比需根据具体采用的水泥和当地的气候条件进行配制,根据配合比搅拌的水泥浆水灰比、流动性、泌水性必须达到技术要求指标。

3.1.2 压浆材料性能指标

浆体配合比:水泥:水:外加剂=0.87:0.34:0.13。

水泥:采用 P. O42.5 水泥。

外加剂:微膨胀剂,高性能缓凝减水剂。

浆体性能要求

水泥浆强度:C50 级。

水灰比:0.3~0.35。

水泥浆稠度:22 s 左右。

泌水率:小于 2%,且泌水在 24 h 左右被浆体吸收。

膨胀率:不大于 5%。

缓凝时间:初凝时间不小于 5 h,终凝时间不大于 8 h。

3.2 施工设备

3.2.1 施工设备连接

真空压浆配套设备主要有真空泵 1 台(含真空压力表、过滤装置),配透明软管 1 根;压浆泵 1 台,配套高压橡胶管 3 根;砂浆搅拌机 1 台,拌浆能力为 2 m³(建议采用带有自动水计量装置的搅拌机);带阀门金属管若干根;20 kg 左右秤 1 台、计量水桶;循环水水桶、废液桶。具体连接方法见图 1。

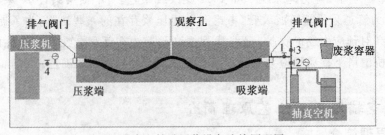

图 1　真空辅助压浆设备连接原理图

3.2.2 施工设备调试

① 在抽真空端及灌浆端安装引出管、球阀和板头,并检查其功能是否完好。一般将真空泵端设在高端,压浆端设在低端,这样有利于保证压浆的质量。

② 在压浆前,先吹入无油分的压缩空气清洗管道,接着用明矾净化后的清水冲洗管道,直到将松散颗粒除去及清水排除为止,最后以无油分的压缩空气吹干管道。

4 真空辅助压浆施工工艺

4.1 真空辅助压浆步骤

4.1.1 连接设备

按真空辅助压浆安装布置图进行各单元体的密封连接,确保管路各接头的密封性。真空泵的构造示意图见图2。

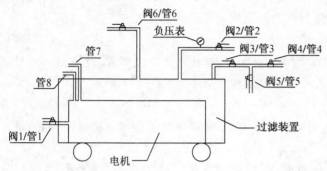

图2 真空泵构造示意

安装说明:

① 管6作为进浆管,管4通过透明软管连接出浆口;

② 管2接管7,将管6的管道残留水过滤后通过管8排进水桶;

③ 管1、管8接水桶,管1为进水管,管8为出水管,为电机提供降温循环水;

④ 管5接废液桶。

使用说明:

① 关闭阀5,打开阀1、阀2、阀3、阀4、阀6,开真空泵电源,则可开始抽真空;

② 真空度稳定后开始压浆,当浆液经透明软管排向管4时,马上关闭阀3,打开阀5,判断浆液稠度;

③ 当判断管5排出液为浓浆时进行补压,补压后关闭压浆处阀门结束压浆过程。

4.1.2 试抽真空

关闭灌浆阀、排气阀,打开抽真空阀;启动真空泵,观察真空压力表读数,即管内的真空度。当管内的真空度维持在 $-0.06 \sim -0.1$ MPa 值时(压力尽量低为好),停泵约 1 min 时间,若压力能保持不变即可认为孔道能达到并维持真空。

4.1.3 按配比拌制水泥浆,现场测定水泥浆的稠度

① 拌浆前先加水至搅拌机拌浆筒空转数分钟,使拌浆筒内壁充分湿润;

② 将称量好的水倒入搅拌机的拌浆筒,边搅拌边倒入水泥,再搅拌 $3 \sim 5$ min 直至均匀;

③ 将外加剂倒入搅拌筒,再搅拌 $5 \sim 15$ min,测试稠度后放入储浆桶;

④ 倒入储浆桶的浆体不论是否马上泵送,都要不停地搅拌。

4.1.4 压浆

① 启动真空泵,使孔道的真空度达到 $-0.06 \sim -0.1$ MPa,并稳定约 5 min。

② 启动压浆泵,开始压浆。压浆泵的压力维持在 0.5～0.7 MPa。压浆过程中,真空泵

要保持连续工作状态。

③ 待浆体经过抽真空端的空气过滤器时,关闭空气过滤器前的阀门,打开排气阀。

④ 观察排气阀端的出浆情况,当水泥浆顺畅流出且稠度与灌入的浆体相同时,关闭抽真空端的所有阀门。

⑤ 保持压浆泵继续工作,并在 0.5～0.7 MPa 的压力下稳定 2～3 min。

⑥ 关闭压浆泵及阀门,完成灌浆。

⑦ 压浆时每个工作班应留取不小于 3 组的 7.07 cm×7.07 cm×7.07 cm 立方体试件,标准养护 28 d,并检查其抗压强度,使其作为压浆质量评定的依据之一。

4.1.5　清洗

真空泵上装有"正倒"开关,"正"为抽真空开关,"倒"用于压浆完毕后清洗管道;同时应对压浆泵、搅拌机、阀门、过滤装置、各种管道以及粘有灰浆的工具进行清洗。

4.1.6　封锚

待浆体终凝后进行封锚施工,先对锚固区砼凿毛,然后连接主筋和焊接封锚钢筋,最好安装模板,浇筑封锚砼。

模板顶口留有 2 个 30 cm 左右的槽口,以便灌入砼。砼为细石子砼,坍落度约为 22 cm,用漏斗灌入,并用 30 型振捣棒振捣密实。

孔道真空辅助压浆应连续一次完成。若出现无法及时排除的故障,应立即拆下压浆管道,用高压水冲洗孔道,待故障排除后重新压浆。

4.2　压浆试块试压

泰州大桥南塔下横梁预应力管道真空辅助压浆前,为了保证整个压浆过程能够顺利进行,C06 标项目部特地进行了试块试压实验。

试块尺寸为 600 cm×30 cm×30 cm,采用钢筋绑扎固定于承台顶面,中间预埋一根塔柱、横梁内所使用的相同型号的塑料波纹管,并用细钢筋固定在钢筋骨架中;波纹管中穿拉 19 根长约 580 cm 的钢绞线,与横梁中的结构完全一样进行试验,具体构造见图 3～图 5。

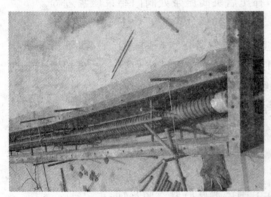

图 3　混凝土浇筑前的试块

图 4　混凝土浇筑后的试块

图 5　混凝土达到设计强度后的压浆试块

4.3　真空辅助压浆现场部分设备及实物图

真空辅助压浆现场部分设备及构造如图 6 所示。

(a) 压浆剂、砂浆搅拌机

(b) 真空泵

(c) 压浆端

(d) 真空泵端

图 6　真空辅助压浆现场部分设备实物图

5 成品保护

压浆施工时,应对采用的灌浆管、油管进行检查验收,确保油管接头密封以及油泵、灌浆设备的完好,避免压浆过程中的水泥浆污染混凝土面。对于已经附着的水泥浆,应立即用清水冲洗。

6 质量标准

6.1 主要应用标准和规范

(1)《公路桥涵施工技术规范》(JTJ 041—2000)

(2)《水泥检验评定标准》(GB 175—2007)

(3)《公路工程水泥及水泥混凝土试验规程》(JTG E30—2005)

6.2 基本要求

孔道压浆所使用的水泥必须符合现行的《水泥检验评定标准》(GB 175—2007)的规定。

水泥进场应具有出厂证明书和实验报告单,并按照进场数量进行抽样检验,检验方法遵循《公路工程水泥及水泥混凝土试验规程》(JTG E30—2005)执行。

水泥在运输与贮存时不得受潮和汇入杂物,不同强度等级和品种的水泥应分别贮存,不得混杂。

6.3 主控项目

6.3.1 水泥浆的技术条件应符合下列规定

(1)水灰比宜为 0.40~0.45,掺入适量减水剂时,水灰比可减小到 0.35。

(2)水泥浆的泌水率最大不得超过 3%,拌和后 3 h 泌水率宜控制在 2%,泌水应在 24 h 内重新全部被浆吸回。

(3)通过试验后,水泥浆中可掺入适量膨胀剂,但其自由膨胀率应小于 5%。

(4)水泥浆稠度宜控制在 22 s 左右。

6.3.2 压力控制

压浆的最大压力宜为 0.5~0.7 MPa;当孔道较长或采用一次压浆时,最大压力宜为 1.0 MPa。梁体竖向预应力筋孔道的压浆最大压力可控制在 0.3~0.4 MPa。

6.3.3 停止压浆要求

压浆应达到孔道另一端饱满和出浆,并应达到排气孔排出的与规定稠度相同的水泥浆为止。为保证管道中充满灰浆,关闭出浆口后应保持不小于 0.5 MPa 的一个稳压期,该稳压期不宜少于 2 min。

7 真空辅助压浆的优点

(1)由于孔道内和压浆泵之间的正负压力差,孔道中原有的空气和水被清除。同时,混夹在水泥浆中的气泡和多余的自由水被排出,大大降低了浆体中气泡和孔洞形成的几率,从而大幅度提高孔道内浆体的饱满性和密实度。

(2)浆体中的微沫及稀浆在真空负压下率先进入负压容器,待稠浆流出后,孔道中浆的稠度即能保持一致,使浆体密实性和强度得到保证。

(3)压浆过程中孔道具有良好的密封性,使浆体保压并保证充满整个孔道。

(4)真空辅助压浆工艺及浆体都比普通压浆有所优化,水泥浆水灰比降低,搅拌时添加专用的外加剂,减少浆体的离析、析水和干硬收缩,同时提高浆体的强度,使压浆的饱满性及强度得到保证。

(5)真空压浆过程连续且迅速,缩短了压浆时间。

(6)在真空状态下,减小了由于孔道高低弯曲而使浆体自身形成的压头差,便于浆体充盈整个孔道,尤其是一些异形关键部分。

8 结　语

真空辅助压浆是后张法预应力混凝土结构施工中的一项新技术,其克服了普通压浆的一些缺陷,通过提高压浆质量来全面提高对预应力筋的防护功能,最终达到提高预应力构件耐久性和安全性的目的。泰州长江公路大桥南塔下横梁施工采用真空辅助压浆技术取得了很好的效果,确保了孔道压浆的质量,这也必将为即将建设的大型桥梁提供有益的借鉴。

参考文献

[1] 路桥集团第一公路工程局.JTJ 041—2000 公路桥涵施工技术规范.北京:人民交通出版社,2000.

[2] 天津市政工程局.道路桥梁工程施工手册.北京:中国建筑工业出版社,2003.

[3] 王特一.后张法预应力梁施工及质量控制.四川建筑,1999(3).

[4] 威尔贝.后张法预应力混凝土,徐晓初,译.北京:中国铁道出版社,1985.

SMW 工法桩在深基坑中的应用

田喜东　孙祥儒

（镇江市交通工程建设管理处 镇江 212005）

摘　要　SMW 工法桩是在水泥搅拌桩内插入 H 型钢或其他种类劲型材料,从而增加泥土抗弯、抗剪能力,并具有挡水、挡土、工艺简单、操作方便、造价较低等特点的基坑维护施工方法。

关键词　SMW　工法桩　应用

1　工程概况

海虞北路延伸段工程位于常熟市虞山镇境内,是规划城市向北发展的主干道,也是常熟市北部出入口,工程所在下穿段 A 标全长 1 km,与新建的 204 国道相交,下穿通道全长 665 m,其中两端为明挖形式,长 265 m,中间 400 m 采用 SMW 工法桩基坑维护和扩大头锚杆施工方法。工程设计最大挖深 7.8 m,开挖宽度 31.5 m。根据开挖深度的不同,施打的工法桩桩长分别为 12 m,15 m,18 m。施工段落地质主要为粉质黏土及粉土夹粉砂土层。

2　施工前准备工作

为了了解机械性能及核对现场地质情况与图纸是否一致,在施工前进行了工法桩试桩。通过试桩了解机械性能,得出技术参数,以确定钻进提升速度,保证成桩质量。本工程使用的具体参数见表 1。

表 1　工程中使用的具体参数表

序号	技术参数	指标
1	水泥(32.5 普通硅酸盐水泥)掺入比	20%
2	浆液配比(水：水泥)	1.5：1
3	泵送压力	1.5～2.8 MPa
4	下沉速度	0.5～1 m /min
5	提升速度	1～2 m /min
6	28 天无侧限抗压强度	1.0～1.2 MPa
7	水泥浆的密度	1.33 kg/m³
8	每桶水泥浆拌制量	10 包水泥加 750 kg 水拌和

3 施工过程

3.1 测量放样、导槽开挖

按照图纸对工法桩施工位置进行放样,并用红漆在地面标明位置,沿工法桩中心位置用石灰粉在地面画出导槽开挖中心线,并对原地面进行测量,确定导槽开挖深度。

3.2 放置定位型钢

垂直导槽方向放置 2 根定位型钢,规格为 200 mm×200 mm,长约 2.5 m,再在平行沟槽方向放置 1 根定位型钢,规格为 300 mm×300 mm,长 8~20 m,定位型钢必须被固定好,必要时可用点焊进行相互连接固定。H 型钢定位采用型钢定位卡,具体位置及尺寸如图 1 所示。

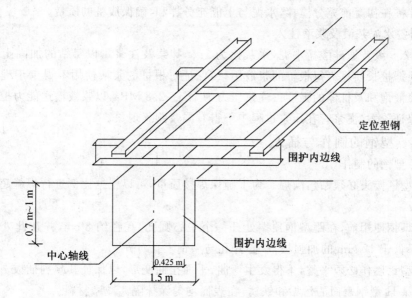

图 1 沟槽开挖示意

3.3 三轴搅拌桩孔位定位

三轴搅拌桩三轴中心间距为 1 200 mm(ϕ850 mm),根据这一尺寸在平行于导槽的 H 型钢表面用红漆画线定位。

3.4 SMW 工法桩施工

3.4.1 施工顺序

SMW 工法施工按图 2 顺序进行,其中阴影部分为重复套钻,保证墙体的连续性和接头的施工质量。

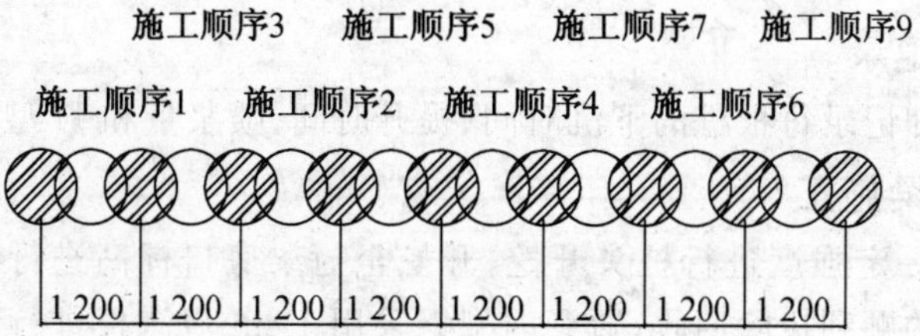

施工顺序3　施工顺序5　施工顺序7　施工顺序9

施工顺序1　施工顺序2　施工顺序4　施工顺序6

| 1 200 | 1 200 | 1 200 | 1 200 | 1 200 | 1 200 | 1 200 | 1 200 |

图 2 SMW 工法施工顺序

3.4.2　桩机就位

（1）现场由专人统一指挥，桩机就位，移动前看清上、下、左、右各方面的情况，发现障碍物应及时清除，桩机移动结束后认真检查定位情况并及时纠正。

（2）桩机应平稳、平正，用经纬仪校直桩架，然后装上吊锤控制垂直度。

（3）三轴水泥搅拌桩桩位定位后进行定位复核，偏差值应小于 3 cm。

3.4.3　搅拌速度及注浆控制

（1）三轴水泥搅拌桩在下沉和提升过程中均应注入水泥浆液，同时严格控制下沉和提升速度。根据设计所标深度，钻机在钻孔和提升全过程中应保持螺杆匀速转动、匀速下钻、匀速提升，同时根据下钻和提升两种不同的速度注入不同掺量的搅拌均匀的水泥浆液，使水泥土搅拌桩在初凝前充分搅拌，水泥与土能充分拌和，确保成桩的质量。

（2）制备水泥浆液及浆液注入

采用 32.5 级普通硅酸盐水泥，水灰比为 1.5，拌浆及注浆量以每钻的加固土体方量换算。现场根据桩长换算为每根桩的浆液用量，保证每根桩的浆液使用不得少于理论值。保证土体的浆液饱和及桩体的强度。注浆压力为 1.5～2.8 MPa，以浆液输送能力控制。注浆过程中须保证压力，泥浆管在压浆过程中不得有漏浆跑气现象。

3.4.4　型钢的制作与插入

（1）H 型钢的制作。

① H 型钢接头必须贴角满焊。为了确保焊接质量，可以根据比例进行焊缝超声波探伤检测。

② H 型钢使用前，在距型钢顶端处开一个中心圆孔，孔径约 8 cm，并在此处型钢两面加焊厚度不低于 12 mm 的加强板，中心开孔与型钢上孔对齐。

③ H 型钢制作必须平整，不得发生弯曲、平面扭曲变形，以保证其顺利插拔。

④ 清除 H 型钢表面的污垢和铁锈，在表面均匀涂抹隔离减摩材料。

（2）H 型钢的插入。

① H 型钢的插入时间应在水泥土初凝硬化之前。根据设计本型钢间距 1.2 m，插入的位置为图 2 中阴影套打部分，采用吊装机械将焊接定尺的 H 型钢吊起，在沟槽定位型钢上设 H 型钢定位卡，型钢定位卡必须牢固、水平。型钢定位卡位置必须准确，要求 H 型钢平面度平行基坑方向 $L\pm4$ cm（L 为型钢间距），垂直于基坑方向 $S\pm4$ cm（S 为型钢朝基坑面保护层）；将 H 型钢底部中心对正桩位中心，并沿定位卡靠型钢自重徐徐垂直插入水泥土搅拌桩体内。

② H 型钢插入后进行换钩，再将 H 型钢固定在沟槽两侧铺设的定位型钢上，直至孔内的水泥土凝固。

3.4.5　报表记录

施工过程中详细记录每根桩的下沉时间、提升时间、喷浆量和 H 型钢的下插情况。

3.5　桩顶冠梁施工

待工法桩达到一定强度进行桩头开挖，开挖至冠梁底口标高进行钢筋绑扎模板制作，为了保证后续型钢的顺利拔除回收，冠梁内型钢采用 1 cm 泡沫板进行粘贴，并在泡沫板外面用油毡进行包裹，使型钢与砼隔离。模板安装前在冠梁内预留锚杆孔洞，待冠梁混凝土强度≥90％后对扩大头锚杆进行张拉。

3.6 型钢拔除

在内侧砼挡墙与工法桩之间完成砂石回填夯实后，应进行 H 型钢拔除。型钢拔除时可使用 2 台 200 t 千斤顶与汽车吊配合作业，在型钢两侧水平放置千斤顶，型钢顶部用液压钳固定，利用液压钳与冠梁之间千斤顶施加的油压力起拔型钢，待型钢松动后用汽车吊将型钢完全拔除。拔除后水泥土中的空隙采用水灰比为 1：1.5 水泥浆灌注，灌实为止。

4 施工成果总结

工法桩开挖后，桩体完整，无缝隙，无渗水、透水现象，形成一道具有一定强度和刚度的、连续完整的、无接缝的地下墙体，如图 3 所示。

开挖前至开挖结束后一个月，监控单位布设的 18 个测点监测成果表明，维护结构顶部的水平土体位移及垂直位移每日变化值均在允许变化范围内。累计变形最大水平位移值为 22 mm，小于报警值 25 mm。地下水位监测、周边建筑物沉降、深层土体水平位移等测值均稳定。基坑开挖底部未出现隆起、砂层突涌等现象。

通过现场桩体观察及检测成果反映，工法桩满足施工要求，并可保证后续工作的顺利进行。

图 3 深基坑支护效果

5 结语

通过本工程施工可知，工法桩在深基坑开挖过程中的维护优势明显。由于基坑最大挖深达 7.8 m，使用地下连续墙施工工序复杂且造价高，钻孔灌注桩加高压旋喷桩止水帷幕在穿透粉砂加粉土地层中灌注桩易塌孔，且对周边环境影响大、施工进度慢，而本工程正是应用了 SMW 工法桩具有的对周边环境影响小、成桩质量可靠、施工较为经济快捷的特点，收到了良好的经济效益和社会效益。

预拌混凝土外加剂与水泥适应性问题的研究及对策

顾春娣

（江苏省镇江市路桥工程总公司 镇江 212017）

摘 要 本文从材料特性角度阐述影响预拌混凝土外加剂与水泥适应性的因素，并结合工程实例，对由于各种原因无法更换外加剂而出现适应性不良的情况，提出行之有效的解决措施，从而保证混凝土的质量。

关键词 预拌混凝土 适应性 对策

预拌混凝土在我国较大规模的生产是从 20 世纪 80 年代初开始的，经过近 30 年的技术创新和推广应用，至今已取得巨大成绩。随着国民经济的迅猛发展，我国又迎来了大规模基础建设的高峰期，为预拌混凝土的大量应用提供了契机。很多大城市现在已很难看到昔日那灰土弥漫的现场搅拌混凝土的场面。预拌混凝土的出现给建筑业的发展、社会进步、城市的文明带来了诸多好处，但也引发了一些质量问题，其中之一就是在外加剂与水泥是否能较好适应的问题。本文就预拌混凝土外加剂与水泥适应性影响因素以及不适应问题所采取的对策进行分析和阐述。

1 外加剂的作用机理

预拌混凝土生产过程中，水泥遇水会发生水化反应生成一定的水化物，在磨细的水泥粒子中由于矿物成分和粒子大小不同，它们分散于水中且形状各异，具有巨大表面积，使得水泥－水的分散体系处在一个表面能很高的不均匀力场中。在这个分散体系中，由于缺少相同电性的电荷而往往表现出范德瓦耳斯力，粒子间有相互凝聚的趋势。高效外加剂的加入，通过在水泥－水分散体系中的吸附与分散作用，在水泥粒子表面形成一层凝胶化单分子膜，有效阻碍或破坏水泥粒子的凝聚作用，同时还会使水泥粒子所带的动电电位 ζ 值显著增大，粒子间的电性斥力也大大增加，使新拌混凝土的屈服应力值明显减小，粘度下降，水泥浆体的流动性增大，触变性增强，有效地改善了预拌混凝土的和易性。预拌混凝土中常用的外加剂主要是泵送剂，它由减水组分、缓凝组分、引气组分、增稠组分等复合而成，需要注意的是，每种组分之间都可能存在适应性问题。尽管外加剂家族成员在不断增加，但仍以萘磺酸甲醛缩合物系、磺化三聚氰胺甲醛树脂系、氨基磺酸系及聚羧酸系等为主，其中萘磺酸甲醛缩合物系相关产品占据将近 80％的市场份额。在普通型萘系高效外加剂中，一般含有 18％～22％的 Na_2SO_4，而硫酸盐常常是造成外加剂适应性不良的一个重要因素。加入过量硫酸钠时，初期由于存在较多游离碱而形成大量的 AFt 晶体，对水泥矿物的包裹变差，水泥浆体中 $CaSO_4$ 显得不足，水泥粒子水化速度加快，可能会造成混凝土坍落度经时损失较大或出现假凝现象。

2 外加剂与水泥适应性的主要影响因素

2.1 矿物熟料成分和石膏形态、掺量的影响

水泥熟料中 C_3A 和 C_4AF 的比例越大,外加剂中减水组分的分散效果越差,尤其是萘系减水剂与水泥不相适应的问题和水泥中的 C_3A 含量过高(或石膏与 C_3A 的比例偏小)有直接关系。水泥与水接触时,液相中 SO_4^{2-} 与 C_3A 之间的平衡不仅取决于石膏掺量,还取决于石膏的品种和形态。以无水石膏、半水石膏和氟石膏作调凝剂的水泥,遇到含有木钙、糖钙等外加剂时会产生严重的不适应,往往会出现减水效果不理想、混凝土流动度损失过大及凝结时间过快等异常现象。

2.2 水泥细度的影响

自实施水泥胶砂强度 ISO 检验方法以来,各大水泥厂家纷纷以提高水泥细度来提高水泥强度。水泥颗粒中小于 $3\ \mu m$ 的微细颗粒含量增多,有的甚至已超过20%。这些微细颗粒增强了对外加剂吸附能力,在外加剂掺量和水灰比相同的条件下,随着水泥细度增加,混凝土流动性将下降。

2.3 水泥中碱含量的影响

水泥中的碱会促进铝酸盐相的溶解,造成铝酸盐相的快速水化。碱的存在也会使外加剂中的减水组分吸附在铝酸盐矿物表面,高碱水泥会显著降低外加剂的塑化效果,导致混凝土的凝结时间缩短和坍落度经时损失增大。

2.4 水泥中的混合材和混凝土中掺和料的影响

一般情况下,有较大量掺和料的混凝土凝结硬化较慢,因此混凝土坍落度经时损失会小一些。但对于不同品种的掺和料,混凝土坍落度经时损失对水泥-减水剂体系中的 SO_3 敏感程度不同:当矿渣粉掺量较大时,它对 SO_3 很敏感,粉煤灰掺量较大时对 SO_3 就不太敏感,因此粉煤灰混凝土对外加剂的适应性较矿渣粉混凝土强。但当粉煤灰含碳量较高时,碳因吸附了较多的外加剂而使得混凝土的流动性变差。炉渣、煤矸石不仅含碳,而且呈多孔结构,对外加剂的吸附性很强,且与水泥的适应性差。一般来说,用含—SO_4,—COOH,—OH,—NH_2 基的外加剂,在掺入含有碳等吸附外加剂的矿物掺和料时,容易发生外加剂适应不良的问题。

2.5 水泥的新鲜程度和温度的影响

外加剂对新鲜水泥的塑化效果一般都较差。国内有学者通过试验研究认为,新鲜水泥在 12 d 内对外加剂的吸附量较大,大部分水泥在 15 d 后趋于正常。新鲜水泥干燥度高,温度也较高,早期水化快。另外,具有较强的正电性对外加剂的吸附作用增强,造成混凝土需水量增加、坍落度经时损失大、流动度减小、凝结时间缩短等问题。

2.6 外加剂自身特性的影响

外加剂的分子结构、极性基团种类、分子量分布、聚合度、水解充分程度、磺化温度以及杂质含量等,对水泥的塑化效果有较大影响。如目前应用较多的萘系外加剂,在磺化过程中如果湿度、时间、水解过程控制不当,磺化产物中的 β-萘磺酸比例就较少,而大量生成多萘磺酸和 α-萘磺酸则会大大影响外加剂与水泥的适应性。

3 改善外加剂与水泥适应性的技术措施

3.1 控制新鲜水泥温度及延长存放时间

水泥生产厂家可通过增加水泥冷却器、加强水泥倒库均化、加强水泥库抽风散热等措施,将出厂水泥的温度降低到 60 ℃以下。预拌混凝土搅拌站也可以采用多库轮流使用,延长水泥的陈化时间,降低水泥的正电极性,从而提高其与外加剂的适应性能。

3.2 合理选择水泥熟料的矿物组成及石膏形态

水泥熟料中各矿物对减水剂的吸附能力为:$C_2S < C_3S < C_4AF < C_3A$。通过在较高温度范围内使水泥熟料快速冷却,可提高硅酸盐矿物活性,减少 C_3A 和 C_4AF 的析晶,使所磨制的水泥与外加剂的适应性较好。适宜的石膏掺量应根据水泥的 C_3A、碱含量和比表面积等来确定;应限制天然石膏中硬石膏的含量,禁止使用那些品位较低的工业副石膏。

3.3 控制水泥的细度和颗粒级配

相同比表面积时,水泥颗粒的级配越窄,水化速度越快。水泥越细,对外加剂吸附力越强,水化速度越快,因而要控制水泥细度,一般宜控制在 $300 \sim 350 \ m^2/g$ 范围内,并尽量使水泥颗粒的级配分布宽一些,以提高其与外加剂的适应能力。

3.4 优选掺和料与混合材

由于粉煤灰混凝土对外加剂的适应性优于矿渣粉混凝土,因此应针对实际情况优先选用优质粉煤灰作为混凝土掺和料。对萘系外加剂来说,混凝土中磨细矿渣掺量较大,则选择低浓型的外加剂较为合适;如果粉煤灰掺量较大,则选择高浓型外加剂更为合适。需水量小且有利于改善水泥颗粒分布的混合材,对改善水泥与外加剂的适应性有利;石灰石作混合材可促进硅酸盐矿物水化,且需水量小、易磨性好,有利于改善水泥的颗粒分布,降低标准稠度用水量,故石灰石可作为水泥首选的混合材。另外,矿渣和含碳量小的粉煤灰也是较好的混合材。

3.5 降低水泥中的碱含量

水泥中碱含量过高,会导致水泥浆体早期收缩增加,促使混凝土裂缝生成,甚至造成结构物劣化。降低碱含量有利于水泥-减水剂体系中 SO_3 与碱的平衡,保证混凝土正常凝结而坍落度经时损失较小。

3.6 对外加剂进行改性

对于目前使用最广、生产量最大的萘磺酸甲醛缩合物来说,普通型产品可通过复合羟基羧酸盐来降低坍落度经时损失,通过复合氨基磺酸盐减水剂来提高减水率、降低坍落度经时损失和混凝土粘度;而高浓型产品可通过化学方法降低减水剂中的 Na_2SO_4 含量,以提高减水率和降低坍落度经时损失。另外,也可以通过直接法或大分子单体共聚等枝接法改善分子结构,通过引进支链、控制大分子单体与萘的比例等措施来提高减水率与保坍性能,从而达到改善外加剂与水泥适应性的目的。外加剂的复合使用,是解决其与水泥适应性不佳的常用方法,不仅可将减水组分、缓凝组分、引气组分、保塑组分等复合使用,而且可将不同种类的减水剂以及不同厂家生产的同种类型的减水剂复合使用,利用多种极性基团和多种分散作用力的共同作用。复合外加剂具有更合理的分子量和分子级配,可提高外加剂与水泥的适应能力。

4 工程实例

某预拌混凝土公司,曾遇到混凝土外加剂与水泥严重不相适应的问题。所用水泥为 A 厂生产的 P.O42.5,混凝土外加剂为 FDN-2 萘系泵送剂。按《水泥与减水剂相容性试验方法》(JGJ 1083—2008)检验其相容性,称取水泥 500 g、水 138 g,混凝土外加剂掺量为 2.4%,采用净浆流动度法测定其初始流动度值和 60 min 流动度值。结果显示:初始流动度值为 92 mm;60 min 流动度值为 65 mm;经时损失率为 29.3%;饱和掺量点为 3.3%。由此判断,该混凝土外加剂与水泥的适应性不良。但由于种种原因外加剂不能立即更换,因此换 B 厂生产的 P.O42.5 水泥进行试验,其结果更糟。既不能通过更换水泥来适应外加剂,更不能指望外加剂来适应水泥,如何改善它们之间的适应性成为一个急需解决的棘手问题。为此笔者进行了多次试验,从多方面入手使其适应性得到较大程度的改善,最终采取以下措施:

(1)与水泥生产厂家沟通,尽量将 C_3A 含量降至 8.0% 以下(实际 C_3A 含量为 7.9%);提高水泥混合材中石灰石用量,从 5% 提高至 8%,减少煤矸石的掺量;尽可能供应陈化时间长的水泥,将出厂水泥温度从 80℃ 降至 70℃ 左右。

(2)要求混凝土外加剂生产厂家调整配方,降低 Na_2SO_4 含量,适当复合一些氨基磺酸系减水剂。针对当地夏季持续时间长且气温较高的特点,特意调整缓凝组分品种和用量,增加保塑组分用量,保证配制的混凝土在高温下的坍落度经时损失和泌水较小,以满足长距离运输和施工的要求。

(3)选用质量较好的粉煤灰作为混凝土掺和料。

(4)适当调高混凝土外加剂的掺量。

(5)调整混凝土配合比,放大初始坍落度至 200 mm 左右。将采取措施前后用 A 厂生产的 P.O42.5 水泥配制的 C25 混凝土拌和物性能作对比,其结果如表 1 所示。

表 1 采取调整措施前后混凝土性能的对比

项目	混凝土配合比 ($W:C:F:S:G:FDN-2$)	2 h 坍落度损失/mm	初凝时间/h	终凝时间/h	可泵性
调整前	192:275:75:776:1 072:7.0	120	6	9.5	较好
调整后	185:260:75:810:1 070:7.4	40	9.5	13	好

由表 1 可知,采取有效措施后混凝土的坍落度经时损失和凝结时间等指标均满足施工要求,混凝土质量得到了保证。

5 结 语

影响预拌混凝土与外加剂适应性的因素很多,本文主要从材料特性的角度来加以剖析和阐述,并结合工程实例,对那些由于各种原因无法更换外加剂而出现适应性不良的情况,有针对性地提出了解决办法。当然在发生适应性不良的现象时,首先应采取治本的办法,即选择不同的外加剂以适应水泥的需要,这对预拌混凝土尤为重要。

参考文献

［1］张承志.商品混凝土.北京:化学工业出版社,2006.

［2］胡如进,王新频,蔡成军.从混凝土角度谈水泥生产.北京:化学工业出版社,2007.

［3］孙跃生,仲朝明,谷政学,等.混凝土裂缝控制中的材料选择.北京:化学工业出版社,2009.

［4］熊大玉,王小虹.混凝土外加剂.北京:化学工业出版社,2002.

［5］中华人民共和国行业标准.JGJ 1083—2008 水泥与减水剂相容性试验方法.北京:中国建材工业出版社,2008.

钢板桩围堰围图支撑应力应变测试分析研究

刘国承　程　彬　董立功

（江苏省交通工程集团有限公司 镇江 212001）

摘　要　本文通过对苏北灌溉总渠大桥 22♯ 主墩承台钢板桩围堰围图的应力应变实际测试结果与计算结果比较分析，按钢板桩围堰的现有计算模式设计计算所得应力结果偏大，并从荷载组合工况、土体强度计算参数取值等 5 个方面进行简单分析，提出围堰设计与施工中应注意的问题，为钢板桩围堰的设计施工提供参考。

关键词　钢板桩　围堰围图　应力应变　测试分析

钢板桩围堰计算方法种类较多，过于复杂精确的计算往往与实际情况存在出入。为了去繁就简，根据钢板桩入土深度 4～5 m 时，钢板桩受力按照单锚浅埋板桩计算模式计算，并在每个工况进行应力测试，验证这种计算模式的准确性。

1　工程实施背景

S237 省道淮河入海水道、苏北灌溉总渠特大桥位于淮河入海道淮安枢纽下游 7 km 处，桥梁全长 1 320 m，全桥结构布置形式为 4×30 m＋4×30 m＋5×40 m＋5×40 m＋(56.5 m＋3×90 m＋56.5 m)＋3×30 m＋4×25 m＋4×25 m，18♯～23♯墩为本桥的第 5 联，上部结构为挂篮悬浇箱梁，群桩基础，左、右幅独立承台，其中 21♯ 与 22♯ 位于灌溉总渠内，主墩承台施工需要进行钢板桩围堰施工，21♯ 与 22♯ 墩为主跨墩承台，其尺寸为 10.7 m×10.7 m×3.2 m，21♯墩承台底标高－0.3 m，22♯墩承台底标高－1.7 m，苏北灌溉总渠内最高水位为 7.5 m。本文验证了计算内力的正确性并对围堰各个阶段进行监测，防止内力变化超过安全范围，以便及时采取措施保证围堰的安全，为以后钢板桩围堰施工积累资料。

2　钢板桩受力计算

深基坑基础的安全问题尤为重要。为了保证施工的安全，应在进行施工技术方案编制过程中进行围堰结构的受力计算。结构模型的科学性是结构受力计算的前提，科学的结构模型是保证正确计算结果的充分条件，结构材料是保证结构受力的必要条件。不对计算模型进行科学分析，其得出的结果要么不能保证施工安全，要么浪费结构材料。

2.1　钢板桩围堰计算模型的确定

本项目的 22♯墩承台埋深最大，以 22♯墩为研究对象进行钢板桩围图计算分析。

钢板桩围图计算模型的简化前提包括：

（1）水中钢板桩外侧不考虑主动土压力，全部为水压力。

（2）钢板桩围图支撑按简支计算，下部主动土压力和被动土压力相同，确定钢板桩入土深度的条件是钢板桩不转动，第二层支撑计算不考虑第一层的作用。

（3）围图采用连续梁计算模型，如图 1 所示。已知土的饱和密度为 20 kN/m³，内摩擦角 $\varphi=15°$，内聚力 $c=40$ kPa，正常水位为 6.5 m，最高水位为 7.5 m。采用拉森Ⅳ型钢板桩 $W=2\,037$ cm³，$[\sigma]=200$ MPa，土的容重为 20 kN/m³，水的容重为 10 kN/m³，则

$$K_a=\tan^2\left(45°-\frac{\varphi}{2}\right)=\tan^2\left(45°-\frac{15}{2}\right)=0.59$$

$$K_p=\tan^2\left(45°+\frac{\varphi}{2}\right)=\tan^2\left(45°+\frac{15}{2}\right)=1.7$$

2.2 钢板桩长度计算

钢板桩不同施工阶段的工况分为 3 种。

工况一：安装好第一层围图，抽水、挖土至第二层围图时，第一层围图受力最大。根据单锚浅埋板桩计算规则，假定上端为简支，下端为自由支撑，因它是粘性土，且水压力较大，故墙后主动土压力不考虑，仅考虑水压力，被动土压力取安全系数为 1.5，为使钢板桩保持稳定，则水压力和被动土压力对 A 点的力矩应等于零，即 $\sum M_A=0$，

$$\left(\frac{1}{2}\gamma t^2 K_p+2ct\sqrt{K_p}\right)\div 1.5\times\left(\frac{2}{3}t+4.2\right)=\frac{1}{2}\gamma_w(4.7+t)^2\left[\frac{2}{3}(4.7+t)-0.5\right]$$

解得 $t=1.59$ m。

根据钢板桩的入土深度，求得钢板桩的受力 $M=109$ kN·m 和支点反力 $R=60$ kN，则钢板桩应力 $\sigma=\dfrac{M}{W}=\dfrac{109\ \text{kN}\cdot\text{m}}{2\,037\ \text{cm}^3}=53.5$ MPa，入土深度 t 小于实际入土深度 5.3 m，钢板桩弯应力 $\sigma=53.5$ MPa $\leqslant[\sigma]=200$ MPa，此工况满足要求。

工况二：安装好第二层围图，继续抽水挖土至承台封底高程 −2.2 m，此时钢板桩受力最大，围图支撑受力也最大，如图 2 所示。不考虑第一层围图的影响，按照单锚支撑作用在 A 点计算第二层围图，水压力和被动土压力对 A 点的力矩应等于零，即 $\sum M_A=0$，

$$\left(\frac{1}{2}\gamma t^2 K_p+2ct\sqrt{K_p}\right)\div 1.5\times\left(\frac{2}{3}t+4\right)=$$
$$\frac{1}{2}\gamma_w(8.7+t)^2\left[\frac{2}{3}(8.7+t)-4.7\right]$$

解得 $t=3.96$ m。

根据钢板桩的入土深度，求得钢板桩的受力 $M=297$ kN·m 和支点反力 $R=348$ kN，

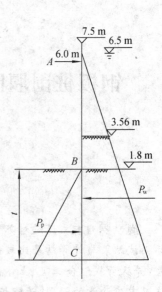

图 1　钢板桩受力图

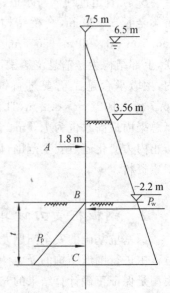

图 2　工况二的钢板桩受力图

则钢板桩应力 $\sigma = \dfrac{M}{W} = \dfrac{297\,\text{kN} \cdot \text{m}}{2\,037\,\text{cm}^3} = 145\,\text{MPa}$，入土深度 t 小于实际入土深度 5.3 m，钢板桩弯应力 $\sigma = 145\,\text{MPa} \leqslant [\sigma] = 200\,\text{MPa}$，此工况满足要求。

工况三：施工安置好承台，放水到围堰内拆除第二道围图，这时第一道围图和钢板桩受力分析如图 3 所示。此时钢板桩内有被动土压力和水压力及承台对基坑底的压力 $q = 92.5\,\text{kPa}$，为使钢板桩保持稳定，则水压力和被动土压力及围堰内水压力对 A 点的力矩应等于零，即 $\sum M_A = 0$，

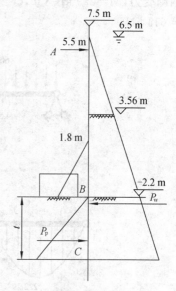

图 3　工况三钢板桩受力图

$$\left(\frac{1}{2}\gamma t^2 K_p + 2ct\sqrt{K_p} \right) \div 1.5 \times \left(\frac{2}{3}t + 8.2 \right) + qtK_p \times$$

$$(0.5t + 8.2) + \frac{1}{2}\gamma_w 3.5^2 \times \left(4.2 + \frac{7}{3} \right) =$$

$$\frac{1}{2}\gamma_w (8.2 + t)^2 \left[(8.2 + t)\frac{2}{3} - 0.5 \right]$$

解得　$t = 0.94$ m。

根据钢板桩的入土深度，求得钢板桩的受力 $M = 355.7$ kN·m，支点反力为 $R = 125$ kN，则钢板桩应力 $\sigma = \dfrac{M}{W} = \dfrac{355.7\,\text{kN} \cdot \text{m}}{2\,037\,\text{cm}^3} = 175\,\text{MPa}$，入土深度 t 小于实际入土深度 5.3 m，钢板桩弯应力 $\sigma = 175\,\text{MPa} \leqslant [\sigma] = 200\,\text{MPa}$，此工况满足要求。

根据上面 3 种工况分析，22# 主墩钢板桩围堰采用 15 m 长钢板桩，入土深度为 5.3 m 是满足施工要求的。

2.3　围图支撑计算

第一道围图的最大支点反力 $R_1 = 125$ kN（在第三种工况时），第二道围图的最大支撑反力 $R_2 = 348$ kN（在第二种工况时），为方便主墩墩身施工，本工程围图支撑设计如图 4 所示。

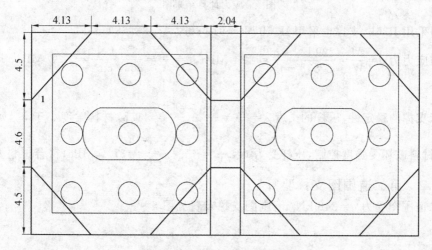

图 4　第一层围图支撑布置图

2.3.1　第一道围图支撑验算

第一道围图受均布荷载 $q=125$ kN/m,根据支撑布置(见图 5),取跨径最大的一边验算围图受力,$M=229$ kN・m,$Q=327$ kN。验算最长的斜支撑杆件 $L_2=6.11$ m,承受压力 $N=614$ kN。

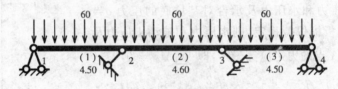

(a)计算结构模型图

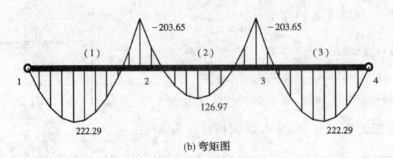

(b) 弯矩图

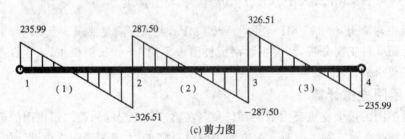

(c)剪力图

图 5　应力计算结果图

围图采用 II36b,支撑也采用 II36b,$W=919$ cm³,$A=83.68$ cm²。

围图应力为 $\sigma=\dfrac{M}{W}=\dfrac{229\ \text{kN}\cdot\text{m}}{1\ 838\ \text{cm}^3}=124$ MPa,$\tau=\dfrac{Q}{A}=\dfrac{327\ \text{kN}}{86.4\ \text{cm}^2}=37.8$ MPa,满足材料要求。

验算支撑的稳定性,压杆的柔度 $\lambda=\dfrac{\mu l}{i}=\dfrac{0.5\times611}{7.3}=41.8$,材料柔度小于 λ_2,属于小柔度构件,材料破坏受强度控制,压杆受力 $\sigma=\dfrac{N}{A}=\dfrac{614\ \text{kN}}{167.4\ \text{cm}^2}=37.7$ MPa,符合材料要求。

2.3.2　第二道围图支撑验算

第二道围图受力 $q=348$ kN/m,围图支撑布置见图 6。

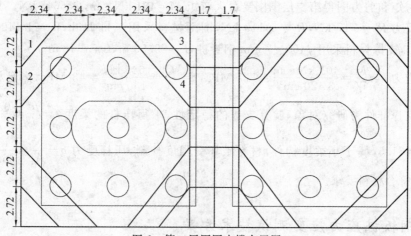

图 6　第二层围囹支撑布置图

取跨径大的一边作为研究对象，如图 7 所示。

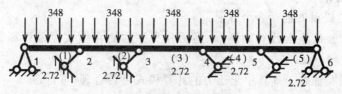

(a) 计算结构模型图

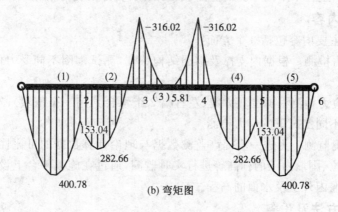

(b) 弯矩图

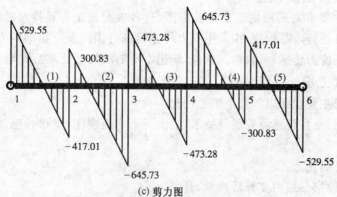

(c) 剪力图

图 7　计算结果分析

根据弯矩和剪力图得第二层围圀受最大弯矩 $M=401\ \text{kN}\cdot\text{m},Q=645\ \text{kN}$。

支撑反力 $R_1=717\ \text{kN},R_2=1\ 119\ \text{kN}$,围圀材料采用三拼 I40b,$W=1\ 140\ \text{cm}^3$,$A=94.112\ \text{cm}^2$,支撑材料采用 $\phi400\times7\ \text{mm}$ 钢管桩,$L_1=3.59\ \text{m},L=7.18\ \text{m}$。

围圀应力 $\sigma=\dfrac{M}{W}=\dfrac{401\ \text{kN}\cdot\text{m}}{3\ 420\ \text{cm}^3}=117\ \text{MPa}$,$\tau=\dfrac{Q}{A}=\dfrac{645\ \text{kN}}{150\ \text{cm}^2}=43\ \text{MPa}$,满足材料要求。

以最长的支撑杆件为研究对象,验算支撑的稳定性,求得压杆的柔度 $\lambda=\dfrac{\mu l}{i}=\dfrac{0.5\times718}{7.5}=47.9<\lambda_2=61.6$,属于小柔度构件,材料破坏受强度控制,压杆受力 $\sigma=\dfrac{N}{A}=\dfrac{1\ 119\text{kN}}{86.38\ \text{cm}^2}=130\ \text{MPa}$,符合材料要求。

3 钢板桩应力应变测试技术方案

方案特选取苏北灌溉总渠特大桥 22♯ 主墩承台钢板桩围堰的受力情况进行现场测试。

3.1 测试目的

本次测试的主要目的包括 3 个方面:

(1)通过测试验证施工计算的围堰、围圀和支撑的简化模式以及计算结果是否合理、可靠;

(2)通过测试验证施工计算中土压力的计算模式是否合理、可行;

(3)通过施工过程中不同工况的监测,掌握围圀、支撑的受力情况,确保施工安全。

3.2 测试内容

本次测试的主要内容包括 3 个方面:

(1)围圀应力检测。根据内支撑及围圀结构特征,测试围圀不同受力位置在不同工况下的受力特征值。

(2)内支撑应力检测根据围堰方案(左右幅 2 个承台共用一个围堰),对内"八"字支撑及中间支撑进行不同工况下的应力检测。

(3)测试环境监测。为进一步提高监测数据与理论计算数据的可比性,在监测过程中对围堰内外的水位、围堰内土的标高等进行实时监测,通过在施工平台上设水准基准点,采用倒尺法测量围堰内外土及水面的高程。

3.3 测试方法及设备

本次测试主要针对围堰内部支撑及围圀,且各工况施工作业持续时间长,为方便对施工作业特征阶段进行跟踪检测,拟采用应力传感器进行围圀及支撑的内力监测。主要监测设备及元件包括应力传感器、自动读数仪、笔记本电脑及数据处理系统等。

3.4 测试工况

监测的工况主要包括以下几个施工过程:

第一道围圀、支撑传感器安装→抽水、挖土→第二道围圀、支撑传感器安装→挖土→还水拔除钢板桩。

主要工况可简化为:

工况一:打设第一层内支撑后抽水、开挖;

工况二:打设第二道内支撑并继续抽水、开挖至基坑底;

工况三：还水、拆除第二道围图、支撑。

3.5　测点布置与测试方案

考虑围堰的对称性及可能的最不利受力位置，应选择沿河道内侧上游处的 1/4 围堰进行围图及内支撑的应力测试。初步设定应力监测点 15 个。

根据围图结构，拟在围图内侧基本遵循对称的原则，第一层围图选取 3 个，第二层围图选取 4 个点进行应力应变测试，共计 7 个测点。

对测试范围内的每个内支撑进行应力应变测试，假设支撑为轴心拉压构件，在内支撑中部设立监测点，其中，第一层设 4 个监测点，第二层设 4 个监测点，测点分布如图 8、图 9 所示。

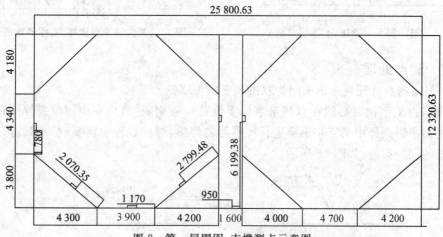

图 8　第一层围图、支撑测点示意图

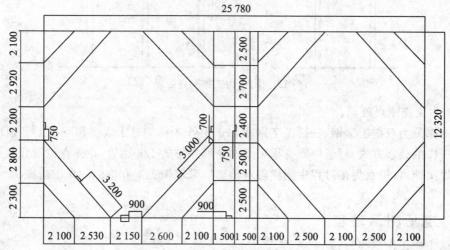

图 9　第二层围图、支撑测点示意图

3.6　测点编号

各测试点传感器编号见图 10、图 11 所示。

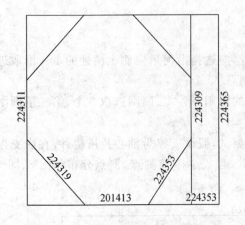 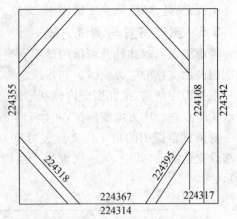

图 10　第一层承台围檩、支撑测点编号　　　　图 11　第二层承台围檩、支撑测点编号

3.7　测点处理

（1）围囹测点处理可考虑围囹为双拼和三拼工字钢。

选择双拼工字钢时必须在双拼工字钢上覆盖加强钢板,然后在中间位置焊接传感器;对于三拼工字钢选择中间工字钢应进行传感器的焊接,焊接过程中需要对传感器采取覆盖湿布降温的保护措施,如图 12 所示。

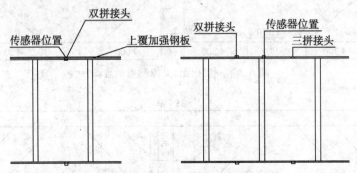

图 12　围囹、内支撑测点处理

（2）内支撑测点处理。

内支撑分为双拼工字钢、三拼工字钢和 426 钢管 3 种。对于双拼和三拼工字钢可采用与围囹一样的处理方式;对于中间支撑采用的 3 根并排的 426 钢管,在测点位置直接进行传感器的焊接即可,但在焊接过程中同样需对传感器采取覆盖湿布降温的保护措施。

4　现场测试过程

测试主要工作过程为:

（1）围囹、支撑安装;

（2）传感器检查、分选及安装(见图 13);

（3）施工过程中联机测试;

（4）现场数据分析;

（5）数据处理与报告编写。

图 13　传感器安装

5　测试结果及分析

5.1　测试结果

在围堰施工过程中对不同测试环境下各测点的受力情况进行实时监测,测得的围囹及内支撑上各测点的受力情况如表 1、表 2 所示。

5.2　测试结果对比及分析

现介绍主要测点的应力变化情况。

5.2.1　第一层围囹内力变化情况

第一层围囹随水位及开挖深度的变化受力变化情况如图 14 所示。

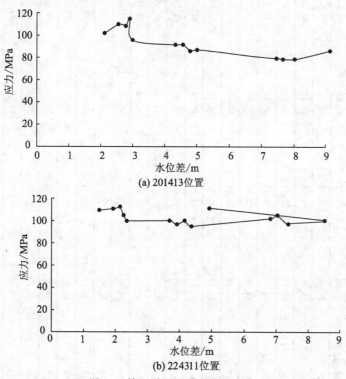

图 14　第一层围囹受力情况变化

从第一层围囹受力情况可看出,各工况下围囹受力显著不同,在打设第一道围囹后,随抽水、开挖及内外水位差的增加,第一层围囹受力不断增长;但第二道围囹受力后,第一层围囹受力出现大幅下降,第二道围囹受力后因围堰外水位有所下降,所以围囹内力随开挖深度的增加并未出现较大的变化。在围堰还水拆除第二道围囹工况,第一道围囹的受力出现了较大的增加,基本与抽水搭设第二道围囹时一致。

表1 第一层围图、支撑测试结果

单位：MPa

时间		元件编号							内水位 /m	外水位 /m	土位 /m
		224353 $f_0=1639.8, K=3.5$	224309 $f_0=1568.4, K=3.3$	224365 $f_0=1508.3, K=3.5$	201424 $f_0=1606.6, K=3$	201413 $f_0=1697.5, K=2.9$	224319 $f_0=1753.7, K=3.3$	224311 $f_0=1519.7, K=3.4$			
2010.3.18	8:00	82.38	70.56	77.71	31.62	85.26	27.07	94.89	4.5	6.4	3.56
	11:00	80.18	71.59	79.75	30.29	87.34	28.01	93.84	4.5	6.4	3.56
	15:35	81.96	71.31	79.78	30.87	88.68	27.65	95.25	4.5	6.4	3.56
2010.3.19	8:30	80.8	68.58	76.79	39.73	93.25	25.27	91.87	4.1	6.4	3.56
	10:40	65.88	64.99	76.31	37.27	87.6	21.3	98.2	4.1	6.4	3.56
	15:00	65.88	64.99	76.94	37.27	87.6	21.3	98.2	4.1	6.4	3.56
	17:20	64.31	67.19	80.79	32.42	95.91	23.63	98.04	4.1	6.4	3.56
2010.3.20	8:30	64.31	67.19	80.79	32.42	95.91	23.63	98.04	3.8	6.3	3.56
	14:40	65.85	67	77.37	31.97	87.74	27.1	95.97	3.8	6.3	3.56
	17:30	66.73	69.19	79.64	32.69	91.11	25.3	97.39	3.8	6.3	3.56
2010.3.21	8:30	67.55	65.65	80.21	33.25	96.29	23.85	94.47	3.7	6.3	3.56
	15:00	62.68	62.54	81.05	30.82	89.45	24.51	94.17	3.7	6.3	3.56
	17:40	60.43	64.99	79.7	34.86	97.97	23.31	89.68	3.7	6.3	3.56
2010.3.22	8:30	61.18	65.67	72.27	31.83	76.8	26.06	91.3	3.6	6.3	3.56
2010.3.23	14:30	64.18	64.24	80.74	29.09	70.8	27.07	92.87	3.6	6.3	3.56
	17:30	63.87	65.26	80.99	28.77	71.5	27.07	91.74	3.6	6.3	3.56
2010.3.25	14:30	58.35	64.71	68.29	29.38	78.68	24.64	94.64	3.6	6.3	3.56
	8:40	58.91	62.73	67.92	29.04	82.88	24.79	89.32	3.3	5.8	3.2
2010.3.26	9:50	61.05	62.46	68.37	28.59	73.1	25.55	86.7	3.2	5.8	3.2
	11:20	59.96	61.94	68.29	27.08	70.1	23.75	85.64	3.2	5.8	3.2
	15:00	59.37	63.36	71.08	25.4	69.44	26.34	91.46	3.2	5.8	3.2
2010.3.29	10:00	59	63.99	63.51	28.22	74.56	25.96	85.07	1.8	5.7	1.6

续表

时间		224353 $f_0=1639.8, K=3.5$	224309 $f_0=1568.4, K=3.3$	224365 $f_0=1508.3, K=3.5$	201424 $f_0=1606.6, K=3$	201413 $f_0=1697.5, K=2.9$	224319 $f_0=1753.7, K=3.3$	224311 $f_0=1519.7, K=3.4$	内水位 /m	外水位 /m	土位 /m
2010.3.30	8:40	57.73	61.61	65.49	27.5	78.26	28.21	84.12	1.8	5.7	1.6
	11:10	57.76	62.07	66.02	27.72	78.82	29.48	83.36	1.8	5.7	1.6
	15:00	58.07	60.44	66.86	28.99	80.83	29.1	84.25	1.8	5.7	1.6
2010.3.31	9:30	55.62	61.64	68.4	28.17	74.73	29.07	82.2	1.6	5.7	1.4
	17:20	54.63	62.1	68.37	26.19	68.71	29.32	84.96	1.4	5.7	1.2
2010.4.2	9:30	58.84	63.06	67.46	28.06	70.1	29.9	80.4	1.1	5.6	0.9
	17:20	61.4	66.75	71.02	25.61	79.72	29.77	80.62	1.1	5.6	0.9
2010.4.3	10:40	62.46	60.71	67.01	24.4	77.53	29.26	82.2	1.1	5.6	0.9
	17:00	61.74	62.7	67.8	26.66	74.76	28.43	81.64	1.1	5.6	0.9
2010.4.4	10:30	59.23	64.1	69.45	26.53	61.92	28.75	87.79	−1.2	5.5	−1.4
	14:00	59.61	63.91	68.1	26.69	62.14	28.88	87.92	−1.2	5.5	−1.4
2010.4.6	17:20	61.48	65.23	67.83	29.25	65.44	28.66	88.96	−1.2	5.5	−1.7
2010.4.7	10:30	59.49	64.57	67.47	26.16	65.17	28.78	85.53	−1.2	5.5	−1.7
2010.4.8	10:00	59.1	63.31	64.96	23.61	64.08	27.45	86.62	−1.2	5.5	−1.7
2010.4.11	14:00	56.95	63.61	64.54	24.21	61.38	25.58	90.58	−1.6	5.3	−1.9
	17:00	56.83	63.31	64.35	23.77	61.57	25.17	90.61	−1.6	5.3	−1.9
2010.4.12	10:00	54.94	63.01	65.04	19.6	63.54	21.99	85.09	−1.6	5.3	−1.9
	17:00	54.17	63.94	64.88	19.1	61.62	26.06	89.87	−1.6	5.3	−1.9
2010.4.13	10:30	57.45	61.8	60.19	20.69	61.54	23.78	82.39	−1.9	5.3	−2.2
2010.4.16	13:00	61.83	62.24	67.31	21.99	69.23	26.37	86.26	−1.9	6.3	−2.2
2010.4.17	15:00	55.68	64.16	69.36	21.68	69.07	28.47	87.9	−1.9	6.3	−2.2
2010.4.23	14:00	57.51	61.83	67.39	22.98	68.99	22.43	89.43	−1.9	6.3	−2.2
2010.5.8	11:00	67.83	63.2	70.71	33.22	79.61	23.37	96.17	1.4	6.4	−2.2

单位：MPa

表 2　第二层围图、支撑测试结果

时间		224317 f₀=1460,K=3.27	224318 f₀=1458,K=3.56	224108 f₀=1462,K=3.37	224367 f₀=1465,K=3.4	224395 f₀=1520,K=3.5	224314 f₀=1472,K=3.31	224342 f₀=1515,K=3.32	224355 f₀=1468,K=3.43	内水位 /m	外水位 /m	土位 /m
3.29	10:00	42.83	39.29	81.36	86.1	37.1	36.26	89.04	89.44	1.8	5.7	1.6
	18:00	43.2	36.5	73.28	87.41	39.95	36.52	90.7	91.26	1.8	5.7	1.6
3.30	8:40	41.79	32.25	70.23	79.58	43.48	31.9	90.51	87.28	1.8	5.7	1.6
	11:10	44.32	31.41	70.67	79.42	45.66	31.7	90.34	86.84	1.8	5.7	1.6
	15:00	43.09	28.89	72.58	80.12	45.18	31.7	99.62	85.45	1.6	5.7	1.4
3.31	9:30	45.53	22.12	82.06	76.32	48.65	32.42	87.49	82.69	1.4	5.7	1.2
	15:20	46.65	27.47	83.74	74.53	37.67	31.34	87.79	83.23	1.1	5.6	0.9
4.2	9:30	48.38	34.69	88.03	75.78	35.09	31.05	87.16	82.99	1.1	5.6	0.9
	17:20	40.08	39.75	84.99	77.14	33.87	30.77	83.45	83.15	1.1	5.6	0.9
4.3	10:30	48.27	39.88	91.54	77.36	32.93	30.23	82.88	82.69	1.1	5.6	0.9
	17:00	49.99	43.85	92.47	75.33	31.79	30.44	81.49	81.15	-1.2	5.5	-1.4
4.4	10:30	49.3	40.76	91.3	75.81	49.89	30.18	81.27	82.42	-1.2	5.5	-1.4
	14:00	48.8	40.47	91.88	74.59	30.04	30.28	81.46	82.72	-1.2	5.5	-1.7
4.6	17:20	39.93	45.87	96.56	71.31	35.12	31.54	80.94	83.75	-1.2	5.5	-1.7
4.7	10:30	33.28	45.1	92.13	74.59	32.42	30.79	81.79	82.96	-1.2	5.5	-1.7
4.8	10:00	33.43	44.56	91.3	76.34	31.27	30.33	80.97	83.5	-1.6	5.3	-1.9
4.11	14:00	32.42	40.37	108.4	71.26	30.07	33.5	86.67	82.99	-1.6	5.3	-1.9
	17:00	32.37	40.09	109.88	86.13	43.36	35.47	80	82.42	-1.6	5.3	-1.9
4.12	10:00	30.63	49.29	109.16	97.72	26.53	34.79	84.31	82.5	-1.6	5.3	-1.9
	17:00	31.69	42.9	107.94	71.7	29.98	33.06	83.99	80.08	-1.9	5.3	-2.2
4.13	10:30	30.8	42.22	109.86	72.25	33.54	34.38	86.38	80.35	-1.9	6.3	-2.2
4.16	13:00	31.81	40.86	89.71	74.07	29.56	30.31	87.86	84.72	-1.9	6.3	-2.2
4.17	15:00	30.45	46.78	88.21	71.46	37.34	30.59	87.07	83.07	-1.9	6.3	-2.2
4.23	14:00	30.18	40.69	105.6	72.72	32.23	30.36	82.55	86	1.4	6.4	-2.2

元件编号

经监测,第一层围囹最大受力为 97.97 MPa。

5.2.2 第一层支撑受力变化情况

第一层支撑受力情况如图 15 所示。

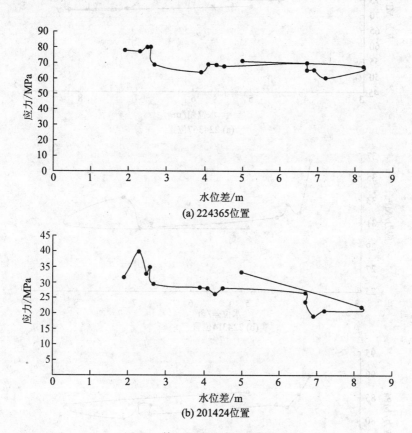

(a) 224365位置

(b) 201424位置

图 15 第一层支撑受力情况变化

第一层内支撑的受力变化情况与围囹基本一致,设好第一道围囹支撑后抽水,支撑内力随着增加,打设第二道围囹支撑后,第一道支撑内力略有下降,但下降幅度并不明显。在承台施工结束,还水拆除第二道围囹及支撑时,第一道支撑的内力有明显的增加。经监测,两承台之间的支撑受力与测试范围内的内"八"字支撑的受力有较大的差异。单个承台的内"八"字撑受力明显小于两个承台之间支撑受力,测得两承台之间支撑的最大受力为79.7 MPa,而单个承台内"八"字支撑的最大受力为 39.73 MPa。

5.2.3 第二层围囹受力变化情况

第二层围囹受力情况如图 16 所示。

从第二层围囹受力情况可以看出,第二层围囹受力体现出以下 2 个特点:一是围囹总体处在受拉状态(由 224367 及 224314 测点可以看出),二是承台之间支撑(224317)的受力明显小于单个承台 224355 和 224367 的受力。经监测,围囹最大受力为 89.44 MPa。

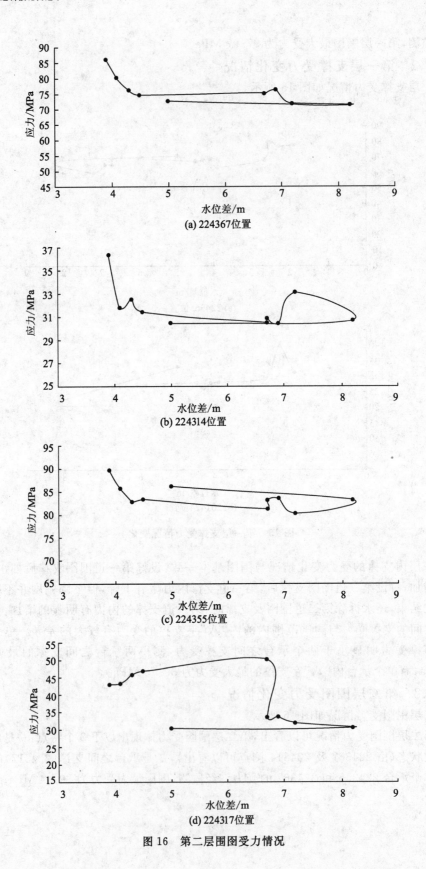

(a) 224367位置

(b) 224314位置

(c) 224355位置

(d) 224317位置

图 16　第二层围囹受力情况

5.2.4　第二层支撑受力情况

第二层支撑受力情况如图 17 所示。

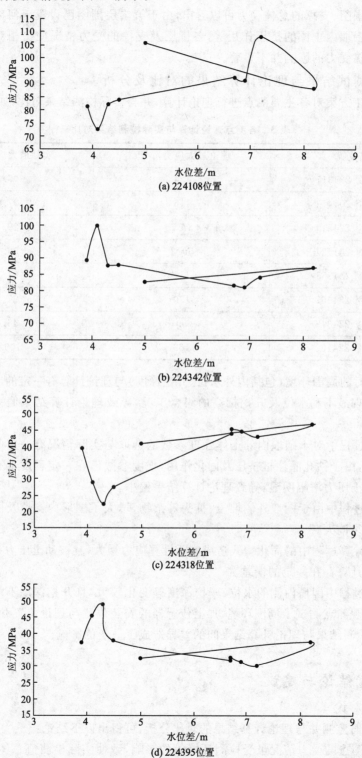

(a) 224108位置

(b) 224342位置

(c) 224318位置

(d) 224395位置

图 17　第二层支撑受力情况

从第二层支撑的受力可以看出,受力较大的仍然是两个承台之间的支撑,最大应力约为 107.94 MPa,而单个承台的内"八"字支撑受力相对较小,最大应力约为 47 MPa。

从第二层围囹、支撑的总体受力可以看出,由于第二层围囹已设置于河床下,加上围堰内部灌注桩对围堰内土体的挤压作用等,各围囹及支撑的受力情况变化相对复杂,外侧水位对围囹及支撑受力的影响并不显著。

5.2.5 测试结果与理论计算结果的对比及分析

根据原施工方案对各主要测点进行理论计算,并与实际检测结果对比,如表 3 所示。

表 3 各测点理论计算与实际检测结果对比

测点位置	理论最大应力/MPa	实际最大应力/MPa
一层围囹 224311	124	97.39
一层围囹 201413	116	97.97
一层支撑 224319	37.7	29.77
一层支撑 201424	50.2	39.73
二层围囹 224355	117	91.26
二层围囹 224367	130	97.72
二层支撑 224318	59	45.87
二层支撑 224108	163	109.88

(1) 测试时的周围环境(包括内外水位、开挖深度)与理论计算有一定的出入,实际检测过程中并未出现最不利水位及开挖标高的组合工况,导致理论计算结果偏大,而实际检测结果偏小。

(2) 计算过程中对于围堰内外土体强度参数的选取与实际情况有一定的出入,对于围堰内部的土体,由于钻孔灌注桩挤压及固化作用,强度参数已在一定程度上有所提高,尤其是土体的被动土压力增幅明显,导致理论计算结果偏小。

(3) 施工过程中由于围堰外侧堆土、桩头等杂物,增大了围堰内支撑及围囹的受力,造成实际检测结果偏大。

(4) 理论计算过程中的简化模式造成实际计算应力增大,且被动土压力系数、工况三的被动土压力等计算存在一定的误差。

(5) 施工过程中围堰内侧的水位、开挖深度等变化较大,且开挖深度不均匀,故测试仅根据代表性的观测点测试了周围环境,加上传感器的安装位置与理论位置存在一定的差异等,这些都对检测结果与理论计算结果间的差异造成了一定的影响。

6 研究结论与建议

6.1 结 论

经现场实时监测并与理论计算结果的对比分析,可得出以下结论:

(1) 主要测点的受力情况虽受检测环境等的影响,致使实际检测值总体小于理论计算的结果,但受力模式及趋势与理论计算基本一致,说明施工计算的简化模式基本合理。

（2）实际检测结果证明，如能充分考虑围堰内土体已被强化的实际情况，同时修正被动土压力系数以及测试环境对测试结果的影响，则测试结果与理论计算结果基本一致，计算的结果基本可靠。它对理论计算中主动土压力、被动土压力及水压力的计算是可靠的。

（3）根据施工过程中的测试结果，围囹及支撑的受力存在较大的差别，通过测试掌握可围囹及支撑的受力情况，保证施工安全。

6.2 建 议

根据现场实际情况及测试结果，对于钢板桩围堰施工提出以下建议：

（1）围堰内挖出土方不应放在围堰外侧，现状围堰外侧的淤泥应及早清除，以减小钢板桩围堰及内部围囹、支撑的受力。

（2）从检测结果看，围囹及支撑的强度均满足要求，但对于不同测点而言，内支撑的受力明显不同，可以根据其受力特点选用不同的材料，节约工程造价。

（3）从理论计算及实际检测结果的对比分析可以看出，在该模式下以水压力代替外侧主动土压力是可行的，围囹及内支撑的简化计算方式及计算结果基本可靠，但内部土体相关参数的取值不够合理，没有考虑土体的挤压及固化的作用。施工中安全系数相对较大，但对于围囹、支撑材料的选择过于单一，造成了较大的浪费，建议根据施工中的实际情况、受力特点，并结合材料的选择优化围堰围囹及支撑系统，在保证施工安全的同时降低造价。

贝雷式挂篮预压方式的探讨

罗正意　刘银东

（江苏省交通工程有限公司 镇江 212008）

摘　要　挂篮预压是大跨径预应力混凝土连续梁桥悬浇施工关键工艺之一。本文分析几种传统挂篮预压施工工艺的优缺点，并结合工程实例，创新地提出了贝雷式挂篮预压施工技术，介绍了贝雷式挂篮预压方法、步骤，并对预压成果进行了分析。

关键词　挂篮　预压　施工

挂篮预压的主要目的是取得挂篮弹性变形与荷载的线性关系，消除挂篮的非弹性变形，为各梁段施工调整值的确定提供依据，确保合拢精度，同时检验挂篮的质量是否满足设计要求，对挂篮整体的安全性能作出检测。传统挂篮预压一般采用堆载方式，需耗费大量的材料和时间。本着操作简易、迅捷高效的原则，本文结合疏港航道 Y03 标施工实践讨论贝雷式挂篮预压施工技术。

1　挂篮预压试验的几种方法

挂篮预压试验主要有水箱预压、袋装砂预压、千斤顶预压 3 种预压方式。

（1）水箱预压。

水箱预压方式利用挂篮底模及腹板外模作为水箱的底、侧壁。水箱预压的优点在于加载、卸载方法简单，准确，容易控制，但水箱高度很大，对水箱密封性和水箱侧壁刚度要求很高，同时侧壁的空间结构焊接量大，危险性高，施工周期长，经济效益低。

（2）袋装砂预压。

袋装砂预压方式对密封性不作要求，也不需要太大的投入，但装袋、称量、拆除劳动强度大，周期长，如遇到暴雨天气，砂吸水可能造成挂篮过载，影响安全。

（3）千斤顶预压。

千斤顶预压方式可以使用已有的张拉设备，该方式准确、方便，而且安全经济，劳动强度低，施工周期短，不受天气影响。

2　贝雷式挂篮预压方案

疏港航道 Y03 标南大堤防洪交通桥位于灌南县张店镇，主桥采用 50 m＋80 m＋50 m 的变截面预应力混凝土单箱单室连续箱梁，主桥上部预应力混凝土变截面连续箱梁 0＃块在墩旁的支架上浇筑，高 4.5 m。待 0＃块与墩身临时固结后，1＃～8＃箱梁梁段各单"T"箱梁用挂篮悬臂、对称、平衡浇筑施工，直至各单"T"箱梁最大悬臂。箱梁纵向悬浇分段长度为 4×4.0 m+4×4.5 m,箱梁最大块体重 107 t,采用两副挂篮同时进行施工。

本项目采用贝雷式挂篮,其主要技术指标为:设计承载能力 260 t;挂篮总重 47.11 t;挂篮自重与箱梁块体重量比值 0.44;挂篮主桁安全系数 2.43。

本桥采用张拉油顶加力的方法进行挂篮预压试验。

挂篮预压采用整榀预压,受力情况与挂篮悬浇 1♯块施工时一致,即荷载大小、荷载的作用点距离前支点的距离与悬浇时一致。在施工 0♯块时预埋 ϕL32 精轧螺纹粗钢筋,先拼装挂篮主桁及前后上横梁,然后在前上横梁(主桁位置)安装 2 台 70 t 张拉千斤顶。千斤顶通过精轧螺纹钢及连接器与梁体内预埋的精轧螺纹钢连接,然后由千斤顶加载,对主桁进行加载预压,后锚点利用梁体内的预埋精轧螺纹钢,如图 1 所示。

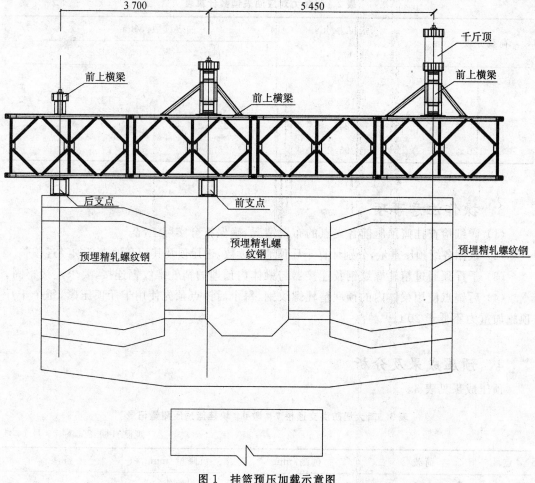

图 1 挂篮预压加载示意图

挂篮在 1♯块施工前应进行预压试验,挂篮预压采取分级加载,分级荷载为 50%,75%,100%,120%,加载总量为浇注箱梁最大块件(重量)时主桁前吊点承担荷载的 1.2 倍。每级荷载加载后持荷载 10 min,并保持张拉油顶的油表读数不变,然后测量数据。在加载过程中应密切注意观测挂篮变形,并及时作好记录。如加载出现异常情况,应立即停止加载,分析原因,必要时对挂篮进行改进和加固。加载与卸载应反复 2 次,并绘制加载与变形过程曲线,最后根据荷载—变形曲线用内插法计算相应荷载下的挂篮变形值。

挂篮施工时主桁最大受力为 24.6 t,预压施加荷载为 29.52 t,对应分级荷载及油表读数见表 1、表 2。

表 1 油顶、油表线行回归方程计算表

油顶编号	油表编号	a	b	r	回归方程 Y:油表读数/MPa X:张拉力/kN
65t—1	1041	0.087 7	0.883 1	0.999 9	$Y=0.087\ 7X+0.883\ 1$
65t—2	9422	0.082 0	0.300 1	1	$Y=0.082\ 0X+0.300\ 1$

表 2 张拉力对应油表读数计算表

荷载分级/δcom	张拉力/kN	油表读数/MPa	
	65t—1,2	1041	9422
50%	123	11.7	10.4
75%	184.5	17.1	15.4
100%	246	22.5	20.5
120%	295.2	26.8	24.5

3 操作注意事项

(1)详细检查挂篮预压前各支点的布置情况,确保符合实际工况。

(2)根据各级预压重量,分别计算千斤顶油表读数,千斤顶及其配套油表必须经过校验。

(3)千斤顶通过精轧螺纹钢及连接器与梁体内预埋的精轧螺纹钢连接,要求连接牢固。

(4)后锚点使用梁体内的预埋精轧螺纹钢,每个后锚点预先使用千斤顶压紧,每个千斤顶施加重力不低于 20 t。

4 预压成果及分析

预压成果见表 3。

表 3 南大堤防洪交通桥 7#墩 0#块挂篮预压测量记录

观测日期:2009 年 9 月 14 日

点号	荷载/%	标高/mm	沉降量/mm	备注
1	0	911	起始值	加载
	50	893	—18	
	75	886	—25	
	100	878	—33	
	120	871	—40	
	0	901	—10	

点号	荷载/%	标高/mm	沉降量/mm	备注
1	50	887	−24	加载
	75	880	−31	
	100	874	−37	
	120	870	−41	
	100	873	−38	卸载
	75	881	−30	
	50	887	−24	
	0	901	−10	
2	0	904	起始值	加载
	50	888	−16	
	75	882	−22	
	100	875	−29	
	120	870	−34	
	0	895	−9	
	50	881	−23	
	75	875	−29	
	100	868	−36	
	120	864	−40	
	100	869	−35	卸载
	75	877	−27	
	50	884	−20	
	0	895	−9	

注:标高以 0♯ 墩桥面标高点为 0 标高点。

（1）分析预压测量结果。

挂篮第一次预压时仍有部分间隙,即第一次预压后有 9～10 mm 变形不能恢复,故计算荷载—变形曲线时应按照第二次测量的数值进行。

（2）数值处理。

扣除非弹性变形 10 mm,2 个测点的数值取平均值。根据平均值进行回归线性处理,其回归方程为 $Y=1.9616+0.9974X$（Y 为变形,单位为 mm;X 为荷载,单位为 t;回归相关系数 $r=0.9985$）。

（3）荷载 X 的确定。

根据挂篮主桁变形计算荷载 X,有

$$X=浇注块件自重×0.46/2$$

5 结 论

通过吸收以往三角架加千斤顶分级预压工艺的精髓,结合本项目的实际情况,以 0# 块墩顶作为贝雷式挂篮预压平台,充分利用桥面竖向精轧螺纹钢,直接模拟挂篮最不利施工工况,并通过使用千斤顶对挂篮进行分级预压,准确高效地实现了挂篮预压,其成果符合计算要求,极大地压缩了挂篮预压工期,降低了施工成本,切实提高了挂篮施工进度。

本项目采用的挂篮是贝雷式挂篮,该预压工艺能够满足施工要求。若采用菱形挂篮或其他形式挂篮,该工艺不一定能够满足要求,还需要进一步优化。

船闸工程质量通病及其控制措施

许 鹏

（江苏省交通工程集团有限公司 镇江 212001）

摘 要 "百年大计,质量第一",质量是船闸工程项目的生命。本文主要介绍了船闸廊道裂缝的成因,并针对性地提出了相应的控制措施。

关键词 船闸工程 廊道 混凝土裂缝

船闸输水廊道是船闸土建工程最重要的组成部分,断面结构十分复杂,体积较大,是典型的异型船闸廊道混凝土结构。多年来,全国各地所建的许多船闸(短廊道输水系统)在廊道断面变化段都出现不同程度的各种裂缝,且数量较多,这一问题已成为当前我国船闸工程建设中主要的质量通病之一。本文通过对船闸廊道裂缝成因的分析提出了相应的防治措施。

1 船闸廊道混凝土裂缝成因分析

混凝土是脆性材料,抗拉强度只有抗压强度的1/10左右。船闸廊道混凝土结构的断面尺寸较大,由于水泥的水化热会使混凝土内部温度急剧上升,之后的降温过程中在一定的约束条件下会产生相当大的拉应力。而拉应力要由混凝土本身来承担,故容易产生裂缝。总体来说,其原因主要归于以下3个方面。

1.1 水泥水化热

混凝土在水化过程中会释放巨大的热量,且时间也比较集中,绝大部分的热量在浇筑完后的7 d内释放。据统计,1 kg普通水泥能释放出约500 kJ的热量。假如每立方米混凝土的水泥用量为350～550 kg,那么在水化过程中释放出的能量为17 500～27 500 kJ,可以使混凝土内部的温度急剧升高。目前,混凝土内部缺乏有效的散热措施,因此混凝土中心温度会非常高,而混凝土表面与空气直接接触将使温度下降会比较快。混凝土内外的温度差会使混凝土内外产生温度应力,混凝土内部的压应力和表面产生的拉应力发展到一定程度即应力超过其极限抗拉强度时,混凝土表面就会出现裂缝。

1.2 混凝土的收缩

混凝土硬结过程中体积会缩小一部分,一般称之为混凝土收缩现象。混凝土的这种收缩特性在受到支承条件、钢筋等的约束时,其内部会产生拉应力,当拉应力足够大时也可以使混凝土出现裂缝。混凝土收缩裂缝主要分为3类:塑性收缩裂缝、干燥收缩裂缝和温度收缩裂缝。混凝土的收缩机理在时间上也不一致,硬化初期的收缩主要是因为水化凝固硬结,而后期主要是因为混凝土内部的水分蒸发。

1.3 温度和湿度影响

影响混凝土内部温度的因素主要有浇筑时的温度、水化过程中放出的热量以及结构的散热条件等,其中浇筑时的温度是非常重要的因素之一,而这一温度又与外界的气温有直接的关系。当外界温度较高时,混凝土的浇筑温度必定比较高;但外界温度较低,则会造成混凝土内外的温差过大。尤其外界温度在短时间内下降很多时,会使混凝土产生巨大的温度应力,如果不采取有效措施,混凝土极有可能出现裂缝。

湿度主要影响混凝土收缩的速度。当外界比较干燥时,混凝土的干缩比较快。干湿交替会引起混凝土的交替变化,也可能使混凝土出现裂缝。

据统计,船闸廊道裂缝通常出现在混凝土浇筑完后的2周左右,表面裂缝、内部裂缝、贯穿裂缝这3种类型的裂缝均有不同程度的存在。

2 船闸廊道混凝土裂缝防治措施

2.1 船闸廊道混凝土技术措施

2.1.1 水泥的品种选择

每种水泥在水化过程中放出的热量都不相同,因此水泥品种的选择对降低水泥水化热具有决定性的意义。桥梁承台船闸廊道混凝土应尽量选择低热或中热水泥,如矿渣硅酸或火山灰水泥。混凝土的温升速率、幅度主要取决于水泥的品种、数量,在具体工程中混凝土绝热温升(T_a)的估算经验式为

$$T_a = \frac{mQ}{c\rho} \tag{1}$$

式中,m——混凝土中水泥用量;

Q——水泥极限水化发热量;

c——混凝土的比热容;

ρ——混凝土密度。

可以根据船闸工程具体情况和公式选择合适的水泥品种。

2.1.2 合理设置后浇带

实践证明,在混凝土结构容易出现裂缝的部位设置后浇带,可以有效地释放该段混凝土的收缩压力,减少这部分混凝土出现裂缝的概率。船闸工程廊道的裂缝通常出现在廊道外墙圆弧段,该段截面变化较大,因此可以在船闸上下游两侧设置后浇带。后浇带混凝土观测断面的布置见图1,其中阴影部分为后浇带位置,$A-A,B-B,D-D,E-E$ 为断面布置图。

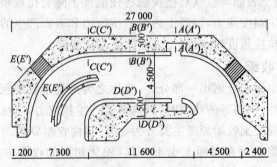

图1 某船闸工程廊道后浇带及观测断面布置图

需要注意的是,后浇带混凝土技术要求为:后浇带混凝土强度较原混凝土提高一个等级,同时应加入抗裂防渗剂,潮湿养护 14 d,应在廊道浇完 6 周后进行施工,以避免裂缝的产生。

2.1.3 设置防裂钢筋及防裂钢筋网

合理设置防裂钢筋及防裂钢筋网可以提高混凝土局部抗拉强度,减少裂缝的发生。某船闸在廊道外墙内侧设置了防裂钢筋网($\phi 6.5$ mm,10×10 cm,净保护层 20 mm),实践证明这种方式取得了良好的效果。

2.1.4 外加料和外加剂

实验显示,水泥水化过程中水的消耗量仅占混凝土搅拌所需水量的 1/4 左右,剩下的 3/4 只是为了使混凝土具有和易性,其中一部分会离析出来,而很大一部分仍留在混凝土孔隙中,硬结过程中这部分水蒸发导致混凝土的干缩。因此,减少单位用水量对减少船闸廊道混凝土裂缝产生也有很大帮助。使用外加剂(如减水剂等)可以非常有效地达到这一目的。此外,向船闸廊道混凝土中掺入一定量的粉煤灰可提高混凝土的密实性,减少水泥的使用量,这也是一项效果良好的措施。

2.2 船闸廊道混凝土施工工艺措施

2.2.1 控制混凝土入仓温度

降低混凝土入仓温度对于减小廊道混凝土最高温度和结构物内外温差,以及控制温度裂缝的产生至关重要。尤其是对于盛夏时期施工的船闸工程,为控制混凝土入仓温度,可以采取以下几种措施:

(1)拌和站水泥提前数天进仓,让其自然冷却,保证混凝土浇筑时水泥温度不超过 31 ℃;

(2)白天将骨料覆盖,冲洗时采用地下水,尽量降低骨料的温度(温度一般控制在18～29 ℃);

(3)拌料用水采用地下水,将水温尽量控制在 18 ℃以内;

(4)混凝土输送管道上裹上土工布并洒水降温。

严格实施以上各种措施,混凝土入仓温度基本可以控制在 30 ℃以内。

2.2.2 加强过程控制

(1)设备和材料控制。

对进场的各种原材料、构件、配件设备都必须进行认真的检查验收,查看有无出厂合格证书,产品安装使用说明书各种指标、参数是否符合规范和标准要求。对进场的原材料还要分批进行抽样试验,检查看其各种指标是否符合设计要求。

(2)船闸廊道混凝土浇筑工艺的控制。

混凝土浇筑时采用漏斗管导料入仓,自由跌落度控制在 2 m 以内,严格分层浇筑,控制层厚 30～40 cm,并采用插入式振捣器。控制好振捣间距和振捣时间,避免过振和漏振,注意两层之间的复振,尽可能多设下料点,禁止振捣器平仓。

(3)船闸廊道混凝土的养护。

船闸廊道混凝土的养护对保证混凝土强度的平稳增长、避免裂缝产生起着举足轻重的作用。一般而言,混凝土内外的温度差宜控制在 20 ℃左右。混凝土终凝后应立即用厚麻袋等进行保温。如果外界温度较高,可以采用冷水进行养护;如果外界温度较低,则应对混凝土表面采取保温措施,延缓温度降低和热扩散的速度,避免温度变化过大。

此外,保湿也是养护工作不可忽略的方面。养护过程中每天应多次洒水基本保持混凝土表面潮湿,并在时间上有所保证(最好在1周以上)。

3　结　语

"百年大计,质量第一",质量是船闸工程项目的生命。所有参建船闸工程的工程技术人员、管理人员及作业人员必须高度重视质量管理,使船闸工程中主要的质量通病得到有效的防治和控制。

参考文献

[1] 混凝土研究协会.混凝土裂缝检测、控制与修补新技术.北京:中国科技文化出版社,2005.

宿淮高速京杭运河特大桥主墩
大直径长桩施工工艺及总结

张 亮 张铁权 杨军猛

（江苏省交通工程集团有限公司 镇江 212000）

摘 要 京杭运河特大桥主桥2个主墩共36根$\phi2.5$ m的钻孔桩，最大设计桩长85 m，且土层主要为粘土层、沉积砂岩块石层、老运河底淤泥层，施工难度大，地质情况复杂，易出现塌孔、成桩后桩基承载力不满足要求等问题。本文通过总结传统钻孔灌注桩的施工，在施工工艺等方面进行了优化和创新，并在实施过程中不断总结、改进，形成了成熟的适合本工程特点的工艺方法。目前桩基施工已全部顺利完成，桩基采用超声波检测和小应变动测，全部为Ⅰ类桩，证明该施工方法选用得当、合理，可供类似项目借鉴使用。

关键词 京杭运河大桥 桩基 施工 工艺

1 工程概述

宿淮高速京杭运河特大桥主跨165 m，主桥2个主墩共36根$\phi2.5$ m的钻孔桩。13#主墩位于西岸，设计桩长80 m，采用了2台S-500泵吸反循环钻机成孔，钻具为四翼刮刀钻，因钻机自重较轻，可采用50 t履带吊移位，钻机平台为无支架施工平台。14#主墩位于东岸，设计桩长85 m，钻机有2台，即1台KTY3000A钻机和1台HTL300钻机，钻头有四翼刮刀钻和楔齿滚刀钻2种，采用正循环开孔，气举反循环工艺成孔。由于钻机自重达42 t和32 t，故50 t履带吊无法移动，另外受护筒内水头高度的制约和拆装钻头的需要，钻机必须设置在支架上施工。钻孔采用优质泥浆护壁。钻孔桩主筋采用挤压套筒连接，每根钻孔桩钢筋笼重约12 t，砼采用双掺技术，单桩浇筑砼约为450 m³。

2 主桥桩基施工方法

主桥主墩桩基具有成孔深、桩径大等特点，为确保桩基的施工质量，施工需从技术控制、施工管理、试验、材料及设备等方面加强管理。在施工过程中，将主墩首桩作为工艺试桩，通过工艺试桩，摸清主墩桩基的地质情况、有无承压水，进而确定合理的水头高度，调整钻进参数，优化钻孔工艺，以利于指导后面的桩基施工。

以下总结了主桥桩基的施工工艺及技术措施。

2.1 施工准备

2.1.1 场地布置与处理

本桥梁的主墩均位于京杭大运河堤岸的内侧,场地狭小,桩基施工的场地布置应结合承台与下部构造施工一并考虑,主要包括吊车的停放与作业场地,混凝土运输车、吊车的进出场道路,泥浆储备池的布置、电力供应设施及钻孔配套设备堆放场地等。

场地处理采用高挖、低填、地表硬化等方法进行处理。场地四周开挖排水沟,场地应平整,以防积水。但在实际施工中,排水沟常常被泥浆淤塞,场地满地泥泞,不能满足文明施工的要求,应在以后施工中充分考虑场地的布局和排水。

2.1.2 钢护筒的加工与埋设

钢护筒采用厚度为 14 mm 的 A3 钢板卷制而成,内径大于设计桩径 30 cm。护筒内设置临时支撑,以防止其在运输过程中产生变形。

钢护筒采用 DZ90 振拔锤振动沉入。钢护筒分两节段,底部 5 m 段和顶部 1.5 m 段,以法兰连接。法兰间塞石棉绳、抹黄油密封。钢护筒倾斜度和中心偏差控制较为重要,这是保证护筒底口不塌孔不漏浆的前提。本工程主墩共加工了钢护筒 12 只,即 13♯、14♯ 主墩各 6 只,但因塌孔后采用了加深护筒且周围注浆的处理方法,有 2 只不能拔出,故又多加工了 2 只。

2.1.3 钻机的选型与就位

根据本工程主墩桩径大,且成孔深(实际成孔深度 93 m)的特点,结合本公司现有钻机情况,2 个主墩采用不同型号钻机施工,具体为:13♯墩采用 2 台台湾制造 S-500 型泵吸反循环钻机施工(后又投入一台 S-400 钻机,施工导向孔);14♯墩采用 1 台大桥局制造的 KTY3000A 钻机和 1 台洛阳久久公司制造的 HTL300 型钻机施工,皆为气举反循环机型。

通过实践,不同钻机在本标段的施工情况如下:

KTY300A 钻机为钻岩石钻机,动力大,自重也很大。其优点是成孔质量高,孔斜率小,扩孔率也小(一般为 1.05);缺点是成孔速度较慢,为 7～10 天/孔,需在支架上施工,且对支架要求较高,钻机拼装移位困难,操作复杂,成孔成本高。

S-500 钻机的优点是泵吸反循环排碴能力强,成孔速度快,为 5～7 天/孔,不需钻孔支架,钻机自重轻,移位方便,成孔费用低;缺点是成孔质量差,孔斜率和扩孔率都较大。

HTL300 型钻机施工的优缺点介于以上两种钻机之间,但偏向于第一种钻机。

总体分析,对于本工程 S-500 钻机在经济性和速度上优于其他 2 种钻机,但成孔质量较差。

3 种型号钻机的主要技术指标见表 1。

表 1 3 种型号钻机的主要技术指标

参数	KTY3000A	HTL300	S-500
钻孔直径/m	1.5～6.0	1.5～3.0	0.8～4.0
钻孔深度/m	130	100	90
排渣方式	气举反循环	气举反循环	泵吸反循环
转速/(r·min^{-1})	0～16	0～21	4～13

参数	KTY3000A	HTL300	S-500
转盘扭矩/(kN·m)	200	100	135
提升能力/kW	1 200	600	300
钻杆/mm	$\phi351\times3\,000$	$\phi233\times3\,000$	$\phi325\times3\,000$
总功率/kW	238	175	190
主机重量/kg	41 924(不含钻具)	32 000(不含钻具)	30 000(不含钻具)
外形尺寸/mm	7 820×4 432×6 770	8 400×3 300×13 500	8 850×3 500×9 800

由于13♯与14♯墩采用的钻机类型不同,故其钻孔平台形式也不同,14♯墩钻孔平台为支架平台,采用钢管桩基础,型钢和贝雷桁架相联结。平台钢管桩入土深度和间距根据钻机、钻具、钢筋笼等荷载及土质情况进行验算后确定。贝雷桁架采用3排单层结构形式,桁架间以10♯槽钢作剪力撑联结,以增加桁架的整体刚度。考虑到方便装拆钻头,最终确定钻孔平台离地面约3 m。13♯墩钻孔平台没有支架,仅在整平的地基上铺设钢板和方木形成临时的钻孔平台。

钻机直接在钻孔平台上拼装,钻机安装结束后,用水准仪测量出钻机底盘顶面四角的高差,采用油顶对钻机进行调平并固定好钻机。钻机就位后需要满足精度要求:

(1)钻机4个支点高差<5 mm;

(2)转盘中心与护筒底口中心偏差<5 mm;钻架水龙头、钻头、护筒底口中心三点一线,铅垂度偏差<5 mm。

2.1.4 泥浆制备与泥浆循环系统

本工程采用优质泥浆护壁,主要配浆材料为:膨润土粉、碳酸钠、羧甲基纤维素(CMC)、水,水:膨润土粉:碳酸钠:羧甲基纤维素=100:12:0.3:0.05。

泥浆的配置顺序:水—膨润土粉(预水化)—碳酸钠—CMC。

新配置泥浆指标:粘度23.5 s,密度为1.07 kg/mL,含砂量<4%,pH值=9;胶体率>98%;失水率<15%。

钻至下层的粉砂、中砂层时,需加大泥浆的密度和粘度等指标,具体见表2。

表2 各地质层的指标信息

地质层	密度/(g·m⁻³)	粘度/s	pH值	胶体率/%	含砂率/%	失水率/%
粘土	1.03~1.06	17~20	8~10	≥95	<4	<15
亚粘土	1.06~1.10	19~22	8~10	≥95	<4	<15
砂土	1.10~1.15	20~24	8~10	≥95	<4	<15

泥浆池采用挖机挖掘,侧墙采用砖砌并用砂浆抹面,池底铺10 cm碎石垫层,并浇筑10 cm厚C25封底混凝土,泥浆储备池的容积不少于300 m³。考虑到主墩施工场地狭小,为便于钻渣的处理,主墩钻孔租用5艘300 t级的驳船作为泥浆沉淀池和循环池,同时它能满足废泥浆和钻渣轮番外运抛泥作业。在泥浆储备池边配置2台容积不小于1 m³的泥浆搅拌桶。泥浆槽架在护筒口和泥浆池的入口处。泥浆槽采用旧的钢板桩焊制,在两侧加焊钢

板以增加流量,确保进出浆平衡。泥浆槽架设应注意保持水平,便于正反循环顺利进行。主墩桩基成孔的泥浆循环系统布置见图 1。

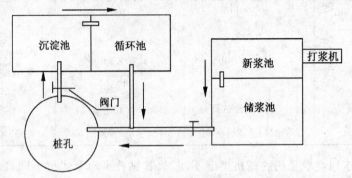

图 1　主墩桩基成孔的泥浆循环系统

2.2　成　孔

2.2.1　钻孔顺序

单只主墩桩基的数量为 18 根,投入 2 台钻机进行成孔,投入钢护筒 6 只。为防止钻孔施工时发生串孔现象,成孔顺序应错开布置,同时为便于起重设备的作业,排定主墩基础桩的施工顺序如图 2 所示。

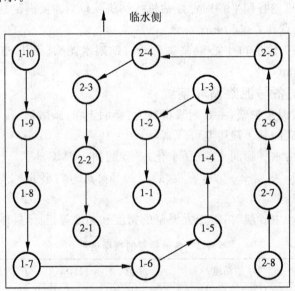

图 2　主墩基础桩的施工顺序

说明:① 本图中的编号"2-5"指第 2 台钻机钻的第 5 根桩,其他编号依此类推。

② 为使桩的浇筑期错开,2 台钻机的成孔时间交错进行,以便于泥浆制备、混凝土浇筑、起重设备的安排,其中 2♯钻机比 1♯钻机迟钻 1 根桩。

由于试验桩影响和场地的限制,成孔顺序在施工过程中作了一定的调整。

2.2.2　试机检查

向护筒内注入泥浆,启动钻机并开启泥浆循环系统。观察钻杆、供浆、排浆管路、水龙头等是否有漏气、漏水等现象,持续 5 min 左右无故障后开始钻进。

2.2.3　钻进

（1）钻机控制。

气举反循环钻机：往护筒内泵入泥浆开始正循环钻进，在钻进至护筒刃脚上、下 1 m 左右时，应轻压慢转，待穿过护筒刃脚后方可进入正常钻进。当钻进深度超过 20 m 后，更换泥浆循环方式，启动空压机利用气举法反循环钻进。

泵吸反循环钻机：在穿过护筒刃脚前，应小泵吸量，缓慢钻进。

（2）泥浆控制。

泥浆于钻孔前 24 h 在造浆池内配制完毕，并进一步熟化。

在钻进过程中，规定每 2 h 对进出浆口泥浆的 pH 值、密度、砂率、粘度测定 1 次，根据检测结果对泥浆进行相应调整，具体采用方法如下：

（1）当粘度小于 17 s 时，由储浆池向孔内补充部分粘度为 19～22 s 的新浆进行调整。此项操作应结合排碴及排除废浆工作一并进行。

（2）当 pH 值小于 7 时，向孔内加入部分纯碱，加入时应采用少量多次的方式，同时不断检测进出浆口泥浆的 pH 值，直到进出浆口泥浆的 pH 值在 8～10 的范围内为止。

（3）当胶体率小于 95％时，向孔内添加已经浸泡的 CMC 溶液，添加时应采用少量多次的方式，并经常检测胶体率同步调整 CMC 加入量。

（4）当相对密度较大时，向泥浆池中补充适量清水，此项工作同排碴和排浆相结合进行，以降低成本。

在钻孔过程中，泥浆的性能对成孔速度影响极大。例如，由于排渣设备故障，泥浆的比重大于 1.3，粘度大于 25 s，钻孔 24 h 仅进尺 3 m，正常后 6 h 进尺 3 m。

2.3　清孔

终孔前 1～2 m 时，开始调整泥浆指标，终孔后采用换浆法，利用钻机的气举或泵吸反循环系统清孔。

清孔分 2 次进行，第一次清孔是在终孔后进行。将钻具提离孔底 30～50 cm，缓慢回转，同时送风或泵吸，每隔 10 min 停止送风或泵吸一次，并将钻具提高 1.5～2.0 m 来回串动几次，再送风或泵吸清孔，确保第一次清孔后孔内无泥块。考虑到主墩桩基直径较大，且孔的深度达 85 m，钢筋笼安放及导管安装时间较长，为确保钢筋笼安放及导管安装过程中孔壁的稳定，第一次清孔后泥浆的粘度及密度等指标宜适当提高。第一次清孔后出浆口的泥浆指标按密度 1.1～1.15，粘度 17～20 s、含砂率<4%、pH 值为 7～9 的要求进行控制。再持续换浆、清孔，其时间不得少于 30 min，然后拆除钻具、移走钻机。提钻时应注意防止钻头损坏孔壁，同时补充泥浆，稳定孔内水头。

第二次清孔在混凝土浇筑前进行。待钢筋笼、导管安装结束后，用测绳及测锤测量孔底沉淀层厚度，如达不到小于 $0.3D$ 且不大于 500 mm（D 为桩径）的规范允许值，应进行二次清孔。利用空压机将压缩空气通过导管中插入的专用混合器压入孔底清孔（S-500 钻机是把吸管连接在导管上，直接泵吸），并不断向孔内补充新浆。清孔后，测定孔底沉渣厚度小于允许值后方可停止清孔，以确保沉淀值达到设计要求。二次清孔后，导管内抽出的泥浆应达到相对密度为 1.03～1.10，胶体率≥98%，粘度为 17～20 s，含砂率≤2%的规范要求。二次清孔结束后，尽快灌注混凝土，其间隔时间不宜大于 30 min。

沉淀厚度用测锤和测绳测量复核，测深用测绳的读数一定要准确，用 2～3 孔后必须用钢尺校核一次孔的垂直度、孔径,可采用自制测孔器进行检孔。

2.4 钢筋笼的制作与安放

2.4.1 钢筋笼的制作

大直径桩的钢筋笼由于笼体较大,自重较大,在现场存放滚动和吊装时往往会变形,在钢筋笼制作过程中应重点考虑其刚度。为此本工程钢筋笼采用了三角撑,加粗了加强箍的直径,进一步增强了钢筋笼的刚度。

此外,还应重视钢筋笼加强箍筋与主筋的焊接质量,特别是靠上部钢筋笼的加强箍筋在施工中承受着所有钢筋笼重量,所以此处的加强箍筋与主筋的焊接质量必须得到保证。

2.4.2 钢筋连接

主筋的连接采用冷挤压。现场冷挤压接头施工前,先将待接钢筋的两端按规定作好插入深度标记,以防钢筋插入套筒中的深度不到位。钢筋端部的弯折、扭曲部分应先矫正或切除,并清除钢筋表面的油污。

2.4.3 钢筋笼安放

钢筋笼采用 50 t 履带吊安放,吊装使用专用吊装架,先用两个吊点抬吊到一定高度后,逐渐放松一个吊点使钢筋笼垂直,然后缓慢吊入桩孔。在已入孔的钢筋笼上端穿入型钢,将其悬挂于井口支架上悬挂吊环钢筋,须确保焊接质量,并留有足够安全储备。钢筋笼逐节接长下放,下放时严格对准孔位中心。

声测管采用套管加强电焊,声测管的顶端、底端均用钢板临时焊接、密封,且在管内灌注清水,以防漏浆或杂物进入,并与钢筋笼焊接固定。在桩底素砼段接长 8 根主筋,一直到桩底,再每隔 2 m 设置一道加强箍,将声测管与加长钢筋焊接固定。确保声测管的通畅、顺直尤为重要,以免给测桩工作造成不必要的麻烦。

全部钢筋笼安装完毕后,采用钢管架套接在钢筋笼顶端,钢筋骨架临时与钢护筒焊接固定,防止浇筑过程中钢筋笼上浮,混凝土浇筑完毕后及时进行解除。

2.5 水下混凝土施工

2.5.1 导管安放

钢筋笼入孔安装完毕后应进行导管的安装工作。导管选用 $\phi300$ mm,壁厚 8 mm 丝扣式连接的导管。导管安放前需进行水密性及抗拉试验。水密试验时水压不小于井孔内水深 1.3 倍压力,承压试验时的水压应不小于 1.3 倍导管壁可能承受的最大内压力 $p_{max} = \gamma_h h_{cmax} - \gamma_w h_w$;抗拉实验时,其拉力不小于 1.3 倍导管可能承受的最大拉力,并将每一节导管编号、标注长度。导管安放深度应符合导管底口距孔底 40 cm 的施工规范要求。

2.5.2 水下混凝土施工

(1) 混凝土配合比设计。

选用优质水泥,级配良好、洁净的粗细骨料(粗骨料最大粒径≤31.5 mm)和性能较好的外加剂。配合比设计拟采用双掺技术,即掺加粉煤灰和外加剂,以提高混凝土的和易性及流动度,确保水下混凝土的灌筑质量。本工程单根主墩桩基的混凝土数量达 450 m³(取扩孔系数为 1.05),预计浇筑时间为 6～8 h。主墩桩基混凝土的主要性能指标为:坍落度为 18～22 cm,初凝时间为 16～18 h,终凝时间为 24 h。

(2) 首批混凝土量计算。

按照公式 $V \geqslant \pi d^2 h_1/4 + \pi d^2 Hc/4$ 计算其首盘灌量为 11 m^3，施工时取 $V = 12 \text{ m}^3$，以确保初灌量达到导管埋深 1.0 m 的要求。

（3）混凝土浇筑设备。

为便于主桥及引桥施工的安排，本工程的混凝土浇筑设备统一设在材料运输较为便捷的运河东岸，配置 2 套 $60 \text{ m}^3/\text{h}$ 的混凝土拌和楼，混凝土浇筑采用 $60 \sim 90 \text{ m}^3/\text{h}$ 的混凝土输送泵，并根据实际需要配备适量的混凝土运输车。浇筑时导管的提升由履带吊车进行。

（4）混凝土灌筑。

混凝土由泵车将混凝土料直接泵入集料斗进行灌筑。整个灌筑过程将连续进行，灌筑时对孔内溢出的泥浆进行分级沉淀后回收再利用，沉渣运至指定废弃点。

孔内混凝土上升高度可用吊锤测绳测量，同时辅以理论计算混凝土面层的高度，并将其作为拆除导管的依据，防止因测量差错导致导管埋入过深或导管提空等事故。导管埋入深度严格控制在 $2 \sim 6 \text{ m}$，任何情况下不应少于 2 m。

混凝土浇筑过程中应防止钢筋笼上浮。当混凝土面接近钢筋笼底部时，导管埋深宜保持在 3 m 左右，并适当放慢浇筑速度；当混凝土面进入钢筋笼底端 $1 \sim 2 \text{ m}$ 时，可适当提升导管。导管提升时应保持平稳，避免出料冲击过大或钩带钢筋笼。

3 施工总结和体会

3.1 几种不良地质的处理方法

在钻孔过程中遇到了 3 种不良地质：老粘土（厚 $30 \sim 50 \text{ m}$），沉积砂岩块石层（厚 $1 \sim 2 \text{ m}$），老运河底淤泥层，针对这 3 种不良地质，分别采取了以下处理办法。

（1）老粘土。

老粘土的韧性极高，难以破碎成块，且容易粘附钻头，是影响钻孔速度的重要原因。经过摸索，采用了以下方法处理：① 改进钻头，原四翼刮刀钻头改为三翼钻头，减少粘附面积，同时加大钻头尾锥，增加吸碴口的空间；② 控制钻进速度，防止因进尺过快而糊钻；③ 跟踪监测泥浆，保证泥浆质量。通过以上措施，基本解决了老粘土糊钻问题，但施工进度受到一定的影响。另外对于 S-500 钻机，由于其泥浆泵吸量很大、排碴及时，基本不存在糊钻问题。

（2）沉积砂岩块石层。

在地表下 55 m 左右有一层沉积块石层，岩石坚硬，块状大小不一，最大达 $50 \sim 60 \text{ cm}$，虽然厚度仅为 $1 \sim 2 \text{ m}$，但对成孔施工影响很大。针对 3 种不同的钻机，采用了不同的处理办法。14#墩 2 台钻机由于机械性能基本相同，采用相同的处理办法，即在非块石层使用刮刀钻头成孔，在块石层换用楔凿钻头钻进，但因需要 2 次深孔位更换钻头，耗时费工较多。13#墩的 S-500 钻机由于其机械结构不同，不宜采用上述方法处理，而是靠刮刀钻头长时间磨耗钻进。此种方法对钻头损耗较大，每孔需补焊 $1 \sim 2$ 次合金钻齿。

（3）老运河底淤泥层。

此淤泥层分布在 14#墩部分桩位处，距地表 $7 \sim 9 \text{ m}$，主要采取了 2 种方法处理：一是加深护筒埋设深度，由原设计 6 m 加深到 9 m；二是在护筒周围压注水泥浆，加固护筒周围地基土。

3.2 钻孔中两点有益的尝试

（1）施工后期，在老粘土层钻进时，采用楔齿钻头代替刮刀钻头收到意想不到的效果：虽钻进速度一般，但不糊钻头，同时在砂类土钻进时也较为理想。采用这种方法可以一钻到底，没有修钻头和拆卸钻杆之烦。

（2）为克服 S-500 钻机成孔质量差的问题，先用 S-400 钻成 1 个 $\phi 1.2$ m 的导向孔，再用 S-500 钻机施工。这种方法基本克服了孔斜过大的问题，减少了扩孔量，加快了施工速度（因为导向孔不占用成孔时间）。

3.3 桩基施工几点施工体会

（1）现场施工管理班子责任心应强，管理力度要大。

大直径长桩基施工是一项复杂的施工项目，设备多、工种杂、工序多，且质量风险高，现场的施工协调复杂，配备一组高水平的施工管理人员非常必要。若现场管理顺畅有力，则可以减小质量风险，缩短工期，减少费用。在人员选择上，应做到宁缺毋滥，严禁使用责任心差的人员。

（2）设备选用与配置。

当前钻孔设备类型较多，应根据实际的地质情况选用适合的钻机。若钻机选型恰当，则施工进度与经济效益将十分明显，这也是桩基顺利施工的基础之一。

（3）技术管理。

钻孔过程中应实行技术员全程值班制度，尽量不换班。但在水下砼灌筑施工时，强烈建议采取一班到底制度，不换班，不离开现场，杜绝因交换班出现质量漏洞。

（4）测绳的制备，使用与保养。

测绳是钻孔桩施工的必备量具，但市面上出售的一般测绳不能满足大直径深桩施工的需要，其测量误差可达 1 m。经过研究，本工程发明制作了一种钢丝绳测绳。

制作方法：采用直径 5 mm 的钢丝绳，字码用铜管，即把铜管锯成长 1.5 cm 的小段，按 1 m 一个均匀分布固定在钢丝绳上，在铜管上打上字码。测绳制作完成后放在平地上用钢尺校核，要求 100 m 应不大于 10 cm 方为合格。测绳由专人保管使用，钢丝绳绕在测绳架上，做到勤清洗勤校准。

木桩地基处理在长江镇江段汽渡码头挡土墙
实际使用中效果的分析

蒋家国　邓春风

（江苏省镇江市丹徒区交通局 镇江 212028）

摘　要　本文根据笔者的实际工作经验和经历,主要介绍了长江镇江段汽渡码头挡土墙下地基的两种桩基处理方法,重点分析木桩地基处理的实际使用效果,并对长江镇江段汽渡码头结构设计提出了几点建议,可供长江汽渡码头设计者和有关技术人员参考。

关键词　码头　木桩　地基处理　使用效果　分析

镇江市地处江苏省西南部,位于长江下游南岸,长江和京杭大运河交汇处,水运交通十分发达。长江镇江段距吴淞口约250公里,属于长江下游感潮河段,水文特征受径流和潮流的双重影响,潮水位变化呈不规则半日潮型。本河段水位主要受径流影响,汛期潮差小,枯季水位主要受潮汐作用,潮差较大。

长江镇江段由西向东汽渡码头主要有:高资—世业汽渡、镇江—扬州汽渡、镇江—征润州汽渡、孩溪—江心汽渡、大港—高桥汽渡、扬中—泰州汽渡等6个汽车轮渡。其中,镇江—扬州汽渡、大港—高桥汽渡、扬中—泰州汽渡等3个汽渡(以下简称一类码头汽渡)码头挡土墙下采用了钢筋混凝土灌注桩进行地基处理;高资—世业汽渡、镇江—征润州汽渡、孩溪—江心汽渡等3个汽渡(以下简称二类码头汽渡)码头挡土墙下均采用了木桩地基处理。

钢筋混凝土灌注桩进行地基处理,一般采用80 cm钻孔灌注桩,间距4～6 m,布置1～2排,综合考虑船舶撞击力、土压力、水压力、风压力、地震力等荷载因素,通过计算进行灌注桩配筋设置。建造上述一类码头时,由于长江南北交通量较大,项目具有较好的国民经济效益和社会效益,投资人资金充裕,码头前沿挡土墙和码头两侧挡土墙(导航墙)均采用了这种地基处理方法。虽然初期资金投资较大,但是投资回报率也较高。实际运行20～35年后,码头挡土墙基础及墙身沉降、变形在规范允许范围之内,实际使用效果好。

本文重点分析二类码头情况。高资—世业汽渡、镇江—征润州汽渡、孩溪—江心汽渡等3个汽渡,由于系连接长江南岸至江中孤岛(世业洲、征润州、江心洲),交通量较小,汽渡建设十分迫切,系政府为民办实事工程,但经济效益欠佳,故其投资人只能是地方政府,项目资金来源少。码头前沿挡土墙和码头两侧挡土墙(导航墙)采用了木桩地基处理这种结构简单、投资节省的方法。

1　长江镇江段沿岸工程场地地质情况

长江镇江段沿岸场地勘探深度内,从上而下土层大致可分为以下几部分。

（1）淤泥。

淤泥呈灰色、灰黄色，流塑，饱和，为长江底浮泥，极高压缩性。该层厚 1.60～1.90 m。

（2）粉砂夹淤泥质粉质粘土。

粉砂夹淤泥质粉质粘土呈灰黄色、青灰色，松散或稍密，饱和，夹淤泥质粉质粘土，摇震反应中等。该层厚 18.00～27.00 m。

（3）含碎石粉质粘土。

含碎石粉质粘土呈黄色，硬塑，饱和，含碎石、圆砾，含量约为 3％～5％，切面光滑，干强度大，韧性大，低压缩性。该层厚 4.00～7.90 m。

（4）强风化岩。

强风化岩呈灰绿色、灰黄色、浅灰色，密实，上部呈风化砾砂状，下部呈碎石状，裂隙发育，岩性破碎。碎石直径多为 2.00～5.00 cm，该层厚 2.00～4.90 m。

（5）中风化岩。

中风化岩呈浅灰色、局部淡肉红色，坚硬，裂隙发育，岩体被切割成 10.0～50.0 cm 的岩块，锤击声脆。该层较厚，多次勘探未钻穿。

2 长江镇江段沿岸地质状况评价

对于汽渡码头前沿挡土墙设计，长江镇江段沿岸工程地质状况采用钻孔灌注桩处理、木桩处理均能满足工程设计要求。但对于汽渡码头两侧防撞墙（导航墙）而言，采用钻孔灌注桩地基处理后，7～9 m 高度防撞墙设计也能承受；如因资金投入少，采用木桩地基处理，防撞墙的设计高度只能为 5～6 m，不能满足防撞墙设计到顶（7～9 m）的高度要求。

在高资—世业汽渡码头两侧防撞墙（8.5 m 高度）设计中，采用了分期设计、施工的方法，以满足地基承载力的要求。

第一期导航墙设计、施工中，采用 4～5 m 长杉木桩地基处理、混凝土扩大基础板的形式，墙身采用 7.5 号块石圬工砌体，阶梯—衡重混合式的断面墙身，墙身高度吴淞—0.5～5.0 m，吴淞 5.0～8.0 m 采用 1：2 浆砌块石护坡。汽渡码头交付使用后，由于长江恶劣天气较多，汽渡难以正常运行，2 年后不得不进行改造。

第二期工程设计、施工前，对一期 5.5 m 高挡土墙进行了实地测量，墙身沉降、变形在设计和规范允许范围内。为安全起见，二期工程采用了聚丙烯包装带加筋灰土的直墙结构取代一期工程中上部 5.0～8.0 m 护坡结构，如图 1 所示。

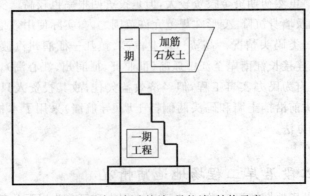

图 1 码头两侧防撞墙（导航墙）结构示意

二期工程完工后,高资—世业汽渡码头两侧防撞墙的总高度达到 8.5 m,完全满足渡船抗风浪、安全作业的运行要求。通过 20 年的运行来看,其使用效果很好。

3 木桩地基处理在码头前沿挡土墙中的实际使用效果

高资—世业汽渡、镇江—征润州汽渡、孩溪—江心汽渡等 3 个汽渡码头挡土墙下均采用了木桩地基处理。

从使用效果来看,高资—世业汽渡码头前沿挡土墙和码头两侧挡土墙均采用了木桩地基处理,使用效果很好;镇江—征润州汽渡仅码头前沿挡土墙采用了木桩地基处理,码头两侧采用 1∶2 浆砌块石护坡,汽渡大风大浪天气不能使用;孩溪—江心汽渡码头前沿挡土墙采用了木桩地基处理,码头两侧挡土墙下部没有进行地基处理,现已有较为严重的沉降和墙身变形,当地政府已将码头重建工作提上议事日程。2009 年 12 月,长江航道规划设计研究院完成了《镇江市丹徒区江心汽渡码头迁建工程可行性研究报告》,笔者认为该报告中有些观点值得商榷。

4 结 论

木桩地基处理虽然在许多水工建筑物中被采用,但必须根据工程项目性质、地形地质条件、投资额度大小等因素合理采用。具体到长江镇江段汽渡码头挡土墙设计中,笔者认为:

(1)在长江微淤积场地建造汽渡码头时,码头前沿挡土墙下可采用木桩地基处理方法,不但安全性能好,而且节省投资,施工方便、速度快。建议码头两侧设置满足汽渡码头全天候使用的防撞(导航)高挡墙,挡土墙下宜采用钻孔灌注桩进行地基处理,如因资金困难不得不采用简易地基处理,必须采取有效措施并进行专门设计。

(2)在长江微冲刷场地建造汽渡码头时,为防止码头前沿挡土墙和码头两侧挡土墙地基被冲刷掏空,码头前口不宜采用木桩地基处理,而应采用钻孔灌注桩等进行地基处理,以确保工程安全。

(3)由于长江受径流和潮流的双重影响,潮差较大,大风大浪等恶劣天气较多,强烈建议长江汽渡码头两侧设置防撞(导航)高挡墙,以确保渡运安全,满足汽渡码头全天候使用。

参考文献

[1] 中华人民共和国交通部.JTJ 211—99 海港总平面设计规范.北京:人民交通出版社,1999.
[2] 中华人民共和国交通部.JTJ 212—2006 河港工程总体设计规范.北京:人民交通出版社,2007.
[3] 中华人民共和国交通运输部.JTS 165−6−2008 滚装码头设计规范.北京:人民交通出版社,2008.

内河航道整治工程老驳岸基础加固水下混凝土施工易出现的问题及对策

孟广友

（江苏润通交通工程监理咨询有限公司 镇江 212005）

摘 要 本文分析了内河航道整治老驳岸加固水下混凝土施工容易出现的质量问题及问题产生的原因，并提出相应的对策，介绍了多导管法浇筑水下混凝土的施工工艺及控制要点。

关键词 航道工程 加固施工 问题对策

对于损坏相对不严重的灌砌或浆砌块石为墙身的老驳岸，在航道整治中一般采用在老驳岸墙前沉入钢筋砼预制桩外加混凝土包裹作为基础，以及水下墙身加固处理、上部采用墙前钢筋砼贴面加固处理的方案。航道整治时一般不断航，若进行围堰后施工会碍航且增大了围堰投入，故对于老驳岸基础及水下墙身加固部分的混凝土施工，过去通常采用水下混凝土施工的导管灌注法出水后再按顺序向前推进浇筑的方法（赶浆法）。对于老驳岸墙前加固水下混凝土的施工，由于受水位、水浪或船行涌流，老驳岸墙前淤泥层、老驳岸基础及老驳岸线形的不规范，墙前底部容易有大块石等诸多自然条件的影响，加之模板难以固定和水下混凝土浇筑难控制等客观情况，施工过程中容易出现胀模、漏浆（严重时混凝土全部溜跑），质量上容易出现水下混凝土部分空洞或不密实、外表泛砂或露骨、夹层或强度严重不够等问题。本文对该部分施工时自然条件的影响、容易出现的质量问题及产生的原因进行分析，并提出相应的对策，介绍一种多导管法浇筑水下混凝土的施工工艺及控制要点，以供施工时参考。

1 自然条件的影响分析

1.1 施工时的水位

（1）施工时的水位影响沉桩的深度或难度。正常锤入或静压时，桩顶一般不超过水面下 20 cm，如果水位较高，则必须在桩顶加接送入装置。

（2）施工时的水位影响水下混凝土顶面位置。常规方法施工时顶面位置一般不低于水位上 20 cm。

（3）若施工时的水位过高，通常采用的水下混凝土施工的"导管灌注法出水后再按顺序向前推进"的方法将不能使用。这是因为在导管灌注法出水后，向一侧推进的面很大且增大了后方混凝土向前推动的阻力，很难保证该面能平行向前移动。

从以上三点看，老驳岸加固水下混凝土应尽可能选择在水位较低的条件下施工。但由于多方面原因(如工程量较大,标段较多或不能同时施工),容易出现水位高差很大的跨季施工情况。按水位施工后的结构顶高低不一,影响整体美观,同时也给该部分的工程计量增加了难度,给其上的墙前贴面施工带来困难(若贴面形式是花样或贴面模板是大块固定式的,则影响更大)。因此,尽可能选择在水位较低的条件下施工,但该结构顶标高应当从整个工程的施工、施工期及其长短等因素综合考虑确定,或按有河和其他结构物等自然分段情况分别确定顶标高。当水位过高时,不得采用"导管灌注法出水后再按顺序向前推进"的方法进行水下混凝土施工。

1.2 施工时的水浪或船行涌流的影响

(1)影响沉桩的垂直度,因此,用于打压桩的船必须加强船舶固定措施。

(2)影响模板的固定和模板的选用,因此,在风浪较大的天气条件、行船较多或行船较大的通航条件下施工时,必须加强模板安装稳固措施,必须选择较高和较长的大块整体模板。

(3)影响水下混凝土顶面浇筑的位置。水浪或船行涌流越大,顶面浇筑的位置就越高。

(4)水浪或船行涌流对施工和质量的影响。水浪或船行涌流的大小对施工的难易程度及水下混凝土实体内在和外观质量影响最大,水面浪冲过模板顶,能对正浇筑的混凝土或正处于初凝及终凝的混凝土产生冲洗;水浪及船行涌流产生较大的推拉力对模板产生冲击;涌流的强大冲力通过模板缝对正浇筑和正处于初凝及终凝的混凝土进行扰动和冲洗。水下混凝土模板的安装固定本来就很困难,再加之水浪和船行涌流的破坏,很容易造成跑模、漏浆的施工现象,出现表面泛砂露骨、线形不顺直的情形。

高长的大块整体模板可以减少水浪和涌流对正浇筑和正处于初凝及终凝的混凝土顶面,以及模板缝处的冲洗及涌流力对混凝土的扰动,但由于模板整体面积大,承受涌流的冲力和混凝土浇筑时的膨胀力也大,所以,对模板安装固定的要求很高,施工中必须充分考虑模板安装固定条件。若原墙身灌(浆)砌块石很稳固,加固结构有沉桩,则实际施工中模板上部通过墙身用膨胀螺丝连接,下部利用已沉入的预制桩与模板外侧固模钢管桩再拉接(一般固模小钢管桩因水下条件较差,入土深度和抗疲劳能力小,难以承受混凝土浇筑时的膨胀力)。

解决模板缝漏浆和水浪或涌流通过模板缝冲洗和扰动正浇筑或正处于初凝及终凝的混凝土的常用方法是紧贴模板铺塑料布,此方法在风浪较小和船行涌流不大的情况下较实用,但在风浪和船行涌流较大的情况下,不但效果不大,而且极容易造成塑料布被卷浇在混凝土里或皱叠在一起。若皱叠(沉桩距模板较近时最容易发生此情形)在沉桩处则露桩,造成内在质量问题和外观质量缺陷。建议采用高长整体模板设置侧模板分小块浇筑的方法,高长整体模板能减少模板缝,设置侧模板分小块浇筑可减小模板承受混凝土浇筑时的集中膨胀压力和涌流对混凝土的扰动。

1.3 墙前淤泥

若墙前淤泥清理不干净,易出现模板着底不实、构造体底部不实或空洞、达不到设计位置、混凝土有泥浆夹层和强度严重不足的情形。若淤泥层过厚,将导致浇筑时随上压力的增大,整个混凝土从模板底部漏跑。

在沉桩施工前,墙前就应当进行淤泥清理并开挖到设计位置,但也会由于施工时控制不严和立模前回淤未作进一步的清理,致使以上问题发生。施工时一定要高度重视清除墙前淤泥工作,否则必定发生施工问题,留下质量隐患。

1.4 老驳岸结构及墙前杂物

因老驳岸建造时间较早,结构损坏或表面受污染严重,局部地基条件难以满足再加荷载的要求,基础线形不规范,墙前可能有大块石等坚硬物,这些现象给整修加固带来沉桩位置不一、侧面位置线形难控制、模板底部难着实、固定模板用钢管桩难施打等较大的施工难度,以及露桩、线形不顺直、墙身变形(水平位移、垂直沉降、倾斜、裂缝)等质量问题。因此,在老驳岸加固工程施工前,必须对老驳岸的原设计进行了解和调查,对施工范围内的墙前河床底作必要的调查和估计,合理规划水下混凝土构造物外侧控制线,墙前淤泥及杂物清理要到位,老墙身进行必要的修补、清理、凿毛或植筋,沉桩必须达到设计底标高且贯入度满足规范规定。遇到实际问题应及时商量对策。

2 对 策

2.1 施工前做好相关情况调查工作

施工方案编制前,施工单位要对当地水文、航道运营、老驳岸原结构及地质、施工环境要求、老驳岸墙前水下淤泥及杂物等情况作详细调查,以便结合设计图纸确定外侧控制线、顶标高、模板的材料、模板固定方法、混凝土的拌制或购买、浇筑方法等。

2.2 老墙身处理

先对准备加固的老墙身的情况进行了解,对损坏严重的老墙身用大块石或直接用混凝土进行修补,以便于立模生根着力。对裂缝、倾斜、倒塌等变形的老墙身,必须进行原因调查,以确定是否为原地质或原基础原因所引起的。若是,则报设计部门确定处理方案;若不是,用大块石或直接用混凝土进行修补。对表面受污染而影响新老混凝土结合的情形,应进行清理、凿毛和必要的植筋处理。注意老墙身的清理和凿毛应与立模浇筑紧接,不得过早进行。

2.3 墙前清理

墙前清理必须满足设计底标高的要求,淤泥和杂物必须清理干净,模板及浇筑位置的清理要尽可能平整,墙前清理工作要尽可能与沉桩和立模紧接,否则必须在立模前进行再清理。需强调的是,在浇筑混凝土时,墙前淤泥和杂物清理不干净或不平整,必定造成混凝土有泥浆和砂石夹层及强度严重不足,容易出现混凝土从模板底部漏跑的情形。

2.4 沉桩控制

沉桩要尽可能地靠近原基础,沉桩时船舶要停靠稳固,以保证桩体保护层竖直,达到受力、线形控制、不出现露桩的目的。沉桩必须在达到设计底标高的同时满足设计贯入度规定,贯入度过大必须报设计部门处理,确保加固后基础的稳定,防止墙身工后变形。

2.5 侧面及顶面位置控制

老驳岸基础及底部加固外侧面位置及线形应根据实际桩位、施工时的模板固定条件并结合设计要求综合考虑确定。顶面位置应根据整个或某个自然段施工期水位及气候条件(风浪)和航道运营情况(航道面宽、行船形成的水浪及涌流)、墙身上部加固要求及施工期、模板的高低及固定条件并结合设计要求综合考虑确定。施工中模板的实际固定情况、模板的大小、浇筑方法的选择等将严重影响侧面及顶面位置和线形能否达到预定要求,因此,施工中应采取措施确保模板稳固不跑模;采用高模板,减小水位和水浪对顶面位置确定的影响;采用长模板,避免侧面凹凸不平;减短每次浇筑长度,使模板受压膨胀力减小,以减小跑模和崩模的危险。

2.6　模板安装控制

整体模板安装完毕后,必须确保模内处于静水状态,能承受水下混凝土浇筑时的较大侧压力。老驳岸基础及底部加固水下混凝土实际施工中,因大部分模板在水下,整体模板大且重,浇筑时将承受较大的侧压力,模板安装难度很大。模板上口可在老墙身设置膨胀螺栓外接后固定。若老墙身不具备设置膨胀螺栓及承受拉力不满足模板固定的要求,必须对老墙身预先作必要的加固处理。模板外侧固模支撑必须有足够的刚度和入土深度。端侧模与老驳岸墙体需贴紧,使混凝土浇筑时不受波浪等水流影响。由于老墙身的不平整,端侧模需设置成活动的闸阀闭合构造,在靠近墙体侧加贴聚乙烯板等柔性材料,在另一侧顶压后使之与墙体紧贴。端侧模在水位上 10 cm 左右位置还必须能临时拆开,以便在混凝土浇筑过程中的模内水能及时排出,减小模板压力。如果在清理淤泥和杂物时发现无大块石等坚硬物,可在整体钢模下口焊接刀口类或桩类性质的装置,加强模板支撑能力。

需要注意的是,模板下水安装前必须检查模板下口水下河床的平整情况及淤泥是否已经清理干净,以确保模板平实地着落在预定位置。此项检查容易被忽视,否则会出现混凝土从模板下口大量或全部溜跑。现场无论采取何种急救措施,都会对质量产生不利影响,造成浇筑失败和经济损失。

3　多导管法浇筑水下混凝土的工艺及其控制要点

根据上述分析及对策,结合苏南运河无锡段老驳岸加固水下混凝土施工监理的经验,对老驳岸加固水下混凝土多导管浇筑的施工方法及其控制要点进行介绍,供施工时参考。

3.1　多导管法浇筑水下混凝土的工艺原理及特点

3.1.1　多导管法浇筑水下混凝土的工艺原理

多导管法浇筑水下混凝土,是利用整体高大模板以满足模内静水状态下浇筑,利用多导管以满足水下混凝土流动半径不大于 3 m 的要求,使混凝土在自重和一定落差压力作用下通过竖立且末端埋置在初期灌注的混凝土内部的导管,进入到初期灌注的混凝土内部,顶托着初期混凝土逐步上升,形成连续密实的混凝土结构体。

浇筑完成的水下混凝土紧贴老护岸形成了一道水下挡墙,对老护岸起到支护和加固作用。

3.1.2　多导管法浇筑水下混凝土的工艺特点

多导管法浇筑水下混凝土不需要施工围堰,减少了对航道的占用,节约了资金,缩短了工期,可在正常通航条件下完成施工。施工流程精简易掌握,不需要特殊船机设备,不需要潜水作业(但需熟练和认真的操作工人)。模板采用整体式钢模板,构造简单,拆卸方便,可以减少水下作业,提高水下模板的密闭程度,使模板内达到静水状态,保证入水的混凝土不受冲刷失浆。模板加工时应调查航道内船行波的高度,制作模板时将其适当加高,在混凝土凝固期起到防浪保护作用。水下混凝土分段浇筑,单次浇筑方量较小,这样减少了混凝土拌和、运输的供应压力,确保了水下混凝土浇筑的连续性。

3.2　多导管法浇筑水下混凝土的施工工艺流程及其控制要点

3.2.1　施工工艺流程

多导管法浇筑水下混凝土的施工工艺流程为:墙前清淤→钢筋混凝土方桩沉桩→模板安装→架设导管→浇筑水下混凝土→人工抹面→拆模、养护。

3.2.2　施工工艺及其控制要点

（1）墙前清淤要求及注意事项。

① 必须满足设计底标高的要求。

② 尽可能与沉桩和立模紧接,在立模前必须对回淤进行再清理,不得用加深清理的方法代替回淤清理。

③ 淤泥和杂物必须清理干净,底部要尽可能平整,清理物必须装运出施工现场,不得在清理前方的河内堆放。

④ 需特别注意的是,若墙前淤泥和杂物清理不干净或不平整,在灌注混凝土时很容易造成混凝土从模板底部漏跑。

（2）沉桩控制要求及注意事项。

① 尽可能选择在水位较低的情况下进行沉桩施工。

② 沉桩要尽可能地靠近原基础。

③ 预制桩身强度应达到设计要求。

④ 桩锤的选择应根据地质条件、桩身强度、桩的承载能力和锤的性能,并结合施工经验或试桩情况确定。

⑤ 当水位较高,桩尖不能满足设计要求时,应设置替打及送桩装置。替打及送桩装置须满足刚度要求,顶部要设置锤垫(如木垫、钢丝绳或硬纸等缓冲材料),替打及送桩装置长度不宜超过桩长的 2/3。在替打和桩顶之间要设置有一定弹性的桩垫,其厚薄要均匀,尺寸应与桩顶截面相同,纸垫的厚度宜为 $10\sim20$ cm,木垫的厚度宜为 $5\sim10$ cm。

⑥ 沉桩时,要考虑锤击振动对老驳岸、新浇筑混凝土的影响。采取有效措施减少对老驳岸的影响,当新浇筑的混凝土强度未达到 5 MPa 时,不得在其 30 m 范围内进行沉桩。

⑦ 沉桩时船舶要停靠稳固,以保证桩体竖直,达到受力、线形控制、不出现露桩的目的。

⑧ 沉桩过程中,若遇到贯入度剧变,桩身突然发生倾斜、位移或有严重回弹,桩顶或桩身出现严重裂缝、破碎等情况时,应暂停沉桩,分析原因,采取有效措施进行控制。

⑨ 沉桩要以控制桩尖设计标高为主。当桩尖已经达到设计标高,而贯入度仍较大时,应继续锤击,使贯入度接近控制贯入度。当贯入度已经达到控制贯入度,而桩端标高未达到设计标高时,要继续锤入 10 cm 左右,如无异常变化即可停锤。若桩尖标高比设计标高高得多,必须报设计部门处理。

⑩ 钢筋混凝土预制桩及沉桩的质量必须符合《港口工程桩基规范》(JTJ 254)的有关规定。

（3）模板的制作及安装。

水下混凝土的模板不仅应具有足够的强度、刚度和稳定性,还应符合构造简单,拆卸方便的要求,因此,宜选用钢模板制成整体式或装配式。

用导管法浇筑水下混凝土时,最大侧压力可按

$$P = 14fv$$

进行计算。

式中：f——混凝土能保持坍落度不低于 150 mm 的时间，h；

v——混凝土浇筑速度，m/h；

混凝土的有效压力高度 $h=fv\leqslant 2.5$ m。

根据上式可计算出混凝土的最大侧压力，再综合考虑其他荷载和相关系数来确定模板的支撑结构。

本文主要介绍整体式大片钢模板，按水下混凝土的分段长度模板分为 10 m/片（根据内河航道施工船机小的特点，模板也可分为 5 m/片，中间留一道竖直施工缝）。模板在后方加工厂内制作完成。模板高度在满足基础及水下墙身加固预定高度的同时，还要满足防水浪的要求。堵头侧模采用装配式，在模板支立前与主模组装成一体。模板底部做成楔形，可将其插入河底的土基中，以提高模板底口的密闭性。板面采用 5 mm 钢板，用 10 号槽钢作横、纵向围檩。

模板为两种：一种是两端带堵头模板的，用于独立段水下混凝土浇注；另一种是不带堵头模板的，用于间隔段浇注施工。

主模板结构如图 1 所示。

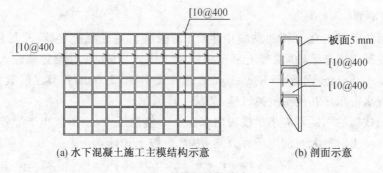

(a) 水下混凝土施工主模结构示意   (b) 剖面示意

图 1　主模板结构示意

采用汽吊或船吊机（采用沉桩船的配套吊桩的起吊设施较方便）将模板吊安就位，工人用绳缆拉住模板，保持位置稳定，然后紧靠模板后面的围檩竖直打入 20 号槽钢至河底的硬土中。

根据施工经验，入土深度不宜小于 1 m，然后在槽钢的顶口位置加横向拉条到岸上拉紧固定模板，拉条生根于老护岸墙顶（岸壁后）；在紧靠模板板面顶口的位置加第二排横向拉条到岸壁上，拉条采用膨胀螺栓固定在岸壁上，辅助固定模板；固定模板的 20 号槽钢、拉条间距以 0.8~1.0 m 为宜，顶排拉条采用直径为 16 mm 的圆钢，第二排采用直径为 12 mm 的圆钢；若墙前土质差，墙顶固定拉条基础较薄弱，应加密固定模板的槽钢和拉条。

槽钢和拉条固定模板形式如图 2 所示。

模板安装固定完成后，应检查模板底口及堵头（端侧模）的密闭性。模板底口需要人工探摸以确定有无缝隙，并可用袋装混凝土封堵；堵头模板可用木板作为闸板进行封堵，于老护岸的接缝处加贴聚乙烯板等柔性材料，在另一侧顶压后使之与墙体紧贴。堵头模板在水位上 10 cm 左右位置还必须能临时拆开，以便在混凝土浇筑过程中的模内水及时排出，减小模板压力。

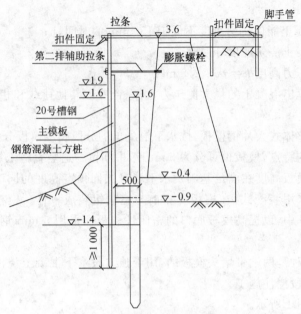

图 2　槽钢和拉条固定模板断面

（4）架设导管。

本文介绍的混凝土宜由拌和站集中生产，需能够满足混凝土连续、充足供应的要求。施工时采用混凝土罐车运输，混凝土泵车将混凝土输入导管，通过导管输砼入模。导管直径宜采用 250～300 mm 钢管，管壁厚 3 mm，每节长 1.0～2.0 m，每节之间紧密联结；导管使用前应进行水密承压和接头抗拉试验，严禁用压气试压。

进行水密试验的水压不应小于模板内水深 1.3 倍的压力，也不应小于导管壁和焊缝可能承受灌注混凝土时最大对的力 P 的 1.3 倍，P 可按下式计算：

$$P = r_c \cdot h_c - r_w \cdot H_w$$

式中：P——导管可能受到的最大对的力，kPa；

　　　r_c——混凝土拌和物的重量，取 24 kN/m³；

　　　h_c——导管内混凝土柱最大高度，m，以导管全长或预计的最大高度计；

　　　r_w——模板内水或泥浆的重量，kN/m³；

　　　H_w——模板内水或泥浆的深度，m。

如果混凝土浇筑总高度较小，也可以使用薄壁钢管作导管（曾使用过 ϕ250 mm、长 4 m、壁厚 2 mm 的薄壁钢导管），导管上设两个吊耳，可拴缆绳以辅助人工提升导管。

导管布设的位置和间距应根据浇筑范围（按每段长度 10 m 计）和混凝土流动半径按不大于 3 m 确定（由《水运工程混凝土施工规范》规定）。为保证水下混凝土充分良好地结合，应根据实际情况选择导管设置的数量。

本文介绍每段长度为 10 m 采用 3 根导管灌注混凝土入模，流动半径为 1.6～1.7 m，导管布置示意图如图 3 所示。

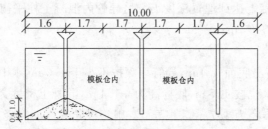

图 3　导管布置示意图

混凝土浇筑前,导管可通过吊耳上的绳子临时固定于临近的脚手管和槽钢上,首罐混凝土浇筑完成后解开绳子。

(5)浇筑水下混凝土。

首灌混凝土采用漏斗灌注,混凝土运到现场以后,先的计算得出首灌混凝土量,然后将足够量的混凝土盛放到每个漏斗中(一般在导管内事先放置一个直径略小于导管内径的皮球或锯末球,目的是使混凝土和水在管内不混合,保证首灌混凝土能够顺利封底)。开始灌注时,3 个漏斗阀门同时迅速全开,让混凝土以很大的冲力瞬间落下,混凝土在导管下端形成锥体,将导管底口埋入混凝土中;首灌混凝土灌注完成后,可去掉漏斗而采用泵车直接向导管内输送混凝土进行灌注。首批灌注混凝土的数量应能满足导管首次埋置深度(≥1.0 m)和填充导管底部的需要(见图 4)。

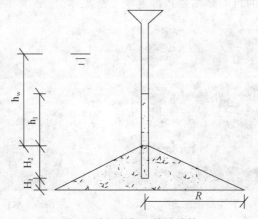

图 4　首批混凝土数量计算

首批灌注所需混凝土数量可参考下式计算:

$$V \geqslant 0.5 \times R \times (H_1 + H_2) \times D \times 2 + \frac{\pi d^2}{4} h_1$$

式中:V——灌注首批混凝土所需数量,m^3;

R——流动半径,m;

D——断面厚度,m,砼从导管口流出形成的不是圆锥形,更接近于两个楔形,故此处按照两个楔形计算,取 0.5 m;

H_1——导管底口到模板底口的间距,一般为 0.4 m;

H_2——导管初次埋置深度,m;

d——导管内径,m;

h_1——桩孔内混凝土达到埋置深度 H_2 时,导管内混凝土柱平衡导管外(或水、泥浆)压力所需的高度,m;

$$h_1 = H_w r_w / r_c。$$

架设导管时底口高出底面 0.4 m,导管埋深按不小于 1.0 m,水下砼浇筑宽度为 0.5 m,长度为 10 m/段计算,水位按 1.7 m,底标高为 -1.4 m,混凝土密度为 2.4 kg/m³,水密度为 1 kN/m³,混凝土流动半径为 1.7 m,3 根导管,则每根导管首批混凝土量为

$$V = 0.5 \times 1.7 \times (1 + 0.4) \times 0.5 \times 2 + 3.14 \times 0.25 \times 0.25/4 \times 0.7 = 1.2 \text{ m}^3$$

浇筑混凝土过程中应严格控制导管的提升,始终保持导管口埋入混凝土不小于 1.0 m,防止水从外部流入导管内。浇筑过程中要用尺杆勤测水下混凝土面上升的高度,水下混凝土面每上升 0.8～1.0 m 提升一次导管。提升时可稍转动导管(严禁左右摇动导管),两人分别持导管扶手或辅助拉绳,上提均匀用力,禁止使用猛力将导管拔出混凝土,以免影响混凝土质量。各导管灌注的混凝土表面高差不宜大于 0.3 m。由于模板是封闭的,模板内的水不能自流至模板外,因此,在浇筑过程中可配一台汽油离心水泵,及时将模板内的水排出。水下混凝土浇筑如图 5 所示。

水下混凝土应连续浇筑,不得发生中断或导管进水现象,以免影响混凝土质量。

混凝土浇筑到顶面时,应略高于设计标高值 5 cm 左右,用振捣棒将水位以上的混凝土均匀适度振捣(轻振),注意振捣棒不要伸到水位以下,以免影响混凝土质量(见图 6)。振捣后清除浮浆。适度振捣的目的是加强顶部混凝土密实,防止松顶,提高混凝土观感质量。

图 5　水下混凝土浇筑　　　　　图 6　水位以上混凝土振捣

混凝土必须符合以下规定:

① 混凝土陆上配制强度要比设计强度标准值提高 40%～50%。

② 应加入减水剂或引气剂,并适当提高砂率改善混凝土的和易性。

③ 粗集料最大粒径不得大于导管直径的 1/4,并不得大于 40 mm。

④ 细集料宜采用级配良好的中砂。

⑤ 混凝土的坍落度宜在 160～220 mm,混凝土在运输和浇注过程中应无显著离析、泌水现象。

⑥ 装混凝土的封堵用袋必须用透水纤维编织袋,混凝土坍落度为 50～70 mm,在浇筑混凝土前封堵,不得过早进行封堵。

(6)人工抹面。

水位以上的混凝土振捣完成并清除超高部分和浮浆后,顶面采用木抹板压实拉毛抹

平,抹面要进行二次压面。抹面的同时需将上部贴面混凝土结构需要的钢筋预埋到水下混凝土内(见图 7)。

(7)拆模、养护。

混凝土浇筑后达到一定强度方可拆除模板。原则上应根据气温高低,使混凝土强度在保证其表面及棱角不因拆除模板而受到破坏,在进行拆模操作施工时可根据施工季节的气温变化,通过混凝土试块试验,在混凝土强度达到 2.5 MPa 时方可拆除模板。拆除模板时,先小心向外拆除模板外侧支固模板的 20 号槽钢,然后拆除整体式大模板。拆模时要严格控制垂直向外拆除模板,避免损坏混凝土棱角。

图 7　顶面人工抹面

混凝土浇筑完成后及时加以覆盖,对水位以上混凝土进行养护,结硬后砼养护可就地取材,利用河水潮湿养护,混凝土养护时间不少于 7 d。

参考文献

[1]　中华人民共和国交通部.JTJ 268—97 水运工程混凝土施工规范.北京:人民交通出版社,1998.

[2]　中华人民共和国交通部.JTJ 254—98 港口工程桩基规范.北京:人民交通出版社,1999.

[3]　中华人民共和国交通部.JTJ 041—2000 公路桥涵施工技术规范.北京:人民交通出版社,2001.

预应力简支 T 梁起拱值的影响因素

于 佳

（江苏润通交通工程监理咨询有限公司 镇江 212005）

摘 要 本文介绍了泰州大桥南引桥施工时影响预应力简支 T 梁起拱大小的因素，并结合实际施工对其进行了分析阐述。

关键词 桥梁 预应力 起拱

1 工程概况

泰州大桥位于长江江苏省的中段，上游距润扬长江大桥约 60 km，北接泰州市，南连镇江和常州市。泰州长江公路大桥工程包括跨江大桥（主江及夹江）及接线工程，跨江大桥为双向六车道标准的高速公路特大桥，设计行车速度 100 km/h，桥跨布置为 390 m＋1 080 m＋1 080 m＋390 m，主跨净宽 33 m。

DO1 标南引桥第一至第六连为预应力简支 T 梁，其中 40m T 梁共 350 片，30m T 梁共 168 片，如图 1 所示。

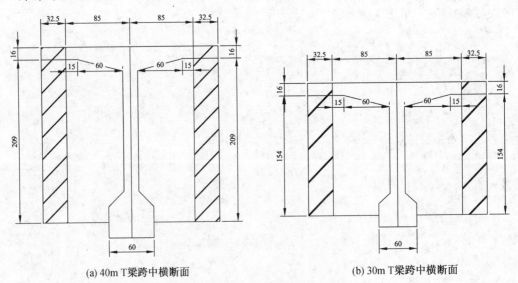

(a) 40m T梁跨中横断面　　　　　　　　(b) 30m T梁跨中横断面

图 1 预应力简支 T 梁断面图

2 预拱度的设置

按《公路桥涵施工技术规范》的规定，对于预应力混凝土受弯构件，当使用荷载（即结构恒载,预加力和不计冲击的汽车荷载)作用下的最大竖向绕度超过跨径的1：1 600时,应对其设预拱度,以抵消荷载长期作用下逐渐增加的变形。从实际出发,30 m 与 40 m T 梁反拱值设置分别为 15 mm 和 20 mm.

3 起拱值的影响因素

预应力反拱度不易被控制,其影响因素主要包括:施加的预应力大小,混凝土的强度与弹性模量,后张法张拉时间,以及存梁时间(主要为混凝土收缩、徐变,弹性模量随时间的变化),温度变化。

3.1 施加的预应力

施加的预应力大小主要影响梁的起拱大小。在实际施工时,应考虑影响预应力损失的所有因素,如管道摩擦、锚具变形、钢绞线的应力松弛,以及混凝土的收缩、徐变等。

应有效控制施加的预应力,可采用应力、应变"双重控制"的办法。只有两者都达到设计要求后,本次张拉才算成功。

3.2 混凝土的强度与弹性模量

混凝土的强度是影响起拱大小的直接因素之一。

T 梁预应力钢束必须待混凝土立方体强度达到混凝土设计强度等级的 90%,且混凝土龄期不少于 7 d,方可张拉。如果张拉过早,会造成较多的预应力损失,主要为收缩、徐变损失。预应力损失超出设计,会在使用荷载作用下预压区混凝土出现受力裂缝。

先列出 40 m T,30 m T 梁张拉时(一般为 7 d 强度龄期)混凝土强度与起拱大小的变化情况,如表 1、表 2 所示。

表 1　40 m T 梁混凝土强度与起拱

梁号	混凝土 7 d 强度/MPa	起拱/mm
26—10	50.1	18
25—1	50.1	17
26—2	56.5	18
25—12	47.6	24
26—12	49.7	20
27—8	52.2	19
27—14	53.1	18
27—5	51.0	18
28—5	54.3	18
28—11	58.3	16
25—10	52.9	19
25—9	57.6	19
平均值	52.8	18.7

表 2　30m T 梁混凝土强度与起拱

梁号	混凝土 7 d 强度/MPa	起拱/mm
38—4	52.7	15
38—8	51.9	14
41—14	52.7	15
39—12	49.1	17
39—7	46.0	20
40—8	56.1	15
37—1	52.4	14
34—3	46.7	18
35—9	55.7	14
34—6	58.9	14
39—7	46.0	20
39—1	45.6	23
平均值	51.2	16.6

从表 1、表 2 可以看出,当混凝土的强度较高时,即 40m T 梁为 50～58 MPa 时,张拉当天 T 梁的实际起拱为 16～18 mm,30m T 梁为 52～58 MPa 时,张拉当天 T 梁的实际起拱为 14～15 mm;而当混凝土的强度较低时,40m T 梁为 47～51 MPa 时,张拉当天 T 梁的实际起拱为 18～24 mm。30m T 梁为 45.6～46.7 MPa 时,张拉当天 T 梁的实际起拱为 20～23 mm。由此可见,张拉过早会造成较多的预应力损失,并会引起较大的起拱,因此应尽量选择强度较高时张拉。

3.3　存梁时间

预应力混凝土梁的存梁时间一般为 60 d,最多不超过 90 d。存梁时间主要影响混凝土的收缩、徐变而引起的起拱大小,存梁时间过长、混凝土收缩和徐变严重时可导致梁发生裂缝,对施工阶段桥面铺装的平顺及使用阶段的行车都会造成不利影响,所以一般预应力混凝土梁的安装尽可能安排在 60 d 之前完成。表 3、图 2、表 4、图 3 分别为 40m T,30m T 梁的起拱值变化的情况。

表 3　30m T 梁起拱变化

梁号	7 d 强度 /MPa	7 d 龄期起拱 /mm	10 d 龄期起拱 /mm	28 d 强度 /MPa	28 d 龄期起拱 /mm
43—5	49.6	18	22	62.4	29
43—1	49.4	20	23	62.6	29
43—7	45.8	20	23	58.8	32
43—9	48.2	17	20	62.1	31
43—6	46.9	17	20	60.1	30
42—7	52.8	16	19	66.0	27
42—3	53.0	18	21	66.2	28
42—9	45.6	23	26	58.8	32
39—7	46.0	20	24	59.2	30
43—11	47.5	21	25	60.7	31
平均值	48.5	19	22.3	61.7	33.2

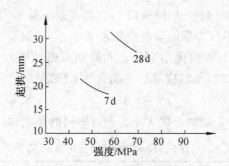

图 2　30m T 梁起拱变化曲线

表 4　40m T 梁起拱变化

梁号	7d 强度 /MPa	7d 龄期起拱 /mm	10d 龄期起拱 /mm	28 天强度 /MPa	28d 龄期起拱 /mm
20—3	49.6	28	33	63.9	36
20—1	49.9	26	31	62.7	38
19—14	48.5	24	29	63.9	37
19—8	48.5	24	28	60.7	36
18—5	48.3	24	29	60.5	37
19—5	47.9	24	28	63.2	36
19—3	47.9	25	30	63.1	37
19—2	47.2	24	29	63.8	37
18—10	48.3	22	28	63.2	36
18—9	48.9	22	27	63.8	35
18—5	48.5	24	29	64.2	37
平均值	48.5	24.3	29.2	63	36.5

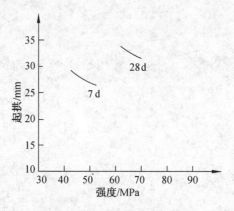

图 3　40m T 梁起拱变化曲线

随着龄期的增长，T 梁的起拱大小在逐步增长，40m T 梁 7d 强度为 47.2～49.9 MPa，7d 起拱为 22～28 mm，28d 强度为 60.5～64.2 MPa，28d 起拱为 35～38 mm；而 30m T 梁

7d 强度为 45.6～53 MPa,7d 起拱为 17～23 mm,28d 强度为 58.8～66.2 MPa,28d 起拱为 27～32 mm。这主要是由于每片梁的混凝土强度大小不一,混凝土施工过程中配合比的波动导致混凝土的弹性模量不一致而引起的。此外还有张拉引起的误差和预应力的损失。因此,为避免后续补救工作的开展,应尽早完成安装工作。

3.4　温度变化

在一天中的不同时刻,T 梁的起拱大小也会有不同的变化,如表 5、表 6 所示。

表 5　30m T 梁起拱变化情形

梁号	同一天的起拱值/mm		同一天中温差在 6 ℃时起拱的变化值/mm	张拉后起拱值/mm
	8:00/25 ℃	14:00/32 ℃		
43—5	22	26	4	18
43—1	23	28	5	20
43—7	23	27	4	20
43—9	20	24	4	17
43—6	20	23	3	23
42—7	19	24	5	16
42—3	21	26	5	18
39—7	24	29	5	20
42—9	26	31	5	23
平均值	22	26	4	19.4

表 6　40m T 梁起拱变化情形

梁号	同一天的起拱值/mm		同一天中温差在 9 ℃时起拱的变化值/mm	张拉后起拱值/mm
	8:00/24 ℃	14:00/33 ℃		
20—3	33	39	6	28
20—1	31	39	8	26
19—14	29	37	8	24
19—8	28	36	8	24
18—5	29	37	8	24
19—5	28	36	8	24
19—3	30	37	7	25
19—2	29	37	8	24
18—10	28	35	7	22
平均值	29	37	7.5	24.5

从表 5、表 6 可以看出,30m T 梁在气温 25 ℃时,起拱平均值为 22 mm,在气温 32 ℃时,起拱平均值为 26 mm;40 m T 梁在气温 24 ℃时,起拱平均值为 29 mm,气温 33 ℃时,

起拱平均值为 37 mm。这主要是由于混凝土的热胀冷缩而引起的。因此,应正确掌握好一天中气温变化与起拱的关系,选择气温较低的时候进行张拉,以避免引起过大的起拱。

为了防止预制梁上拱过大,预制梁与桥面现浇层由于龄期差别而产生过大收缩差,因此建议存梁期不超过 90 d。施工单位可根据工地的具体情况(如张拉龄期、存梁期、混凝土配合比、材料特性、地区气候、季节、温度等)及经验设置反拱。反拱值的设计原则是使梁体在二期恒载施加前上拱度不超过 20 mm,桥梁施工完成后不出现下挠,如表 7 所示。

表 7　设计预加力引起的上拱度值与实际值比较表

位置	设计钢束张拉完上拱度/mm	张拉 7 d 上拱度/mm	设计存梁 30 d 上拱度/mm	28 d 上拱度/mm
30m T 梁	27.6~30.5	16~21	54.2~60.0	27~32
40m T 梁	36.3~37.2	22~28	69.5~70.8	35~38

表 7 中 30m T 梁张拉完起拱值为 27.6~30.5 mm,40m T 梁起拱值为 36.3~37.2 mm,实际张拉后,30m T 梁张拉完起拱值为 16~21 mm,40m T 梁张拉完起拱值为 22~28 mm。对于存梁 30 d 的上拱度,30m T 梁为 54.2~60.0 mm,40m T 梁为 69.5~70.8 mm,而 30m T 梁实际 28 d 起拱值为 27~32 mm,40m T 梁 28d 起拱值为 35~38 mm。通过两者对比可以看出,设计值较大,最大值已超出一倍,这说明设计起拱值偏于保守。此外,30m T 梁台座反拱设计为 15 mm,40m T 梁台座反拱设计为 20 mm,而 30m T 梁张拉后起拱值 16~21 mm,40m T 梁张拉后起拱值为 22~28 mm,张拉后梁体仍为正拱,完全能达到实际施工的需要。

总之,为了有效控制梁的起拱,应结合实际与理论知识加以分析与讨论。在实际工作中应注意张拉过程中施加的预应力大小,张拉之前的混凝土强度,以及张拉时间的长短、存梁时间的长短、温度的变化情况,并在施工中不断总结经验。

参考文献

[1] 交通部第一公路工程总公司.桥涵(上册).北京:人民交通出版社,1998.

[2] 路桥集团第一公路工程局.JTJ 041—2000 公路桥涵施工技术规范.北京:人民交通出版社,2000.

桥梁钻孔灌注桩桩头质量的控制

方菲然

（扬中市交通运输局 扬中 212200）

摘　要　钻孔灌注桩属于隐蔽工程，由于成桩环节多，施工过程容易出现质量事故。本文从桩头质量的重要性入手，分析施工中经常出现质量问题的原因，并提出了相应的补救措施和质量控制办法。

关键词　灌注桩　桩头　质量控制

桥梁钻孔注桩由桩头、桩身、桩尖三部分组成。从力传递过程来看，桩头直接承受荷载，通过桩身传递到孔壁和桩尖；从受力分布来看，桩身受到的应力和位移至上而下逐渐递减，上部受到应力呈抛物线分布。这就说明，桩顶的质量至关重要。目前，从无数桩基的检测结果来看，时常会出现以下一些问题，即桩顶混凝土强度偏低，连续性不够，钢筋标高不对，钢筋偏位等。这些问题造成了许多不必要的误工、返工。本文结合几个工程实例谈谈对桩头质量控制的办法。

1　桩顶混凝土强度偏低

1.1　"离析"与"混浆"

在桩基检测前通常要对桩顶进行清理，凿除超浇部分的混凝土。这时会发现桩顶混凝土强度偏低，桩顶混凝土只见沙子不见石子（视为"离析"），或者发现泥浆、钻渣等与混凝土混合（视为"混浆"）。

1.2　出现问题的原因

"离析"现象是指桩顶混凝土中石子离析。根据经验，浇筑人员往往在看到有砂浆泛到护筒口时就误认为真正的混凝土面到位了，以致形成假到位现象。"离析"产生的原因有：① 首批混凝土本身的质量有问题，一般为搅拌不熟，或混凝土中石料级配不好，混凝土和易性差。这是导致离析最主要的原因。② 浇筑过程中少量混凝土从贮料斗外直接漏到孔内，形成离析，砂浆浮在上面与泥浆混合。产生"混浆"的原因主要是清孔不彻底，泥浆比重较大，浇桩过程中沉淀变厚而下沉和混凝土混合。

因这种现象发生在桩顶，其处理方法比较方便。若混凝土面已进入护筒，可用空压机直接凿除这部分混凝土，冲洗干净，采用干法施工，补浇混凝土；若真正的混凝土面还在护筒以下，则应继续加压护筒，护筒内径一般比实际桩径大 20 cm 左右，护筒可以下沉，下沉后采取干法施工。

1.3 预防措施

(1)混凝土本身质量应加强控制,从原材料到混凝土配比应严格按水下混凝土工要求精心设计。

(2)清孔要彻底,灌注水下混凝土前要测泥浆指标,不达标应进行二次清孔。

(3)浇筑过程中应加强现场测试,根据实际浇筑用量和混凝土面上升高度的关系推算最终用量。

(4)科学测定桩顶混凝土面的实际高度,在施工中可用混凝土取样器取样,此方法方便适用,效果较好。当混凝土面浇到桩顶时,利用该取样器对桩混凝土取样,以观察混凝土的质量。

(5)精心组织,科学安排,做好前后场的组织协调,尽量减少浇筑时间。

2 桩顶混凝土有"夹心"

2.1 "夹心"产生的原因

桩顶混凝土"夹心"产生的原因:

(1)桩的孔径大,导管直径小(一般为25～30 cm),灌注时导管偏心,灌注到顶部时导管一侧泛浆,另一侧泥浆乘虚而入,从而形成"夹心"。

(2)混凝土浇筑完后导管提升过快,从而使混凝土面形成瞬间空隙,被桩顶泥浆所填充。

(3)浇筑过程中孔壁有少量的塌孔,大的泥块夹到混凝土里面,最后被"顶"到桩顶。这类问题在凿除桩头的过程中可直接被发现,也可能在超声波检测时才被发现,其处理方法与处理桩顶混凝土强度偏低的方法相似。

2.2 质量控制措施

(1)降低末板料混凝土导管的埋深,一般不超过4 m,这样一方面可加大混凝土的冲击力,使最后的沉渣能充分的泛到桩顶,另一方面可减少导管本身的填充体积。

(2)末板料导管应缓慢提升,以防形成"空隙"。

(3)浇筑过程中,若局部塌孔或混凝土表面流动度降低、泥浆沉淀过大,可以在浇到离桩顶5～10 m处用砂泵抽浆使泥浆循环,达到减小"泥浆"压力的作用,这时应特别注意导管埋深应在4 m以上。

3 钢筋笼定位不准

钢筋定位不准有两种情况:

(1)标高不准;

(2)中心偏位。

3.1 原因分析

(1)钢筋笼顶部没有牢固固定,浇筑过程中导管摆动其法兰边碰到钢筋笼加强箍上,提升导管时带动钢筋笼而上浮。

(2)钢筋吊扣松开而下沉。

(3)混凝土浇到钢筋笼变截面处,冲力过大,常常也自带起钢筋笼。

（4）导管摆动或偏位同样会引起钢筋笼平面偏位。

3.2 处理方法

（1）浇筑过程中发现有上、下窜位或偏位现象，可以采取措施补救。如果是下沉现象，用卷扬机或手拉葫芦向上拔；如果是上浮现象，也可以在钢筋笼顶部用十字架搭在加强箍上反压下沉；如果是偏位现象，用手拉葫芦拉钢筋笼顶部调正到位。

（2）若浇筑成桩后才发现这些现象，则处理过程比较麻烦。若钢筋笼下窜，应按接桩的办法将桩顶混凝土凿去，接钢筋笼；若钢筋笼上浮，应及时汇报监理和设计单位，经认可后可直接割除上浮的钢筋笼；若钢筋笼偏位不大，可以用接桩法凿除顶部混凝土，调正中心，其凿除深度视偏位大小而定，保证桩顶钢筋偏位不大于 5 cm，钢筋笼顶部倾斜不大于 1/100。

3.3 控制办法

（1）钢筋就位后，应严格对中并固定。通常用 4 根 $\phi45$ mm 钢管穿过吊筋，钢管下口开 25 mm×25 mm 的方孔，将其插在加强箍内保证上下不窜动。

（2）在顶层加强箍和主筋交叉处主筋上焊几根横向定位筋，顶在护筒上保证笼子不偏心。

（3）混凝土面浇到钢筋笼下端，或变截面处导管应加大埋深（不小于 4 m），下料适当放慢，以减小冲压力。

（4）浇筑混凝土过程中，注意观察钢筋笼固定系统的变形，发现问题及时处理。

4 结 语

施工中要充分保证桩头的质量，必须注意以下问题：

（1）提高对桩头质量重要性的认识，按上述措施加强对桩头质量隐患的事前防范，保证成桩质量的完整性。

（2）充分做好浇筑前的各项准备工作，严格控制过程质量。工序、人员之间密切配合，争取用最短的时间完成混凝土的浇筑。事实证明，凡灌注过程操作混乱、灌注时间拖长的，成桩的质量大多是不稳的。

（3）发现问题不留后患，应按监理程序及时补救，如实反映。争取用最短的时间、最低的消耗、最有效的方法进行处理。

对工程混凝土耐久性问题的认识

陈 耿

（镇江市交通工程建设管理处 镇江 212005）

摘 要 本文结合多年来现场施工管理经验,简要介绍了影响砼耐久性的因素及其对策,这对加强砼施工过程质量控制将起到积极的作用。

关键词 建筑工程 混凝土 耐久性 控制方法

混凝土是当今世界用量最大的建筑材料。我国混凝土使用量居全球之冠,年用量达20亿立方米以上,为促进经济快速发展发挥了极其重要的作用。但是混凝土的应用过程中也暴露出许多问题,其中以耐久性问题尤为突出。例如不少工程在使用 10～20 年后,有的甚至在使用几年之后即需维修。混凝土工程大多是永久性的,工程量大、耗资多,若耐久性不良将会给未来社会造成极为沉重的负担。因此,无论从资金节约、资源有效利用及环境保护等方面综合考虑,都必须深入研究混凝土的耐久性问题。

所谓混凝土结构的耐久性,是指混凝土结构在自然环境、使用环境及材料内部因素的作用下,保持其自身工作能力的性能。文中的自然环境、使用环境及材料内部因素的作用指的是各种物理或化学作用。影响混凝土耐久性的主要因素有混凝土的碳化、碱—集料反应、钢筋的锈蚀、混凝土的抗渗性与抗冻性等。

1 影响混凝土耐久性的几个因素

1.1 混凝土结构的不密实

混凝土结构的不密实主要是指混凝土复合组分相容性不良造成的离析,沁水或在浇注成型过程中振捣的不密实,以致混凝土内部形成很多缺陷(蜂窝、大孔隙等),而这些缺陷处聚集了大量的自由水。这些自由水的蒸发使得混凝土在凝结硬化过程中形成大量的有害孔隙,有的甚至形成连通的通道,从而导致了混凝土整体结构的不密实。

1.2 碱—集料反应

碱—集料反应是指混凝土在配制时,由原材料或外界环境中带入的碱性离子、活性矿物集料(活性二氧化硅等)在有水的条件下与二氧化硅反应生成碱硅胶的反应。碱硅胶有强烈的吸水膨胀能力,其形成和成长常常造成混凝土内部的膨胀,这种膨胀所产生的内部应力使混凝土内部形成微裂缝,甚至造成混凝土的严重开裂。为了避免碱—集料反应,混凝土配制时应采用非活性集料、低碱水泥或控制混凝土中其他组分碱的引入,掺用粉煤灰、矿渣、硅粉等掺和料,以降低混凝土的碱性。

1.3 钢筋锈蚀破坏

因混凝土钢筋锈蚀而产生的破坏,是钢筋混凝土耐久性不良最主要的表现形式。钢筋锈蚀的原因主要有两个:一是混凝土碳化。当二氧化碳和水汽从混凝土表面通过孔隙进入混凝土内部时,钢筋混凝土结构保护层的碱度降低。当碳化达到钢筋表面时,钢筋表面与混凝土粘结生成的氧化铁薄膜(钢筋钝化膜)遭到破坏,生成锈蚀。二是混凝土中氯离子的侵蚀作用。当氯离子渗入钢筋表面吸附于局部钝化膜处时,钢筋表面的钝化膜被破坏,造成钢筋锈蚀。

1.4 抗渗性

混凝土的渗透性与耐久性有着极其密切的关系。抗渗性是指混凝土抵抗水在混凝土毛细孔向其内部渗透作用的能力。影响渗透的主要因素是水泥内部有毛细管或某些微裂缝所形成的透水通路。这些通路是在配制混凝土时,为得到一定的施工流动性而多加的水分在混凝土硬化时蒸发后所留下的。通常来说,抗渗性好的混凝土,其密实性高,混凝土的耐久性也较好。许多有害物质随介质渗透到混凝土内部而起破坏作用,例如冻融损坏、钢筋锈蚀。提高混凝土的抗渗性,除保持混凝土本身具有的极低渗透性以外,从实际意义上来说,避免混凝土结构出现裂纹和裂缝更为重要。

1.5 抗碳化

空气中的二氧化碳由表及里地向混凝土内部扩散的过程就是混凝土的碳化。影响混凝土碳化的主要因素有周围环境因素、施工因素及材料因素等。周围环境因素是指周围介质的相对湿度、温度、压力及二氧化碳的浓度等对混凝土碳化的影响。施工因素是指混凝土搅拌、振捣和养护等条件的影响。

1.6 抗冻性

混凝土的抗冻性是指混凝土在使用条件下经受多次冻融循环之后不被破坏,强度也不明显降低的性能。抗冻性只与混凝土内部的孔隙特征与含水程度有关。开口孔隙越多,含水越饱满,其抗冻性就越差,其主要原因是水在受冻结冰之后,体积就会发生膨胀,对孔壁产生一定的压力而导致的结构破坏。在反复冻融循环作用之后,混凝土的强度就会逐渐降低,最终导致破坏。混凝土的抗冻性主要与水泥石的含水状态、水泥石的透水性、冻结速度、内部孔的间隔距离等因素有关。

2 提高混凝土耐久性的途径

2.1 技术途径

2.1.1 掺入高效减水剂

在保证混凝土拌和物所需流动性的同时,应尽可能降低用水量,减小水灰比,使混凝土的总孔隙特别是毛细管孔隙率大幅度降低。水泥在加水搅拌后会产生一种絮凝状结构。这个絮凝状结构中包裹着很多拌和水,它降低了新拌混凝土的工作性。为了保持混凝土拌水量,施工中就会促使水泥石结构中形成过多的孔隙。当加入减水剂后,减水剂的定向排列使水泥质点表面均带有相同电荷。在电性斥力的作用下,它们不但使水泥—水体系处于相对稳定的悬浮状态,而且在水泥颗粒表面形成一层溶剂化水膜,同时使水泥絮凝状的絮凝体内的游离水释放出来,从而达到减水的目的。

2.1.2 掺入高效活性矿物掺料

普通混凝土掺入活性矿物的目的在于改善混凝土中水泥石中胶凝物质的组成。活性矿物掺料（硅粉、矿渣、粉煤灰等）中含有大量活性 SiO_2 及活性 Al_2O_3，它们能与水泥水化过程中所产生的游离石灰、高碱性水化硅酸钙产生二次反应，生成强度更高、稳定性更优的低碱性水化硅酸钙，从而达到改善水化胶凝物质的组成并消除游离石灰的目的。有的超细矿物掺料的平均粒径远远小于水泥粒子的平均粒径，它们能填充于水泥粒子之间的空隙中，使水泥石结构更为致密，并阻断可能形成的渗透通路。

2.1.3 消除混凝土自身的结构破坏因素

除了环境因素引起的混凝土结构破坏外，混凝土本身的一些物理化学因素也可能引起混凝土结构的严重破坏，致使混凝土失效。例如，混凝土的化学收缩和干缩过大引起的开裂，水化热过快、过高引起的温度裂缝，硫铝酸钙的延迟生成，以及混凝土的碱集料反应等。因此，要提高混凝土的耐久性，就必须减小或消除这些结构破坏因素。限制或消除从原材料引入的 SO_2 等引起结构破坏和钢筋锈蚀物质含量的变化，应加强施工控制环节，避免收缩及温度裂缝产生，提高混凝土的耐久性。

2.1.4 保证混凝土的强度

强度与耐久性之间的本质联系是基于混凝土与水灰比直接相关。在混凝土充分密实的条件下，随着水灰比的降低，混凝土的孔隙率降低，混凝土的强度也在不断提高。与此同时，混凝土的孔隙率降低，抗渗性提高，从而使得各种耐久性指标也随着提高。在现代的高性能混凝土中，除掺入高效减水剂外，还掺入了活性矿物掺料，它们不但增加了混凝土的致密性，而且也降低或消除了游离氧化钙的含量，在大幅度提高混凝土强度的同时，也大幅度地提高了混凝土的耐久性。此外，在排除内部破坏因素的条件下，随着混凝土强度的提高，其抵抗环境侵蚀因素破坏的作用能力也增强了。

2.2 施工途径

2.2.1 原材料的选用

（1）不得使用过期、受潮的水泥，所用水泥应有出厂合格证，并在监理工程师的见证下按规范要求取样复试。

（2）骨料砂采用中砂，石子采用坚硬的碎石。每批进场的粗细骨料要及时送检，其有害物质含量应符合《建筑用砂》（GB/T 14684—2001）、《普通混凝土用砂质量标准及检验方法》（JGJ 52—2006）、《建筑用卵石、碎石》（GB/T 14685—2001）、《普通混凝土用碎石或卵石质量标准检验方法》（JGJ 53—92）要求，检验合格后才允许使用。抽检指标达不到要求的严禁使用。

（3）外加剂水使用饮用水。

（4）碱含量、氯离子含量。在所有混凝土原材料试验合格后，检查原材料试验报告、氯化物和碱的总含量计算书，确保混凝土中最大碱含量小于 $3\ kg/m^3$，最大氯离子含量小于 0.1%（占水泥总量的百分率）。

2.2.2 配合比确定

为正确确定配合比，可委托试验室进行详细计算、试配。由于来料及气候等因素，拌合用的砂、石料的含水量应及时测定，以此确定实际加水量。只有这样，混凝土的水灰比才能控制好，而这一指标有时是影响混凝土强度的决定性因素。在气候正常时，要求每工作台班测定一次含水量，如遇雨天，测量次数应当增多。拌和混凝土的实际加水量是扣除骨料自身含水量后的数值，经及时调整应使每立方米混凝土的实际用水量符合设计用量，据此确定实际加水量,控制混凝土的最大水灰比为 0.5,保证混凝土强度。

2.2.3 严格计量控制

材料用量的允许偏差标准为:混凝土拌和料应计算准确,砂石料必须逐车过磅,可允许偏差≤3%;水泥应抽样称量,计算平均每袋重量,其偏差≤2%,用水量及外加剂允许偏差≤2%。根据砂石含水量调整实际拌和用水量,对每批进场袋装水泥进行抽包实重检验。对于实际重量与理论重量偏差超过控制标准的,应适时进行调整。用水量和外加剂掺量可按事先调整过的实际用量配制。计算控制的重点是骨料用量。严格要求运料手推车每车过磅,专人监秤计量,以确保重量计算准确。拌和时间由专人负责监督,主要部位报请监理旁站监控。

2.2.4 混凝土拌制

(1) 混凝土拌制第一盘时,先加水空转搅拌机数分钟,充分湿润搅拌筒后将余水倒净。第一盘混凝土搅拌因搅拌筒壁粘浆,因此,石子的用量应根据试验减量。第二盘开始按配合比投料,投料顺序为:石子→水泥→外加剂→砂。

(2) 普通混凝土搅拌时间不少于 120 s,掺外加剂的混凝土搅拌时间不少于 180 s。

(3) 雨季(天)施工要勤测砂、石含水率,随时调整用水量和粗细骨料用量。大雨时应停止混凝土浇筑作业。

(4) 严格控制水灰比和坍落度:泵送混凝土坍落度控制在设计要求±2 cm,要求每工作台班测定至少 2 次,发现偏差及时调整。

2.2.5 混凝土运输

混凝土搅拌完后,采用输送泵运至浇筑点,泵管覆盖湿草帘。

2.2.6 混凝土浇筑

混凝土浇筑尽量避开最高温时间。

2.2.7 混凝土的养护

(1) 在混凝土搅捣完后的 6～8 h 内覆盖浇水养护,待混凝土收水后,在顶板表面宜覆盖塑料薄膜和 2 层湿草袋;外侧的模板表面宜覆盖 1 层薄膜和 2 层草帘。

(2) 混凝土浇筑后,安排专人保湿养护,养护时间不少于 14 d。

3 结束语

混凝土原材料的复杂多变,施工条件的波动,混凝土本身复杂的结构,环境条件的多样性和复合作用等,造成混凝土耐久性研究的高度复杂性。笔者认为,水泥生产工艺及混凝土施工技术发展引起的混凝土性能的变化,是导致混凝土耐久性不良的重要原因。消除传统认识中的某些误区,针对环境条件从配合比设计、材料选择、施工管理、检测预测等方面采取综合措施,只有这样才能从根本上提高混凝土的耐久性。

参考文献

[1] 张云飞.混凝土耐久性研究概述.上东建材,2007(1).

[2] 张誉.混凝土结构耐久性概论.上海:上海科学技术出版社,2003.

[3] 吴春辉.影响钢筋混凝土耐久性的主要因素及提高耐久性的措施.露天采矿技术,2007(1).

[4] 杨远龙.提高混凝土耐久性的施工措施.安徽建筑,2007,14(2).

冲击钻与旋挖钻孔灌注桩施工

黄 侠

（江苏润通交通工程监理咨询有限公司 镇江 212005）

摘 要 钻孔灌注桩的关键是钻孔。钻孔的方法有多种，钻进的机具和动力也各不相同，其中就包括冲击钻和旋转钻。应根据各种钻进机具的特点、原理以及优缺点，结合工程的实际地质情况，合理地选择施工工艺，在保证工程的质量、进度、安全的情况下得到最大的产出效益。

关键词 冲击钻 旋挖钻 特点 原理 优缺点

旋挖钻机施工技术在国际已经有几十年的发展历史，最近四五年才在中国被逐渐认识和应用，成为近年来发展最快的一种新型桩孔施工方法。旋挖钻孔灌注桩技术被誉为"绿色施工工艺"，其特点是工作效率高、施工质量好、尘土泥浆污染少。旋挖钻机是一种多功能、高效率的灌注桩钻孔的成孔设备，可以实现桅杆垂直度的自动调节和钻孔深度的计量；旋挖钻孔施工利用钻杆和钻斗的旋转，以钻斗自重并加液压作为钻进压力，使土屑装满钻斗后提升钻斗出土。钻斗通过旋转、挖土、提升、卸土和泥浆置换护壁反复循环而成孔。吊放钢筋笼、灌注砼、后压浆等与其他水下钻孔灌注桩工艺相同。

但高层建筑、公路、铁路、桥涵工程的发展对基础工程的施工要求也越来越高，考虑建筑的载荷和工程地质状况，目前较大一部分工程桩基的施工要穿过第四系土层、卵石层等复杂地层，并将桩基础的持力层设计在基体岩石上，以提高单桩承载力，这同时也给桩基础施工提出了更高的要求，旋转钻机有时无法满足施工要求。在卵砾石、漂石、块石、基岩、施工难度大、易坍孔的情况下，20世纪90年代中期桩机制造厂为适应市场需求研制开发了冲击反循环钻机。

1 施工特点比较

1.1 旋转钻的施工特点

（1）可在水位较高、卵石较大等用正、反循环及长螺旋钻无法施工的地层中施工。

（2）自动化程度高、成孔速度快、质量高。该钻机为全液压驱动，电脑控制，能精确定位钻孔、自动校正钻孔垂直度和自动量测钻孔深度，最大限度地保证钻孔质量。其工效是循环钻机的20倍，最重要的是，工程的质量和进度得到充分保证。目前，我国的公路、铁路、桥梁和大型的建筑物的基础桩施工中均采用旋转钻施工。

（3）伸缩钻杆不仅向钻头传递回转力矩和轴向压力，而且能利用本身的伸缩性实现钻头的快速升降、快速卸土，以缩短钻孔辅助作业的时间，提高钻进效率。

（4）环保特性突出，施工现场干净，这是因为旋挖钻机先通过钻头旋挖取土，通过伸缩钻杆将钻头提出孔内再卸土。旋挖钻机仅仅用泥浆来护壁，而不将其用于排碴，成孔所用泥浆基本等于孔的体积,且泥浆经过沉淀和除砂后可以多次反复使用。目前,很多城市在施工中的排污费用明显提高,使用旋挖钻机可以有效降低排污费用,并大大提高文明施工的水平。

(5) 履带底盘承载,接地压力小,适于各种工况,能机动灵活地在施工场地内行走,对桩孔的定位准确、方便。

(6) 旋挖钻机的地层适应能力强,旋挖钻机可以适用于淤泥质土、粘土、砂土、卵石层等地层。

(7) 在孔壁上形成较明显的螺旋线,有助于提高桩的摩阻力。

(8) 吊放钢筋笼、灌注砼等施工场地较其他工艺容易布置。

(9) 自带柴油动力,可缓解施工现场电力不足的矛盾,并排除了动力电缆造成的安全隐患。

(10) 施工无噪音,无震动,无挤压。

1.2 冲击钻的施工特点

(1) 可利用地质部门常规地质钻机,适用于各种地质条件,护壁效果好,成孔质量可靠。

(2) 施工过程中震动剧烈,噪音大,对周围的土层有挤压,对周边的环境影响较大。

(3) 机具设备简单,操作方便,费用较低,但成孔速度慢,效率低,用水量大,泥浆排放量大,污染环境,扩孔率较难控制。

(4) 无需制备泥浆,可以通过钻进过程中产生的泥浆进行护壁。

(5) 适用于高层建筑中地下水位较高的软、硬土层,如淤泥、粘性土、砂土、软质岩等土层。

(6) 清孔难度大,钻进过程中容易出现卡锤等事故。

2 工艺原理比较

2.1 旋转钻的工艺原理

旋转钻的成孔工艺与其他桩基不同,旋挖钻机的钻进工艺采用静态泥浆护壁钻斗取土的工艺(当然也有干土直接取土工艺,具体视工地现场地层条件而定),是一种无冲洗介质循环的钻进方法,但钻进时为保护孔壁稳定,孔内要注满优质泥浆(稳定液)。

旋挖钻机工作时能原地作整体回转运动。旋挖钻机钻孔取土时,依靠钻杆和钻头自重切入土层,斜向斗齿在钻斗回转时切下土块向斗内推进而完成钻取土。遇硬土时,自重力不足以使斗齿切入土层,此时可通过加压油缸对钻杆加压,强行将斗齿切入土中,完成钻孔取土。钻斗内装满土后,由起重机提升钻杆及钻斗至地面,拉动钻斗上的开关即打开底门,钻斗内的土依靠自重作用自动排出。钻杆向下放关好斗门,再回转到孔内进行下一斗的挖掘。旋挖钻机行走机动、灵活,终孔后能快速地移位或至下一桩位施工。

3 冲击钻的工艺原理

冲击钻破碎入岩工艺的机理是利用冲击钻头对岩石进行较高频率的冲击,使岩石产生破碎,然后利用循环排渣方式及时将破碎岩屑第一时间排出孔外。冲击钻头由两根钢绳平衡连接,无论起钻、下钻都非常方便,大大缩短了辅助时间。

因此,冲击钻头是冲击钻进的主要工具,其结构的合理与否直接影响着钻进效率和质量。冲击钻进过程中冲击和吸渣量是否匹配是关键因素,也是确保孔壁稳定正常钻进最基本、最重要的条件。钻进过程的吸渣工作应根据钻进地层和情况而定,不应过量吸渣,以免造成孔壁失稳坍孔,发生埋钻事故。另外,在冲击过程中必须经常检查钢丝绳的磨损情况以及转向装置的灵活性、连接的牢固性,以防磨断或因转向不灵而扭断钢丝绳,发生掉钻事故。

根据地质情况,钻头出现研磨材料,在提钻时应经常检查。一般地层每小班至少提钻检查一次,复杂地层提钻次数要增加,往往钻头底量和外出量在砂卵石和基岩中磨损严重,所以应对其及时进行修补。此外,在提升钻头时应小心谨慎,尤其是在快到护筒底部时,应将钻头慢慢提起,防止碰撞孔口护筒,以免造成护筒底部坍孔或护筒错位、变形事故。

4 优缺点比较

对比不同地层、不同区域但钻进口径相同的已施工工程,发现冲击钻与旋转钻各有优点。一般在粘土、亚粘土、淤泥质土层、粉砂层施工时,通过钻孔记录报表并取各程平均数据分析,旋转钻机要比冲击钻机施工快得多,由于冲击钻机自重大、搬迁困难、时间长等因素,造成其在土层中施工不如旋转钻机快;但在卵砾石层、基岩施工中,冲击钻有其明显的优势,进入较硬的岩层时,具有小扭矩动力头的旋转钻已经无法进行施工。从上述情况分析来看,冲击钻在复杂地层即卵石层施工时,嵌岩钻孔桩成孔上优点明显,尤其在一些丘陵山区地带较为适用,优越性更加显著。

桩孔成型方面。为防止坍孔,一般在粘土、亚粘土,但淤泥质土层、粉砂层施工时,仍然采用正循环冲击钻进,易缩径,桩的垂直度比较好,但在卵、砾石层施工中采用冲击反循环钻进,由于其冲击力较大,容易坍孔,充盈系数偏大。旋转钻机自动化程度高、成孔速度快、质量高,该钻机为全液压驱动,电脑控制,能精确定位钻孔、自动校正钻孔垂直度和自动量测钻孔深度,最大限度地保证钻孔质量,充盈系数也相当小。

成本消耗方面。在粘土、亚粘土、淤泥质土层、粉砂层施工,冲击反循环的成本消耗要比旋转钻机消耗大,这主要是因为冲击钻机动力功率大、耗电量高。此外,由于冲击耗绳,自身重量大,搬迁运输成本大等,故钢丝绳消耗大。旋转钻机大都采用柴油动力,能缓解施工现场电力不足的矛盾,并排除了动力电缆造成的安全隐患。但在卵、砾石层、漂石、块石、基岩施工中,钻头的磨耗相当之大,如遇大漂石、大块石、硬度较高的花岗岩,旋钻机是无法钻进的,只能用冲击钻机来完成。

环境影响方面。冲击反循环钻进振动对周围环境影响比旋转钻要大得多,特别是冲击下部坚硬基础岩面时,冲击振动产生声音较大,影响周围人们休息。

成孔时地下地质情况判断方面。冲击钻在施工过程中如遇到溶洞或裂隙时,会出现明显的漏浆或泥浆减少的情况。而旋转钻在施工过程中由于采用静态泥浆护壁,每一次提升钻头都会出现泥浆的下降,很难发现异常情况。

5 结束语

总之,在基础施工时设备的选择非常重要,应对不同的地层采用不同的施工工艺方法。从以往的施工经验和设备使用情况来看,粘土、亚粘土、淤泥质土层、粉砂层施工,采用旋转钻进的成本低,成孔质量好,成孔速度快,移机方便;而卵砾石、漂石、块石、基岩等复杂地层及旧基处理施工,使用冲击钻进较为适宜,可加快施工周期,提高钻进效益,确保工程质量。因此,在施工钻孔桩时,要根据现场条件、工期要求、地质情况及成本分析等,利用科学的方法来选择设备和工艺手段,采用最佳的施工工艺,在保证质量、工期、安全的情况下产出最佳的效益。

桥梁加固技术应用

季 超

（江苏省交通科学研究院股份有限公司 南京 210017）

摘 要 在自然环境和使用环境的长期作用下，桥梁总会逐渐产生损坏现象，这是一个不可逆转的过程。因此，维修和加固旧桥便成为一个亟待研究解决的问题。

关键词 桥梁 加固 维修

1 外包混凝土加固法

外包混凝土加固法又称增大截面加固法，它是通过增大构件的截面和配筋，以提高构件的强度、刚度、稳定性并减少裂缝宽度的方法。对于梁桥、拱桥、刚架桥、墩台、基础等，在条件许可的情况下均采用该方法加固。外包混凝土将使原结构增加一部分恒载重量，因而在拟定外包混凝土尺寸的同时，应考虑外包构件的结构承载能力是否足够，这是外包混凝土方案是否成立的前提。采用外包混凝土加固桥梁时，应满足以下的规定：① 新浇混凝土的厚度不应小于 40 mm，用喷射混凝土施工时不应小于 50 mm，采用混凝土补强的受压新浇混凝土的厚度不应小于 150 mm，且原混凝土表面应凿成凹凸深度不小于 6 mm 的粗糙面；② 配制混凝土的石子宜用坚硬耐久的卵石或碎石，其最大粒径不宜大于 20 mm；③ 结合面的联结钢筋面积不应小于结合面面积的 0.2%，否则应植筋加强；④ 当采用钢筋补强时，纵向受力钢筋的直径不宜小于 16 mm，封闭式箍筋直径不宜小于 10 mm，U 形箍筋直径宜与原有箍筋直径相同；⑤ 当采用型钢和钢板补强时，应将其和原结构的钢筋进行联结，或采用锚栓与原结构联系，切实保证力的有效传递和能够参与原结构共同受力；⑥ 加固的受力钢筋与原构件的受力钢筋间的净距不应大于 20 mm，并应采用短筋焊接连接，箍筋应采用封闭的或 U 形的箍筋。

2 钢板粘贴加固法

交通量的增加致使主梁承载力不足，或纵向主筋出现严重的锈蚀，或梁板桥的主梁出现严重横向裂缝，此时可用粘结剂及锚栓将钢板粘贴锚固在混凝土结构的受拉缘或薄弱部位，使其与结构形成整体，以钢板代替增设的补强钢筋，提高桥梁的承载能力与耐久性。本加固法的特点为：① 不需要破坏被加固的原结构的外形；② 施工工艺简单，施工质量易于控制；③ 施工工期短，也较经济，是一种简便的加固方法。粘结剂的质量及耐久性是影响钢板粘贴加固效果的主要因素。

3 喷锚混凝土加固法

首先利用植筋法将锚筋植入待补强部位的结构内,挂设补强钢筋网,然后喷射一定厚度的混凝土,形成与原结构共同受力的组合结构。喷锚混凝土是借助喷射机械,利用压缩空气将新混凝土混合料通过喷嘴高速喷射到已锚固好钢筋的受喷面上,凝结硬化后形成一种钢筋混凝土。混凝土在高速喷射时,水泥浆与集料的反复连续撞击使混凝土密实,因而不需振捣,喷锚混凝土与旧混凝土的粘结强度为 $0.7\sim2.8$ MPa。近年来,钢纤维混凝土的研究成功,为桥梁加固提供了更方便和简捷的手段,它替代了传统的挂网喷射混凝土。掺入钢纤维后,除了混凝土的抗拉强度和主要由拉应力控制的抗弯、抗剪、抗扭等强度有明显提高外,特别值得指出的是,钢纤维混凝土的掺入还大大提高了混凝土的韧性,将脆性的混凝土材料变为具有吸收变形能力的材料。采用喷锚混凝土加固旧桥应遵循以下原则:① 恒载内力(包括新喷射的混凝土)应按原构件的截面进行计算,即将新喷混凝土的恒载作用于原构件上;② 活载内力则按加大后的组合截面计算内力,即新旧混凝土作为一个整体计算,对于新喷的不同标号混凝土和新增的补强钢筋均应先按等效性模量进行截面换算;③ 正常使用极限状态仍按弹性理论进行内力或应力叠加计算;④ 强度验算按照喷射截面占原截面的比率,考虑是否按组合截面进行有关验算;⑤ 进行加固设计前,应弄清旧桥的原始情况以及病害原因,对旧桥的基本承载能力作出评估;⑥ 采用的喷射混凝土与钢筋的强度等级,不应低于原结构的强度等级。

4 改变结构受力体系的加固法

这种加固、改造方法通过改变桥梁结构受力体系,以达到提高桥梁承载能力的目的,其基本原理是以减少控制截面的内力来进行加固。对于拱桥加固,可通过体系转换法将单纯拱的受力状态改变为拱梁组合体系受力状态,即将拱上建筑变为梁式结构,拱梁组合体系受力状态较单纯拱更均匀。另外,对于拱式拱上建筑的旧桥,改拱式为梁式拱上建筑,所带来的恒载重量减少量是非常显著的。改变结构体系加固常用的方法有:① 在简支梁下增设支架或桥墩;② 把简支梁和简支梁加以连接,即简支梁结构改变为连续梁结构;③ 在梁下增设钢桁架等加劲或叠合梁;④ 在拱桥上增设钢梁等。

5 体外预应力加固法

体外预应力加固法主要用于梁式桥(包括简支梁、悬臂梁、连续体系梁桥等)正常使用极限状态超限的结构,通过对旧桥施加体外预应力,能够达到减少或消除裂缝,减小梁体下挠,改善结构各截面应力状态的目的。体外预应力加固法的优点是:① 在自重增加很小的情况下可大幅度改善和调整原结构的受力状况,提高结构刚度、抗裂性;② 由于自重增加小,故对墩台及基础受力状况影响很小,可节省对墩台及基础的加固,节省加固投资;③ 可在不限制通车营运的情况下进行加固施工,有较好的社会效益;④ 预应力加固后可使预应力永远保留,也可将预应力卸除。

因此,本法既适用于通行重车时的临时加固,也可作为提高桥梁承载力的永久加固措施。体外预应力加固旧桥的原理是通过在梁体外设钢质的拉杆或撑杆,并与被加固梁体锚固连接,然后施加预应力,强迫后加拉杆受力,从而改变原结构内力分布,并降低原结构应力水平,从而使结构承载力显著提高,减少结构变形,缩小裂缝宽度甚至闭合。

6 减轻拱上自重加固法

减轻拱上自重也是一种调整拱上恒载分布的手段。尽管调整拱上恒载分布与减轻拱上建筑的自重的目的都是为了恢复和提高原桥的承载能力,但其出发点和适用场合却不相同。调整拱上恒载分布主要是针对主拱圈变形过大,通过调整拱上恒载的方法来调整拱轴线与压力线;减轻拱上建筑的自重则主要是针对某些双曲拱桥的基础承载能力较低,通过这一措施降低对基础承载力的要求。减轻拱上自重的方法有:① 降低桥面标高,减少以至完全取消拱上填料,或使用轻质拱上填料;② 将腹拱的重力式横墙挖空,或改建为钢筋混凝土立柱;③用预制的钢筋混凝土 T 梁、微弯板或空心板等轻型桥面系取代笨重的腹拱体系;④ 采用钢筋混凝土刚架或桁架式拱上建筑。

7 桥面补强层加固法

在梁顶上加铺一层钢筋混凝土层,一般先凿除旧桥面,使其与原有主梁形成整体,增大主梁有效高度和抗压截面强度,改善桥梁荷载横向分布能力,从而达到提高桥梁的承载能力的目的。

8 结 语

总之,在旧桥加固改造工程中尽管每座旧桥梁的情况各不相同,具有各自不同的特点,但也存在一定的共性。应遵循桥梁加固、改造工作的共性,既要借鉴《混凝土结构加固技术规范》,又要结合具体桥梁的特殊性,在实践中发挥积极性和创造性,不断进取和探索,采用最先进技术和材料。在旧桥利用、加固、改造中应创造和总结出多种切实可行的方法,使旧桥继续发挥固有的使用功能,以保证公路交通畅通无阻。

参考文献

[1] 颜志华,王起才.体外预应力加固旧桥设计与施工方法研究.公路与自然,2003(4).

[2] 董青泓.广东省韶关市锦江大桥加固.公路,2003(6).

[3] 牛斌,马林,杨梦姣,等.京山线沙河特大桥预应力混凝土梁提速加固试验研究与设计.预应力技术,2004(3).

道路、机械工程

缓凝水冲法在处理混凝土二次结合面中的应用

陈　莉　刘坤岩

（江苏省镇江市路桥工程总公司 镇江 212017）

摘　要　本文通过对缓凝水冲法的试验研究，分析并整理了"缓凝水冲法"操作工艺，得出了最佳缓凝剂喷洒量，建立了环境温度与冲水时间的关系曲线，并在实践项目中取得了较好的效果。本工艺由于成本低，操作方便，效果好，很值得在其他类似工程中推广应用。

关键词　缓凝水冲法　操作工艺　砼二次结合面

桥梁施工中对混凝土表面进行粗糙（凿面）处理的目的，是了为了加强混凝土新旧结合面或混凝土与其他结构层之间的粘结力，从而使因施工或结构需要进行分次浇筑的混凝土或复合结构层形成一个整体，保证结构的完整性。对砼二次结合面的处理，从表面上看是一道非常简单的工序，在现场质量控制中经常被忽视，但其施工质量往往对桥梁结构受力产生重要影响。例如，在水泥砼桥面铺装前，如果主梁表面未凿毛或凿毛的密度和深度不够，则将大大降低桥面铺装层与梁面之间的粘结力，破坏水泥混凝土层的整体性，通车后车轮的剧烈冲击和荷载致使桥面出现脱皮、裂缝、剥落等现象。混凝土二次结合面的质量对悬浇结构的内力分布也有一定的影响。悬浇结构中，前一节段混凝土构件与后一节段混凝土构件结合面的粘结力比整体浇筑的混凝土的抗折强度要低得多；当结构处于受弯或弯拉工况时，首先出现破坏的就是新老混凝土的结合面。另外，在预制箱梁端部和翼缘板侧面的砼二次结合面的处理也应作为现场质量控制的关键工序。

目前国内常用的砼表面粗糙（凿面）处理工艺有人工凿毛、钢丝刷刷毛、风砂枪冲毛以及高压水冲毛等，但是各种方法都有其不足之处。本文以从事施工的宁波绕城高速公路东线建设项目为依托，通过试验研究分析并整理"缓凝水冲法"操作工艺。本工艺成本低，操作方便，效果好，值得推广应用。

1　砼二次结合面处理常用工艺对比

目前，国内常用的砼二次结合面粗糙（凿面）处理工艺主要分为两大类：人工糙化法和机械糙化法。

人工糙化法利用人工对老混凝土表面进行糙化处理，即用铁锤和凿子借助人力将老混凝土粘结面凿毛，除去表层的乳皮和污染物，露出粗集料，表面形成凹凸不平状，以增加粘结面的接触面积和机械咬合力。该方法具有设备简单、操作灵活、施工方便等优点，适用于任何部位粘结面的糙化处理，缺点是劳动强度大、效率低，且对老混凝土粘结面产生扰动，甚至会出现微裂缝损伤等不良现象。

机械糙化法采用机械设备对老混凝土粘结面进行糙化处理,主要包括高压水射法、低压水冲毛法、喷砂(丸)法、风镐凿毛法、钢丝刷和扫帚等机械刷毛法等。

高压水射法用的高压水枪压力更大,造价相对较高。喷砂(丸)法的原理与高压水射法相同,是利用喷射机向老混凝土粘结面喷射不同直径的砂或钢球。该方法施工速度快、效率高,对老混凝土的扰动小,处理面的凹凸均匀性好,但处理的厚度较小,价格昂贵。

风镐凿毛法是用风镐机对老混凝土粘结面凿毛糙化处理,该方法施工速度快,但处理的界面凹凸均匀性差,对老混凝土扰动大,且易造成噪声和风尘污染。

钢丝刷和扫帚等机械刷毛法是用钢丝刷和扫帚等对收面混凝土进行扫动,使其表面产生划痕的糙化处理方法。该方法操作简单,成本较低,但粗糙程度不足。

缓凝水冲法利用喷洒设备在混凝土表面或模板表面上,喷洒高效缓凝剂使构件表面3~5 mm厚范围内的混凝土凝结时间大于构件内部混凝土凝结时间,形成一个时间差。当构件内部混凝土达到凝结,但表层混凝土尚未达到凝结时,用冲洗设备对表层混凝土进行冲洗,去除表层的浮浆和部分细集料,使粗集料部分裸露(1/3~1/2粒径)形成粗糙的表面。此方法预期效果理想,糙化程度符合规范要求,操作简单,工效高,成本低,易于大范围推广应用。

2 试验研究方案设计及数据采集

2.1 试验地点和对象

试验地点选择镇江市路桥工程总公司宁波绕城东线一标板梁预制厂,主要研究对象为混凝土预制构件顶面和端部断面糙化处理方案。

2.2 试验方案

2.2.1 确定基础参数

基础参数主要有:冲水高度(出水口与混凝土面的距离)、冲水角度(水柱与混凝土面交角)、冲水水压(出水口的压力)等。为了确定这些基础参数,首先以小试件的形式进行探讨性试验,取得初步成功后再以初定的参数进入下一步试验,即采用实体梁板,在梁板顶面进行验证试验,最终确定基础参数。本次试验所用的缓凝剂为江山老虎山牌TOR102,其性能指标如表1所示。

表1 缓凝剂性能指标

缓凝剂型号	凝结时间差/min		抗压强度比/%			收缩率比不大于/%
	初凝	终凝	3 d	7 d	28 d	28 d
TOR102	245	330	105	108	112	105

试验过程主要包括:在预制场板梁底模上立模(模板尺寸为1 m×1 m×0.25 m),浇筑砼,砼振捣收光,喷洒缓凝剂,冲水糙化,记录相关数据,在板梁上做验证试验,如图1所示。

图 1 板梁验证试验效果

经过多次试验,确定基础参数如下:冲水高度为 $80\sim100$ cm,冲水角度为 $20°\sim30°$,冲水水压为 $3\sim6$ MPa。

2.2.2 实施方案

实施缓凝水冲法主要有两大难点:一是寻找单位面积缓凝剂的最小喷洒量(最经济的喷洒量);二是寻找不同环境温度下开始冲水的时间点,使得冲水后的效果最佳。为了解决这两个问题,采用了以下试验步骤。

步骤 1

(1)试验目的:通过试验,寻求单位面积缓凝剂的最小喷洒量(kg/m^2),并确定其相应的冲水时间。

$$冲水时间=(开始冲水时刻-喷洒完缓凝剂的时刻)\times 平均温度$$

单位:小时×摄氏度($h\cdot℃$)。

(2)试验梁数量:6 片。

(3)试验方法:将每一片梁的顶面作为一个工作面,6 片梁划分成 6 个工作面,编号分别为 S1~S6。在每个工作面上喷洒不同量的缓凝剂,对应的喷洒剂量(kg/m^2)和冲水时间见表 2。

表 2 缓凝剂最佳喷洒量试验表

工作面号	S1	S2	S3	S4	S5	S6
喷洒剂量/($kg\cdot m^{-2}$)	0.10	0.15	0.20	0.25	0.30	0.35
喷洒完时间		18:05	18:40	18:41	19:12	18:30
喷洒完温度/℃		33.0	33.0	36.0	35.0	35.0
开始冲水的时间		20:40	21:25	20:30	21:15	20:40
开始冲水的温度/℃		30.0	29.0	36.0	33.0	32.0
平均温度/℃		31.5	31.0	34.5	34.0	33.5
冲水时间/($h\cdot℃$)		81.4	85.3	63.8	68.0	72.7

本次采集的数据试验对象为掺有早强剂的自卸混凝土。由以上数据分析,缓凝剂喷洒量达到 0.1 kg/m^2 时冲水试验失败;缓凝剂喷洒量在 0.15 kg/m^2 以上时均可以实现冲水糙化处理。因此,选取喷洒量为 0.15 kg/m^2 较为经济合理。但是,喷洒量受混凝土自身性能

的影响较为明显,实际使用时应参考本方法先做工艺试验,结合工艺试验的成果确定最佳喷洒量。

步骤 2

(1)试验目的:通过试验寻求环境温度 T 与冲水时间 HT 的关系曲线。

(2)试验方法:将 5 片梁的顶面划分成 5 个工作面,分别为 S1~S5。在梁的每个工作面上喷洒相同量的缓凝剂,喷洒剂量为步骤 1 得出的最优喷洒量 $H_{opt}(kg/m^2)$,详见表 3~表 7。

表 3　第一片板数据记录表(8 月 20 日)

工作面号	S1	S2	S3	S4	S5
喷洒剂量/(kg·m⁻²)	0.15	0.15	0.15	0.15	0.15
喷洒完时间	20:16	20:17	20:19	20:21	20:25
喷洒完温度/℃	30	30	30	30	30
开始冲水的时间	22:26	22:43	22:52	23:09	23:23
开始冲水的温度/℃	28.5	28.0	28.0	28.0	27.0
平均温度/℃	29.3	29.0	29.0	29.0	28.5
间隔时间/h	2.17	2.43	2.55	2.80	2.97
冲水时间/(h·℃)	63.5	70.5	74.0	81.2	84.6

表 4　第二片板数据记录表(8 月 22 日)

工作面号	S1	S2	S3	S4	S5
喷洒剂量/(kg·m⁻²)	0.15	0.15	0.15	0.15	0.15
喷洒完时间	19:25	19:25	19:25	19:25	19:26
喷洒完温度/℃	32.0	32.0	32.0	32.0	32.0
开始冲水的时间	21:49	21:51	21:53	21:55	21:57
开始冲水的温度/℃	30.0	30.0	30.0	30.0	30.0
平均温度/℃	31.0	31.0	31.0	31.0	31.0
间隔时间/h	2.40	2.43	2.47	2.50	2.50
冲水时间/(h·℃)	74.4	75.3	76.6	77.5	77.5

表 5　第三片板数据记录表(8 月 26 日)

工作面号	S1	S2	S3	S4	S5
喷洒剂量/(kg·m⁻²)	0.15	0.15	0.15	0.15	0.15
喷洒完时间	20:10	20:10	20:10	20:10	20:10
喷洒完温度/℃	32.0	32.0	32.0	32.0	32.0
开始冲水的时间	22:16	22:18	22:20	22:22	22:24
开始冲水的温度/℃	30.0	30.0	30.0	30.0	30.0
平均温度/℃	31.0	31.0	31.0	31.0	31.0
间隔时间/h	2.10	2.13	2.17	2.20	2.23
冲水时间/(h·℃)	65.1	66.0	67.3	68.2	69.1

表6　第四片板数据记录表(8月27日)

工作面号	S1	S2	S3	S4	S5
喷洒剂量/(kg·m⁻²)	0.15	0.15	0.15	0.15	0.15
喷洒完时间	06:26	06:27	06:28	06:29	06:30
喷洒完温度/℃	32.0	32.0	32.0	32.0	32.0
开始冲水的时间	08:55	08:57	08:59	09:01	09:03
开始冲水的温度/℃	38.0	38.0	38.0	38.0	38.0
平均温度/℃	35.0	35.0	35.0	35.0	35.0
间隔时间/h	2.48	2.50	2.52	2.53	2.55
冲水时间/(h·℃)	86.8	87.5	88.2	88.6	89.3

表7　第五片板数据记录表(8月29日)

工作面号	S1	S2	S3	S4	S5
喷洒剂量/(kg·m⁻²)	0.15	0.15	0.15	0.15	0.15
喷洒完时间	07:10	07:12	07:13	07:14	07:16
喷洒完温度/℃	34.0	34.0	34.0	34.0	34.0
开始冲水的时间	09:17	09:19	09:21	09:23	09:25
开始冲水的温度/℃	38.0	38.0	38.0	38.0	38.0
平均温度/℃	36.0	36.0	36.0	36.0	36.0
间隔时间/h	2.12	2.12	2.13	2.15	2.15
冲水时间/(h·℃)	76.3	76.3	76.7	77.4	77.4

根据以上数据分析,得出有效数据,见表8。拟合后的曲线见图2。

表8　环境温度与冲水时间数据分析表

间隔时间/h	1.9	2.6	2.2	2.3	2.5	2.1
平均温度/℃	28.5	29.0	29.3	31.0	35.0	36.0
冲水时间/(h·℃)	54.7	75.2	63.5	71.7	88.1	76.8

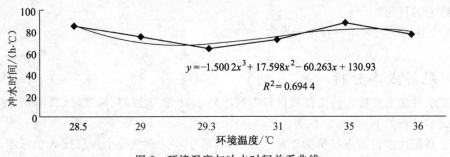

$$y = -1.5002x^3 + 17.598x^2 - 60.263x + 130.93$$
$$R^2 = 0.6944$$

图2　环境温度与冲水时间关系曲线

经综合分析可知,环境温度变化对冲水时间的影响较大。按照缓凝剂经济喷洒量 0.15 kg/m² 进行试验,拟合得出环境温度(T)与冲水时间(HT)的关系曲线方程式为:

$HT = -1.5T^3 + 17.598T^2 - 60.263T + 130.93$，相关系数 $R = 0.83$。此拟合方程可供工艺试验参考使用。

3 主要影响因素分析

3.1 缓凝剂自身性能和喷洒剂量的影响

经过试验对比发现，缓凝剂的喷洒量即单位面积喷洒的数量对冲水时间有一定的影响。同样一种品牌的缓凝剂，随着喷洒量的增加，缓凝时间也相应地有所增加。当喷洒量到达 0.40 kg/m^2 以上时，其对缓凝时间的影响则很小。

3.2 不同性能混凝土的影响

缓凝剂的最佳喷洒量和冲水时间受混凝土自身性能的影响较为明显，外加剂、配合比、塌落度和浇筑温度不同，缓凝剂喷洒量和冲水处理时间也不同。根据本次试验，自拌早强混凝土与商品泵送混凝土缓凝剂喷洒量、冲水处理时间均有所不同。

另外，从数据上分析：塌落度为 $15 \sim 16 \text{ cm}$ 时，混凝土冲水时间在 $158 \sim 168(\text{h} \cdot \text{℃})$；塌落度为 $18 \sim 19 \text{ cm}$ 时，混凝土冲水时间在 $181 \sim 186(\text{h} \cdot \text{℃})$。可见，相同性能的混凝土，塌落度越大，冲水时间越长。

4 施工工艺介绍

(1) 材料准备：可均匀喷洒缓凝液的喷雾器，称量准确的缓凝液，水枪等。

(2) 按常规在梁板模板内浇筑、振捣砼，待该片梁板砼全部浇筑、振捣完毕后，用铁板或木鏝对混凝土裸露的顶面及时进行修整、抹平。梁板的端部和翼缘板侧面在立模时需要在钢模上先刷一层水泥浆，待水泥浆凝固后再均匀涂刷上缓凝液，及时浇筑砼。

(3) 定浆后按浇筑先后顺序对梁板顶面均匀喷洒缓凝剂（经济喷洒量可先按 0.15 kg/m^2 使用，实际喷洒量应进行小试块试验，按试验结果得出），记录喷洒起止时间、起止气温。

(4) 冲水时间一般控制在 $80 \text{ h} \cdot \text{℃}$。$T$（起始平均温度×喷缓凝剂时间与开始喷水时间的间隔）开始冲水，也可按环境温度（T）与冲水时间（HT）的关系曲线方程式（即 $HT = -1.5T^3 + 17.598T^2 - 60.263T + 130.93$）来确定实际的冲水时间，关系曲线方程应根据试验数据进行适当的修正。水枪与梁板顶面的角度一般控制在 $20° \sim 30°$，水枪冲水压力控制在 $8 \sim 9 \text{ MPa}$，梁板顶面冲走 $3 \sim 5 \text{ mm}$ 砂浆，使部分石子露出即可，从而达到梁板顶面粗糙、增强粘结力的目的。

(5) 上述工艺技术不宜在雨天操作。

5 经济成本分析

缓凝水冲法主要投入的设备和材料为高压冲水设备、喷雾器、温度计、缓凝剂、水和电。其经济成本计算如下：

一套高压冲水设备市场价为 2500 元，喷雾器 100 元/个（一个项目按 3 个考虑），温度计 20 元/只（一个项目按 10 只考虑），设备费共计 3000 元。按冲水糙化 4000 m^2 计算（按一个项目 200 片 20 m 板梁，梁宽 1.0 m 计算），成本摊销费用为 0.75 元/m²。

缓凝剂（水剂）喷洒量为 0.15 kg/m^2，按照市场价 2000 元/t，每平方米工作面耗费的材料费为 0.30 元。

按照两人冲水长 20 m、宽 1 m 梁板计量,喷洒缓凝剂从准备至喷洒结束需要 1 h;每平方米工作面用时为 0.05 h。人工费按照 100 元/天计,8 小时工作时间,则每平方米工作面人工费为 1.25 元;水费=用水量×水单价=40×2.5×10^{-3}=0.1 元/m^2。电费=用电量×电单价=0.02×1=0.02 元/m^2。总成本=0.75+0.30+1.25+0.1+0.02=2.42 元/m^2。

目前,工程中应用的人工凿毛法成本为 7～10 元/m^2,抛丸糙化法成本为 10～14 元/m^2。由此可见缓凝水冲法成本优势明显。

6 结　语

(1) 本方法用宁波市江山老虎山牌缓凝剂的经济喷洒量为 0.15 kg/m^2 左右,对应的冲水时间为 80 h·℃(小时×温度)左右。实际使用时,应先采用小试块进行工艺试验,结合试验的结果综合取值。

(2) 初步建立了环境温度与冲水时间的关系曲线,拟合了曲线方程:$HT=-1.5T^3+17.598T^2-60.263T+130.93$,相关系数 $R=0.83$,并提出了工艺操作流程,供使用者参考。

(3) 缓凝剂的喷洒量对冲水时间有一定的影响。同样一种品牌的缓凝剂,随着喷洒量的增加,缓凝时间相应地有所增加;但是当喷洒量达到 0.40 kg/m^2 以上时,其对缓凝时间的影响较小。

(4) 不同性能的混凝土对缓凝剂的喷洒量和冲水时间均有影响;相同性能的混凝土,塌落度越大,冲水时间越长。

(5) 缓凝水冲法操作简单方便、成本低、效果好、适用范围广,推广应用后可产生很好的社会效益和经济效益。

参考文献

[1] 韩菊红,张雷顺.新老混凝土粘结面粗糙度处理使用方法探讨.工业建筑,2001,31(2).

[2] 韩森.露石水泥混凝土路面研究.长安大学,2006.

[3] 马振生.裸石施工法在水泥混凝土路面工程中的应用.东北公路,1996(3).

稳定土厂拌设备计量技术

刘耀光　甘　华　刘少良

（江苏华通动力重工机械有限公司 镇江 212003）

摘　要　本文简要阐述连续式搅拌设备计量的关键所在,分析目前国内稳定土厂拌设备各计量装置的不同结构形式及其各自的优缺点,提出相应的改进措施,阐明提高计量精度是保证工程质量的前提。

关键词　稳定土厂拌设备　计量　皮带称重　减量秤　螺旋称重　精度控制

我国进行稳定土厂拌设备的研制、生产已有较长的历史,经历了由小型向大型、由功能单一到多功能机型、由容积式计量到电子称重计量的发展过程。厂拌设备已形成系列产品,生产率一般为 200~800 t/h,有总体移动、分部件移动、可搬式、固定式等多种结构形式。集料计量大多采用自动控制的连续称量技术,级配准确且精度高。

搅拌器结构随厂家不同而各有特点,但大都具有传动合理、适应性强、拌和效率高和易于保养等优点,同时重视采用称重计量,防污染,防离析等方面的新技术,并在不断改进和发展。随着基础设施建设力度的加大,市场上稳定土厂拌设备的销量急剧增加,虽然这些设备来自不同的生产商,但其计量方式主要为皮带称重、减量秤、螺旋称重等。

1　连续式搅拌设备计量的关键

连续式搅拌设备与间歇式搅拌设备计量不同。

间歇式搅拌设备将各种物料按配方要求称重并根据规定的投料次序投入搅拌主机,至搅拌结束卸出为一个批次,如此循环,在一个批次内各种物料的质量达到配合比要求即可。因此,间歇式搅拌设备计量精度高、容易掌控。

连续式搅拌是一个连续计量、连续搅拌的过程,配方要求的各种物料必须同时投入搅拌缸,每一时间间隔内的各种物料都应该符合配合比要求,即各物料料流量之间的比例要与配合比要求一致。其控制流程如图 1 所示。

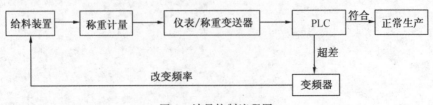

图 1　计量控制流程图

图 2、图 3 分别为给料能力与给料时间的理想状态图与实际情况模拟图。图中区域 1

和区域 2 的面积分别表示在 t 时间内物料供给的总量,其理论值与实际情况基本一致,但从图 3 中可以看出在不同的时间间隔内如 Δt_1 与 Δt_2 内阴影部分面积存在差异,差异的大小由 ΔQ 决定。也就是说,在较长时间段(如 1 h)内各物料总量的计量精度较高,但在每一较小的时间间隔内物料的计量精度较低,配料精度可能会出现阶段性超差,造成成品料的质量稳定性较差。有些施工单位习惯以每天各物料的消耗量来判断设备计量是否准确,这显然是错误的。

当然,要达到图 2 的理想状态是不可能的,应控制 ΔQ 尽可能小。因此,对于连续式搅拌设备,各物料料流量保持恒定、波动小、线性关系好是保证设备计量精确的关键。

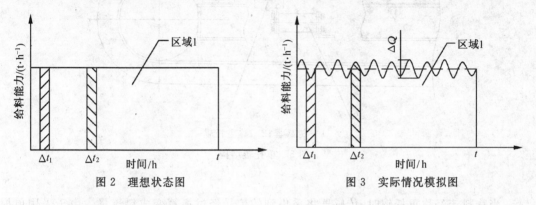

图 2　理想状态图　　　　图 3　实际情况模拟图

3　骨料计量装置

骨料计量装置一般为皮带称重,直接安装在骨料储料斗的下方,集给料、计量于一体,图 4 为其结构示意图。

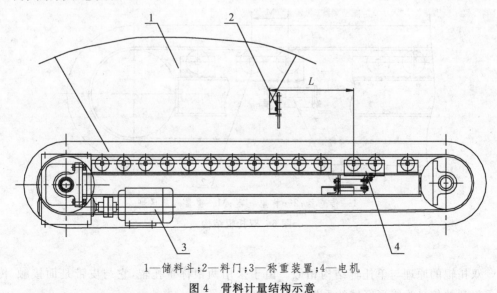

1—储料斗;2—料门;3—称重装置;4—电机

图 4　骨料计量结构示意

给料机给料量的变化是靠调节电机转速和料门高度来完成的。出料端装有一套电子称重装置,皮带上的物料通过称重托辊时,传感器将物料的重量信息传递到称重仪表换算成给料量,再通过 PLC 控制器调节变频器的工作频率,换算的依据是标定数据。图 4 中 L

为料流稳定段长度,它对称重计量精度影响很大,故应保证其有足够的长度。就其结构形式而言,主要有以下 3 种形式。

（1）单托辊结构。

单托辊结构如图 5 所示。

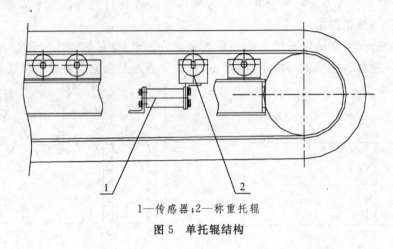

1—传感器;2—称重托辊

图 5 单托辊结构

当物料流经称重托辊时,传感器将采集到的信号经过换算变成料流量。由于采用单根称重,它与皮带是线接触,传感器采集到的信息为线条形区域的重量。

（2）双托辊结构。

双托辊结构如图 6 所示。

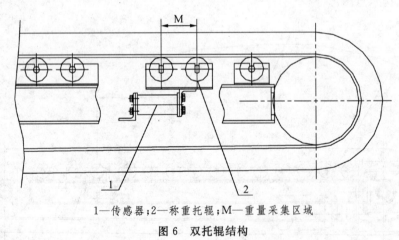

1—传感器;2—称重托辊;M—重量采集区域

图 6 双托辊结构

双托辊的原理与单托辊结构相似。由于采用两根称重托辊,它与皮带是面接触,传感器采集到的信息为矩形区域的重量,计量精度较高。

以上两种结构的共同缺点是皮带机张紧程度、料压等外在因素将会影响称量精度。

（3）独立称重结构。

独立称量结构如图 7 所示。

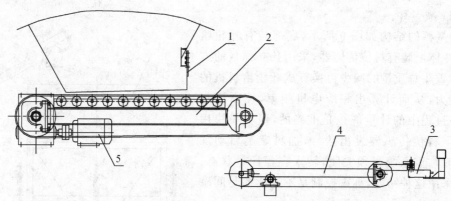

1—料门;2—给料皮带机;3—传感器;4—称重皮带机;5—电机

图7 独立称量结构

与前两种结构不同,独立称量结构称重部分与给料皮带机分离,称重的数据不再受皮带机张紧程度等外在因素的影响。料流的冲击可以通过支点的位置加以平衡、削弱,其计量精度在这3种中最高,成本也最高,因此实际中较少使用独立称量结构。

4 粉料计量装置

该装置用于计量水泥、矿粉等粉状物料,它对成品料的质量影响很大,因此对其计量精度的要求更高。粉料计量装置一般由给料装置和称重装置组成,可通过调节给料电机转速来控制给料量的变化,它有以下几种常用结构形式。

(1) 螺旋给料+螺旋称重。

"螺旋给料+螺旋称量"的结构如图8所示。

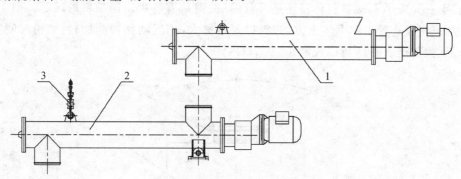

1—给料螺旋;2—称重螺旋;3—传感器

图8 螺旋给料+螺旋称重

物料通过螺旋输送的同时进行称重,传感器将物料的重量信息传递到称重仪表并换算成给料量,再通过PLC调节变频器的工作频率,以控制给料螺旋电机的转速。

这种结构的特点是简单、易于实现、故障率相对较低,但螺旋由于自身结构的原因,使得给料波动较大、线性关系不是很好,计量精度受到影响,在给储粉斗打粉时还可能出现窜粉现象。如果用叶轮代替螺旋给料,则情形会有所改善,但故障率会稍高些。

（2）减量秤。

减量秤的结构如图 9 所示，底部装有叶轮给料机，斗体上装有料位传感器，采用独立称量的方式。称重斗总质量的减少可换算成叶轮给料机的给料能力，从而计算出相应电机频率，控制给料量。该过程中的计量应该是准确的，但当粉快用完时，下料位传感器发出信号，加料螺旋启动加料，这时称重系统必须关闭，转入容积计量状态。因此，采用这种结构，称重控制是不连续而是间歇式的。

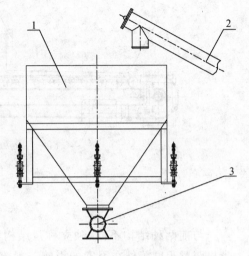

1—称重斗；2—加料螺旋；3—叶轮

图 9　减量秤结构

现以产量 500 t/h、粉掺量 5％为例计算其间歇率 λ。假设称重斗有效容量为 5 t，螺旋 ϕ273 加料能力为 80 t/h：

用粉量 $Q=500×5％=25$ t/h

加粉增量$=80-25=55$ t/h

$T_1=5÷25=1/5$ h（T_1 为称重工作时间）

$T_2=5÷55=1/11$ h（T_2 为加粉时间）

$λ=T_2/(T_1+T_2)×100％=31.25％$（其与斗容量无关）

即使选用 ϕ325 螺旋加料，其输送能力约为 100 t/h

$λ=T_2/(T_1+T_2)×100％=25％$

所以，至少有 1/4 的时间处于容积计量状态。

其实只要减小 λ，减量秤称量还是可行的，关键是需解决快速加料的问题。图 10 为其改进方案，将粉仓置于称重斗上方，卸料口要足够大，用气动翻转阀加料，加粉时间将大大缩短。试验数据表明，λ 可以控制在 10％以内。

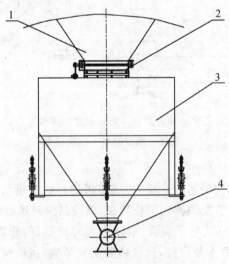

1—粉仓；2—阀门；3—称重斗；4—叶轮

图 10　改进的减量秤结构

（3）皮带机＋螺旋称重。

"皮带机＋螺旋称量"如图 11 所示。

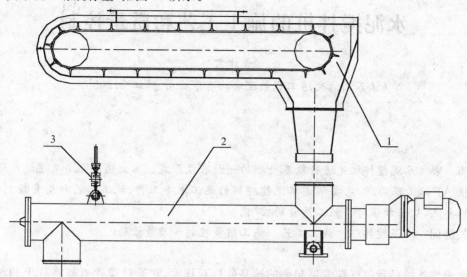

1—给料皮带机；2—称重螺旋；3—传感器

图 11　皮带机＋螺旋称重

　　作为物料供给，螺旋、叶轮、皮带机这 3 种装置中皮带机的给料稳定性、线性关系是最好的。尤其采用分隔槽式皮带可以提供稳定的料流，这对提高粉料的计量精度非常有利。设备初始运行时，皮带机的调整要求较高。粉料带作为易损件，由于磨损需定期更换。

5　水计量装置

　　水系统的计量一般采用泵加流量计或容积泵的方案，很多设备利用离心泵作为供水泵，这种方法其实并不好。因为离心泵内泄漏较大，其流量稳定性差；虽然有流量计可以监控，但其波动量 ΔQ 较大，容易造成成品料质量不稳。使用容积式泵效果要好得多，其优良的线性关系很适合连续计量。

6　结　论

　　对稳定土厂拌设备来说，选择料流恒定、线性关系好的给料装置，可以保证成品料的计量精度连续稳定，提高工程质量。

水泥搅拌桩的施工工艺和质量控制

袁建富

（江苏润通交通工程监理咨询有限公司 镇江 212005）

摘　要　水泥搅拌桩是进行软基处理的一种有效形式。本文通过327省道涟水涟城至石湖段 A1 标工程实践，主要阐述水泥搅拌桩的施工准备工作、施工工艺和质量控制、质量检验的要点，从而加强对其施工质量的控制。

关键词　水泥搅拌桩　施工工艺　施工质量控制　质量检验

水泥搅拌桩是我国近期发展起来的地基处理新技术，它通过搅拌机械将软土和水泥强制拌和，使软土硬结从而提高地基强度。这种方法对于淤泥质土、粉质粘土、饱和性土等软土地基的处理效果尤为显著。水泥搅拌桩施工具有速度快，施工中无噪音、无振动，对环境污染小、投资省的特点。

如何有效控制水泥搅拌桩的成桩质量，确保软基处理的效果是工程实践中探索的一个课题。本文通过327省道涟水涟城至石湖段工程实践对水泥搅拌桩的施工准备工作、施工工艺和质量控制、质量检验的要点加以总结。

1　工程概况

327省道涟水涟城至石湖段工程路线起点位于淮涟一级公路终点处，桩号为 K0＋000，利用老327省道单侧拓宽向东延伸，路线在 K3＋234.5 处偏离老路后全部为新线，它从箔巷村汪庄组与沈杨组之间穿过，路线由西南向东北方向延伸，从镇南村江朱组与吴高组之间穿过，路线在 K13＋122.5 处跨越一帆河，后折向正东，在黄营镇张桥村与杨桂庄之间布线，后路线继续向东北方向延伸，分别在 K19＋070 处跨越西官河、K22＋119 处跨越五干一支排水沟，K24＋384 处跨越伏堆河，并于 K24＋768.791 处与329省道平面交叉。后路线继续向东北方向延伸，在跨越唐松河、五斗沟、引黄干渠之后，其终点与327省道滨海段相接。路线全长 34.973 km，其中起点段利用老路 3.235 km，新建31.738 km。

全线路基采用整体式断面，路基全宽24.5 m。其各部分组成为：中间带宽 3.0 m（中央分隔带宽 2.0 m，左侧路缘带宽 2×0.5 m），单向行车道宽 2×3.75 m，硬路肩宽 2.5 m（含右侧路缘带 0.5 m），土路肩宽 0.75 m。中央分隔带采用凸型，路线设计高为中央分隔带外侧边缘路面标高。道路全线行车道及硬路肩路拱横坡均为2%，土路肩横坡为4%。

2 施工工艺

2.1 准备工作

2.1.1 场地准备

清除地表的杂草、树根、耕植土等,填前翻松 20～30 cm,掺石灰 5％拌和均匀后整平并压实至 87％。在拓宽路基外侧开挖临时排水边沟,以保证施工期间的排水。临时排水边沟不能和农田排灌沟渠共用,在施工期间也不能长期积水。根据设计文件和施工组织计划的要求,确定合理可行的施工顺序。

2.1.2 材料

水泥为 32.5 级普通硅酸盐水泥,所用水泥应确保质量,使用前承包人应将水泥的样品送中心实验室或监理工程师指定的实验室检验。严禁使用过期、受潮、结块、变性的劣质水泥。根据工程需要,选择具有早强、缓凝、减水、节约水泥用量等性能的外掺剂,选用纯净的生石膏粉作为外掺剂,掺入量宜为水泥用量的 2％～3％,要求生石膏粉通过 0.075 mm 的方孔筛大于 85％。

2.1.3 机械设备

水泥搅拌桩的施工必须配备性能可靠、符合标准、种类齐全的施工机械和设备,在施工前应做好机械设备的保养、试机工作,确保其在施工期间正常作业。机械设备应配备电脑记录仪和打印设备,以便了解和掌握水泥浆用量和喷浆均匀程度,监理工程师应每天收集电脑记录一次。所有钻机应由监理工程师和项目经理部组织检查验收合格后方可开钻。机械和设备包括深层搅拌机(单头钻进)、灰浆拌制机、集料斗、灰浆泵、控制柜、自动记录喷浆量设备、其他辅助设备等。

2.2 试桩

水泥搅拌桩适于处理淤泥、淤泥质土、泥炭土和粉土。当泥炭土或地下水具有侵蚀性时,应通过实验确定其适用性。冬季施工时应注意低温对处理效果的影响。

水泥深层搅拌桩通过搅拌头将水泥浆和软土强制拌和,搅拌次数越多,拌和越均匀,水泥土的强度也越高,但搅拌次数越多,其施工时间也越长,功效也越低。试桩的目的是为了寻求最佳的搅拌次数,确定水泥浆的水灰比、泵送时间、泵送压力、搅拌机提升速度、下钻速度以及复搅深度等技术参数,以指导下一步水泥搅拌桩的大规模施工。

每个标段的试桩不少于 5 根,且必须待试桩成功后方可进行水泥搅拌桩的正式施工。试桩检验可在 7 d 后直接开挖取出,或 14 天后取芯,以检验水泥搅拌桩的搅拌均匀程度和水泥土强度。每个施工段落都必须在监理人员的监督下进行试桩,试桩后必须填写试桩报告,经监理工程师审查并报业主总监审批后方可施工,同时将试桩取得的各项施工技术参数标明于机架上,以便监理工程师检查。

水泥深层搅拌桩试桩要求满足设计水泥浆喷入量的各项技术参数。

(1) 钻进速度:$v \leqslant 1.0$ m/min;钻进喷浆速度:$v \leqslant 0.4 \sim 0.7$ m/min。

(2) 平均提升速度:喷浆时 $v \leqslant 0.4 \sim 0.7$ m/min;

复搅时 $v \leqslant 0.8$ m/min。

(3) 复搅速度:$v = 30 \sim 50$ m/min。

(4) 喷浆时泵内泵送能力为 30～50 L/min,并对其按机械类型及输送管道的长度进行调整。

（5）根据钻速要求进行计算，每台机每 24 小时日工作量为 280 延米。现场规定日工作量不得超过 300 延米。如果工作量大，工期比较紧，则应相应地增加机械。

2.3 水泥搅拌桩复合地基的施工

2.3.1 水泥搅拌桩复合地基的施工流程

水泥搅拌桩施工工艺流程见图 1。

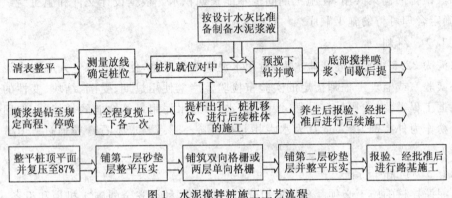

图 1　水泥搅拌桩施工工艺流程

2.3.2 水泥搅拌桩的施工技术要求

（1）水泥浆液制备须有充分时间，制备时应先加水，后按水泥、减水剂顺序投料，每次灰浆搅拌时间不得少于 4 min，以保证搅拌的均匀性和水泥的水化。水泥浆从灰浆拌和机倒入集料斗时必须过滤筛，将水泥硬块剔出。集料斗的容量一般为 0.2 m³，就可以保证一定的余量，不会因浆液供应不足而断桩，也不会因浆液过多产生沉淀而引起浆液浓度不足。水灰比应根据试桩的参数确定，一般为 0.45～0.50。浆液进入储浆罐中必须不停地搅拌，以保证浆液不离析。

（2）喷浆量控制。设计 28 d 无侧限抗压强度≥1.6 MPa，喷浆量在室内试验基础上每米提高水泥用量 5 kg，并控制最小水泥用量≥50 kg/m，最大水泥用量≤70 kg/m，水泥用量为两次喷浆量之和。水泥浆的输送由挤压式灰浆泵压入内径为 φ32 的胶管，并送到水泥搅拌桩的钻杆内，最后射入喷浆叶的出浆口。

（3）施工顺序为由内向外，每千米的软土段要求试桩不少于 5 根，通过试桩确定以下技术参数：① 满足设计喷入量的各种参数，如钻进速度、提升速度、搅拌速度、喷浆压力、单位时间喷入量、两次喷浆量的分配；② 确定搅拌的均匀性，验证预定的工艺流程；③ 掌握下钻和提升的阻力，采取相应的技术措施；④ 确定软土含水量和喷浆量的关系，求得最佳喷浆量和浆液的水灰比。

（4）水泥搅拌桩桩机下钻和提钻速度是控制喷浆量的关键因素，它由试桩确定，一般钻进速度≤1.0 m/min。钻头到达桩底后搅拌喷浆 1～2 min、间歇后提钻，确保底部有足够的灰量，提钻速度≤0.8 m/min，确保搅拌均匀。为保证水泥搅拌桩桩端、桩顶及桩身质量，第一次提钻喷浆时应在桩底部停留 30 s，进行磨桩端；余浆在上提过程中全部喷入桩体，且在桩顶部位进行磨桩头，停留时间为 30 s。

（5）喷浆搅拌提升，靠近离整平高程约 0.25 m 处重复喷搅以提高桩头质量，直至离整平高程约 0.25 m 处停止，然后回填石灰土或砂垫层至整平高程并压实，压实度≥87%。

（6）应有专人记录湿喷桩机钻杆下沉或提升的时间,时间误差不得大于 5 s。当复搅发生空洞或意外事故(如停电、灰管堵塞等)而影响桩体质量时,钻机提升后应立即回填素土,重新进行喷浆复搅,在 12 h 内补救施工,其搭接长度不小于 1.0 m。

（7）水泥搅拌桩的设计参数及要求见表1。

表 1　水泥搅拌桩的设计参数及要求

水泥掺入比	$12\% \sim 15\%(a = 1.8\ \text{t/m}^3)$
水灰比	$0.45 \sim 0.50$
7 d 无侧限抗压强度/MPa	$\geqslant 0.8$
28 d 无侧限抗压强度/MPa	$\geqslant 1.6$

（8）水泥搅拌桩的施工质量及检验要求见表2。

表 2　水泥搅拌桩的施工质量及检验要求

检查项目	质量要求和允许偏差	检查频率	检查方法	备注
桩距	偏差±5 cm	抽查2%	皮尺测量	
桩径	≥设计值	抽查2%	尺量	
桩长	≥设计值	全部	检查施工、监理记录	
桩垂直度	1.5%	全部	检查施工、监理记录	
单桩喷浆量	≥设计值,偏差±1%	全部	检查施工、监理记录	
桩身 7 d 强度	≥0.6 MPa	抽查5‰	钻孔取芯检测	
桩身 28 d 强度	≥1.0 MPa	抽查5‰	钻孔取芯检测	

2.4　水泥搅拌桩的施工注意事项

（1）项目经理部指派专人负责水泥搅拌桩的施工,全过程旁站水泥搅拌桩的施工过程。所有施工机械均应编号,应将现场技术员、钻机长、现场负责人、水泥搅拌桩桩长、桩距等制成标牌挂于钻机明显处,确保人员到位,责任到人。测量放线复核,对重点的控制性轴线、桩位进行复查,满足要求后方可就位开机。

（2）水泥搅拌桩开钻之前,应用水清洗整个管道并检验管道中有无堵塞现象。为保证水泥搅拌桩桩体垂直度满足规范要求,在主机上悬挂一个吊锤,通过控制吊锤与钻杆上、下、左、右距离相等来控制水泥搅拌桩的垂直度。搅拌桩的垂直度偏差不得超过 1.5%,桩偏差不得大于 50 mm。其次,桩机必须配置喷入计量装置,须定期标定(每生产 1 万米搅拌桩后重新标定),严禁无喷入计量装置的桩机投入使用,并记录瞬时喷浆量和累计喷浆量。浆液罐容量应不小于一根桩的用灰量加50 kg,保证每根桩的连续施工。当上述重量不足时,不得开始下一根桩的施工,若深搅桩长已达到设计桩长,但仍未穿透软土层时,应继续下钻直至钻入下部硬土层 50 cm 为止。

（3）严格控制喷浆标高和停浆标高,不得中断喷浆,确保桩体长度。两喷过程中严禁在尚未喷浆的情况下进行钻杆提升和下钻作业。储浆罐内的储浆应不小于一根桩的用量加50 kg,若储浆量小于上述重量时,不得进行下一根桩的施工。

（4）施工中若发现喷浆量不足,应按监理工程师要求整桩复搅,复喷的喷浆量不小于设计用量。当遇停电、机械故障原因致喷浆中断时,应及时记录中断深度。在 12 h 内采取补喷处理措施,并将补喷情况填报于施工记录内。补喷重叠段应大于 100 cm,超过 12 h 应采取补桩措施。

(5) 桩体复搅施工时,应采取中速或低速挡进行钻进和提升,切勿采用高速挡快速钻进和提升。

(6) 若深搅桩长未达到设计桩长,在探明已钻至硬土层(电流值已超过 60～70 A,或更大)的情况下,则应持续钻入硬土层 1.0 m(以电流值 100 A 或钻机架有抬起为界,防止电机烧坏);搅拌机电网电压低于 380 V 时应暂停施工,以保护电机。

3 施工质量控制

(1) 施工过程中应随时检查施工记录,并对每根桩进行质量评定,对于不合格的桩应根据位置和数量等具体情况,分别采取补桩或加强邻桩等措施。

(2) 在成桩过程中,电压过低或其他原因造成停机,将中断成桩工艺。为防止断桩,搅拌机重新启动后应将深层搅拌叶下沉半米后继续成桩。

(3) 水泥浆不能离析,水泥浆应严格按照设计的配合比配置,水泥要水筛。为防止水泥浆离析,压浆机不断搅动,在压浆前将水泥浆倒入料斗中。

(4) 严格控制桩深、复搅下沉和提升速度以及泵送压力,确保成桩效果。为保证桩头质量,喷浆搅拌应高于设计桩基顶 50 cm,且当喷浆提升至设计桩顶时应稍作停顿。

(5) 搅拌桩应在成桩 7 d 内采用轻便触探器钻取桩加固土样,观察搅拌的均匀程度,同时根据轻触探击数利用对比法判断桩身强度,检验桩的数量应不少于完成桩数的 2%。经轻便触探,应对桩强度有怀疑的桩,钻取其桩身芯样,制成试块并测定桩身强度。

(6) 对处于搭接部位的桩,应在桩养护一定龄期时选取数根桩开挖,检查顶部外观质量。

(7) 对于场地复杂或施工有问题的桩应进行单桩荷载试验,检验其承载力。搅拌桩施工完成以后,不允许在其附近随意堆放重物,以防桩身变形。

(8) 定期进行沉降观测。对采用水泥搅拌桩加固地基的工程,应定期进行沉降观测和侧向位移观测。现场施工人员应认真填写施工原始记录,记录内容应包括:① 施工桩号、施工日期、天气情况;② 喷浆深度、停浆标高;③ 灰浆泵压力、管道压力;④ 钻机转速;⑤ 钻进速度、提升速度;⑥ 浆液流量;⑦ 每米喷浆量和外掺剂用量;⑧ 复搅深度。

4 施工质量检验

(1) 水泥搅拌桩成桩 7 d 可采用轻便触探法进行桩身质量检验。

① 检验搅拌均匀性:利用轻便触探器中附带的勺钻在搅拌桩身中心钻孔,取出桩芯,观察其颜色是否一致,是否存在水泥浆富集的"结核"或未被搅匀的土团。

② 触探试验:根据现有的轻便触探击数(N10)与水泥土强度对比关系来看,当桩身 1 d 龄期的击数 N10 大于 15 击时,桩身强度已能满足设计要求;或者 7 d 龄期的击数 N10 大于 30 击时,桩身强度也能达到设计要求。轻便触探的深度一般不超过 4 m。

(2) 水泥搅拌桩成桩 28 d 后,利用钻孔取芯检查其完整性、桩土搅拌均匀程度及桩的施工长度。每根桩取出的芯样由监理工程师现场指定相对均匀部位,3个一组送实验室做 28 d 龄期的无侧限抗压强度试验,留一组试件做 3 个月龄期的无侧限抗压实验,以测定桩身强度。钻孔取芯频率为 1‰～1.5‰。28 d 取芯强度:R28≥1.6 MPa,单桩承载力＞210 kPa,复合地基承载力＞170 kPa。

(3)如果某段或某一桥头水泥搅拌桩取芯检测结果不合格率小于10％,则可认为该段水泥搅拌桩整体满足要求;如果不合格率大于10％而小于20％,则应在该段同等补桩;如果不合格率大于30％,则该段水泥搅拌桩为不合格。

(4)对搅拌桩取芯后留下的空间应采用同等强度的水泥砂浆回灌密实。

(5)在特大桥桥台或软土层深厚的地方,或对施工质量有怀疑时,可在成桩 28 d 后由监理工程师随机指定抽检单桩或复合地基承载力。随机抽查的桩数不宜少于桩数的 0.2％,且不得少于 3 根。试验用最大载荷量为单桩或复合地基设计荷载的 2 倍。

(6)外观鉴定:① 桩体圆匀,无缩颈和凹陷现象;② 搅拌均匀,凝体无松散;③ 群桩桩顶齐,间距均匀。

5 结束语

水泥搅拌桩作为基础工程,其质量的高低将直接影响上部结构物的稳定性及施工质量,因此在施工过程中应该严格控制各施工参数、施工工艺,按照设计图纸和施工方案施工,以确保施工质量。作为现场实习监理,更应该清楚了解水泥搅拌桩的各项施工工艺和技术要求,将施工方案中的理论知识、自己实习时所学到的理论知识运用到实践中去,扩大自己的知识面。

参考文献

[1]《地基处理手册》编写委员会.地基处理手册.北京:中国建筑工业出版社,1993.

[2]张诚厚,袁文明,戴济群,等.高速公路软基处理.北京:中国建筑工业出版社,1998.

排水混凝土在路面基层中的应用

戴正赟

（镇江市交通工程建设管理处 镇江 212005）

摘　要　本文以 328 国道 1345 段 K133＋500－K146＋000 养护中修工程为例，分析由于水损害引起的路面翻浆以及路面基层中的排水混凝土工艺，结合室内试验就排水混凝土配合比设计过程进行较为详细的研究，并就排水混凝土在现场施工过程中产生的问题进行总结，真实反映排水混凝土在路面基层中实际应用的情况。

关键词　排水混凝土　配合比设计　现场施工

328 国道 1345 段起点为"八"字桥（K133＋500），终点为上汽仪征分公司（K146＋000），全长 12.5 km。该段建成于 1987 年，原为水泥混凝土路面，1998 年加铺沥青混凝土面层进行"白加黑"高速化改造，在当时取得了较好的使用效果。时至今日，该路段存在连续翻浆、单点翻浆、横向裂缝、纵向裂缝、车辙、坑槽等病害，部分路段还出现了较严重的水损害。夏季雨水丰富，路面、中分带的雨水渗入土基，使得土基含水量过大，强度急剧降低，加上 328 国道重型车辆不断增多，车流量较大，因此水损害造成的翻浆是该路段的主要病害类型。对于水病害的处治，本项目采用排水混凝土作为路面下基层。

本文通过 328 国道 1345 段工程实例，简述排水混凝土的配合比设计及现场施工的注意事项。排水混凝土的配合比设计与普通混凝土不同，在集料级配、骨灰比及水灰比等方面都有特殊的要求。排水混凝土，顾名思义其主要作用就是排水，要求能够及时排出渗透路面的积水。排水混凝土是粗集料与水泥构成的多孔堆积结构，既要保证该结构的多孔性，保证一定的空隙率，又要承受作为路面结构组成部分的力学强度。本项目的结构层详见图 1。

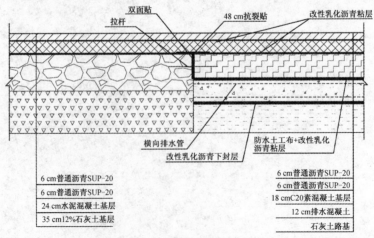

图 1　排水混凝土结构层次

2 配合比设计

2.1 原材料要求

2.1.1 粗集料要求

粗集料应选用洁净、坚硬、未风化的碎石，不含有机质、风化物和其他有害物质。其压碎值不大于 16％，针片状含量不大于 10％，含泥量（冲洗法）不大于 1％。

2.1.2 水泥基本要求

从混凝土拌合场拌和到现场压实需要 2 h 左右，因此一般优先选择终凝时间较长的水泥。本试验选用的水泥为普通硅酸盐水泥，强度等级 42.5。

2.1.3 集料级配

排水混凝土的强度主要通过水泥浆粘结与集料之间的嵌挤作用来体现，水泥用量较少，集料级配的嵌挤作用较大。工程对排水混凝土和普通混凝土的级配要求不同，要求排水混凝土具有一定的空隙率，以便能充分排水或透水。

集料最大粒径不大于 37.5 mm，4.75 mm 以下颗粒含量不超过 16％，为开级配集料，少含或不含细集料，具体建议级配范围见表 1。

表 1　排水混凝土集料级配范围

筛孔/mm	37.5	26.5	19.0	9.5	4.75	2.36
上限	100	100	85	38	16	6
下限	100	88	52	15	0	0
中值	100	94.0	68.5	26.5	8.0	3.0

2.1.4 原材料的质量检测与选定

（1）水泥：仪征水泥厂高特牌 P.O42.5 水泥各项指标均符合要求，见表 2。

表 2　水泥的主要物理性能

拌合用水量/mL	凝结时间/min		抗压强度/MPa		抗折强度/MPa		安定性/mm	水泥比表面积/(m² · kg⁻¹)
	初凝	终凝	3 d	28 d	3 d	28 d		
138.0	155	220	5.3	23.0	9.2	48.3	1.0	390

（2）集料：安徽产碎石，最大粒径 37.5 mm，其集料最大粒径、压碎值等指标符合设计要求，材料级配符合表 1 要求。

（3）水：采用当地人、畜饮用水。

2.1.5 确定材料用量

在配合比设计过程中，既要保证排水混凝土中每个粗集料都被水泥浆包裹，又保证排水混凝土内部存在空隙，这主要通过控制骨灰比和水灰比来实现。根据设计要求，水灰比应小于 0.5，结合多次室内试验及工程经验判断选择合适的水灰比。若水泥量较小，则水泥浆将无法包裹集料；若用水量过大，则水泥浆将与集料产生离析。在用水量合适时，水泥浆均匀包裹集料，表面会呈现出金属光泽，如图 2、图 3 所示。

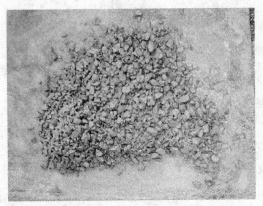

图 2　自然堆积的排水混凝土　　　　　　　图 3　成型的排水混凝土

结合设计文件、图纸及技术规范要求,水灰比设为 0.43,排水混凝土骨灰比的取值随所需配制的混凝土强度而定。无砂混凝土的强度越低,骨灰比就越大。一般来说,骨灰比介于 6∶1～15∶1。考虑到设计所要求的 28 d 强度为 2.5 MPa,其强度要求不高,结合多次试验选用较大的骨灰比。骨灰比分别按照 10∶1,12∶1,15∶1 三种配制混合料,设计混凝土密度为 1 900 kg/m³,则各材料用量见表 3。

表 3　材料用量

水灰比	M_{co}/(kg·m⁻³)	M_{go}/(kg·m⁻³)	M_{wo}/(kg·m⁻³)	骨灰比
0.43	166	1 663	71	10∶1
0.43	142	1 697	61	12∶1
0.43	116	1 734	50	15∶1

2.1.6　强度检验

按各材料用量制件检验 3 d,7 d,28 d 抗压强度,其结果见表 4。

表 4　抗压强度结果

骨灰比	10∶1	12∶1	15∶1
3 d 强度/MPa	2.50	1.76	1.60
7 d 强度/MPa	3.26	2.60	1.94
28 d 强度/MPa	4.08	3.3	2.51

2.1.7　确定配合比

排水混凝土配合比设计时应根据材料性能及设计要求,在满足混凝土强度及渗透性的前提下,以最小的水泥用量为原则。混凝土单位体积的质量应为 1 m³ 紧密状态的粗集料质量、水泥用量及水的质量之和。

该排水混凝土的设计 28 d 强度要达到 2.5 MPa,根据 28 d 抗压强度试验结果、空隙率要求以及经济情况确定骨灰比为 12∶1 为理论配合比,则确定设计配合比如表 5 所示。

表 5　排水混凝土设计配合比

水灰比	M_{co}/(kg·m^{-3})	M_{go}/(kg·m^{-3})	M_{wo}/(kg·m^{-3})	骨灰比
0.43	142	1 697	61	12∶1

3　在施工过程中的注意事项

(1) 在混凝土拌和场实际拌和过程中,排水混凝土的拌和比较困难,既要保证水泥浆可以包裹住粗集料,又不能使水泥浆过多,避免造成排水混凝土离析。在拌和时往往采取多次小方量进行拌和,并适当延长拌和时间。

(2) 水泥混凝土罐车在到达现场后,应要求罐车反转 5 min,避免罐车内的排水混凝土产生离析。浇筑一段后,在到达下一处路段时要求罐车每次都反转后方允许浇筑,如图 4 所示。混凝土罐车内部有增加混凝土流动性的水泥浆,在排水混凝土即将倾倒完毕时,控制排水混凝土的人员应注意不得将水泥浆倒在排水混凝土上,否则流动的浆液会堵塞排水混凝土的空隙,影响排水混凝土实际排水效果。

(3) 排水混凝土拌和物具有开放式的空隙,施工中水分容易损失,使水泥混凝土混合料表面水泥浆过早初凝,造成表面集料颗粒松散,影响强度。在高温天气施工时,一方面可以通过使用外加剂使拌和物保水与缓凝,另一方面作为混凝土的一种,初期强度很重要,需要加强洒水养生。尤其在排水混凝土实际施工过程处于夏季 7 月份时,更需要加强洒水养生。作为排水混凝土,刚洒上去的水很快就渗透了,结合现场往往应加强洒水与覆盖土工布,加强其养生。

(4) 排水混凝土在施工过程中不得强烈振捣或夯实,否则会引起水泥浆与集料离析。在现场施工过程中,应使用手扶单轮压路机静压排水混凝土,以保证表面平整。

图 4　排水混凝土浇筑现场

（5）排水混凝土的检测指标之一是渗透系数，渗透系数是排水混凝土渗透性的直接度量。根据图纸设计结合《公路排水设计规范》（JTJ 018—97）要求的排水混凝土的设计渗透系数不得小于 300 m/d，渗透系数的测试过程相对繁琐，故在实际施工过程中采用《公路路基路面现场测试规程》（JTG E60—2008）中 T0971—2008 试验方法，并规定其渗水系数不得小于 408 mL/min。

渗透系数与渗水系数的换算公式为

$$渗透系数 \times 截面积 = 渗水系数$$

渗透系数：

$$300 \text{ m/d} = (300 \times 100 \text{ cm})/24\text{h} =$$
$$300 \times (100/24)\text{cm/h} =$$
$$300 \times (100/24)\text{cm}/60 \text{ min} =$$
$$300 \times (100/1\ 440)\text{cm/min}$$

截面积：πr^2

渗水系数：408 mL/min

即有 $300 \times (100/1\ 440) \times \pi r^2 = 408 \text{ mL/min}$

排水混凝土浇筑成型后，几次大雨后观察其现场情况，发现其排水混凝土的排水效果良好，取消了原设计中的横向排水管。

4　结束语

通过实际工程实践，发现排水混凝土在路面基层排水中具有较好效果。由于排水混凝土没有细集料，内部含有空隙，且通过水泥浆的胶结作用使粗集料之间形成嵌挤作用，因此水泥用量较少，集料级配的嵌挤作用较大。排水混凝土本身的结构特点决定了其具有容重小、透水性大、施工方便等特点。排水混凝土在该工程中取得了较好的效果，值得大力推广。

参考文献

[1] 中华人民共和国交通部.JTG E4—2005　公路工程集料试验规程.北京：人民交通出版社，2005.

[2] 中华人民共和国交通部.JGJ 55—2000　普通混凝土配合比设计规程.北京：人民交通出版社，2001.

[3] 张应立.现代混凝土配合比手册.北京：人民交通出版社，2002.

[4] 中华人民共和国交通部.JTG E60—2008　公路路基路面现场测试规程.北京：人民交通出版社，2008.

[5] 中华人民共和国交通部.JTJ 018—97　公路排水设计规范.北京：人民交通出版社，1997.

钻孔灌注桩施工常见事故及处理对策

汤 永

（江苏润通交通工程监理咨询有限公司 镇江 212005）

摘 要 钻孔灌注桩作为桩基础中常见的一种基础形式,以其适应性强、成本适中、施工简便、工期短等特点已在我国交通、城市基础设施及房屋、水工建筑等工程领域中得到广泛应用。

关键词 钻孔 灌注桩 施工 事故 处理

钻孔灌注桩施工种类繁多,技术含量高,影响因素多,一旦在施工中稍有不甚或控制不严,很容易出现一些质量事故,影响整个工程的基础,严重时必须进行返工,将带来更大的损失。常见危害性较大的事故主要有坍孔和断桩,此外还可能出现弯孔、斜孔、缩孔、梅花孔、卡钻、埋钻和掉钻等现象。为尽量减少事故,在施工过程中必须做到分工明确,密切配合,操作规范,措施到位。本文结合笔者的施工经验,对常出现的一些事故原因进行分析,并制定相应的处理措施。

1 坍 孔

坍孔主要出现在钻孔、下放钢筋笼和灌注混凝土 3 道工序中,且以钻孔中出现的坍孔较多。

1.1 钻孔坍孔

在粉性、砂性土等松散地基中进行钻孔时,很容易发生坍孔。坍孔主要表现为在施工过程中出现孔内水位骤然降落,并冒出细密的水泡,钻杆较难钻进,钻机负荷显著增加,甚至钻头运转不灵。其主要原因可能是:① 护筒埋深较浅,或周围回填的粘土夯实不够,致使孔口土坍落;② 护筒变形或形状不合适;③ 孔内水位高度不够,无足够的水头压力;④ 地下水位有较高的承压力;⑤ 在砾石层等处有渗流水或者没水,孔中出现跑水现象;⑥ 泥浆的稠度不够;⑦ 成孔速度太快,在孔壁中来不及形成泥膜;⑧ 用造孔机械在护筒底部造孔时触动了孔周围的土壤;⑨ 造孔机械的机械力过大,致使护筒与土层之间的粘着力减弱;⑩ 向孔内补水时,水流对孔壁有冲刷作用。

施工时应尽量防止出现这些情况。如果孔口发生坍塌,致使护筒倾斜,应及时用粘土回填,扶正护筒,严重时应挖起护筒,重新按要求埋设并钻孔。当孔内发生坍塌且情况不严重时,可用粘土回填至坍孔位置以上 1～2 m,并加大泥浆比重继续钻进;如果情况严重,应将钻孔全部用砂夹粘土或小砾石夹粘土回填,经 3～5 天稍密实后重新钻孔。

为防止孔壁坍塌,施工中必须注意以下事项:在施工前应进行地质调查,仔细研究地质资料,掌握地下土层的分布情况、地下水的压力、出水量、水流方向以及是否存在流沙等问题。在有地下水时,还应特别注意钻孔地层中是否夹有不透水层。当下层的承压地下水的水头比上层的地下水位高时,必须维持孔内具有足够的泥浆压力。造孔泥浆应选用优质粘土,有条件时可选用膨润土造浆,成孔时泥浆的相对密度以 1.1~1.25 为宜。

施工时应不间断地检测泥浆的比重,同时根据不同土质调整泥浆相对密度,在成孔时如果遇到砾石层等产生大量漏浆,应考虑改用其他施工方法(如加套管施工)。当中断成孔作业时,要严格监视漏水、跑浆的情况,与此同时还应准备应急用的贮水槽、大容量的给水泵等设备。在反循环钻孔法中的成孔阶段,如果成孔速度太快,在孔壁上来不及形成泥膜,就容易发生孔壁坍塌。成孔速度视地质情况而异,对于淤泥质等非常软弱的地质,如果成孔太快,成孔后的桩孔有时会很不规则。

另外,对砂、沙砾等土层必须注意转台旋转速度不可过快,如过快可能产生径向摆动,而当桩孔较深且在孔底处遇到硬土层时,应注意有可能因钻杆自重过大产生弯曲而碰撞孔壁发生塌孔。对于负压流量及流速的关系,曾有报告指出如果孔内的水向下流速超过 1.2 m/min,则在负压作用下孔壁易发生坍塌,在孔径不足 1 m 的桩钻孔时应特别引起注意。在上述静态条件下产生的孔壁坍塌事故,若不及时处理而继续强行施工,就可能使塌孔加剧。

因此,应认真查明原因,采取措施后方可继续施工。采取措施时,如果认为已不能排除静态因素所导致的塌孔事故,就应迅速将孔回填,否则严重时可能使地表产生坍塌或发生机械倾覆等重大的恶性事故。回填钻孔一般情况下使用粘土掺片或卵石。坍塌的桩孔一旦回填,地层将呈现不稳定状态,应适当停滞 3~5 d 后再进行施工。

1.2 下钢筋笼坍孔

在沉放钢筋骨架后也会产生孔壁坍塌,其原因可能是钢筋笼下放时用力过猛、钢筋骨架的垂直度不标准或产生弯曲。因此,在沉放钢筋骨架时应特别慎重,钢筋笼下放速度应缓慢,上下两节焊接时应处于同一轴线位置,并随时观察孔内水位情况。一旦出现孔壁坍塌,孔内水位就会发生变化。对于沉放钢筋骨架之后的坍塌,一般可使用浇筑混凝土用的导管并配合砂石泵抽出搅浑的泥浆,此时应注意泵压力不能太大,以免使钻孔破坏加剧。

1.3 灌注混凝土坍孔

在混凝土灌注过程中如果发现护筒内的泥浆水位突然上升并溢出护筒,随即下降并冒出气泡,则可能出现了坍孔,此时可用测探仪探头进行探测。如果探头测得的表面深度达不到原来的深度,则可断定发生了坍孔。坍孔原因可能是:护筒底部周围出现漏水,孔内水位下降,或河流水位上涨,从而导致孔内水位差减小,不能保持原有静水压力;护筒周围堆放重物或机械振动等。一旦发生坍孔,应立即查明原因,采取相应措施,如保持或加大水头、移开重物、排除振动等,利用吸泥机吸出孔中坍落的泥土。如果坍孔停止,就可继续灌注混凝土;如果继续坍孔且坍孔部位较深时,应将导管拔出,钻开混凝土,吊出钢筋笼,并用粘土掺沙砾回填。待回填土沉实稳定后重新钻孔、下钢筋笼并灌注混凝土。

2 断 桩

由于混凝土凝固后出现不连续现象,中间被冲洗液等疏松体及泥渣土填充将形成间断桩。造成这一情形的原因包括:① 施工中若导管底端距孔底过远,混凝土将被冲洗液稀释,使水灰比增大,造成混凝土不凝固,混凝土桩体与持力层之间被不凝固的混凝土填充。为避免这一质量事故,桩孔在钻成后必须认真清孔,一般采用冲洗液清孔,共清孔 2 次。冲孔时间应根据孔内沉渣情况而定,冲孔后要及时灌注混凝土,避免孔底沉渣超过规定。这就要求在灌注混凝土前应认真进行孔径测量,准确算出全孔及首次混凝土灌注量。② 导管密封不良,冲洗液浸入将使混凝土水灰比增大,使桩身中段出现混凝土不凝固。在地下水活动较大的地段,导管事先要用套管或水泥进行处理,止水成功后方可灌注混凝土。绑扎水泥隔水塞的铁丝应根据首次混凝土灌入量而定,严防断裂。确保导管的密封性,导管的拆卸长度应根据导管内外混凝土的上升高度而定,切勿起拔过多过快。如果导管提升过快,其下口拔离孔中的混凝土面时易使桩中形成泥浆夹层。③ 在灌注混凝土时因停电、待料等原因停灌混凝土而造成夹渣,将使桩身中岩渣沉积成层,混凝土桩出现上下分开的现象。施工中应明确规定,在混凝土浇筑过程中,一旦开始浇筑,则必须连续完成作业,确保在混凝土初凝时间内连续浇筑,在灌注混凝土过程中应避免停电、停水,备足混凝土料,并合理安排好施工人员作业时间。在混凝土灌注量较大时还应做到作业人员分班作业。④ 施工中灌注时混凝土没有从导管内灌入,而采用从孔口直接倒入的办法灌注混凝土,混凝土离析使得其凝固后不密实坚硬,个别孔段混凝土夹有泥浆而出现疏松、空洞的现象。

因此,施工中要严格确定混凝土的配合比,使混凝土具有良好的和易性与流动性,坍落度亦需满足灌注要求。灌注混凝土必须从导管内灌入,要求灌注过程连续、快速,准备灌注的混凝土量要足够,避免埋下质量事故的隐患。断桩主要出现在水下混凝土灌注过程中。如果混凝土灌注时导管提升过快,导管下口拔离孔中的混凝土面时易使桩身混凝土中形成泥浆夹层而断桩。如果一个桩孔的混凝土未能连续浇筑,2 次浇筑时间相隔较长时,孔中已浇混凝土表面凝固会使桩身在该处出现断裂。事实上只要施工人员能严格按操作规程办事,不疏忽大意,不急于求成,这些事故是完全可以避免的。一旦发生这类事故,应立即拔起导管,在已灌注的混凝土中钻一个较小直径的钻孔,另插入一个较小的钢筋笼并用导管灌注混凝土。

3 弯孔、斜孔、缩孔、梅花孔

造孔过程中要经常用探孔器吊入孔内进行检查。可用较粗钢筋焊接成梭状形的探孔器,其外径等于桩的设计直径,长度约为直径的 4～6 倍。当发生探孔器不能沉到已钻的深度,或钻杆倾斜、吊绳偏移护筒中心,或锥头上提困难、转动不灵等情况时,很可能发生了弯孔、斜孔、缩孔、梅花孔等现象。造成弯孔、斜孔的原因有:钻孔内有探头石,钻进呈倾斜状的地层以及钻机安装不平或支承钻机的地面产生不均匀沉降等。形成缩孔和梅花孔的原因可能是钻锥在冲击时转动套不够灵活,或因泥浆太稠而影响钻锥转动。因此,在钻孔过程中应经常检查钻杆和钻孔的竖直度。对于探头石或缩孔,可用钻锥在孔壁凸出处上下升降,把探头石敲击掉或修削好缩孔。当发生严重弯孔、斜孔、缩孔、梅花孔时,则应回填,重钻修孔;在用冲击法修孔时,应回填小片石至偏斜处以上 0.5 m。

4 卡 钻

钻卡在钻孔内较难旋转,不能提起的现象称为卡钻。出现这种情况时很可能是由于地下遇到石块等障碍物,且深度较浅。遇此情况时不得强行提钻,以免掉钻或发生坍孔,而应反复多次慢速转动上提。一般对于较小障碍物,钻头即可将其排除,对于较大、较多障碍物,钻头无法排除时则应停止钻进,此时可移开钻机,改用冲抓或冲击锥冲孔并用反循环钻机跟进钻孔。如果出现孔内探头石未凿除或因有杂物下坠而卡钻,可用小钻头冲击障碍物,将其打碎或压进孔壁,也可冲击原钻头使其松动后吊起。

5　埋钻和掉钻

埋钻通常是由坍孔或钻锥冲进土层太深所引起的。掉钻主要是由于钻杆与钻锥松脱或钻杆断裂所致,一般可用套绳、打捞钩或小型冲抓锥对其进行抓取。如落体已被泥沙埋没,应用空气吸泥机吹开埋钻的泥沙后提钻锥。

6　结束语

从出现事故的原因分析和处理措施可见,钻孔灌注桩在施工中应当引起足够的重视,严格按照规范进行操作。一旦出现施工质量事故,应认真分析事故原因,采取合理的技术措施,及时进行补救。对于存在问题的桩,不得隐瞒事实,应设法进行补救,更不宜轻易放弃,以致造成过多的损失。经过补救后的桩应对其认真进行检测,合格后方可使用;对补救后仍不合格的,应与设计部门联系,采取补桩或其他措施。

橡胶沥青应力吸收层施工技术探讨

姚国辉　田喜东

（镇江市交通工程建设管理处 镇江 212005）

摘　要　橡胶应力吸收层（AR－SAMI）是具有高变形能力的改性沥青薄层，它能够吸收下承层裂缝部位的应力集中，防止沥青路面形成反射裂缝。橡胶沥青的高粘度、良好的弹性恢复性能和沥青膜、碎石之间微量的相对转动位移等，可有效地吸收下承层产生的各种应力，从而阻止裂缝向上反射，且橡胶沥青的橡胶粉采用旧货车轮胎加工而成，有废物利用的价值。因此，它在道路施工特别是在老路改造工程中有广泛的应用前景。本文结合常熟市海虞北路延伸段改建工程的施工，阐述了橡胶沥青应力吸收层的施工技术。

关键词　橡胶沥青　应力吸收　施工技术

1　工程概况

常熟市海虞北路延伸段改建工程起自老 204 国道与海虞北路交叉口处，向北延伸主线下穿新 204 国道，至沿江高速道路常熟北互通匝道，路线全长 5.405 km，是常熟市区通往沿江高速的主要通道，其原有道路机动车道宽度仅为 15 m。随着城市的发展，交通量的日益增多，该条道路已不堪重负。

本次改造除了将道路加宽外，还对原有道路路面进行改造，达到双向六车道一级公路标准，提高通行能力。老路面加铺结构为 4 cm SMA＋8 cm Sup－20＋1 cm AR－SAMI＋水稳调平层。

2　应用原理

橡胶沥青应力吸收层的结构为在水稳基层上洒布一层橡胶沥青（2～2.6 kg/m²），然后洒布等粒径的干燥玄武岩碎石（粒径为 9.5 mm 左右，12～16 kg/m²），通过轮胎压路机适度碾压使橡胶沥青上挤，达到碎石高度的 50％左右，并牢固粘结碎石而形成的一个具有应力吸收功能薄层。

橡胶沥青应力吸收层施工技术的应用原理是在保持沥青铺装层受力状态良好的前提下，通过较厚的橡胶沥青膜微量水平位移和碎石的微量转动位移，有效削减和吸收由水稳基层在收缩裂缝的相对位移引起的沥青层的应力或应变，从而达到预防或延缓表面反射裂缝产生的作用。

因此，橡胶沥青应力吸收层主要具备以下 4 个特点：

（1）玄武岩碎石组成强有力的骨架结构，具有良好的基础支承作用，使沥青面层保持较为有利的受力状态。

（2）具有一定厚度的橡胶沥青与水稳基层表面紧密结合,形成一个连续的封闭层,可以有效地阻止表面水分的下渗。

（3）橡胶沥青应力层具有一定的厚度,橡胶沥青弹性恢复率较大,保证了其上面的沥青面层与水稳基层之间存在一定的水平相对位移余量。

（4）碎石颗粒由于上部与沥青面层固定,下部嵌挤在橡胶沥青薄层中,故其本身具有一定的微量转动能力,抵消传到沥青层底面上的收缩应力。

3 原材料准备

3.1 基质沥青

橡胶沥青所用的基质沥青采用 70 号道路石油沥青,其技术要求见表 1。

表 1 技术要求

检验项目		技术要求
针入度(25 ℃,100 g,5 s)/0.1 mm		60～80
延度(5 cm/mim,15 ℃)/cm		≥100
延度(5 cm/mim,10 ℃)/cm		≥20
软化点(环球法)/℃		≥46
溶解度(三氯乙烯)/%		≥99.5
针入度指数 PI		−1.3～+1.0
薄膜加热试验 163 ℃,5 h	质量损失/%	≤0.6
	针入度比/%	≥65
	延度(15 ℃)/cm	≥100
	延度(10 ℃)/cm	≥6
闪点(COC)/℃		≥260
含蜡量(蒸馏法)/%		≤2
密度(15 ℃)/(g·cm^{-3})		≥1.01
动力粘度(绝对粘度,60 ℃)/(Pa·s)		≥180
PG 等级		PG64−22

3.2 橡胶粉

橡胶粉颗粒规格应符合表 2 要求。橡胶粉筛分应采用水筛法进行试验。橡胶粉密度应为 (1.15 ± 0.05) g/cm^3,无铁丝或其他杂质,纤维比例应不超过 0.5%,要求含有橡胶粉重量 4% 的碳酸钙,以防止胶粉颗粒相互粘结。宜采用货车轮胎加工的橡胶粉。供应商应提供橡胶粉质量保证书,质保书应说明橡胶粉规格、加工方式、加工的废旧轮胎类型、橡胶粉的储存方式等。

表 2 橡胶粉筛分规格

筛孔尺寸	通过率/%
2.00 mm	100
1.18 mm	65～100
600 μm	20～100
300 μm	0～45
75 μm	0～5

3.3 橡胶沥青

因暂无国家标准,橡胶沥青可参考我国现行改性沥青产品技术标准和美国亚利桑那州橡胶沥青技术标准,并借鉴其他工程应用经验。橡胶沥青技术要求应满足表 3 的规定。

表 3 橡胶沥青技术要求

检测项目	技术指标	试验方法
旋转粘度/177℃/(Pa·s)	1.5～4.0	T0625—2000
针入度(25℃,100 g,5 s)/0.1 mm	≥25	T0604—2000
软化点/℃	≥57	T0606—2000
弹性恢复,25℃/%	≥75	T0662—2000

3.4 碎石

应力吸收层的集料采用石质坚硬、清洁、不含风化颗粒、近立方体颗粒的玄武岩碎石,选用反击式破碎机进行轧制,同时严格控制细长扁平颗粒含量,以确保碎石的骨架作用。玄武岩碎石的级配范围和技术要求如表 4、表 5 所示。

表 4 应力吸收层集料规格

方筛孔尺寸/mm	通过率/%
13.2	100
9.5	0～15
6.3	
2.36	0～5
0.075	0～0.5

表 5 AR—SAMI 应力吸收层用粗集料质量技术要求

检验项目	技术要求
石料压碎值/%	≤24
洛杉矶磨耗损失/%	≤28
视密度/(t·m⁻³)	≥2.6
吸水率/%	≤2.0
对沥青的粘附性	≥4 级
坚固性/%	≤12
针片状颗粒含量/%	≤15
水洗法 0.075 mm 颗粒含量/%	≤0.6
软石含量/%	≤3.0

4　主要施工机械及检测仪器

4.1　施工设备配备

橡胶沥青应力吸收层的施工必须配备的主要设备有：

① 间歇式橡胶沥青生产设备 1 套,产量 30 t/d;

② 多动能同步碎石封层车 1 辆,配有车载微电脑可以进行流量自动控制;

③ 25 t 胶轮压路机 2 辆;

④ 小型辅助工具一批,包括洒水车、吹风机、清扫器具等。

4.2　检测设备配备

为保证橡胶沥青应力吸收层的施工质量,加强现场控制,应至少配备以下试验检测设备：

① 沥青针入度仪;

② 沥青软化点仪;

③ 沥青延度仪;

④ 布氏旋转粘度计;

⑤ 标准方孔筛;

⑥ 电子称。

5　施工工艺

5.1　橡胶沥青生产制备

为确保橡胶沥青的施工温度和稳定性,本工程橡胶沥青在施工现场就近加工生产。橡胶粉的掺量通过试验确定,在施工过程中根据其他工程经验,分别选取了 18%,20%,22% 三个橡胶粉的掺加比例进行试拌,橡胶粉加入沥青的温度范围控制在 177~204 ℃,拌和好 1 h 后进行相关指标的试验。各个掺量下橡胶沥青的性能检测指标如表 6 所示。经过比较,20% 掺量的各项指标较为合适,可以作为正式的配合比进行施工。

表 6　各掺量橡胶沥青的性能指标

检测项目	技术指标	18%	20%	22%
旋转粘度(177 ℃)/(Pa·s)	1.5~4.0	1.4	2.2	2.8
针入度 (25 ℃,100 g,5 s)/0.1 mm	≥25	57	45	29
软化点/℃	≥57	56.5	65.0	69
弹性恢复(25 ℃)/%	≥75	70	76	78

橡胶沥青采用专门的生产设备间歇式搅拌而成,由熟练人员操作。操作人员准确控制导热油温度,准确控制配料比例,先将基质沥青加热至 177~190 ℃,然后将热沥青和橡胶粉按照规定比例依次放入搅拌罐内,并继续加热。在不低于 190 ℃ 的温度下采用高速剪切方式搅拌,高速搅拌完成再输送到反应罐内,边搅拌边反应 45~60 min,一个循环的生产过程即告完成。反应罐应具备较好的保温性能,确保橡胶沥青能保持足够的温度。应对成品橡胶沥青及时进行各项检验。

5.2　施工准备

（1）施工条件的检查。

橡胶沥青应力吸收层施工前应检查以下条件是否满足施工要求：

① 空气温度和地面温度都不得低于 15 ℃；

② 下承层必须干燥，路缘石等相关构造物防护措施良好；

③ 当天风速不影响橡胶沥青洒布效果；

④ 施工所需各类设备已进入待命状态，性能良好。

（2）施工现场的清扫。

下承层表面是否干净直接影响橡胶沥青与表层的粘结性能，因此，下承层的清扫除尘显得尤为重要。本工程采用吹尘、人工清扫、冲洗、晾晒、再吹尘等步骤，以使下承层表面干净；受污染特别严重的路段，应采用以上步骤多次循环的办法来提高清扫效果。表面晾晒至干燥状态进行施工。

（3）集料准备。

为了使集料与橡胶沥青完全紧密结合，玄武岩碎石在撒铺前应利用沥青拌和机对其进行吸尘和预加热处理，加热温度在 130 ℃左右，使其完全干燥。当天预加热的碎石应在当天使用完。

5.3　橡胶沥青以及碎石洒布

本工程采用的是多动能同步碎石封层车，装有微电脑流量计，可以较为精确地控制橡胶沥青洒布量以及碎石洒布量。严格控制橡胶沥青的洒布量在 2.4 kg/m² 左右，不能过多或过少，表面要喷洒均匀。碎石的用量为 15 kg/m² 左右，应做到满铺、不散失。对于局部碎石撒铺量不足的地方，应及时人工补足。

5.4　胶轮碾压

本工程橡胶沥青应力吸收层应采用 25 t 胶轮压路机碾压。由于橡胶沥青冷却后粘度很大，难与碎石粘结牢固，因此必须在较高温度下快速进行碾压。橡胶沥青喷洒后立即用一台胶轮压路机进行快速碾压，稍候第二台进行第二轮的碾压，一般碾压 3～4 遍即可达到较好的效果。从洒布橡胶沥青到碾压完成应在表 7 规定的时间内完成。

表 7　胶轮碾压时间

原路面温度/℃	完成碾压时间/min
40 以上	20
15～40	10

5.5　养生维护

橡胶沥青应力吸收层施工应与上层沥青混凝土面层紧密进行，中间不宜开放交通。若期间必须开放交通，须待应力吸收层施工完成 3 d 后开放，但车速不宜超过 25 km/h。摊铺沥青面层前应对橡胶沥青应力吸收层进行清扫，以清除没有粘结的松散碎石，避免影响橡胶沥青层与沥青混凝土的粘结性能。

6　质量检测

在橡胶沥青应力层的施工过程中，除了应对原材料质量加强控制外，还必须在施工过程中进行必要的检测。施工阶段的检测项目包括橡胶沥青洒布量、集料洒布量、刹车试验（试铺段）、外观检查。检测方法及技术要求应满足表8规定。

表8　检测方法及技术要求

项目	检查频率	质量要求或允许误差	试验方法
橡胶沥青177 ℃粘度/(Pa·s)	每生产一批检查一次	1.5～4.0	旋转粘度计
橡胶沥青用量	每半天1次	设计量±0.2 kg/m²	称定面积收取橡胶沥青量
集料用量	每半天1次	在规定范围内	用集料总量与洒布面积算得
刹车试验	1处/2 000 m²（仅试铺段做刹车试验）	沥青层不破裂	7 d后用BZZ—60标准汽车以50 km/h车速急刹
外观检查	随时全面	外观均匀一致,用硬物刮开观察时,其与基层表面牢固粘结,不起皮,无油包和基层外露等现象	

7　结束语

常熟市海虞北路延伸段改建工程已施工结束并通车,目前沥青路面表面尚未发现任何反射裂缝。橡胶沥青应力吸收层的应用原理先进,能较好地解决废旧轮胎的利用问题,还可以较好地解决复合式路面在使用过程中存在的反射裂缝问题,能有效地提高路面铺装层使用性能和使用寿命。橡胶应力吸收层在预防下承层应力反射,预防路面裂缝,变废为宝等方面具有较高使用价值和社会价值,值得大力推广应用。

参考文献

[1] 中华人民共和国交通部. JTG F40—2004　公路沥青路面施工技术规范. 北京:人民交通出版社,2004.

[2] 王旭东,李美江,路凯冀. 橡胶沥青及混凝土应用成套技术. 北京:人民交通出版社,2008.

[3] 黄睿,李丹. 复合式路面反射裂缝防治技术的探讨. 交通标准化,2006(5).

柔性挡墙在膨胀土边坡中的应用

胡文海　朱　强　娄述辉

（江苏省镇江市路桥工程总公司 镇江 212017）

摘　要　本文针对膨胀土路堑边坡的特点，结合广西隆百高速公路 K154＋540～K154＋760 段边坡处理施工，对膨胀土柔性边坡挡墙设计原理、施工技术以及施工中的质量控制进行探讨。

关键词　膨胀土　路堑　边坡　挡墙　土工格栅

1　工程概况

隆林至百色高速公路是广西公路建设总体规划中贺州至隆林高速公路的重要组成部分。该项目北接河池至百色高速公路，向东延伸至南宁至百色高速公路，南接百色至罗村口高速公路。该项目采用高速公路技术标准，设计速度为 100 km/h，双向四车道，路基宽度为 26.00 m，桥梁汽车荷载等级采用公路—Ⅰ级。该路线全长 177 km，在穿越广西宁明盆地边缘时，遇到第三系始新统那读组（Ny）粘土岩及其风化残积形成的厚层粘土，普遍具有膨胀性。根据现场取样的特征及工程勘察的资料表明：在挖方边坡剖面上分布有两层膨胀土，第一层为灰白色高含水量的膨胀土，具有中等的膨胀性，第二层为灰黑色弱膨胀泥岩。膨胀土是一种高塑性粘土，一般承载力较高，具有吸水膨胀、失水收缩和反复胀缩变形、浸水承载力衰减、干缩裂隙发育等特性，性质极不稳定。在这种地区修建公路，常出现公路路基开裂、边坡滑坡、失稳等一系列质量问题或事故.

膨胀土边坡失稳是膨胀土地区一种最常见的斜坡变形现象，无论是膨胀土自然斜坡还是人工开挖的边坡，失稳现象都十分普遍，常常形成区域性灾害，而且具有反复性和长期潜在的危害性，修复极为困难。因此，膨胀土边坡的稳定问题已是岩土工程中迫切需要解决的难题之一。以前治理这种路堑"肿胀症"，一般采用放缓边坡处理或砌筑片石、混凝土预制块护坡或砌筑片石挡墙。但从现有工程路堑坡度的调查结果看，膨胀土边坡失稳不一定在边坡较陡的区段发生，坡度比为 1：2～1：3 的边坡也出现不稳定的情形，特别是在有软弱夹层时，边坡缓为 1：5～1：8 时也不一定完全稳定。因此，放缓边坡并非解决膨胀土路堑边坡稳定的良策，甚至作用不大，反而损失还会持续发生。本文以"土工格栅柔性挡墙"的方案处理施工隆百高速公路 K154＋540～K154＋760 段坍塌路堑边坡为例，探讨适合膨胀土路堑边坡处治的防护施工方案、工艺及效果。

2　膨胀土边坡失稳的主要特点

与其他土质的滑坡相比，膨胀土边坡的失稳形式有其特殊的规律。根据对国内外膨胀

土开挖边坡滑动现象的分析,可以将其最基本的特征和共同规律归纳如下:

(1) 亲水性:膨胀土成分中含有较多亲水性强的蒙脱石(微晶高岭土)、伊利石(水云母)、硫化铁等膨胀性物质,土的细颗粒含量较高,具有明显的湿胀干缩效应。

(2) 浅层性:发育深度同裂隙发育深度及大气风化影响深度基本一致,通常小于 6 m。

(3) 逐级牵引性:先在坡脚局部破坏,然后向上牵引发展,形成多层次滑动面。

(4) 缓坡滑动:边坡的稳定坡角比一般土质的边坡缓。

(5) 季节性:边坡失稳绝大多数发生雨季,降雨是主要的外部诱发因素。

(6) 开挖后具有较长的稳定时间:很多膨胀土边坡稳定数年后才失稳。

上述特点表明膨胀土边坡的设计方法不能简单采用一般土质边坡的设计方法,而需要探索适合其特点的防护措施。

3 膨胀土边坡柔性挡墙

3.1 膨胀土路堑柔性边坡挡墙设计原理

根据上述分析,对膨胀土路堑边坡的防护包括以下两点:一是预防含水量的变化可能产生的边坡变形破坏;二是对已产生变形破坏的边坡进行治理。因此,边坡防护措施应根据膨胀土的工程特性、堑边坡稳定性进行选择。膨胀土路堑柔性边坡挡墙就是基于此原则提出的。土工格栅柔性支护方案右侧横断面如图 1 所示。

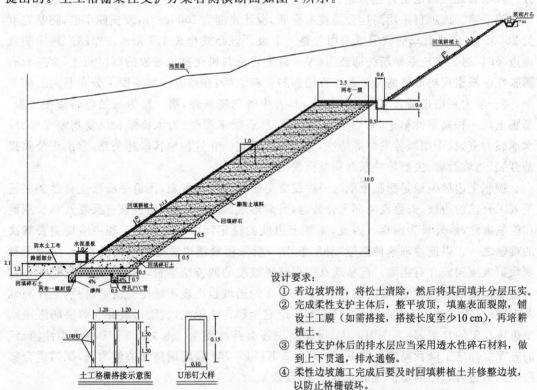

设计要求:
① 若边坡坍滑,将松土清除,然后将其回填并分层压实。
② 完成柔性支护主体后,整平坡顶,填塞表面裂隙,铺设土工膜(如需搭接,搭接长度至少10 cm),再培耕植土。
③ 柔性支护体后的排水层应当采用透水性碎石材料,做到上下贯通,排水通畅。
④ 柔性边坡施工完成后要及时回填耕植土并修整边坡,以防止格栅破坏。
⑤ 截水沟的布设按边坡的实际地形情况确定。

图 1　土工格栅柔性支护方案右侧横断面示意

柔性边坡挡墙处置技术是利用"土工格栅"的塑料工程材料,将公路边坡表层"包"起来,充分利用土工网格的抗拉强度、土与网格的相互咬合摩擦作用来控制路基塌陷的技术。

（1）柔性边坡挡墙利用土工格栅的伸拉力,在土中铺设网格来吸收部分土体因干燥失水收缩产生的收缩应力,抑制边坡土体开裂的宽度和深度,防止坡面产生严重开裂,切断外界环境水分入浸通道,从而保持边坡土体天然含水量状态的相对稳定。

（2）土中加网格可抑制因水分进入坡面而引起的膨胀土体膨胀、松散,提高路基表面土体的整体性和抗剪强度,保证边坡表面土体雨季饱水后不因强度降低过多、自重过大而失稳。

3.2 柔性挡墙施工技术及施工步骤

柔性挡墙的施工流程如图 2 所示。

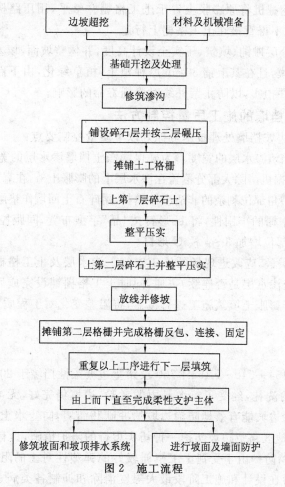

图 2　施工流程

（1）施工准备。主要配套机械设备有:挖掘机 2 台,25 t 压路机 1 台,自卸车 4~6 辆,平地机及推土机各 1 台,现场技术负责人 1 名,施工人员 8~10 人。施工必须在雨季来临之前结束,并且各工序衔接紧凑,整个工程一气呵成。

（2）对边坡进行清方,对未滑塌区域按设计挡墙宽度开挖,滑塌区清至边坡滑塌松方与未滑塌边界,基底应挖成向坡内倾斜的斜面,倾斜比约为 4％。挖除的土方放于附近,以备柔性支护回填使用。

（3）挡墙基础开挖及纵向渗沟设置:渗沟底、侧面铺防水两布一膜,渗沟底部布置纵向 ϕ10 有孔 PVC 渗管作为纵向排水通道,回填 2~4 cm 碎石。渗沟纵坡为 1％,保证水流畅通。

（4）修筑坡顶截水沟，要求沟底平整，水流通畅，沟底纵坡不小于0.5%。

（5）土工格栅按"柔性支护体宽度＋反包宽度"裁剪，在按设计修整后的边坡线上反包，并利用土工连接棒与上一层土工格栅在预留反包格栅1.5 m处搭接串联，沿垂直路中线方向采用张具拉紧并产生1%～2%伸长率，并立即用"U"形钉将格栅固定在土层上，以提高挡墙的整体性和推箍作用。为保证格栅的整体性，施工时相邻的两幅格栅需搭接5 cm。

（6）由下而上利用人工或机械按宽50 cm分层将碎石填筑于加筋尾部与超挖坡面之间，形成排水层。

（7）用装载机或挖掘机将原膨胀土置于土工格栅并整平，用压路机碾压至规定压实度（85%），注意施工机械不得直接在土工格栅上行走。

（8）按上面步骤分层摊铺、填筑、压实至设计高度，并休整坡面，填塞裂隙。在回填膨胀土边坡顶部铺设土工膜，且在其上铺30 cm厚种植土，植草绿化，由下而上在反包边坡表面培植30 cm非膨胀土并拍实，以防止紫外线对格栅寿命的影响。

3.3 柔性边坡挡墙的施工质量控制方法

膨胀土路堑柔性边坡挡墙处理技术应抓好以下质量控制要点：

（1）确保膨胀土挡墙渗水层的宽度。为确保膨胀土挡墙渗水层的宽度，本施工路段在施工过程中，除用大型挖掘机清除大部分覆盖在渗水层上的膨胀土外，在靠近渗水层位置改用小型挖掘机和人工清除边角部位剩余的非适应性填料，用碎石土回填作垫层并设隔水层。

（2）为加强土工格栅的牢固性，将U形钉按"品"字型布置，间距控制在80 cm内，同时在两块土工格栅搭接部位增加3～4枚U形钉。

（3）为保证施工质量，应改进现场的施工安排。渗水层及土工格栅铺设尽量安排白天施工，以便更清楚检查渗水层是否连续、贯通，同时土工格栅铺设完成后当温度降低时可增加收缩张力，晚上安排膨胀土填筑施工进行覆盖，将温差变化对工程质量的影响减至最小。

4 结束语

隆百高速公路K154＋540～K154＋760段路堑边坡柔性挡墙于2010年3月上旬完工，历经了2010年雨季的洗礼，经受了特大暴雨的考验，边坡仍完好，无冲刷和溜坍现象。可见，利用柔性挡墙处治边坡能有效地防治边坡的冲刷和溜坍，防止水土流失，使防护边坡稳定美观。它是膨胀土地区路堑边坡防护一种切实可行的防护措施，具有以下优势：

（1）柔性边坡挡墙防护由于受到土工格栅较好的弹塑性对土的阻尼作用，能够消除膨胀土胀缩力的影响，可在设计和施工阶段最大限度消除和抑制各类病害，防患于未然，减少运营期的维修成本。

（2）与一般的浆砌片石或浆砌混凝土预制块护坡相比，该方法具有易掌握、易操作、工期短、效果好的特点，而且清理出来的膨胀土还能被充分利用。

参考文献

[1] 张敏.现行道路与桥梁工程实用技术与标准规范大全(第三卷).长春:长春出版社,1999.

[2] 刘特洪.工程建设中的膨胀土问题.北京:中国建筑工业出版社,1997.

[3] 廖济川,陶太江.膨胀土的工程特性对开挖边坡稳定性的影响.工程勘察,1999(4).

沥青混凝土路面预防性养护策略

杜海云

（江苏省镇江市路桥工程总公司 镇江 212017）

摘　要　适时的预防性养护不仅可以延长路面结构寿命,节省养护费用,还可以提升路面在其寿命周期内使用性能。本文介绍了选择预防性养护对策的基本原则,结合我国公路防护管理的实际情况提出了沥青混凝土路面预防性养护路况的标准,并归纳了沥青混凝土路面预防性养护的措施。

关键词　沥青路面　预防性养护　养护措施

改革开放以来,我国高速公路建设迅猛发展。2010 年底,我国高速公路通车将近 7.4 万公里总里程,居世界第二位。在我国已有的高速公路中,沥青混凝土路面占有很大比重,以后的趋势也将会如此。但由于多方面的原因,许多高速公路沥青混凝土路面在使用 6～8 年后会出现早期破损的现象,需要对其进行大面积的维修。为了延长公路的使用寿命,减少资产损失,保持高速公路服务水平,有必要针对路面早期损坏的现象采取预防性养护措施。

1　沥青路面预防性养护原则

路面预防性养护主要有两个观点:

(1) 使状态良好的道路系统保持更长时间,延缓未来的破坏,在不增加结构承载能力的前提下改善系统的功能状况。

(2) 在适当时间使用适当的措施对路面进行养护。沥青路面预防性养护的核心是采用最佳的成本效益达到最好的养护措施,强调养护管理的计划性。

根据这一定义,路面预防性养护在实施中应遵循以下原则:

(1) 所采取的措施是在路面使用性能没有失效的情况下进行的;

(2) 所采取的措施应具有良好的费用效益比;

(3) 措施选择的时机应与特定的路面状况紧密结合;

(4) 预防性养护措施应该有计划性、周期性的实施。

2　公路沥青混凝土路面性能评价内容

2.1　公路沥青混凝土路面养护技术规范

我国《公路沥青路面养护技术规范》以路面破损、平整度、结构强度及抗滑性作为路面使用质量性能的评价内容,但这种评价体系并不适于预防性养护。在此公路养护技术规范中明确指出,管理部门可根据公路等级、交通量、分项路况等评价结果,结合养护资金情况采取维修养护对策,但是它所提及的维修养护对策并不包括预防性养护对策。

2.2 沥青公路养护质量检评方法

2002 年,交通部发布了《高速公路养护质量检评方法》,在此规定中路面现有使用质量评价同样将路面破损、平整度、结构强度及抗滑性能作为评价内容。虽然该检评方法是针对高速公路的,但是它并没有详细说明养护对策的选择方法。总之,我国现行两个有关高速公路沥青混凝土路面养护的标准,其路面性能评价指标和养护对策不适用于预防性养护。

3 常用的预防性养护措施

就高速公路沥青混凝土路面而言,目前常用的预防性养护技术包括表面封层、裂缝填封和薄层罩面等类型。

3.1 填(灌)缝、封缝

填(灌)缝、封缝采用密封材料充填路面的裂缝,防止水和杂物进入路面内部,保护基层,延缓路面损坏。填(灌)缝、封缝应用的最佳时机应在路面很少或者没有出现结构性裂缝之前。只有当路面裂缝范围较小、程度较轻时,应用此类措施才是经济有效的。如果路面出现大量的疲劳裂缝,填(灌)缝将不再是一种经济有效的预防性养护措施。

3.2 雾封层

雾封层是直接将乳化沥青(无集料)喷洒在路面的一种预防性养护措施。这一养护措施的主要作用是防水、封闭微裂缝、稳定松散的集料、补充沥青粘接料,对于老化的沥青混凝土路面、升级配沥青混凝土路面和碎石封层路面的效果尤为明显。适宜采用雾封层措施的主要是中等程度纵横向裂缝、松散以及沥青老化、硬化严重的路面;有明显疲劳裂缝的路面、泛油路面、温缩裂缝比较严重的路面和抗滑性能差的路面不适宜采用雾封层养护。

3.3 稀浆封层

稀浆封层是一种将乳化沥青、集料、水和特殊添加剂按合理配比拌和并均匀摊铺到路面上的一种预防性养护措施,它可有效地封闭路面的轻度裂缝,防止水分渗入路面内,提高路面的抗滑性能。适于采用稀浆封层方法的是轻度纵横向裂缝和块裂,以及磨耗严重或松散、老化、缺乏摩擦系数、渗水的路面和车辙发展已稳定且车辙不严重的路面;路面出现明显的疲劳裂缝或车辙较深、温度裂缝严重、炎热地区的泛油路不适宜采用稀浆封层养护。

3.4 微表处

微表处是将聚合物改性乳化沥青、集料、矿粉、水和添加剂按一定比例拌和后迅速摊铺到路面上的一种预防性养护措施,它可以防止路面松散、延缓路面老化、提高路面抗滑性、弥补路面微小的缺陷。它还有一个特殊的功能,即可用于车辙填补。这一技术方法主要适用于轻度纵横向裂缝、轻度或中度泛油、磨耗及松散、缺乏摩擦系数、轻度不平整、渗水、疲劳裂缝轻微的路面以及车辙稳定的路面;疲劳裂缝严重、损坏严重、剩余寿命短、温缩裂缝严重的路面和炎热地区的泛油路面均不适于采用稀浆封层养护。

3.5 热沥青混合料薄层罩面

热沥青混合料薄层罩面将厂拌热沥青混凝土摊铺到路面上形成一层厚为 19～38 mm

的薄沥青混凝土面层,它可以保护路面结构,延缓路面损坏,修正路面的大部分缺陷,提高路面的平整度或行驶质量,改善路面的抗滑能力和外观。一些路面轻度纵横向裂缝、轻度泛油、不平整、磨耗及松散、缺乏摩擦系数、轻度块裂的路面以及车辙稳定的路面都适合采用薄层罩面这一方法;而当路面出现结构损坏(疲劳裂缝)、路面损坏严重、剩余寿命短和温度裂缝严重的路面不适于采用薄层罩面进行养护。

3.6 超薄磨耗层

超薄磨耗层是指在路面洒布一层高含量聚合物改性乳化沥青,然后摊铺由断级配和聚合物改性沥青组成的热沥青混合料面层,磨耗层厚度为 10～20 mm。这一技术方法适用于纵横向裂缝和轻度块裂、磨耗及松散、抗滑性能严重不足、轻度不平整的路面以及轻度泛油的路面;车辙较深、有明显疲劳裂缝、路面损坏严重、剩余寿命短和有大量温缩裂缝的路面应避免使用超薄磨耗层。

4 抓住预防性养护最佳时机

预防性养护的最佳时机应是沥青路面尚处于良好状况,或只有某些病害先兆。预防性养护就是经过检测在道路病害出现之前有针对性地对路面预先养护处理,防止病害的进一步扩展,以减缓路面使用性能的恶化速率,延长路面使用寿命。公路的路况和使用寿命存在一定的规律,掌握这一规律将有助于准确地对公路进行养护,充分发挥公路的社会效益。由于预防性养护通常用于路况较好的路面,这给预防性养护应用时机的识别带来了一定困难。预防性养护就是未雨绸缪,当沥青路面尚处于良好状况时就应该考虑到小修计划,当沥青路面只有某些病害先兆时应马上进行防御性处理。一定要做到有计划、有步骤地采取早期预防性防护措施,这样就可在很大程度上改善路用性能,防止过早出现病害,延长路面使用寿命并节约养护成本。

5 结束语

沥青路面使用寿命一般为15～20年,及时、科学地早期预防性养护,可以延长沥青路面的使用寿命,产生较大的社会效益和经济效益。因此,应高度重视日常小修保养,按照"及时、及早、补好、补彻底"的原则积极做好预防养护,在组织实施过程中不断总结经验,提高工艺控制水平,以实现公路养护发展的良性循环。公路养护管理机构要树立"建设是发展,养护也是发展,养护也是建设"的理念,在今后的养护管理工作中进一步结合地方实际,不断总结提高,形成一套行之有效的预防性养护办法,进而推广实施。

参考文献

[1] 沙庆林.高速公路沥青路面早期破坏现象及预防.北京:人民交通出版社,2001.

[2] 曹东伟,胡长顺.旧水泥混凝土路面沥青加铺层力学分析.西安公路交通大学学报,2001,21(1).

[3] 周志刚.交通荷载下沥青类路面疲劳损伤断裂研究.长沙:中南大学,2003.

[4] 郭忠印,李立寒.沥青路面施工与养护技术.北京:人民交通出版社,2003.

[5] 董瑞琨,孙立军,彭勇.路面预防性养护时机确定方法探讨.中国安全科学学报,2004,14(3):31-35

水泥稳定碎石基层振动成型法施工技术

戴超民

（江苏省镇江市路桥工程总公司 镇江 212017）

摘　要　黄衢南高速公路 B10 标工程路面基层采用了振动成型压实工艺，并取得了较好的效果。本文结合工程实践，介绍了水泥稳定碎石基层振动成型施工各技术参数的选取和施工工艺的控制。

关键词　水稳碎石　振动成型　压实度　抗裂　强度

1　现　状

半刚性基层材料的应用和研究在近几年取得了丰硕的成果，但是依然没有达到完善的程度。半刚性基层路面在工程施工中出现的主要问题表现为存在收缩裂缝、渗水后唧浆现象，尤其在结构组合设计不合理或者半刚性基层自身存在质量问题时会发生结构性破坏。

1.1　室内成型方式与现场碾压方式不匹配

室内试验若能准确有效地预测和控制现场施工质量，则成型方式应尽可能模拟基层施工条件，只有这样才能使室内成果与实际施工效果具有可比性。如今施工现场大量使用震动压路机和轮胎压路机，而室内却采用重型击实法确定最佳含水量以及最大干密度，用静压法试件强度作为设计标准控制水泥剂量。

1.2　质量控制指标单一

《公路路面表层施工技术规范》对混合料路用性能要求相对简单。除原材料性质以外，混合料只要达到 7 d 龄期的饱水无侧限抗压强度即可，没有对混合料抗裂能力制定标准试验方法和评价指标。这使人们在设计或者施工时只注重提高强度，造成片面的强度过大而抗裂能力差等负面影响。

1.3　压实度标准偏低

压实度达到较高的标准对水泥稳定碎石混合料强度、抗裂能力以及抗疲劳能力的提高具有显著作用。压实度的增加可以大幅度提高半刚性材料强度，并可显著提高混合料的抗裂能力；另一方面，提高压实度可以大大减少水泥碎石混合料中的微裂隙，从而提高混合料的抗疲劳能力。如今施工压实设备在性能和压实功能上比 20 年前已经有了质的飞跃，旧标准已经阻碍了科技的进步以及生产的发展，挫伤了承包商对使用新工艺、新设备的积极性。

1.4　规范规定的级配范围太宽，难以保证工程质量

《公路路面表层施工技术规范》规定的混合料级配范围太宽，在此范围内，不同级配混合料的力学性能有很大差异。因此，即使不同级配的水泥碎石混合料的各种力学指标全部

满足规范要求,也很难说这些混合料具有良好的抗裂性能。

2 原材料质量控制

2.1 水泥

水稳碎石结构层对原材料的要求较高,水泥作为唯一的一种稳定剂,其质量尤为重要。为保证水稳碎石混合料有足够的时间用于运输、摊铺及碾压,要求选用初凝时间大于 3 h,终凝时间大于 6 h 的普通硅酸盐水泥。本工程采用的是浙江江山红火水泥厂生产的虎球牌普通硅酸盐散装 P.O32.5 级水泥。经检验各项指标均满足规范要求,并确保水泥在入罐前已出炉 7 d,其安定性符合规范及设计要求。水泥检验结果见表 1。

表 1 水泥技术指标

项 目		要求	测定结果
细度		≤10	1.6
凝结时间/min	初凝	>180	266
	终凝	>360	376
安定性		合格	合格
抗折强度/MPa	3 d		4.4
	28 d		7.5
抗压强度/MPa	3 d		22.2
	28 d		41.0

2.2 集料

规范规定集料最大粒径不宜大于 37.5 mm。粒径过大,对拌和站、摊铺机的损害性也越大,混合料越易离析。在欧美等国家,一般把最大粒径限制在 19～20 mm,但最大粒径愈小,石料的加工量愈大。高速公路对结构层的使用性能要求较高,必须采用最大粒径较小的集料,以利于机械施工。本项目部根据 0～2.36 mm,2.36～4.75 mm,4.75～13.2 mm,13.2～31.5 mm 4 种规格按比例掺配使用,筛分检测结果见表 2。集料技术检测指标符合技术要求见表 3。

表 2 集料筛分检测结果

通过筛孔的质量百分比/% ＼ 筛孔规格/mm 材料规格/mm	31.5	26.5	19	9.5	4.75	2.36	0.6	0.075
13.2～31.5	100	97.4	45.2	1.2	0.7	0.5	0.1	0.4
4.75～13.2	100	100	100	60.4	5.4	1.0	0.6	3.9
2.36～4.75	100	100	100	100	50.0	14.2	7.2	3.9
0～2.36	100	100	100	100	99.2	76.2	33.0	4.8

表3　集料技术指标检测结果

技术指标	针片状/%	压碎值/%	液限/%	塑性指数
浙江省地方标准	<25	≤25	<28	<9
13.2~31.5 mm	8.1	—	—	—
4.75~13.2 mm	9.6	15.6	—	—
2.36~4.75 mm	—	—	—	—
0~2.36 mm	—	—	17.1	1.3

3　振动成型法的水泥稳定碎石配合比优化设计

3.1　振动成型压实机结构

振动成型压路机基本按照振动压路机的结构模型进行设计,其压实系统在结构上分为上下两部分,下车系统提供激振力和部分静面压力,上车系统提供另外一部分静面压力,振动成型压实机的上下车重量按照下车与整车之比为0.6进行设计。利用减震器联结上下车系统,采用振动压实平板夯所用的减震器,使上车系统模拟振动压路机的机架对振动轮具有束缚作用,同时通过上车的束缚作用使下车有规律地振动。振幅的影响因素主要是下车系统,而压实的静重通过上下车的共同重量实现,因此这种设计可以减小静面压力和振幅的相关性,实现静面压力和振幅的单因素可调。通过添加配重块可实现上下车重量的调整。

3.2　振动参数范围

(1) 振动频率。

根据振动压实理论,每一种材料都有不同的自振频率,激振频率与自振频率一致时可达到最好的压实效果。振动压路机设计频率一般比被压材料的自振频率的变化范围大一些。目前市场上用于压实的大中型振动压路机的振动频率的范围是:压实路基为25~30 Hz,压实底基层为25~40 Hz,压实粒状材料和结合料的稳定基层为33~55 Hz。此外,从常用的振动压路机的参数来看,压路机的常用振动频率为30 Hz,35 Hz,40 Hz等,最大为48 Hz。因此,振动设备的振动频率应实现50 Hz内可调。

(2) 振幅。

振幅直接影响压实深度。对于同样的振动质量及振动频率,提高振幅可以增加压实效果的影响深度,但振幅过高会对减震带来困难。根据长期试验及施工经验,结合施工要求及压实对象,振动压路机振幅选择如下:压实路基为1.4~2.0 mm,压实底基层为0.8~2.0 mm,压实粒状料和结合料的稳定基层取振幅为0.4~0.8 mm。振动压路机常用振幅有1.7 mm,0.8 mm,0.4 mm等。为模拟常用振动压路机的振幅,振动成型压实机的振幅设计的可变范围为0~2.5 mm。

(3) 激振力范围。

激振力是影响压实效果的主要参数之一。根据确定的静面压力、振幅和频率范围可确定激振力范围。激振力公式为

$$F = m\omega^2 A$$

式中：m——下车系统质量；

$\quad\quad\omega$——角频率；

$\quad\quad A$——振幅。

（4）振动压实时间范围。

振动压实过程中，被压材料颗粒由静止的初压状态到运动状态是一个渐变过程，它与振动压路机的振动轮的线荷载有关。线荷载越大，所需时间越短。如果压实时间过长，则必然会导致混合料内部分层，因此存在一个最佳压实时间。在振动开始时混合料稀释，其性质近似于液体或半干状材料，振动终了时各颗粒间的粘结力被恢复。因此具有较大质量的颗粒在振动时将得到较大的惯性力，首先脱离相邻的粒料向下运动。如果含有不同大小颗粒的材料长时间进行振动，则有可能出现分层现象。振动时间应定在材料具有最大密度和大颗粒间的空隙被小颗粒填满时结束。

研究所用振动压实成型机械时间范围确定为 0～15 min。

3.3 水泥稳定碎石混合料振动压实参数的确定

根据天津市政工程研究院周卫峰博士《半刚性基层抗裂技术研究》的研究成果，确定本项目水泥稳定碎石混合料振动成型参数如下：振动频率为 30 Hz，偏心块夹角为 30°，激振力为 7 612 N，静面压力为 140 kPa，振幅为 1.4 mm，振动总时间为 2 min。根据水泥稳定碎石的矿料级配范围确定各档料比例为 0～2.36 mm：2.36～4.75 mm：4.75～13.2 mm：13.2～31.5 mm=23：10：27：40。

用 3.5％,4.0％,4.5％ 3 个水泥用量、不同的含水量进行振动成型法和击实试验，确定两种混合料的最佳含水量及最大干密度。按规定压实度分别计算不同水泥剂量的试件干密度，按最佳含水量和计算得到的干密度制备试件进行强度试验。试件在标准条件下保湿养生 6 d，浸水 24 h，测得 3.5％,4.0％,4.5％ 不同水泥剂量平均抗压强度。试验结果见表 4。

表 4　抗压强度

水泥剂量		3.5：100	4.0：100	4.5：100
静压法	平均抗压强度/MPa	4.4	4.9	5.3
	偏差系数 Cv/％	4.09	7.35	12.26
	Rc0.95/MPa	4.1	4.3	4.2
振动成型法	平均抗压强度/MPa	6.4	6.9	7.4
	偏差系数 Cv/％	10.16	8.99	5.14
	Rc0.95/MPa	5.3	5.9	6.8

根据以上试验结果，水泥剂量 3.5％,4.0％,4.5％ 的平均抗压强度大于规范要求的设计强度，符合设计要求。

3.4 生产配合比确定

各档料比例为 0～2.36 mm：2.36～4.75 mm：4.75～13.2 mm：13.2～31.5 mm=23：10：27：40，水泥剂量采用 4.0％。根据施工现场情况调整配比，由于它是集中厂拌法，水泥剂量增加 0.5％，含水量增加 0.5％，最大干密度为 2.44 g/cm³，施工中压实度按

98%控制。施工时混合料从搅拌到碾压控制在 2 h 内。

4 振动成型法的水泥稳定碎石施工方法

4.1 混合料配合比的控制方法

集料采用四都石矿供应的石料,划分为 0.075～2.36 mm,2.36～4.75 mm,4.75～13.2 mm,13.2～31.5 mm 四档,各档材料分开堆放,各储料仓采用分隔墙分隔,其压碎值、针片状含量、含泥量等指标均符合规范要求。水泥采用浙江江山红火集团虎球牌普通硅酸盐水泥(32.5♯),经检验,初凝时间 4 h 35 min,终凝时间为 6 h 30 min,其他各项技术指标也均符合要求,见表 5。

表 5   试验室配合比

集料规格	0.075～2.36 mm	2.36～4.75 mm	4.75～13.2 mm	13.2～31.5 mm	含水量/%	水泥(外掺)
所占比例/%	23	10	27	40	5.0	4.0

根据施工当天各档石料的含水量,0.075～2.36 mm 的含水量为 3.9%,2.36～4.75mm 的含水量 2.6%,其余两档石料的含水量为 0%,经计算调整配合比见表 6。

表 6   调整配合比

集料规格	0.075～2.36 mm	2.36～4.75 mm	4.75～13.2 mm	13.2～31.5 mm	含水量(%)	水泥(外掺)
所占比例/%	23.6	10.2	26.7	39.5	3.8+0.5	4.0

根据施工当天的天气情况,为在混合料水分蒸发后仍能保证施工过程中的混合料含水量,实际施工含水量应比配合比所设计的提高 0.5%,即含水量达到 4.3%,水泥剂量为 4.0%(外掺法)。

4.2 混合料摊铺方法和适用机具

(1)摊铺机摊铺速度的确定。

在主线施工中,一台拌和楼的生产能力为 500 t/h,故应将摊铺机摊铺速度控制为 1.5 m/min 控制,通过实际试铺,证明这个速度能满足要求。

(2)摊铺机熨平板振动、振捣频率的确定。

根据以往摊铺经验并考虑摊铺机的振动对纵坡仪的影响,此次试铺摊铺机熨平板的振动频率为 3 级。经外观分析,这个组合是合理的,能保证摊铺后的混合料初始密实度达到 85% 以上。

(3)碾压的组合方式及碾压速度。

方案 A

初压:1 台徐工 220 振动压路机静压 2 遍。

复压:2 台徐工 220 振动压路机弱振 2 遍。
      2 台徐工 220 振动压路机强振 3 遍。

终压:1 台 xp261 胶轮压路机静压 1 遍。

方案 B

初压:1 台徐工 220 振动压路机静压 2 遍。

复压:2 台徐工 220 振动压路机弱振 3 遍。

2 台徐工 220 振动压路机强振 3 遍。

终压：1 台 xp261 胶轮压路机静压 1 遍。

通过试铺验证,试铺方案中制定的碾压方式是合理的、可行的。在试验段的压实度检测过程中,应对不同的压实遍数分别进行检测:碾压 6 遍时压实度不能满足要求,碾压 7 遍时多数不能满足要求,碾压遍数达到 8 遍即可达到压实度要求。通过对方案 A 和方案 B 两种碾压方式的结果进行对比,发现方案 A 与方案 B 主要是碾压遍数上的区别。通过压实度试验检测:方案 A 的压实度为 98.9,方案 B 的压实度为 99.4,方案 B 压实度没有显著增加,方案 A 已经能满足压实度要求,所以在以后基层的正式施工中将采用试铺时的方案 A 碾压组合方式。

4.3 压路机每一碾压段落长度的确定

根据试铺段施工中摊铺速度(1.5 m/min),30～40 min 可铺 50～60 m,考虑到从拌和到压实终了控制在 2 h 内,则从摊铺到碾压终了应控制在 1 h 左右,摊铺约 40 min 后必须碾压。当然也可提前一些时间,但如果碾压段过短,接头则会增多,这将不利于平整度的控制和机械施工安排,造成场面混乱。综合现场的碾压情况及成型后平整度的检测结果,本项目在正式的施工中压路机碾压段落长度控制在 50～60 m,这样既保证在水泥初凝前碾压成型,又能提高平整度。

4.4 养生方法及措施的确定

此次试铺段的施工中,可采用覆盖浸湿土工布加洒水的方法进行养生。具体的做法为:待基层碾压成型及各项指标检测合格后,应立即在基层上覆盖浸湿土工布,并在初凝后将土工布洒透水,使基层表面全部保持湿润,这样保持养生 7 d 即能保证基层强度迅速增长至设计强度。

4.5 混合料拌和到碾压成型后的总时间确定

在此次试铺段的施工中,运输距离在 1 km 内,从混合料拌和到碾压成型后的时间为 60 min 左右。根据料场的位置情况,在以后正式施工时运输距离不会超过 10 km,照此计算运输和等待时间也能控制在 40 min 内。最远距离正常施工也能确保从混合料拌和到碾压成型总用时不超出 2 h 及水泥初凝时间。

4.6 注意事项

(1)应注意原材料特别是水泥的质量。选择作业段长度时应综合考虑水泥初凝和终凝时间,延迟时间对混合料密实度、强度都有一定影响。

(2)合理布置作业面,尽量减少接缝,避免机械来回转移。

(3)设专人负责边角处压实度,掌握压路机操作手操作水平,合理安排碾压工艺。

(4)注意合理配置施工机械和运输车辆,应综合考虑拌和能力、摊铺能力、运输能力、行走路线、便道情况等因素。

(5)注意养生处理,应保证成品路段处于潮湿状态,在养生期间封闭交通。

5 阶段小结

(1)根据现有工程检测结果,采用振动压实成型的设计方法更能模拟现场压实方式,水泥稳定碎石混凝土设计时采用此方法是成功的。

（2）采用振动成型方式设计的水泥稳定碎石材料级配与传统设计相比，可在不增加水泥的情况下显著提高无侧限抗压强度，从而大幅提高材料抗裂能力。

（3）采用振动成型方式设计的水泥稳定碎石混凝土，其无侧限抗压强度更加接近现场芯样强度，试验方法比传统试验方法更加好。

（4）与静压法不同，振动成型方式设计的水泥稳定碎石混合料能实现同时增加强度、抗裂能力的最优效果。振动成型方式设计的水泥稳定碎石混合料达到了抗裂能力最佳、水泥剂量少、强度合格及工程造价降低的最佳效果。

参考文献

[1] 中华人民共和国交通部. JTJ 034—2000 公路路面基层施工技术规范. 北京：人民交通出版社，2000.

[2] 中华人民共和国交通部. JTG E42—2005 公路工程集料试验规程. 北京：人民交通出版社，2006.

[3] 中华人民共和国交通部. JTJ 057—94 公路工程无机结合料稳定材料试验规程. 北京：人民交通出版社，2009.

[4] 中华人民共和国交通部. JTG E40—2007 公路土工试验规程. 北京：人民交通出版社，2007.

[5] 中华人民共和国交通部. JTG E30—2005 公路工程水泥及水泥混凝土试验规程. 北京：电子工业出版社，2005.

软基处理的施工工艺与检测方法

钱 华

（江苏省镇江市路桥工程总公司 镇江 212017）

摘 要 本文结合宁连公路北段高速化完善工程,介绍了粉喷桩施工原理及其对地基处理的重要性,探讨了粉喷桩处理公路软土地基的施工工艺与检测方法,介绍了粉喷桩施工注意事项。

关键词 公路 软土地基 粉喷桩 施工工艺 检测方法

宁连公路北段高速化完善工程在连云港市境内有13座跨线桥位于软土地基路段,其土层状态基本是表层为1~3 m厚硬塑层,其下为8~10 m的厚软、流塑层,再下面为硬塑层（或基岩）,采用粉喷桩处理软土地基,即以水泥作为固化剂,利用深层搅拌机械将水泥与原位软土进行强制搅拌、压缩,并吸收周围水分,经过一系列物理化学作用生成一种特殊的具有较高强度、较好变形特征和水稳性的混合柱状体。这对提高软土地基承载能力、减少地基的沉降量及保证桥头高填土路基稳定性具有明显的效果。

1 设计简介

宁连公路北段高速化完善工程（以下简称"本工程"）粉喷桩设计桩径为50 cm,间距1~2 m,按梅花型布置,桩长以穿透软、流塑层进入硬塑层不少于50 cm为原则,通常为8~12 m,用于粉喷桩的水泥（425♯普通硅酸盐水泥）为干粉。根据地基含水量的大小,水泥喷入量为45~60 kg/m:含水量为40%以下时,水泥用量为45 kg/m;含水量在40%~60%时,水泥用量为50 kg/m;含水量为60%~70%时,水泥用量为55 kg/m;含水量大于70%时,水泥用量为60 kg/m。设计要求水泥土28 d无侧限抗压强度不低于1.2 MPa。

2 施工准备

（1）粉喷桩施工前应准备以下施工技术资料:施工场地的工程地质报告,土工试验报告,室内配比试验报告,粉喷桩设计桩位图,原地面高程数据表,加固深度与停灰面高程以及测量资料等。

（2）场地平整、清除障碍。若场地低洼,应回填粘性土;施工场地不能满足机械行走要求时,应铺设砂土或碎石垫层;若地表过软,则应采取措施防止机械失稳。

（3）施工机具准备,进行机械组装和试运转。

（4）应根据设计要求的配比、实测的各项施工参数并通过试桩来确定粉喷桩的施工工艺。试桩一般为5根,应通过试桩来确定钻进速度、提升速度、搅拌速度、喷气压力、单位时间喷粉量等。

(5) 粉喷桩所用的水泥(425♯普通硅酸盐水泥)应符合设计要求,并有产品合格证,经室内检验合格才能使用。严禁使用受潮、结块变质的加固料。

3 施工工艺流程

施工操作步骤为:

① 深层搅拌机械就位。

② 预搅下沉(至设计标高)。

③ 搅拌提升,同时喷干水泥粉至地面以下 0.5 m 处(设计桩顶)。

④ 在桩上部的 1/3~1/2 范围内重复搅拌一次,桩上部强度要求较高。

⑤ 重复搅拌提升,直至离地面下 0.5 m,上部回填 5%灰土(或水泥土)并压实。

⑥ 关闭搅拌机械移位至下一桩位。

4 施工注意事项

(1) 控制钻机下钻深度、喷粉高程及停灰面,确保粉喷桩长度。

(2) 严禁投入使用没有粉体计量装置的喷粉机。

(3) 定时检查粉喷桩的成桩直径及搅拌均匀程度。对使用的钻头定期复核检查,其直径磨耗量不得大于 2 cm。

(4) 当钻头提升至地面以下 0.5 m 时,喷粉机应停止喷粉。

(5) 喷粉成桩过程中若遇故障而停止喷粉,在第二次喷粉接桩时喷粉重叠长度不得小于 1 m。

(6) 粉喷桩施工时,泵送水泥必须连续,固化材料的用量以及泵送固化材料的时间应有专人记录,其用量误差不得超过 1%。

(7) 为保证搅拌机的垂直度,应检查起吊设备的平整度和导向架对地面的垂直度,每工作班检查不少于 2 次,使垂直度偏差不超过 1%。

(8) 搅拌机喷粉提升的速度和次数必须符合预定的施工工艺要求,搅拌机每次下沉或提升的时间应有专人记录,深度应达到设计要求,时间误差不得大于 5 s、施工前应丈量钻杆长度,并标上明显标志,以便掌握钻入深度,复搅深度。施工中出现问题应及时处理并作好记录。

(9) 储灰罐容量应不小于一根桩的用灰量加 50 kg,如储量不足时,不得对下一根桩开钻施工。

(10) 粉喷桩必须根据试验确定的技术参数进行施工,操作人员应如实记录压力、喷粉量、钻进速度、提升速度、钻入深度及每根桩的钻进时间等,监理人员应随时检查记录情况。

5 质量检测

(1) 粉喷桩属地下隐蔽工程,施工质量受机具、施工工艺、施工人员的责任心等多种因素的影响,因而其质量控制须贯穿于施工的全过程,并坚持全方位的施工监理。

(2) 施工过程中必须随时检查加固料用量、桩长、复搅长度及施工中有无异常情况,记录其处理方法及措施。

（3）成桩 7 d 内浅部开挖桩头，其深度宜为 0.5 m，目测检查搅拌的均匀性，测量成桩直径，检查频率为 10%。

（4）在成桩 7 d 内采用轻便触探仪检查桩的质量，触探点应在桩径方向 1/4 处，抽检频率为 2%。

（5）成桩 28 d 后在桩体上部（桩顶以下 0.5 m，1.0 m，1.5 m）分别截取 3 段桩体进行现场足尺桩身无侧限抗压强度试验，检查频率为 2‰，每一工点不少于 2 根。

（6）成桩 28 d 后，按 1‰ 频率或每一工点不少于 2 根采用钻孔取芯法对其进行终检。

（7）粉喷桩施工质量允许偏差应符合规定。

经检测并参照江苏省高速公路建设指挥部《粉喷桩施工质量的检验与评判方法》进行评分，本工程 4.2 万根粉喷桩共计 41.8 万延米均达优良级。

6 结束语

（1）粉喷桩处理高等级公路软土地基是当前最常用的方法之一，目前的粉喷桩施工队伍大多属个体私营，须对其加强管理。施工中要加强监理，实行全天候、全方位旁站，以确保施工质量。

（2）对成桩 28 d 的粉喷桩采用钻孔取芯法、动力解探法等进行检测是行之有效的，它可以通过芯样的抗压强度试验掌握桩体的强度，同时也对整个桩体进行一次全面的检查，保障了粉喷桩的施工质量。

参考文献

[1] 中华人民共和国建设部.JGJ 94—94 建筑桩基技术规范.北京:中国建筑工业出版社,1995.

[2] 常士骠.JGJ 87—92 建筑工程地质钻探技术标准.第三版.北京:中国建筑工业出版社,1992.

[3] 侯守江.深层水泥搅拌桩处理软土路基施工探讨.西部探矿工程,2008(4).

[4] 林勋祝.深层水泥搅拌桩在高速公路软土路基处理中的应用.四川建材,2008(4).

低塑性指数土施工方法探析

许齐富

（镇江市兴达工程有限公司 扬中 212200）

摘　要　低塑性指数粉砂土施工中易出现表面松散和起皮现象。解决此现象的方法包括：控制碾压含水量，合理设计材料组成，选用适宜的施工工艺和压实机具，采用薄膜养生法。

关键词　粉砂土　路基路面底基层　松散起皮　施工措施

扬中是长江中的第二大岛，土质大多数是由河流冲积形成的。土质情况多为粉性土、粉砂土，当其含水量较小时，呈粉体，松散无固定形状，看似沙漠中风蚀沙丘，土的塑性指数较低，一般为 7～10 间。

路基一经压实，在使用过程中不易发生沉降变形，只有在一定的含水量时，土体才具有较强的粘聚力，碾压才可获得较大的干密度，获得最大的压实度。但实际施工中，普遍会出现路基路面基层表面松散起皮现象，质量不符合规范要求，本文就出现的问题做进一步探讨。

1　低塑性粉砂土施工中存在的问题及成因分析

1.1　起皮危害

当土质含水量较小时，表层发生 3～4 cm 松散、起皮并形成一薄层，强度较弱，于是在上下结构层之间形成软弱夹层。经雨水浸泡形成泥浆，在行车荷载作用下形成唧浆，可能会造成路基路面的水损害。

1.2　起皮原因

（1）粉砂土低液限、塑性指数小，可塑性差，土颗粒之间的粘结力很小，因此土体抗剪切能力较差，在重型压路机的作用下光轮前产生小壅包，产生薄层贴皮及浅层剪切破坏。

（2）含水量控制不严。在含水量较少碾压时，表层易松散、起皮并形成表面一层浮土，产生质量隐患；含水量过大时，压路机钢轮粘料，不能压到规定的压实度。

（3）施工工艺不合理。单纯采用重型三轮压路机的水平推力大，粘结力低的土体容易被推移，在轮前产生薄层剪切破坏，导致剪切厚度不一，直接影响其整体强度和压实度。

翻阅相关资料，发现很少有对粉砂性土的含水量与干密度进行研究的论文、专著。含水量的增大与干密度的减少变化趋势没有粘性土那样明显，击实实验本身存在问题。室内通过施加冲击荷载对被压料进行压实，其与现场静力压路机的作用过程不尽相同，击实筒内的图样不存在起皮松散现象，施工时却存在起皮现象。取含水量为 20% 的素土样进行击实,此时观察到土样上层冒水,下层渗水,在所求的干密度并非含水量下对应的干密度,故干密度对应的含水量值密集,按此求得的最佳含水量施工就会产生起皮松散的现象。

针对这种土质,借鉴京沪高速公路涟水宝滩段施工经验,初拟了一套尝试性的施工方案。

2 土方路基施工总结

2.1 素土填筑

用推土机推平将运上施工断面的素土,当其含水量在最佳含水量4%以上且小于液限,此时土粒粘结力最大,整体性最好,用140型推土机排压一遍,重型挖掘机排压一遍,18 t振动压路机振压两遍,此时路基表面溢水少许,静置1～2 h后,表面水分挥发或下渗后,再用26 t胶轮压路机稳压两遍,采用环刀法或灌砂法对压实度进行检测,结果压实度合格,可以进行下一道工序。

2.2 8%灰土填筑

灰土含水量在大于最佳含水量3%～4%时,推土机整平后用140型推土机排压一遍。压实时本着先轻后重、先慢后快、先边后中、相邻两次的轮道重合轮宽的1/3原则方法碾压。90区路基碾压:振动压路机低频一遍,高频一遍,18～21 t光轮压路机两遍。93区:低频两遍、高频一遍,18～21 t光轮压路机3～4遍。95区:低频两遍、高频两遍,18～21 t光轮压路机4～5遍,碾压完毕,26t胶轮压路机稳压一遍。此时路基断面平坦无松散现象,检查压实度合格后,进行下一道施工工序。

2.3 路面底基层施工方法

《公路路面基层施工技术规范》规定,塑性指数在15～20的粘土适宜作石灰稳定土,低塑性土不宜作石灰稳定土。根据这种土质特性,路面底基层建议采用三灰土(水泥、石灰、粉煤灰和土),用传统的二灰土底基层施工工艺铺筑三灰土底基层极易产生薄层横向裂纹和起皮现象。因此,寻求一种防止三灰土起皮现象的施工工艺,对于提高路面压实度、表面平整度和外观质量直观都十分重要。

2.3.1 合理的组成设计

(1)在满足7 d无侧限抗压强度要求的情况下,尽量采用低水泥剂量。增加水泥用量能提高三灰土的早期强度,但底基层易产生收缩裂缝。

(2)粉煤灰掺量不能太高。掺量过高会使压实困难,表面易产生剪切破坏。

(3)室内做标准配合比设计时,选择的配合比7 d无侧限抗压强度不宜太高,在满足规范要求的情况下有所富余即可,强度愈强,愈易产生收缩裂缝。

2.3.2 施工过程中含水量的控制

控制含水量是保证施工质量的关键,能否控制好含水量决定了三灰土的成型情况。采用含水量大于最佳含水量1%～2%时碾压,压实强度达到设计要求。碾压时若天气炎热干燥,表面应洒水湿润,防止产生松散、起皮现象。

2.3.3 施工工艺的选择

(1)拌和顺序。

拌和顺序为:① 放样;② 上土;③ 上粉煤灰后用铧犁拌和两遍;④ 上灰土拌和一遍(此

时拌和均匀后一定要检查灰剂量及含水量);⑤ 上水泥拌和一遍(一定要拌和均匀并及时碾压)。

(2) 碾压顺序。

碾压顺序为:① 东方红履带式推土机排压一遍,可减少对土的推挤;② 平地机刮平两遍,应注意控制标高;③ 26 t 胶轮压路机稳压一遍;④ 14 t 振动压路机前振动后静止一遍,再前振动后静止一遍;⑤ 26 t 胶轮碾压一遍;⑥ 18 t 振动压路机前振动后静止压一遍,再前振动后静止压一遍;⑦ 26 t 胶轮压路机稳压一遍。

(3) 采用塑料薄膜养生。

为减少干缩裂缝,提高外观质量,可采用洒水养生、封闭交通的方式。若水源较远,难以大面积施工洒水,则可改用塑料薄膜覆盖养生,具体做法是逐段一次性洒足水,然后用塑料薄膜覆盖。这样不仅能保持水分,减少水分散失,还能起到保温效果,但应定期检查失水情况,及时补水。

3 结束语

通过以上措施,粉砂土施工中的表面松散、起皮现象得到有效控制,内在质量和外观质量有了很大提高。施工中还应不断总结经验,勇于探索,与时俱进,开拓创新。

参考文献

[1] 中华人民共和国交通部.JTG E40—2007 公路土工试验规程.北京:人民交通出版社,2010.

[2] 中华人民共和国交通部.JTG F10—2006 公路路基施工技术规范.北京:人民交通出版社,2006.

[3] 中华人民共和国交通部.JTJ 034—2000 公路路面基层施工技术规范.北京:人民交通出版社,2000.

[4] 中华人民共和国交通部.JTJ 057—94 公路工程无机结合料稳定材料试验规程.北京:人民交通出版社,1991.

水泥混凝土搅拌站主楼有限元分析

刘耀光　刘少良　甘　华

（江苏华通动力重工机械有限公司 镇江 212003）

摘　要　本文对搅拌主楼结构建立了有限元模型,分析了搅拌主楼的搅拌层、称重层、支腿各结构件的工作应力分布,探讨了斜撑位置对大梁工作应力的影响,并对其支撑位置进行了优化,得到了最优的斜撑位置。

关键词　搅拌主楼　有限元　应力计算　大梁　支腿　斜撑

在水泥混凝土搅拌站中,搅拌主楼的重量约占整机重量(粉仓除外)的 45%,它也是承载最大、受力相对集中的地方。合理选择材料既能满足强度要求,又可以避免用材浪费,以提高产品竞争力。以 2 m³ 水泥混凝土搅拌站为例,图 1 为搅拌主楼的结构图,它分为称重层和搅拌层,它们分别通过两根 H 钢作用在两层框架的大梁上。本文就搅拌机的实际载荷及结构形式,建立有限元模型。

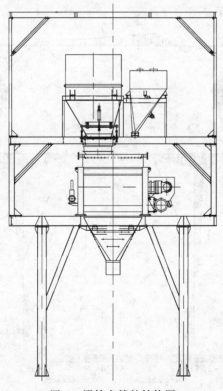

图 1　搅拌主楼的结构图

1 搅拌楼正面整体结构的应力计算

1.1 有限元模型

根据搅拌机的实际尺寸及其结构的对称性,建立其正面的有限元模型(见图 2),并根据其实际承载情况在 3,4,11,14 节点处加上集中载荷,它们分别为称重层和搅拌层载荷的 1/4。

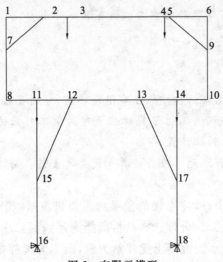

图 2 有限元模型

1.2 结构的弯矩图

结构的弯矩如图 3 所示。

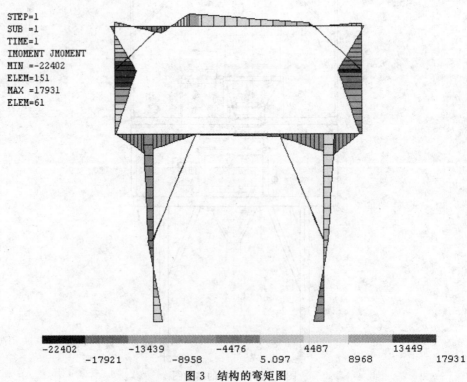

图 3 结构的弯矩图

1.3　结构的应力分布图

结构的应力分布如图 4 所示。

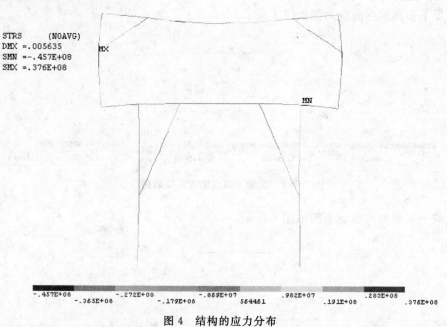

图 4　结构的应力分布

从整体的应力分布图来看,结构的最大应力分布在上两支腿及两大梁处。

2　搅拌楼正面各结构件的应力计算

2.1　称重层的大梁

大梁下表面的弯曲应力图如图 5 所示。

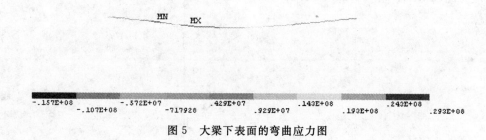

图 5　大梁下表面的弯曲应力图

大梁上表面的弯曲应力图如图 6 所示。

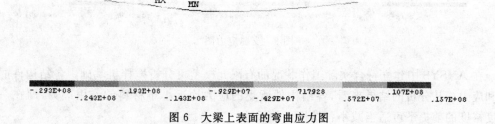

图 6　大梁上表面的弯曲应力图

综上所述,称重层大梁的最大拉应力为 29.3 MPa,最大压应力为 29.3 MPa。

2.2　搅拌层大梁

大梁下表面的弯曲应力图如图 7 所示。

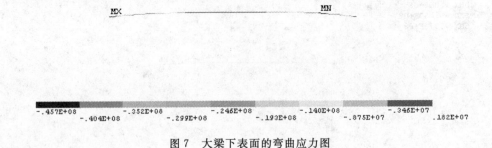

图 7　大梁下表面的弯曲应力图

大梁上表面的弯曲应力图如图 8 所示。

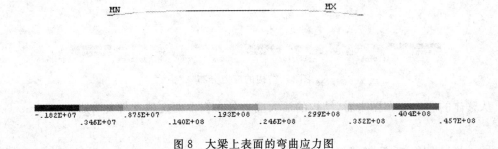

图 8　大梁上表面的弯曲应力图

综上所述,搅拌层大梁的最大拉应力为 45.7 MPa,最大压应力为 45.7 MPa。

2.3　支腿

应力图(SMIN:$\sigma_{\max}=-22.8$ MPa)

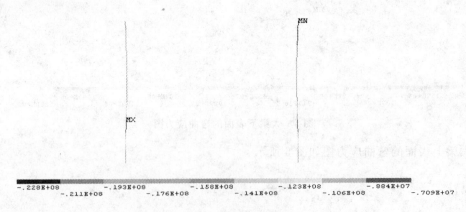

图 9　支腿应力图

在 ANSYS 中建立符合实际工作状况的有限元模型可分析搅拌机基础中各结构件的内力和应力。从分析的结果来看,各结构件所受的应力均远小于材料的许用应力,即在一定强度裕度的前提下可适当减小各结构件的尺寸。

3 斜撑对结构应力的影响及其位置优化

3.1 无斜撑的情形

若正面的结构中没有斜撑,则可通过有限元建模得到应力分析图,如图 10 所示。

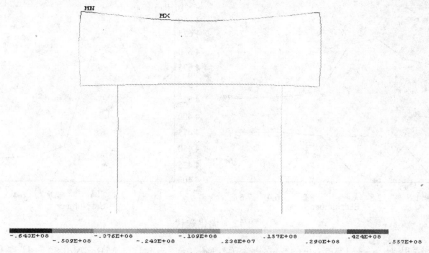

图 10 无斜撑时主楼的应力图

从 ANSYS 的计算结果来看,梁两端在有斜撑的情况下大大减小了梁的最大应力,但对于斜撑的最佳位置,并没有权威理论进行指导。现通过 ANSYS 的优化设计来分析斜撑的最佳位置。

3.2 梁斜撑最优位置的优化设计

(1)上斜撑位置的优化。

设上斜撑距离上支腿的距离分别为 ax,ay。在优化设计过程中,设它们的变化范围分别为 $0.8\sim1.48$ m,$1\sim2$ m,目标函数为称重层横梁的最大应力最小,则斜撑位置(ax,ay)及称重层横梁最大弯曲应力(maxstrs)的优化迭代过程如图 11 所示。

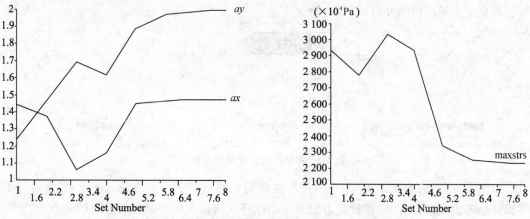

图 11 斜撑位置及称重层横梁最大弯曲应力迭代过程

优化结果为:$ax=1.478\,1$ m,$ay=1.996\,6$ m,$\sigma_{max}=22.33$ MPa(No.8)。从迭代过程来看,第五步以后的结果相差不大,其结果为 $ax=1.449\,4$ m,$ay=1.889\,6$ m,$\sigma_{max}=23.42$ MPa。

（2）下斜撑位置的优化。

设下斜撑距离下支腿的距离分别为 ax,ay。在优化设计过程中,设它们的变化范围分别为 $0.8\sim2$ m, $2.5\sim3.8$ m,目标函数为搅拌层横梁的最大应力最小,则斜撑位置 (ax,ay) 及搅拌层横梁最大弯曲应力(maxstrs)的优化迭代过程如图 12 所示。

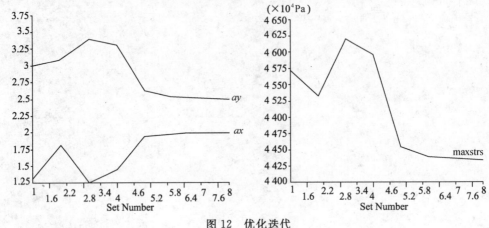

图 12 优化迭代

优化结果为:$ax=1.9966$ m, $ay=2.5041$ m, $\sigma_{max}=44.34$ MPa(No.8)。从迭代过程来看,第五步以后的最大应力均相差不大,其中第五步结果为 $ax=1.9460$ m;$ay=2.6212$ m, $\sigma_{max}=44.56$ MPa。

从减小大梁最大弯曲应力的目的出发,建议称重层大梁斜撑位置为 $ax=1.45$ m, $ay=1.9$ m;搅拌层大梁斜撑位置为 $ax=2.0$ m, $ay=2.5$ m。

4 大梁对接处螺栓联结应力计算

4.1 称重层的大梁对接处螺栓联结应力计算

首先计算称重层大梁在中间的对接处的弯矩和应力。

称重层大梁的弯矩分析如图 13 所示。

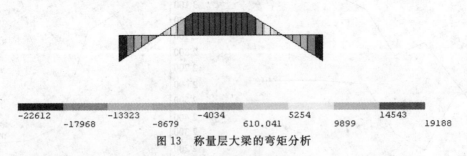

-22612		-13323		-4034		5254		14543	
	-17968		-8679		610.041		9899		19188

图 13 称量层大梁的弯矩分析

由图 13 所示的弯矩图可知,在大梁对接中间处的弯矩 $M=19188$ N·m,当槽钢与工字梁接触不完全时,则此时螺栓受力最大。在螺栓联结处下面各螺栓引起的横向力 F 为

$$F=159900/4=39975 \text{ N}$$

故螺栓的预紧力为

$$F_0=1.2\times F/f=1.2\times40/0.16=300 \text{ kN}$$

对于 M24 的螺栓，其螺栓小径 $d_1=20.752$ mm，所以螺栓的最大应力为

$$\sigma=1.3F_0(\pi \cdot d_1{}^2/4)=115.3 \text{ MPa} \leqslant [\sigma]$$

这里材料的应力取 $[\sigma]=400/2.5=160$ MPa。

4.2 搅拌层的大梁对接处螺栓联结应力计算

搅拌层大梁的弯矩分析如图 14 所示。

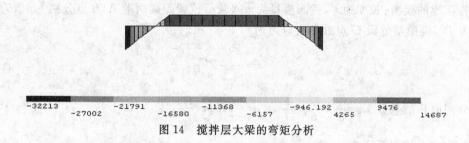

图 14 搅拌层大梁的弯矩分析

由图 14 所示的弯矩图可知，在大梁对接的中间处的弯矩 $M=14\,687$ N·m，则此弯矩在螺栓联结处引起的横向力 $F=86\,394/4=21\,598$ N。

故螺栓的预紧力 F_0 为

$$F_0=1.2 \times F/f=1.2 \times 21.6/0.16=162 \text{ kN}$$

对于 M24 的螺栓，螺栓小径 $d_1=20.752$ mm，所以螺栓的最大应力为

$$\sigma=13F_0/(\pi \cdot d_1{}^2/4)=62.3 \text{ MPa} \leqslant [\sigma]$$

上面分别计算了称重层和搅拌层侧面大梁在中间对接处螺栓的应力分析，考虑到槽钢与 H 钢之间具有一定的相互接触，实际螺栓的应力应小于上述的计算结果。但即使在最不好的情况下，即槽钢与 H 钢没有接触时，称重层和搅拌层侧面大梁在中间对接处螺栓的应力也是满足应力要求的。

5 模型验证

为了验证有限元分析结果的正确性，根据试验力学的模型相似理论，对照搅拌机原来机器的大小，按比例制作了一个缩小的搅拌机框架模型，如图 15 所示。

图 15 搅拌机框架模型

5.1 模型相似原理

为了说明模型相似理论,此处以简支梁为例进行介绍。设原模型为简支梁,长度为 l,截面模量为 w,载荷大小为 P,载荷位置距离两端 A,B 点距离分别为 a,b,则梁的 C 点处最大应力为

$$\sigma = \frac{ab}{lw}P$$

若新建的模型:长度为 l',截面模量为 w',载荷位置距离两端 A,B 点分别为 a',b',载荷大小为 P',则模型的梁 C' 点处最大应力为

$$\sigma = \frac{a'b'}{l'w'}P'$$

分别取相似系数 $k_1 = \frac{a'}{a} = \frac{b'}{b} = \frac{l'}{l}$,$k_w = \frac{w'}{w}$,$k_p = \frac{P'}{P}$。

若取应力相似系数为 k_σ,$k_\sigma = \frac{\sigma'}{\sigma}$,

则

$$k_\sigma = \frac{k_1}{k_w}k_p$$

实际梁的应力为 $\sigma = \frac{\sigma'}{k_\sigma}$。

5.2 模型的应力试验

为了验证以上的计算及理论结果,对所制作的模型机进行了加载应力测试试验。测试采用惠斯通电桥电路,如图 16 所示。应变片采用箔式电阻应变片,阻值为 $120\ \Omega$。应变量通过 LSD−A 型静动态测量仪测量。

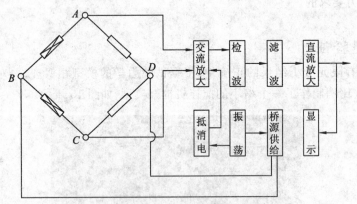

图 16　测试电路图

5.3 测量结果及分析

测量时,应对模型的称重层和搅拌层分别分次加载、测量,其结果见表 1。

表 1   测量结果

类型	载荷/kg	应变	应力/MPa
称重层	550	17 μ	3.57
	1 080	33 μ	6.93
搅拌层	550	8 μ	1.68
	1 080	17 μ	3.57

当采用有限元方法计算时,原模型仅在称重层加载 7 200 kg 时,称重层的最大应力为 29.56 MPa,而缩小模型仅在称重层加载 550 kg 时,称重层的最大应力为 4.29 MPa,故其应力比系数为 $k_\sigma = 0.14$。若以应力比系数为 $k_\sigma = 0.14$ 计算,当缩小模型仅在称重层加载 550 kg 时,称重层大梁的应力为 3.57 MPa,则原模型仅在称重层加载 7 200 kg 时称重层大梁的最大应力应为 25.5 MPa,与有限元计算的误差为 13%。考虑到缩小模型称重层立柱采用尺寸较大的槽钢的影响,其检测结果应是令人信服的。

参考文献

[1]《运输机械设计选用手册》编辑委员会.运输机械设计选用手册.北京:化学工业出版社,1999.

[2] 陈宜通.混凝土机械.北京:中国建材工业出版社,2002.

[3] 邓爱民.商品混凝土机械.北京:人民交通出版社,1997.

农村公路工程水泥混凝土路面施工工艺

黄天斌

（镇江市交通工程建设管理处 镇江 212003）

摘　要　本文结合自身工作实践介绍水泥混凝土路面施工工艺。

关键词　水泥混凝土路面　施工　工艺

近年来，农村公路工程发展迅速。本文结合农村公路水泥混凝土路面的施工工艺特点，介绍水泥混凝土路面的施工工艺控制要点。

1　适用范围

本文所介绍的施工工艺主要适用于新建和改建的农村公路使用小型机具和三辊轴机组进行的普通水泥混凝土面层施工。施工工艺控制主要分为两部分：一是后场控制，包括原材料和混凝土配合比；二是前场控制，包括模板、摊铺、振捣、收光、压纹或刻纹、切缝、养生等。

2　原材料

原材料主要包括水泥、碎石、砂等，应分种类按批次抽样进行试验检测。有异议时送到有资质的试验检测机构进行复检，复检合格后方可允许使用。

2.1　水泥

应采用大厂旋窑生产的普通硅酸盐水泥或道路硅酸盐水泥。水泥初凝时间宜在 3 h 以上，终凝时间宜在 6 h 以上，不得使用快硬水泥、早强水泥以及已受潮变质的水泥。农村公路采用水泥的抗折强度、抗压强度、安定性及凝结时间应满足表 1 的要求。

表 1　水泥主要技术指标规定值

检测指标	龄期 3 d	龄期 28 d
抗压强度/MPa	≥16.0	≥42.5
抗折强度/MPa	≥3.5	≥6.5
安定性	雷氏夹或蒸煮法检验必须合格	
初凝时间	不早于 90 min	
终凝时间	不迟于 600 min	

2.2 集料

（1）粗集料应使用质地坚硬、耐久、洁净的碎石、碎卵石和卵石，并应符合表2中的规定。

表2 碎石、碎卵石和卵石技术指标

项　目	技术要求
	Ⅲ级
碎石压碎指标/%	<20
卵石压碎指标/%	<16
针片状颗粒含量（按质量计）/%	<20
含泥量（按质量计）/%	<1.5
泥块含量（按质量计）/%	<0.5

（2）用作路面混凝土的粗集料不得使用不分级的统料，应按不同的最大公称粒径采用2～4个粒级的集料进行掺配。碎石最大公称粒径不应大于31.5 mm。碎石中粒径小于75 μm的石粉含量不宜大于1%。

（3）细集料应采用质地坚硬、耐久、洁净的天然砂、机制砂等，并应符合表3中的规定。

表3 细集料技术指标

项　目	技术要求
	Ⅲ级
天然砂、机制砂含泥量（按质量计）/%	<3.0
天然砂、机制砂泥块含量（按质量计）/%	<2.0

2.3 水

搅拌和养护用水应直接采用人、畜饮用水，pH值不得小于4。

2.4 钢筋

（1）农村公路混凝土路面所用钢筋网、传力杆、拉杆等钢筋应符合国家有关标准的技术要求。

（2）农村公路混凝土路面所用钢筋应顺直，不得有裂纹、断伤、刻痕、表面油污和锈蚀。传力杆钢筋加工应锯断，不得挤压切断；断口应垂直、光圆，用砂轮打磨掉毛刺，并加工成2～3 mm圆倒角。

2.5 接缝材料

（1）胀缝板应选用能适应混凝土面板膨胀和收缩，以及施工时不变形、弹性复原率高、耐久性好的材料，且须事先预制。常用的有油浸软木板、纤维板等。

（2）填缝材料应具有与混凝土板壁粘结牢固，回弹性好，不溶于水，不渗水，高温时不挤出、不流淌，抗嵌入能力强，耐老化龟裂，负温拉伸量大，低温时不脆裂，耐久性好等性能。填缝料有常温施工式和加热施工式两种。常温施工式填缝料主要有聚（氨）酯、硅树脂类，氯丁橡胶、沥青橡胶类等。加热施工式填缝料主要有沥青马蹄脂类、聚氯乙烯胶泥类、改性沥青类等。

3 水泥混凝土配合比

农村公路水泥混凝土路面的配合比设计在兼顾经济性的同时应满足以下三项技术要求：

3.1 弯拉强度

各交通等级路面板的 28 d 设计弯拉强度标准值 f_r 应符合《公路水泥混凝土路面设计规范》(JTG D40—2002)的规定。

3.2 工作性

三辊轴机组、小型机具摊铺的路面混凝土坍落度及最大单位用水量，应满足表 4 中的规定。

表 4　不同路面施工方式混凝土坍落度及最大单位用水量

摊铺方式	出机坍落度/mm	摊铺坍落度/mm	最大单位用水量/(kg·m⁻³)	
			碎石	卵石
三辊轴机组摊铺	30～50	10～30	153	148
小型机具摊铺	10～40	0～20	150	145

3.3 耐久性

路面混凝土满足耐久性要求的最大水灰(胶)比和最小单位水泥用量应符合表 5 中的规定。

表 5　混凝土满足耐久性要求的最大水灰(胶)比和最小单位水泥用量

公路技术等级	最大水灰(胶)比	最小单位水泥用量/(kg·m⁻³)	
		42.5 级	32.5 级
农村公路	0.48	290	305

4 水泥混凝土路面施工工艺

水泥混凝土路面施工工艺流程为：模板及安装—拌制混凝土—运输混凝土—摊铺混凝土—振捣混凝土—收水抹面及表面拉毛、刻痕—接缝施工—拆除模板—养护。

4.1 模板及安装

(1) 模板应采用钢模板，有足够的刚度和强度，内侧光洁、平整、顺直，高度与混凝土路面板厚度一致。模板的精确度应符合表 6 中的规定。

表 6　模板(加工矫正)允许偏差

施工方式	纵向变形/mm	局部变形/mm	顶面平整度/mm	侧面平整度/mm	高度偏差/mm
三辊轴机组	±2	±2	±1	±2	±1
小型机具	±3	±3	±2	±3	±2

(2) 模板支撑必须牢固，安装时采用铁钎打入基层以固定位置，不得有任何变位。模板的安装精确度应符合表 7 中的规定。

表 7　模板的安装精确度要求

施工方式	纵向顺直度/mm	顶面高程偏差/mm	顶面接茬 3m 尺平整度/mm	相邻模板高差/mm	模板接缝宽度/mm	侧向垂直度/mm
三辊轴机组	≤3	±5	≤1.5	≤1.5	≤3	≤3
小型机具	≤4	±10	≤2	≤2	≤3	≤4

（3）安装好的模板在浇筑混凝土前，其内侧应涂隔离剂。一般可用肥皂液［皂∶水＝1∶（5～7）］，或另一种隔离剂［机油∶肥皂∶水＝5∶15∶（80～85）］等。

（4）模板的数量应根据施工进度配备，必须保证施工的连续进行，不小于 3 天的摊铺用量。

4.2　拌制混凝土

（1）拌制混凝土时应准确掌握计量和配合比，进入拌和机的砂、石料及水泥准确过秤，严格控制用水量。每天拌制前，要根据天气变化情况测量砂、石材料的含水量，调整拌制时的实际用水量。准许使用强制式拌和机，严禁使用自落式拌和机。

（2）按照碎石、水泥、砂或砂、水泥、碎石的装料顺序装料，进料后边搅拌边加水，使水泥混凝土拌和均匀，充分保证拌和质量。

（3）应根据拌和物的粘聚性、均质性及强度稳定性试拌确定最佳拌和时间，并控制好搅拌机的转速，确保水泥混凝土的拌和质量。

4.3　运输混凝土

（1）混凝土拌和物运输工具应保持干净，并洒水湿润。运输过程中，尽量匀速行驶，保持平稳，减少颠簸，防止拌和物离析。

（2）对于夏季高温、大风、雨天和冬季施工，运输时要对拌和物进行遮盖，避免拌和物的污染和离析。

（3）拌好的混凝土应尽快、及时地运送到现场，保证现场有足够的摊铺时间。根据施工温度的不同，最长运输时间可参照表 8。

表 8　拌和物允许最长运输时间

气温/℃	无搅拌设施运输/min	有搅拌设施运输/min	气温/℃	无搅拌设施运输/min	有搅拌设施运输/min
5	90	90	20	30	60
10	60	75	30	20	45

（4）运输设备根据具体情况选用：手推车限于短运距 30～50 m 以内；机动翻斗车适宜运距为 50～500 m；自卸汽车适宜运距为 500～2 000 m；搅拌运输车适宜运距为 500～5 000 m。

4.4　摊铺混凝土

（1）摊铺前应将基层整平湿润，但不得积水。夏季高温施工时，应在基层顶面上喷水降温，以防水泥混凝土板底失水和凝结过快而形成板底开裂。

（2）在摊铺现场应有专人指挥卸料，使卸下的混凝土分成几块分布均匀的小堆，方便摊铺。如果运到现场的拌和物有离析，应用铁锹翻拌均匀，但严禁再次加水。

（3）铁锹送料时需反扣，严禁投掷和搂耙。在模板附近，用铁锹插捣多次，使砂浆捣出，以防出现孔洞蜂窝现象。摊铺时的松散混凝土应略高于模板顶面高度。

（4）摊铺厚度应考虑振实预留高度，此高度应在混凝土路面施工初期（试验阶段）试验确定，一般在10％左右。

4.5 振捣混凝土

（1）采用手持插入式振捣棒对拌和物进行振捣，振捣位置显梅花状交错分布，每次振捣时间不宜少于30 s，以拌和物停止下沉，表面不再冒气泡和泛出水泥浆为准，不得过振。

（2）振捣棒对模板边角位置的拌和物振捣应特别注重，仔细加以振捣。振捣棒移动间距不宜大于其作用半径的1.5倍；至模板边缘的距离不应大于其作用半径的0.5倍，并应避免碰撞模板钢筋、传力杆和拉杆。

（3）振捣棒插入角度宜为30°～45°，插入深度距离基层3～5 cm。振捣棒应轻插慢提，不得猛插快拔，严禁在拌和物中推行和拖拉振捣棒振捣。

（4）振动梁拖拉振实并初步整平，振动梁往返拖拉2～3遍，使表面泛浆，并赶出气泡，振动梁移动速度要缓慢均匀，不允许中途停顿，前进速度以每分钟1.2～1.5 m为宜。

（5）振捣过程中，对缺料的部位进行人工找平，多余的料应适当铲除，人工找平时应使用同批拌和物，严禁使用纯砂浆；应随时检查模板、拉杆、传力杆和钢筋的移位、变形、松动、露筋等情况，并及时纠正。

4.6 收水抹面及表面拉毛、刻痕

（1）混凝土终凝前必须收水抹面。抹面前，先清边整缝，清除粘浆，修实掉边缺角部位。

（2）抹面一般用小型电动抹面机，用抹面机往返压浆2～3遍并整平饰面直到表面无泌水为止，修整时前后两次挂痕重叠一半。两次抹面的间隔时间参照表9。之后用人工精平饰面，精平饰面后的面板表面应无任何抹面痕迹，平整度达到相应的标准要求。

表9 抹面的间隔时间

施工温度/℃	0	10	20	30
间隔时间/min	35～45	30～35	15～25	10～15

（3）抹面后，当用食指稍微加压按下，能出现2 mm左右深度的凹痕时，即为最佳拉毛时间，拉毛深度为1～2 mm。拉毛时，拉纹器靠住模板，顺横坡方向进行，一次进行完成且中途不得停留，保证拉毛纹理顺畅美观。

（4）水泥混凝土路面表面也可采用刻痕机横向刻痕的施工工艺，刻痕深度为3～5 mm，刻痕表面应规则、直顺、美观。

（5）抹面时严禁在混凝土表面洒水或撒水泥。

（6）当烈日暴晒或干旱风吹时，宜在遮阳棚下进行抹面。

4.7 接缝施工

4.7.1 横向缩缝

（1）横向缩缝在混凝土面层中每隔4～6 m设置，合适的切缝控制在混凝土获得足够的强度而收缩应力未超出其强度的范围内时进行。当混凝土立方体抗压强度达到8 MPa时，应及时进行切缝，工地上可参照表10进行试锯来确定切缝时间，以缝边不发生碎裂，崩边为准。

表 10　参考切缝时间

昼夜平均温度/℃	5	10	15	20	25	30
切缝时间/h	45~50	30~45	22~26	18~21	15~18	13~15

（2）横向缩缝采用假缝形式，深度为面层厚度的 1/4~1/5，宽度为 3~8 mm，槽内填缝料宜为聚氨酯焦油、氯丁橡胶类、乳化沥青橡胶类等。

（3）为了防止早期开裂，可每 3~4 条切缝做一条压缝路面，成型后即用振动刀在预定位置上压缝，至规定深度后提出压缝刀，用原浆修补缝槽，放入嵌缝条，再次修平缝槽。在砼拌和物初凝前泌水后，取出嵌缝条，用抹缝瓦刀修整缝槽。

4.7.2　胀缝

（1）胀缝应与路中心线成 90°，缝壁必须竖直，缝隙宽度一致，缝中不得连浆。缝隙下部设胀缝板，上部灌封缝料。

（2）在摊铺混凝土至胀缝位置前方 1~2 m 处时将胀缝支架准确定位牢固，摊铺拌和物并用振捣棒振实胀缝两侧的拌和物。胀缝板连续贯通整个路面宽度，且胀缝板的高度须保证密封槽的尺寸符合要求，密封条先采用木条嵌填，嵌入的木条和胀缝板暂时联成一体，填充时再取出。预制胀缝板嵌入前，应使缝壁洁净干燥，胀缝板与缝壁坚固结合。

4.7.3　横向施工缝

（1）每天施工结束或因临时原因而中断施工时，必须设置横向施工缝，其位置应尽可能选在缩缝或胀缝处。

（2）横向施工缝采用平缝加拉杆型浇筑端头施工缝拌和物时，先浇一层到传力杆高度以上，安放传力杆并固定好。检查传力杆的位置符合要求后再浇上一层，并用振捣棒仔细捣实。

（3）多车道道路，各个车道的施工缝应注意避免设在同一个横断面上。

4.8　拆除模板

（1）混凝土立方体试件抗压强度达到 8 MPa 以上时，应及时拆模。混凝土成型后至拆模的时间称为允许拆模时间，可参照表 11 确定。

表 11　允许拆模时间

昼夜平均温度/℃	5	10	15	20	25	30
拆模时间/h	72	48	36	30	24	18

（2）拆模时，注意不得损伤混凝土板的边角，拆下的模板不得压在刚拆完模的路面上。

（3）拆除的模板要清除干净，堆放整齐。模板有损伤变形时，要及时修复后才能使用。

4.9　养护

（1）抹面后的混凝土路面板应及时养护，使混凝土中结合料有良好的水化、水解强度发育条件并防止收缩裂缝的产生。

（2）混凝土板养生初期，严禁人、畜、车辆通过，在达到设计强度 40%（约 3 d）后，可准许行人通行。面板达到设计弯拉强度后，方可开放交通。

（3）养生时间以达到设计弯拉强度的 80% 为基准，应特别注重前 7 d 的保湿（温）养生。一般养生天数宜为 14~21 d，高温天不宜少于 14 d，低温天不宜少于 21 d。

（4）采用湿草帘覆盖养生能起到较好隔温作用，可保护混凝土少受剧烈的天气变化影响，在规定养生期内草帘要经常洒水，保持潮湿。草帘不仅要严密覆盖混凝土板面，并要覆盖好板的边侧。

（5）采用塑料薄膜覆盖养生的初始时间，以不压坏细观抗滑构造为准。薄膜厚度（韧度）应合适，宽度应大于覆盖面 600 mm。两条薄膜对接时，搭接宽度不应小于 400 mm。养生期间应始终保持薄膜完整盖满，如有破裂，立即补盖。

（6）采用喷洒养生剂养生时，喷洒应均匀，成膜厚度应足以形成完全密闭水分的薄膜，喷洒后的表面不得有颜色差异。喷洒时间宜在表面混凝土泌水完毕后进行。喷洒高度宜控制在 0.5～1 m。

（7）在昼夜温差大于 10 ℃的地区或在日平均气温低于 5 ℃时施工混凝土路面，应采取保温保湿养生方式，即先将路面洒水湿透，覆盖塑料薄膜保湿，并覆盖泡沫塑料垫或干厚草帘保湿。

5 水泥混凝土面层质量检验

5.1 基本要求

（1）水泥强度、物理性能和化学成分应符合国家标准及有关规范的规定。

（2）粗细集料、水及接缝填缝料应符合设计和施工规范要求。

（3）施工配合比应根据现场测定水泥的实际强度进行计算，并经试验，选择采用最佳配合比。

（4）接缝的位置、规格、尺寸及传力杆、拉力杆的设置应符合设计要求。

（5）路面拉毛或机具压槽等抗滑措施，其构造深度应符合施工规范要求。

（6）面层与其他构造物相接应平顺，路面边缘无积水现象。

（7）水泥混凝土路面铺筑后按施工规范要求养生。

5.2 实测项目

实测项目见表12。

表 12　水泥混凝土面层实测项目

抽查项目	规定值或允许偏差	检查方法和频率	权值
混凝土强度/MPa	符合设计	按 JTG F80/1—2004 检评标准"附录 C"检查	3
板厚度/mm	−5	采用挖验或钻取芯样测定厚度，每车道 2 处	3
平整度/mm	8	3 m 直尺：半幅车道板带每 200 m 测 2 处×10 尺	2
路面宽度/mm	不小于设计	抽量：每 200 m 测 4 处	1
相邻板高差/mm	3	抽量：每条胀缝 2 点	2
纵横缝顺直度/mm	10	纵缝 20 m 拉线，每 200 m 设 4 处；横缝沿板宽拉线，每 200 m 置 4 条	1
中线平面偏位/mm	20	经纬仪：每 200 m 测 4 点	1
纵断高程/mm	±15	水准仪：每 200 m 测 4 断面	1
横坡/%	±0.25	水准仪：每 200 m 测 4 断面	1

5.3 外观鉴定

（1）混凝土板的断裂块数不得超过混凝土板总块数的 0.4%，不符合要求时每超过 0.1% 扣 2 分。对于断板应采取适当措施予以处理。

（2）混凝土表面的脱皮、印痕、裂纹、石头外露和缺边掉角等病害，上述缺陷的面积不得超过受检面积的 0.3%。不符合要求时每超过 0.1% 扣 2 分。

（3）路面侧石直顺、曲线圆滑，偏 20 mm 以上者每处扣 1～2 分。

（4）接缝填筑饱满密实，不污染路面。不符合要求时，累计长度每 100 m 扣 2 分。

（5）胀缝有明显缺陷时，每条扣 1～2 分。

土工合成材料在道路施工中的应用

朱业男　颜　静

（江苏省交通工程集团有限公司淮安分公司 淮安 223001）

摘　要　本文分析论述了各种土工合成材料的特性、用途和作用机理，介绍了各种土工合成材料在道路施工、软基处理方面的应用，总结了各种土工合成材料能有效解决软土地基承载力不足、沉降量过大、不均匀沉降、路面反射裂缝等问题的各种土工合成材料的特性。另外，土工合成材料还可以起到加筋加固、排水、隔离等多重作用。

关键词　土工合成材料　软基处理　反射裂缝　加筋加固　排水隔离

　　土工合成材料是土木工程应用的合成材料的总称。作为一种土木工程材料，它是以人工合成的聚合物（如塑料、化纤、合成橡胶等）为原料制成各种类型的产品，置于土体内部、表面或各种土体之间，发挥加强或保护土体的作用。《土工合成材料应用技术规范》将土工合成材料分为土工织物、土工膜、土工特种材料和土工复合材料等类型。其中，土工特种材料包括土工膜袋、土工网、土工网垫、土工格室、土工织物膨润土垫、聚苯乙烯泡沫塑料（EPS）等。土工复合材料是由上述各种材料复合而成的，如复合土工膜、复合土工织物、复合土工布、复合防排水材料（排水带、排水管）等。本文着重介绍当前公路路基施工中土工合成材料的类型和应用，以及就土工合成材料的各种性质适合处理哪些类型的软土地基作简要说明。

1　土工合成材料的种类

1.1　土工布

　　土工布的制造过程是首先将聚合物原料加工成丝、短纤维、纱或条带，然后再制成平面结构的土工织物。土工布按制造方法可分为有纺（织造）土工布和无纺（非织造）土工布。有纺土工布由两组平行的呈正交或斜交的经线和纬线交织而成；无纺土工织物是把纤维作定向的或随意的排列，再经过加工而成的。按照联结纤维的方法不同，可分为化学（粘结剂）联结、热力联结和机械联结 3 种联结方式。

　　土工布运用于路面裂缝的防治，在旧水泥混凝土路面上加铺沥青面层，是一种常用的路面修复技术。它具有工期短、造价低、对交通影响小、修复路面服务性能好等优点，但其主要问题是沥青加铺层中容易出现反射裂缝，而设置土工布是延缓反射裂缝的主要措施之一。

1.2　土工膜

　　土工膜一般可分为沥青和聚合物（合成高聚物）两大类。含沥青的土工膜目前主要为复合型的(含编织型或无纺型的土工织物),沥青作为浸润粘结剂。聚合物土工膜又根据不同的主材料分为塑性土工膜、弹性土工膜和组合型土工膜。土工膜的不透水性很好,弹性和适应变形的能力很强,能适用于不同的施工条件和工作应力,具有良好的耐老化能力,处于水下和土中的土工膜的耐久性尤为突出。土工膜具有突出的防渗和防水性能。

利用其防渗和防水的特性,在软土地基处理中可以加铺土工膜。其一般处理方法是:先在软土地基上加铺一层 30～60 cm 厚砂垫层;然后在砂垫层上加铺土工膜并铺至坡脚,其反折宽度必须大于坡脚长度 20 cm,并用土覆盖;最后在土工膜上填土并压实,按照正常路基填筑方式进行。这样处理是利用了砂垫层良好的透水性和土工膜的不透水性,当软土地基中的水由于毛细现象上升到砂垫层后,则受到土工膜的阻挡,通过砂垫层排出路基外,使毛细水不会侵害上部路基。

1.3 土工格栅

土工格栅是一种主要的土工合成材料,与其他土工合成材料相比,它具有独特的性能与功效。土工格栅常用作加筋土结构的筋材或复合材料的筋材等。土工格栅分为玻璃纤维类和聚酯纤维类两种类型。

土工格栅有一定的刚度,从而使上面的负荷得到扩散,提高了地基的承载力;土工格栅抗拉强度大,格栅垫层可增强路基的稳定性;土工格栅能适应地基变形,砾石又能与格栅网孔互相锁合在一起形成稳固的平面以防止砾石下陷,从而增加地基的抗剪强度,防止软弱地基产生过大或不均匀沉降以致侧向变形。

土工格栅在路基施工中的沟塘回填方面得到广泛使用。首先沟塘挖除淤泥回填至原地面后,铺一层土工格栅并垂直路线铺设,沿路线走向铺满整个沟塘范围。横向铺网与路堤两边纵向盲沟相接,每相邻两土工格栅搭接长度为 20 cm,搭接边用 U 形钉固定。然后在其上填筑土并压实后再加铺一层土工格栅,再回填一层土并压实,最后再加铺一层土工格栅,其上再按照正常路基填筑,即总共需要加铺 3 层土工格栅。这样处理后能防止地基不均匀沉降造成的路基反射裂缝和侧向位移。

土工格栅又可以分为塑料类和玻璃纤维类。塑料类土工格栅是经过拉伸形成的呈方形或矩形的聚合物网材,按其制造时拉伸方向的不同可分为单向拉伸和双向拉伸两种;玻璃纤维类土工格栅是以高强度玻璃纤维为材质,有时配合自粘感压胶和表面沥青浸渍处理,使格栅和沥青路面紧密结合成一体。

土石料在土工格栅网格内互锁力增高,使它们之间的摩擦系数显著增大;土工格栅埋入土中的抗拔力由于格栅与土体间的摩擦咬合力较强而显著增大,因此它是一种很好的加筋材料。

1.4 土工特种材料

1.4.1 土工膜袋

土工膜袋是一种由双层聚合化纤织物制成的连续(或单独)袋状材料,利用高压泵把混凝土或砂浆灌入膜袋中,形成板状或其他形状结构,常用于护坡或其他地基处理工程。膜袋根据其材质和加工工艺的不同,分为机制和简易膜袋两大类。机制膜袋按其有无反滤排水点和充胀后的形状,又可分为反滤排水点膜袋、无反滤排水点膜袋、无排水点混凝土膜袋、铰链块型膜袋。

1.4.2 土工网

土工网是由合成材料条带、粗股条编织或合成树脂压制成的具有较大孔眼、刚度较大的网状土工合成材料。土工网常用于软基加固垫层、坡面防护、植草以及用作制造组合土工材料的基材。

1.4.3 土工网垫和土工格室

土工网垫和土工格室都是用合成材料特制的三维结构。前者多为长丝结合而成的三维透水聚合物网垫；后者是由土工织物、土工格栅或土工膜、条带聚合物构成的蜂窝状或网格状三维结构，常用作防冲蚀和保土工程。刚度大、侧限能力高的土工格室多用于地基加筋垫层、路基基床或道床中。

1.5 土工复合材料

将土工织物、土工膜、土工格栅和某些特种土工合成材料中的两种或两种以上的材料互相组合起来就成为土工复合材料。土工复合材料可将不同性质的材料结合起来，更好地满足具体工程的需要，能起到多功能的作用。例如复合土工膜，就是将土工膜和土工织物按一定要求制成的一种土工织物组合物。其中，土工膜主要用来防渗，土工织物起加筋、排水和增加土工膜与土面之间的摩擦力的作用。又如土工复合排水材料，它是以无纺土工织物和土工网、土工膜或不同形状的土工合成材料芯材组成的排水材料，用于软基排水固结处理、路基纵横排水、建筑地下排水管道、集水井、支挡建筑物的墙后排水、隧道排水、堤坝排水设施等。路基工程中常用的塑料排水板就是一种土工复合排水材料。

2 土工合成材料的应用

2.1 土工格室的应用

土工格室是高速公路施工中运用最多的处理软土地基的土工合成材料。由于土工格室是一种"蜂窝状三维限制系统，因此可以在很大范围内显著提高普通填充材料在承载和虫蚀控制应用中的性能"，其关键原理就是三维限制。

土工格室在集中载荷作用下，受力的主动区会把所受的力传递给过渡区，但由于格室壁的侧向限制和相邻格室的反作用力，以及填料与格室壁的摩擦力所形成横向阻力，抑制了过渡区和被动区的横向移动倾向，从而使路基的承载能力得以提高。经过试验，在格室的限制作用下，中密砂的表观粘聚力可以增加到原来的 30 多倍。很显然，如果能增加路基材料的抗剪力或抑制 3 个区域移动，就可以取得提高地基承载力的效果，这就是土工格室的限制原理。

大多情况下格室内充填沙砾或碎石等非粘性材料，因此，土工格室加固层又是一个水平排水通道，可加快饱和土固结过程中空隙水压力消散速度，从而加速土体的固结。总之，土工格室具有垫层、加筋、排水、调节应力及变形，提高土体抗渗能力的综合功效，在处理高速公路施工中的软土地基、路基沉降、沟塘回填和桥头跳车方面都有着良好的效果。

2.2 土工格栅的应用

土工合成材料是解决软基处理问题的有效方法，可改进荷载分布状况，减少填料层厚度，并能满足抗剪强度的要求，限制土体侧向位移，抗拉性能高，能避免产生裂缝，增加土层刚度。土工格栅在处理软土路基中效果特别明显，由于物理力学性能良好，其对软土的加固作用主要体现在水平加筋上。复合地基中土工格栅在产生拉伸应力的同时,对土体产生了一个类似于侧向约束压力的作用,使得复合土体的具有较高的抗剪强度和变形模量。也就是说,由于土工织物使其上部施加荷载能均匀分布在地层中,当地基可能产生剪切破坏时,铺设的土工织物将阻止破坏面的出现,提高地基承载力。

20 世纪 70 年代,美工程师兵团就采用高强土工格栅加固土堤地基,减少软土地基上土堤的沉降,荷兰也较早采用该技术用于大面积填土。目前的技术前沿是在土堤和地基间设置加筋以减少不均匀沉降。意大利泰利斯双向土工格栅是优秀的加固软土地基的产品,它可以有效的提高地基承载力,约束地基土的横向和纵向变形。

2.3 土工复合材料

土工复合材料在公路工程中被广泛应用在路堤加筋、台背路基填土加筋、过滤与排水、路基防路、路面裂缝防治等方面。土工合成材料与土相互作用的原理可以归纳为两大类:一是准粘聚力原理;二是摩擦加筋原理。利用土工复合材料提高新旧路堤的整体稳定性,其优点在于压实效果好,占地面积较少,路堤稳定性好,有效防止滑移、塌方、沉降等现象,同时具有施工简便、易于推广、节省资金等特点。

3 结 语

通过对各种土工合成材料在路面、路基施工和软土地基处理中的作用机理进行分析,可知土工合成材料能显著提高地基承载力,减小沉降量及不均匀沉降,增大路堤稳定性,在改善桥头跳车方面具有明显效果,并且能有效防止和延缓沥青路面反射裂缝的产生。土工合成材料理论在施工中的运用将更加完善,从而指导设计和施工。

参考文献

[1] 中华人民共和国水利部. GB 50290－98 土工合成材料应用技术规范. 北京:中国计划出版社,1998.

[2] 高大钊. 地基加固新技术. 北京:机械工业出版社,1999.

[3] 熊燕舞. 土工合成材料的发展与新技术. 交通世界,2003(7):30-36.

[4] 张金力,王爱君. 土工材料在营口滨海大道软土地基中的应用. 辽宁省交通高等专科学校学报,2008,10(2):22-24.

[5] 陈小桐,何平,田鸿发,等. 土工合成材料在汾灌高速公路上的应用. 公路,2000(10):26-33.

压路机对沥青路面压实度的影响

张道宁

(句容市交通工程有限公司 句容 212400)

摘 要 压实是沥青路面施工的最后一道工序,压实的目的是为了提高沥青混合料的强度、稳定性、抗疲劳特性以及增加路面的承载力,抵抗因交通荷载造成的道路变形。实践证明,若压实度不足会出现车辙、疲劳寿命降低、沥青混合料渗透性提高、空隙率增加等现象,从而加速沥青混合料老化;而过压又会使矿料破碎使压实度降低或空隙率过小,易出现泛油和失稳现象,影响路面的强度和稳定性。本文从压实原理、选型组合、性能参数和施工工艺等方面,分析了压路机对沥青路面压实度的影响。

关键词 压路机 沥青路面 压实度 影响

在沥青混凝土道路施工中,必须对沥青混凝土进行压实,其目的是为了提高沥青混合料的强度、稳定性、抗疲劳特性以及增加路面的承载力。良好的路面质量最终要通过压路机碾压来实现,而压实质量的好坏直接影响到沥青路面的平整度、密实度,因此我们必须重视压实工作,认真研究压路机的选型组合与施工工艺对沥青路面压实度的影响,从而提高我们施工中的控制技术。

1 压路机的压实原理,选型组合及工艺

1.1 压实原理

(1)静态压实。

静态压实是利用压路机的静载荷对材料产生剪应力,当剪应力接近混合料的剪切强度时,材料产生塑性变形,进行压实。压实时材料中的各个颗粒移动到更稳定的位置,减少了空隙度,增加了稳定性。

(2)振动压实。

振动压实利用的是振动轮对材料的振击力。压路机振动轮里的主动轴和旋转偏心重使压路机轮振动,并使混合料层在振击力下被压实。振动压路机振动轮里的诱发力可使沥青料层中的颗粒产生共振,减少材料颗粒间的摩擦阻力,从而使颗粒更容易移动到密实、稳定的状态。

1.2 压路机的选型组合及工艺

沥青路面摊铺后的碾压过程一般分为初压、复压和终压3个阶段。在碾压阶段压路机有两种基本配置类型:"钢轮+振动钢轮+钢轮"与"钢轮+轮胎+钢轮"。对于普通沥青混合料,宜采用钢轮压路机与轮胎压路机组合的方式;使用SBS改性材料的混合料和SMA混合料,则不能使用轮胎压路机。选择压路机的重量和振幅时,应与摊铺层厚度相适应,摊铺

层厚度小于 6 cm,就可使用中小型振动压路机。在高等级公路铺筑双车道沥青路面的压路机不宜少于 5 台。碾压施工过程应遵守先轻后重、先慢后快、先边后中、先内后外的原则,采用流水作业法。

2 压路机性能参数对压实度的影响

压实性能是压路机进行比较的一个技术参数。在这方面,压实作用力起了很大作用。压实力越大,压实深度就越大,需要的压实遍数就越少。

2.1 双钢轮静压压路机

静压压路机影响压实效果的主要参数为静线压力、钢轮直径、钢轮弧面与压力等。

(1) 静线压力。

静线压力即钢轮模重分配在单位轮宽上的重量,是一个垂直于路表面的作用力,它产生使材料重新分布的剪切力。压路机的静线压力越大,压实势能就越高,从而可有效地提高路面压实度。

(2) 钢轮直径。

钢轮直径越大,在压实过程中所受到的阻力和材料接触角就越小,就可以越有效地减少推移和裂缝的产生。

(3) 钢轮弧面与压力。

钢轮弧面是指在一定压入度下压实层与钢轮的接触区域,这一因素在确定压实效果和压路机的适应性时是必须考虑的。一般来说,轮径越大,接触面积越大,压实不稳定混合料的效果就越好。

2.2 轮胎压路机

轮胎压路机的压实效果主要取决于轮胎的载荷、重叠度、轮胎的充气压力等参数。

(1) 轮载。

轮载的计算公式为:轮载=(机重+配重高值)/轮胎数。中型压路机轮载达 3 000 kg,可以满足路面压实度的要求。

(2) 重叠度。

轮胎压路机前后轮的重叠度至少是 30～50 mm,接地压力重叠,前次压实的区域支撑着正在压实的区域,保证了更高的密实度和均匀性。

(3) 轮胎的充气压力。

轮胎采用子午线型轮胎,压力分布均匀,能减少沥青路面留下轮印的概率。接地压力与轮胎压力成正比例关系,当接地压力相同时,与小轮胎相比,大轮胎有较大的接地面积,其压实效果较好。

2.3 双钢轮振动压路机

振动压路机影响压实性能的主要参数有静线压力、振幅、频率、静/振动质量比、钢轮直径和数量等。

(1) 静线压力。

静线压力为压路机的钢轮模重与钢轮宽度的比值。静线压力增大时,可增加压实力,减少压实遍数。

（2）振幅和振频。

振幅是钢轮轮轴的最大运动距离,在沥青路面的压实中需要调整振幅。在软混合料或薄层上作业时,采用小振幅可得到最佳压实度,同时减少压碎骨料的可能;当硬混合料和压实层较厚时,选择较大的振幅(小于 1 mm),以确保足够的压实深度并防止反弹。振频是指钢轮每分钟冲击路面的次数,在压实层较薄时,减少振幅并提高振动频率可以对压实效果进行补偿。

（3）静/振动质量比。

静/振动质量比必须保持平衡,以便机架有足够重量来减少反弹的危险,但机器太重会阻碍振动,降低压实力。一般钢轮重量为机架重量的 1/3~1/2。

（4）钢轮直径和数量。

钢轮直径越大,静线压力越小,则接触角度越小,压实阻力也越小,当压实柔软、不稳定的混合料时,有助于防止混合料推移和裂缝的产生。双钢轮振动压路机相比单钢轮振动压路机可减少碾压遍数,提高生产率和压实度。

3 施工工艺对压实度的影响

3.1 碾压温度

实践证明,碾压温度是影响沥青路面压实度的最主要因素。在规定温度范围内,沥青混合料的温度越高,其塑性越大,越容易在外力作业下缩小其空隙并增加其密度。因此,在沥青路面施工过程中应尽可能提高碾压温度,特别是提高复压和终压的温度和压实度。当沥青混合料在低于 90℃时碾压,实际上不能明显增加密实度。

3.2 压实速度和遍数

合理选择压实速度,减少碾压时间,对提高作业效率是十分重要的。速度过低会使摊铺与压实工序间断,影响压实质量;速度过快则会产生推移、横向裂纹等。因此,选择碾压速度和遍数的基本原则应是:在保证沥青混合料碾压质量的前提下,最大限度地提高碾压速度,减少碾压遍数,提高工作效率。

3.3 振频和振幅

振频主要影响沥青面层的表面压实质量。振动压路机的振频比沥青混合料的固有频率略高,则可获得较好的压实效果,振频多在 42~50 Hz 范围内。振幅主要影响沥青混合料的压实深度。当碾压层较薄时,宜选用高振频,低振幅;当碾压层较厚时,可在较低振频下,选取较大的振幅,以达到压实的目的。其振幅多在 0.4~0.8 mm 以内。

3.4 碾压层厚度

沥青面层层厚比层薄更容易达到高密实度,主要是因为薄层的沥青混合料温度降低快,较低的温度明显会降低沥青混合料的压实度。

3.5 过碾压

过碾压会使压实度降低或空隙率减小,出现泛油和失稳的现象,"过压实"的主要原因是选择了过大型号的机械或过多的压实遍数,或者振幅设置不合理,导致骨料被压碎而影响了压实质量,有时甚至还会引起损坏压实设备的后果。

3.6 沥青混合料特性

沥青混合料特性对压实度有较大影响,如混合料矿料含量的增加或最大尺寸的增大,都会使其工作度下降,要达到要求的密实度就必须选用有较大压实能力的压路机。沥青稠度高也是如此。因此,要针对混合料不同特性对压实质量的影响在施工中采取不同的对策。

4 结束语

压实是沥青路面施工的最后一道工序,如果采用优质的筑路材料、精良的拌和与摊铺设备及良好的施工技术,就能摊铺较理想的混合料层,但若在碾压中出现任何缺陷也将使施工前功尽弃。因此,必须高度重视压实工作。

高压旋喷桩加固软土地基

陈国俊　仝志远　高锁贵

（江苏润通交通工程监理咨询有限公司 镇江 212005）

摘　要　高压旋喷桩作为一种地基加固新技术,具有许多优点。随着大量基础工程的建造,旋喷桩的应用也越来越广泛。本文依据现场地质条件和现有规范,对软基处理进行了方案设计,并对设计的方案分别进行复合地基承载力、桩身水泥土取样强度、单桩竖向抗压静载等试验检测,从加固效果来看,达到了设计的要求。同时介绍了高压旋喷桩现场管理、施工控制要点、质量检验等。

关键词　高压旋喷桩　地基加固　质量检验

高压喷射注浆技术自 20 世纪 70 年代引进我国已有 30 多年的历史。当时该技术主要用于软土地基的加固,且已在全国进行了推广应用,并用于众多大型工程。它具有安全可靠,适用土质广,施工噪音小,桩身强度高,固结体形状可控制,料源广阔,价格低廉等特点,因此在建筑物地基加固、深基坑开挖支护与止水、边坡稳定、堤坝防渗、盾构隧道沿线加固以及山岳、隧道可能坍塌部位加固等方面应用很广。

1　高压旋喷桩的加固成桩机理

高压旋喷桩的加固成桩机理是利用钻机把带有特制喷嘴的注浆管钻到预定深度的土层,加压把浆液或水从喷嘴中喷射出来,形成喷射流冲击破坏土层。至于被破坏的土颗粒,较细者随浆液或水沿钻杆周围冒出地面,其余土粒在射流的冲击力、离心力和重力等作用下与浆液搅拌混合,并按一定的浆土比例和质量大小重新排列,凝固后便在土中形成一个固结圆柱状桩体。

2　工程实例

2.1　工程概况

常州西绕城高速公路 CRC-8 标由于变更增加武南路互通线路,主线特殊路基原设计和施工以等超载预压和换填为主的方案须作适当调整;已施工完成的原设计 K25+850 及 K26+155 盖板涵,在当时施工时基底开挖后曾出现大量管涌和流沙现象,在采用抛石和井点降水处理后才完成盖板涵施工。由于武南路互通施工匝道,须对 K25+850 及 K26+155 盖板涵进行接长施工。针对以上情况,若继续采取抛石和井点降水方案进行地基处理很可能导致已经施工的盖板涵出现开裂破坏,所以变更设计,对以上两处软基处理单独设计了高压旋喷桩处理方案。

K25＋850 及 K26＋155 盖板涵基地高压旋喷桩设计桩径 60 cm,桩长 12 m,桩距 120 cm并呈梅花型布置,高压旋喷桩施工每延米水泥用量不小于 200 kg;全线累计两个盖板涵共有旋喷桩793 根计 9 516 延米。处理范围为盖板涵轴线前后各 10 m 及外边线至盖板涵隔水墙外 1 m。

2.2 现场施工条件

2.2.1 水文及地质资料

（1）水文。

常州西绕城高速公路位于江苏沿江地带,属长江下游冲积高亢平原区,区域内主要为农田及村庄,地势平坦,原地面坡降万分之三左右,总趋势由北向南微微倾斜,平均海拔高度为 3.5～5 m。地表水系十分发达,河浜纵横交错,地表径流滞缓,延政西路分离式立交桥右邻武宜运河。

（2）地质。

常州西绕城高速公路所经区域属长江下游冲积高亢平原区。勘察揭示本标段线路范围内工程地质、水文地质条件基本相似。

根据工程地质钻探、静力触探及土工试验成果,桥位处的地质概况如表 1 所示。

表 1　桥位处的地质概况

地层编号	分层厚度/m	土质情况	岩土名称及其特征
1	0.3～1.4	粉质粘土,粘土	灰黄色、灰色,一般耕植土,上部含植物根茎,结构松散,性质不均,中等压缩性
2	1.4～2.2	灰色淤泥质(亚)粘土或软粉质粘土	流塑状态,高压缩性
3	2.2～5.3	粘土	灰黄色,硬塑,部分可塑,夹铁锰结核,中等压缩性
4	5.3～12.3	粉土、粉砂	灰、灰黄色,湿—很湿(饱和),中密—密实状态,局部稍密,连续分布
5	12.3～19	粉质粘土	灰色,夹粉砂,近互层,中等高压缩性
6	19～23.6	粉质粘土	灰黄色,可塑—硬塑状态,中偏低—中等压缩性

2.2.2 气候情况

本标区域处于长江下游的北亚热带季风气候区,具有四季分明、温暖湿润、热量丰富、雨量充沛等特点。

根据多年气象统计结果:年平均气温为 15.4 ℃,极端最高气温为 39.4 ℃,极端最低气温为 -15.5 ℃。年平均降水量为 1 071.4 mm,年最大降水量为 1 466.6 mm,年最小降水量为 527.6 mm,日最大降水量为 188.2 mm,全年平均降水日为 127.4 d。

2.3 主要施工机具设备

主要施工机具设备如表 2 所示。

表2 主要施工机具设备

设备名称	型 号	规格	所用机具设备		
			单管法	二重管法	三重管法
高压泥浆泵	重庆 ZJB/BP30	50MP	√		
钻机	重庆 XPZ－50 高压旋喷桩钻机		√		
泥浆搅拌机	WJQ80－1	5 000 kg/h 以上	√		
储浆罐		1 200 kg 以上	√		
注浆管		φ19～20 mm	√		

2.4 工艺流程

工艺流程如图1所示。

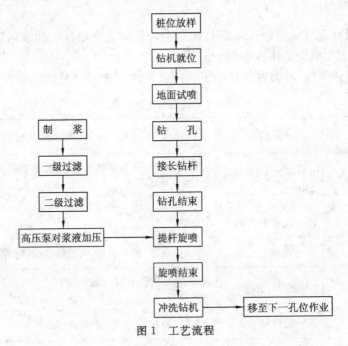

图1 工艺流程

3 施工方法

3.1 场地清理

常州西绕城高速公路 CRC－8 标高压旋喷桩的施工区域为路基、便道、农田和沟塘,施工前应先清除施工场地的杂物,铲除软土,整平压实,必要时采用换填土、筑堤等方法确保施工场地平整密实,从而确保钻机的平稳,避免因钻机倾斜而导致偏孔。

3.2 测放桩位

首先利用全站仪测放出高压旋喷桩施工范围控制点,然后用钢尺按图纸要求桩距测放出具体桩位。在确定桩位时应力求准确,并进行复核,桩位打入木桩或短钢筋作明显标记;同时用水准仪测出桩位处原地面整平标高并推算出高压旋喷桩桩顶停浆面位置。

3.3 钻机就位

钻机安装后必须稳固周正,安置在标定的桩位上,使钻头中心对准桩中心,桩位偏差不得超过 20 mm,用水平尺调整钻机水平及钻杆垂直,确保孔斜率不大于 1.5%。

3.4 配置浆液

采用砂浆搅拌机拌制浆液,浆液用盘固 42.5 MPa 普通硅酸盐水泥,制浆时水灰比控制为 1:1,每筒浆搅拌时间不小于 15 min,现场测试的水泥浆比重控制在 1.53~1.55 之间(试验所得),水泥浆拌制完成后直接存放在储浆筒并继续进行搅拌。

3.5 钻孔

高压旋喷桩钻孔前应在地面进行试喷,以检查各项技术参数是否达到设计要求,钻孔施工时采用带浆钻进以防喷浆口堵塞。钻孔采用直径 $\phi80\sim110$ mm 的钻头,喷嘴采用直径 $\phi2.5\sim3$ mm 的喷嘴,钻进至设计深度后校量钻具,孔深精度控制在 ±10 cm 以内。在钻进过程中应经常检查,若发现孔倾斜过大,应及时调整桩机水平度及钻杆垂直度。

3.6 旋喷注浆

钻进至设计深度后,启动高压注浆泵,在注浆泵压力表达到或大于 22 MPa 时开始进行旋喷作业。首先应在桩底原位旋喷 30 s 以增加底部的搅拌效果并扩大桩体直径形成底盘,然后按 200~250 mm/min 的速度徐徐提升钻杆,借喷射旋转提升的协调作用,将水泥浆和原土中的粗颗粒及新的冲切体旋转成一体,固化后成桩。在注浆过程中,施工人员必须认真检查水泥浆的水灰比、比重、流量、高压泵压力和钻杆的提升速度及回转速度等施工参数,并及时做好现场施工记录。

4 质量控制要点

(1)高压旋喷桩注浆压力不小于 22 MPa;注浆时旋转速度控制为 20 r/min;桩底原位旋喷 30 s,桩顶 3 m 范围内旋喷提杆速度控制在 150~200 mm/min,其余旋喷提杆速度控制在 200~250 mm/min。

(2)旋喷施工过程中严格控制注浆量,确保每延米桩体水泥用量不小于 200 kg,如发现浆液喷射不足影响桩体质量时,应进行复喷。

(3)应随时注意注浆泵泵压的调整和异常情况,保持送浆的连续性,确保返浆量小于注浆总量的 20%。返浆量过大或不返浆均为异常,须立即采取有效措施。

(4)施工过程中,如正在喷浆时出现机械故障,待故障修复后须重新交叉喷射。交叉喷射搭接长度不小于 20 cm。

(5)施工过程中水泥浆液根据每根桩的用量提前制作并充分搅拌,每筒浆搅拌时间不得少于 15 min,同时切记严禁使用超过初凝时间的水泥浆液,拌制完成的水泥浆液经过二次过滤在进入储浆筒后须进行持续搅拌直至注浆结束。

(6)喷射施工完毕后,将注浆管等机具设备用清水冲洗干净,管内不得残存水泥浆。

5 质量保证措施

(1)施工人员要熟悉图纸、技术交底文件,严格按设计图纸及有关操作规范进行施工。

(2)各项工程、各道工序要严格按规范施工,做到一丝不苟、不偷工减料,不粗制滥造。

（3）各工作环节设专人检测施工参数，制定班组自检自纠制度，随时检查，确保工程质量，杜绝隐患。

（4）进场的每批水泥必须有出厂合格证，并按规定现场抽样送质量检测部门检测，合格后才能投入使用。

（5）及时、齐全、真实、正确地积累原始资料。

（6）采用信息化动态施工方法进行技术管理，严密监测，及时反馈信息，以便采取有效措施解决施工中存在的问题。

（7）施工过程中应作好检测记录，发现问题应及时补救，直至满足设计要求。

6 旋喷桩成桩质量检测

复合地基承载力检测在高压旋喷桩施工完成后 60 d 进行，按设计要求项目部委托江苏省交通科学研究院股份有限公司对高压旋喷桩进行了复合地基载荷试验，试验具体情况如下：

本载荷试验采用慢速维持荷载法。主要仪器设备有：千斤顶：200 t；承载板：1.4 m×1.4 m；百分表：分辨率 0.01 mm；压力表：100MPa，均都达到了设计要求。

现场芯样描述：搅拌均匀，水泥土搅拌纹理清晰，无水泥粒块。

桩身水泥土强度试验：芯样抗压强度均在 2.23～3.66 MPa 之间，满足 2.2 MPa 的设计要求。

单桩竖向抗压静载试验：试验按照《建筑基桩检测技术规范》(JGJ 106—2003)单桩竖向抗压静载试验要点，对工程桩进行单桩竖向抗压静载试验。试验采用堆载配重提供试验反力，根据快速维持载荷法，逐级加载，每级荷载维持时间为 1 小时。当桩顶沉降相对收敛后，加下一级荷载，直至加载结束。单桩竖向抗压静载试验结果显示各项指标均符合设计及规范要求，其综合质量评定为优。

7 结 论

此工艺对苏南地区处理管涌和流沙软土地基效果较好，特别是对相邻已有结构物地基影响挠动小。两道盖板涵接长施工已完成，经过一段时间定期观测，结果显示结构物沉降及位移数值都在设计及规范允许范围内，这表明该处理结果达到了预期目的。但因这项施工工艺为隐蔽工程施工，易留下质量隐患，这就对现场施工管理人员提出了更高的要求，一定要做到科学管理，严格控制。相信高压旋喷桩加固软土地基这项工艺将在江苏省以后的高速公路建设中发挥其更大的作用，并得到广泛应用。

参考文献

[1] 戴济群,袁文明.高速公路软基处理.北京:中国建筑工业出版社,1998.

[2] 曹作龙,陈杰东.采用高压旋喷桩加固软弱地基.西部探矿工程,2005(12):43-46.

农村公路水泥混凝土路面"拱起"病害的防治

王 岩

(江苏省丹阳市公路管理处 丹阳 212300)

摘 要 农村公路水泥混凝土路面"拱起"病害是威胁农村公路安全的主要因素,如何采用最廉价、最方便、最快捷的方法解决好农村公路水泥路面的"拱起"问题,是值得建修公路的工作者在实际工作中进行研究和探讨的。本文就如何根治以上问题作出浅析。

关键词 农村公路 路面"拱起" 防治

1 引 言

水泥混凝土路面属于刚性路面,由于其具有较大的刚性,且稳定性好、使用寿命长、养护费用低,因此在农村公路中大量被应用。丹阳市农村公路为 1 823.224 km,水泥混凝土路面为 1 418.686 km,占 77.8%。水泥混凝土路面出现病害客观原因有三方面:一是随着丹阳市社会经济的迅速发展,农村公路县道交通量大增,行车荷载急速增加,吃重负荷不均;二是由于江南天气四季较为分明,春季时春雨潇潇,秋季时秋雨绵绵,雨水浸泡公路造成路基松软和下陷;三是由于冬季天寒地冻,夏季酷暑难挡,温差较大产生膨胀,使路面出现各种不同的病害,"拱起"病害就是其中比较严重的病害之一。

拱起即纵向相邻两板块相对其邻近面板向上突起。近年来,丹阳市农村公路就发生多起水泥混凝土路面"拱起"病害,其中一起造成一人死亡的交通事故,交通建设部门成为被告,社会反响很大。因此,如何消除和预防这一病害的发生,成为交通公路部门应当十分重视的课题。

2 原因分析

"拱起"病害形成有以下 8 种情形:

(1) 在公路建造施工过程中,预留的膨胀缝过小或过大。过小会造成膨胀无空间;过大会在冬季收缩时掉下泥沙,胀缝被砂、石等堵塞,使板块伸胀受阻。

(2) 在公路建造施工过程中,预留的膨胀缝填灌材料不合格,对热胀冷缩的天气气候不适应,达不到设计要求。

(3) 在施工过程中设置的胀缝传力杆,水平、垂直方向偏差大,使板伸胀受阻。

(4) 长胀缝面板,在小弯道、陡坡处或厚度较薄时,易发生纵向失稳,引起拱起。

(5) 在沥青路面上铺筑混凝土板,由于粘合不牢,混凝土较薄也较易发生拱起。

(6) 在设计与施工过程中,对板块的伸缩估计不足,预留间隔过长,容易产生拱起。

（7）由于江南梅雨季节雨天时间长，雨量大，雨水集中下降，而各种沟渠设施排水不畅通，浸泡时间过长，形成局部地段地基松软，塌陷造成板块拱起。

（8）平时养护不及时，对路肩路坡的隆起和下沉没能及时给予修正，产生挤压和移位等造成板块拱起。

3 防治措施

（1）在公路施工过程中，填缝料应选用科学合理的、符合规范要求的材料，充分考虑江南的天气变化情况，选用合理的填料，胀缝内不使砂、石嵌入。

（2）设置的传力杆水平、垂直方向定位偏差应≤3 mm，防止施工中移动。传力杆滑动部分，防止水泥浆浸入和粘连，其端部要有足够空隙，以利热胀。

（3）在设计与施工中，胀缝的设置长度要适当，要根据实际路况的坡度，小弯，倾斜面等因素设置胀缝的长度。

（4）板端拱起但路面完好时，应根据板块拱起高低程度计算需切除部分板块的长度。先将拱起板块两侧附近1～2条横缝切宽，待应力充分释放后切除拱起端，使板块恢复原位，清除缝隙和其他接缝处的杂物，并灌入接缝材料，如图1所示。

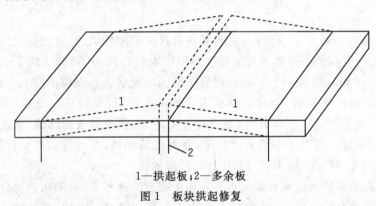

1—拱起板；2—多余板
图1 板块拱起修复

（5）拱起端发生断裂或破损时，按规范要求用集料嵌锁，再用刨挖法进行处治。

（6）拱起板两端间因硬物夹入发生拱起，应清除硬物，使板块恢复原位，清缝后灌填缝料。

（7）胀缝因传力杆设置不当发生拱起，应重新设置胀缝，并按有关施工规范执行，使面板恢复原状。

（8）防止大量积水聚集公路，特别是在雨季期间。必须抓好公路排水工作，保持公路纵向、横向排水系统处于完好畅通状态；做到石砌边沟无堵塞、沟底干净无杂草。土质边沟清理要明显，符合要求，排水顺通。

（9）铲除公路两侧明显的高路肩，使之横坡适度，有利于排水，保证路面无积水现象，以防止长期积水造成公路沉降。

4 结束语

加强公路预防性养护，具有非常重要的现实意义。当公路状况良好，尚未出现明显病害或轻微损坏时,在合理的时间内采取相应的预防养护措施,可将病害消灭在萌芽状态,延缓公路使用功能恶化的速度,延长其使用寿命和节约养护成本,从而达到控制公路路面"拱起"病源的目的。因此,在具体的养护工作中要贯彻早预防、早施治的方针,经常跟踪检查沥青路与混凝土路的损坏状况,检查其是否有龟裂、不规则裂缝、松散、车辙、错台、接缝料损坏、边坡不太稳定、坡面冲刷等轻微的现象。如出现轻微损坏,应及时采取相应的固坡植被、灌缝、接缝重灌缝、压浆等预防性措施,将病害消灭在萌芽状态,确保预防性养护的实际效果。尤其在雨季,要预防水流直接冲刷边坡,以防边坡流失,引发边坡塌方。要保持良好的路容路貌,开展路容整治活动,经常整治路肩、路堑、路堤边坡,做到路肩草、边坡草高度适宜,整治的路肩平整、宽度一致,有边有线、顺直清晰,使之整齐、美观。

参考文献

[1] 赵振东,陈惠民.公路养护工程常见病害及防治.北京:人民交通出版社,2006.
[2] 中华人民共和国交通部.JTJ 073—96 公路养护技术规范.南昌:江西科学技术出版社,1996.

二灰及二灰碎石施工延迟性分析

陶雅君

(江苏省镇江市市政建设工程总公司 镇江 212001)

摘 要 本文通过对二灰及二灰碎石施工延迟性的试验,并利用二灰的特性进行延迟施工,分析对施工质量的影响。

关键词 二灰 二灰碎石 延迟性 质量

道路工程中,石灰和粉煤灰称为二灰,二灰中的主要材料是粉煤灰。粉煤灰是一种火山灰质材料,其自身不具有胶凝性或仅具有微弱的胶凝性,常温下养护或提高养护温度时均不会自我凝结。但当它为粉状且有水存在时在常温下能与氢氧化钙反应,形成具有胶凝性的化合物,具有较好的火山灰活性。石灰提供碱性环境并作为富含活性钙质的激发剂,使二灰类材料溶液中的 OH^- 能打破粉煤灰表面的 SiO_2 与 Al_2O_3 网络,并与液相中的 Ca^{2+} 反应生成类似于硅酸盐水泥水化产物的凝胶物质而获得很好的强度。

1 二灰类材料施工规范要求

原交通部《公路路面基层施工技术规范》(JTJ034—2000)"石灰工业废渣稳定土"部分在"5.5 中心站集中厂拌法施工"中规定:拌成混合料的堆放时间不宜超过 24 h,宜在当天将拌成的混合料运送到铺筑现场,不应将拌成的混合料长时间堆放。在"5.6 人工沿路拌和法施工"中规定:对于二灰集料和石灰煤渣集料,应先将石灰和粉煤灰或煤渣拌和均匀,然后再与集料一起拌和均匀。为使混合料的水分均匀,宜在当天拌和后堆放闷料,第二天再摊铺。

《公路路基施工技术规范》(JTG F10—2006)粉煤灰路堤中规定:粉煤灰摊铺后,必须及时碾压,做到当天摊铺,当天碾压完毕。

原建设部《粉煤灰类道路基层施工及验收规程》(CJJ4—97)(已废止)规定:混合料从拌和均匀到压实之间时间应根据不同温度混合料水化结硬速度而定,当气温在 20 ℃以上时,不宜超过 1～2 d;当气温在 5～20 ℃时,不宜超过 2～4 d。

现行《城市道路工程施工与质量验收规范》(CJJ1—2008)在粉煤灰石灰类混合料中规定:拌制石灰粉煤灰沙砾均应做延迟时间试验,以确定混合料在贮存场存放时间及现场完成作业时间。

在长期从事市政道路施工的过程中,人们发现一般情况下,设计、监理以及施工单位都按照"从拌制到摊铺、碾压成活在 24 h 之内完成"的要求去执行,但是工程施工受众多因素影响,有时也会出现拌好的混合料在 2 d、3 d 后才摊铺、碾压完的情况。此时经质量检测,也符合设计和规范要求,这说明二灰及二灰碎石施工具有延迟性。

2 施工实例

新民洲通港大道位于镇江市共青团农场内,路基采用粉煤灰掺 8% 石灰铺筑。粉煤灰取自农场内扬州二电厂的灰池,烧失量为 5.83%,0.3 mm 的通过量为 79.3%,0.075 mm 的通过量为 43.7%。石灰经测定有效钙镁含量为 81.4%,符合使用要求。

K0+700~K2+100 段路床下 0.3~0.45 cm 层施工历经 3 d。2008 年 3 月 29 日将该段落填筑所需的二灰混合料全部拌制完成,经检测合格。因现场场外因素的影响,当日未能按计划铺筑。

3 月 30 日开始铺筑,当日完成 K0+700~K1+000 段。考虑到现场的交通状况及施工便道,31 日完成 K1+800~K2+100 段,4 月 1 日完成 K1+500~K1+800 段。养护成型后进行强度检测,结果见表 1、表 2。

表 1 强度检测结果

施工日期	取样桩号	含灰量/%	含水量/%	压实度/%
2008.03.30 (1 天料)	K0+715	7.7	37.5	96.7
	K0+725	7.2	36.3	96.1
	K0+735	7.1	37.7	97.8
	K0+750	7.8	36.9	97.5
	K0+760	7.4	37.9	96.0
	K0+770	7.2	36.7	96.9
2008.03.31 (2 天料)	K1+810	7.2	37.5	97.8
	K1+820	7.5	39.3	96.7
	K1+835	7.8	38.3	97.5
	K1+845	7.1	37.2	96.9
	K1+855	7.4	38.7	96.0
	K1+870	7.1	37.1	96.1
2008.04.01 (3 天料)	K1+510	7.6	37.4	96.7
	K1+520	7.2	38.2	96.1
	K1+530	7.4	37.1	97.7
	K1+545	7.1	39.0	96.9
	K1+555	7.8	38.7	97.5
	K1+570	7.5	37.7	98.5

注:设计灰剂量为 8%;最大干密度为 1.17 g/cm³;最佳含水量为 34%;压实度标准为 96%。

表2　7天无侧限抗压强度/MPa

取样	①	②	③	④	⑤	⑥
1 天料	0.86	0.82	0.86	0.92	0.82	0.86
2 天料	0.82	0.86	0.96	0.92	0.82	0.86
3 天料	0.96	0.86	0.86	0.82	0.82	0.82

　　二灰混合料按照拌和完成时的顺序使用,即先使用先拌好的二灰混合料。3月30日,施工段落使用的粉煤灰可视为从拌和到碾压在24 h之内完成,记为1天料;3月31日为在48 h之内完成,记为2天料;4月1日为在72 h之内完成,记为3天料。从上表看,二灰施工在3天内的7 d无侧限抗压强度无明显差异。

　　九华山道路工程Ⅱ段K2+050～K2+150段二灰结石于2007年12月施工,因突遇降雨降温未及碾压,迅速简单稳压后,覆盖薄膜等待处理。两日后对该段二灰碎石进行修整,按规定步骤和程序碾压、养生。碾压前取样检测,其质量指标与其他段落无明显差异,见表3～表5。

表3　K2+050～K2+150段质量指标

设计值:0.8 MPa

试件编号	1	2	3	4	5	6	7	8	9	10	11	12	13
抗压强度/MPa	0.88	0.84	0.80	0.90	0.90	0.82	0.88	0.86	0.84	0.86	0.88	0.84	0.82

表4　某正常施工段质量指标

设计值:0.8 MPa

试件编号	1	2	3	4	5	6	7	8	9	10	11	12	13
抗压强度/MPa	0.82	0.90	0.80	0.88	0.84	0.88	0.84	0.86	0.84	0.88	0.88	0.82	0.86

表5　道路沥青面层弯沉检测值

设计值:28×10^{-2} mm

桩号	快车道右侧/10^{-2} mm		快车道中侧/10^{-2} mm		快车道左侧/10^{-2} mm	
	左轮	右轮	左轮	右轮	左轮	右轮
...						
K2+060	8.20	8.20			4.92	1.64
K2+080	4.92	9.84			6.56	4.92
K2+100	4.92	4.92			4.92	9.84
K2+120	4.92	1.64			3.28	3.28
K2+140	4.92	1.64			4.92	3.28
...						
K2+500	6.56	3.28			8.20	6.56
K2+520	9.84	3.28			3.28	9.84
K2+540	8.20	8.20			6.56	8.20
K2+560	6.56	9.84			4.92	3.28
K2+580	9.84	9.84			6.56	3.28
...						

3　延迟性分析

石灰粉煤灰混合料,是由固相的石灰、粉煤灰,液相的水溶液和气相的空气组成的。石灰粉煤灰在一定含水量下混合拌和、压实、成型,在初期可以认为石灰粉煤灰混合料未发生化学反应,其强度主要来自密实混合料的内摩擦力,以及通常称为"原始粘聚力"的颗粒间水膜与相邻颗粒之间的分子引力所形成的粘聚力。随着龄期的增长,三相之间发生一系列物理化学变化,生成水化硅酸钙、水化铝酸钙等一系列胶结性的物质,使二灰类材料板结固化,呈现一定的强度和稳定性。

石灰粉煤灰的反应过程主要有:石灰在水溶液中的解离作用、结晶作用和碳化作用,石灰粉煤灰之间的火山灰反应。

3.1　石灰在水溶液中的解离作用

石灰消解后的主要成分是 $Ca(OH)_2$,在水溶液中可溶解并发生电解:

$$Ca(OH)_2 \xrightarrow{\text{电解}} Ca^{2+} + 2OH^-$$

同时散发少许的热量。该过程提供了大量的 Ca^{2+} 和 OH^- 离子,使混合料液相的 pH 值升高,这是其他后续反应的基础。$Ca(OH)_2$ 虽是强碱,但在水溶液中由于离子间的相互吸引,使它表现出一定的电离度,且电离度随 $Ca(OH)_2$ 溶液浓度的减小或温度的升高而增大。

富含 SiO_2 及 Al_2O_3 的材料(如粉煤灰等物质)通常表面带负电荷,吸附的反离子层是由带正电荷的阳离子组成的,并且这些阳离子大多是一些低价的离子,如一价的 H^+,K^+,Na^+ 等。石灰遇水溶解之后解离出的二价 Ca^{2+} 能够与粉煤灰颗粒上原有的低价离子之间发生离子交换作用,并吸附于粉煤灰表面。这一过程造成石灰粉煤灰材料初步的体态变化,如粉煤灰颗粒吸湿性降低,粘聚性增加,塑性指数变小,颗粒表面粗糙化等一系列物理性质上的改变。这些变化主要集中在石灰粉煤灰材料与水混合之后的初期阶段。

3.2　石灰的结晶作用

消石灰($Ca(OH)_2$)掺入粉煤灰中,由于水分较少,只有少部分解离,另外少部分 $Ca(OH)_2$ 直接参与化学作用,绝大部分 $Ca(OH)_2$ 在遇水不断溶解,达到过饱和时产生胶体化现象,析出 $Ca(OH)_2$ 微晶体。在胶体分散相自发聚集的作用下,逐渐形成大的晶体颗粒,产生强度。化学反应式为

$$Ca(OH)_2 + nH_2O \longrightarrow Ca(OH)_2 \cdot nH_2O$$

$$\underset{\text{石灰吸收水分(胶体)}}{} \qquad \underset{\text{含水晶体(晶体)}}{}$$

由于结晶作用,$Ca(OH)_2$ 由胶体逐渐变为晶体。这种新生晶体一方面起胶结作用,另一方面形成所谓的晶体空间网架结构,与粉煤灰结合形成共晶体,将粉煤灰胶结为整体,促进石灰粉煤灰混合料早期强度的形成。但是析出的晶体数量少,强度增长也不大。

$Ca(OH)_2$ 晶体相互连接,与不定型的 $Ca(OH)_2$ 相比,晶体 $Ca(OH)_2$ 的溶解度几乎减小一半,因而由晶体 $Ca(OH)_2$ 形成的结晶结构的水稳定性比由 $Ca(OH)_2$ 胶体形成的凝聚结构的水稳性好,这使得二灰混合料的稳定性得以提高。

随着石灰的不断消耗,这一过程会向反方向发展,即晶体状的石灰与粉煤灰活性成分反应,生成另外的产物。

3.3 石灰的碳化作用

石灰中的主要成分 $Ca(OH)_2$ 能与溶解于水中的 CO_2 或空气中的 CO_2 反应,产生碳化作用,化学反应式为

$$Ca(OH)_2 + CO_2 \rightarrow CaCO_3 + H_2O$$

反应所生成的 $CaCO_3$ 难溶于水,是坚硬的结晶体,具有一定的胶结性和较高的强度。随着 $CaCO_3$ 晶体的持续生长而相互交叉连生或与氢氧化钙共生,形成紧密交织的结晶网,促进了二灰结构的形成,使粉煤灰的胶结作用得到了加固。

但随着石灰粉煤灰初期结构的形成,石灰粉煤灰表面碳化后形成的硬壳阻碍了 CO_2 与内部材料的进一步接触,从而大大延缓碳化作用的程度。因此,$Ca(OH)_2$ 的碳化作用是一个长期而缓慢的过程,它是形成混合料后期强度的原因之一。

3.4 石灰与粉煤灰的火山灰反应

粉煤灰是一种典型的火山灰物质,这类物质的特点是含有较多的 SiO_2 和 Al_2O_3 成分。当与石灰加水混合时,石灰水化后形成的 $Ca(OH)_2$ 溶胶使得粉煤灰颗粒中玻璃小球体表面的 SiO_2 和 Al_2O_3 缓慢溶解,与 $Ca(OH)_2$ 逐步反应生成具有水硬性的胶凝材料。反应的原理为

$$SiO_2 + xCa(OH)_2 + (n-x)H_2O = xCaO \cdot SiO_2 \cdot nH_2O$$
$$Al_2O_3 + xCa(OH)_2 + (n-x)H_2O = xCaO \cdot Al_2O_3 \cdot nH_2O$$

随着龄期的增长,石灰与粉煤灰间的火山灰反应逐渐增强。

生成的胶凝物质是含有结晶水的水化硅酸钙($xCaO \cdot SiO_2 \cdot nH_2O$)和水化铝酸钙($xCaO \cdot Al_2O_3 \cdot nH_2O$)。这种生成物在形成的初期是一种非晶态物质,随后不断地向晶体过渡。当体系生成物浓度达到一定值时,它们便互相啮合形成网状结构,进而形成凝胶。上述反应都是通过离子吸附和交换而完成的。

这种反应产物具有良好的粘接作用和显著的遇水不溶性,能够将分散的粒状材料有效地胶结在一起而形成整体结构,这是石灰粉煤灰混合料形成强度具有良好力学性质的根本原因。该过程是在二灰加水混合一段时间之后进行的,开始时间和持续时间将随粉煤灰材料自身的结构特点和成分中有效物质的数量等内因及适宜的外部环境条件而定。

在以上各种反应中,石灰的解离作用是所有作用过程的基础。石灰的碳化结晶作用增加了材料之间的胶结性,二灰的火山灰反应生成的凝胶物质是二灰形成结构强度的主要原因。上述各种反应不是立刻完成的,而是随着养生时间的推移逐渐发生的,经一段时期后才会结束。在此期间胶体、晶体不断增多、长大,彼此逐渐接触、交叉,除将未参加化学反应的粉煤灰中的其他矿物粘结在一起外,还形成一个胶体加晶体的空间网络结构。这个坚固的空间网络最终形成了石灰粉煤灰混合料的整体强度和稳定性。

4 结束语

二灰材料的强度和稳定性主要源于火山灰反应,而火山灰反应并未在二灰拌和后立即展开,具有时间上的"延迟性"。石灰的碳化作用过程缓长,影响的也主要是二灰材料的后期强度。在二灰材料拌和的早期,主要发生的是石灰的解离作用和结晶作用,二者对二灰材料的强度和稳定性影响不大。

（1）二灰及二灰材料的施工具有一定的延迟性,利用这种特性不会影响施工质量。

（2）这种延迟性具有一定的尺度,它是基于火山灰反应的迟滞。火山灰反应展开后再进行二灰材料的延迟施工,将影响施工质量。这也是堆放一段时间后的二灰混合料会"失效",不能直接使用的原因。

（3）延迟时间的长短,需要通过试验确定。二灰反应非常复杂,与二灰材料的化学成分、物理特性、施工现场的气候条件、温度环境等有关,所以针对各具体工程都要进行相应的试验。通过科学的手段和有效的措施将二灰材料在施工过程中面临可能出现的延迟时变被动处理为主动控制。

参考文献

［1］张鹏.石灰粉煤灰混合料强度形成机理及提高早期强度的措施.交通标准化,2005(11).

［2］陈渊召,刘晓南,闫婷婷.二灰混合料组成设计研究及强度形成机理分析.徐州工程学院学报, 2007,22(4).

［3］张超.石灰粉煤灰类材料施工特性研究.长安大学,2003.

［4］张敏江,孙菲.影响低活性粉煤灰基层强度因素的分析.沈阳建筑大学学报:自然科学版,2006,22(4).

沥青路面水破坏的原因及防治措施

仲亚飞

（江苏润通交通工程监理咨询有限公司 镇江 212005）

摘　要　水破坏是当前影响公路路况，造成公路沥青路面破坏的重要因素。本文简单介绍水破坏的表现形态、形成原因及防治措施。

关键词　高速公路　沥青路面　水破坏　原因　措施

公路沥青路面受雨水和车轮碾压的作用，容易出现表面层松散、坑洞、壅包、纵横向裂缝以及雨水沿缝下渗形成的啃边、局部沉陷、翻浆等现象。这些病害一般都发生在雨季，基本上都与水有关。

1　水破坏的表现形式

1.1　坑洞

坑洞是最典型的水破坏现象。当自由水侵入并滞留在沥青混凝土的孔隙中，不管是普通沥青混凝土还是改性沥青或加抗剥落剂的 SMA，在行车作用下，特别是在降雨过程中或降雨过后行车道上的局部网裂会逐渐松散，松散的石料被车轮甩出而形成坑洞。由于沥青混凝土的不均匀性，坑洞总是首先在局部混凝土孔隙率较大处产生，因此，它是随机分布的一个个孤立的坑洞。

1.2　唧浆、网裂

水透过沥青面层滞留在半刚性基层顶面，在大量高速行车的作用下，自由水产生很大压力并冲刷基层混合料表面的细料，形成灰白色浆。灰浆又被行车压唧，通过各种形状不一、宽窄不一的裂缝（横缝、纵缝、斜缝、网裂）流到路面。灰浆还可能通过水渗入沥青混凝土的局部小面积或个别通道被压唧到路表面，使路面产生网裂和变形。

2　水破坏的特点和原因

2.1　特点

损坏一般都发生在雨季，破坏之初一般先有小块的网裂，冒白浆（唧浆），然后松散成坑洞，发生水损害的地方一般是透水较为严重、排水不畅通的部位。挖开路面面层时，可见下面有积水或浮浆，水破坏大多都发生在重车道上。

2.2　成因

（1）外因。

① 降水、降雪。自由水通过裂纹、裂缝和结构的孔隙进入沥青面层。

② 大量重载车辆的作用。在沥青面层混凝土孔隙中和面层与基层交界面上滞留的自由水,在车辆通过时都会产生相当大的水压力和抽吸力。交界面上的这种水压力会冲刷基层顶面材料中的细料,经车辆多次的反复作用,累计冲刷下的细料形成灰白浆,同时在车辆驶离时又产生相当大的抽吸力,这两种力的瞬间先后作用,能将滞留在基层顶面的浆水唧出表面。在浆水唧出的过程中,首先是沥青混凝土中较大颗粒上的沥青膜逐渐剥落,因此沥青混凝土面层向下变形,并形成网裂或下陷。压力和抽吸力的反复作用还会使沥青混凝土孔隙中的自由水往复运动,并促使沥青首先从较大颗粒上剥落,逐渐降低沥青混凝土的强度,直至局部松散,所以水破坏多发生在车辆通行较多的行车道上。

(2)内因。

① 路面排水系统不健全;

② 路面压实度不足;

③ 路面离析。

3 水破坏的处理难点

3.1 分析水破坏中水的渗入位置

京秦高速公路内部给水主要是面层与基层交界面上滞留的自由水。水稳基层与二灰碎石底基层交界面上的自由水来源一般分为两种:① 路面裂缝渗水;② 中央分隔带渗水。

3.2 分析水破坏原因,寻找相应对策

以前处理水破坏病害,只注重对病害的治理,忽略了病害的根源是水的来源问题。只有真正切断了水的渗入,才能从根本上解决问题。

(1)沥青混凝土面层上裂缝处有从基层翻上来的白浆,这表明基层已经积水。唧浆表明水泥混凝土基层已经损害,应挖除沥青层和水泥混凝土稳定基层,这样处理才能彻底。在实践中发现这样一个问题:罩面的路段经过一个冬天,多处出现唧浆,原因大多是未处理基层,原先的裂缝都翻上来了,经过雨季唧浆的路段就更多了。

(2)有些唧浆路段只处理其基层是不能彻底解决问题的,必须设置排水设施才能彻底根治。某路段 2007 年 5 月外车道出现坑洞,当时处理了基层,且处理得很彻底。但是经过夏天雨季后,在 8 月份路况调查中,此处的内车道也出现坑洞而且很严重,从表面形态看是内部水鼓开的,经分析,水是由中央分隔带进入路面基层以下的。由于路面坡度的问题,先前的水是存在外车道的,故出现唧浆现象最早的是外车道。当处理到外车道基层时就已经将这个存水的地方堵死了,经过一个雨季,中央分隔带流入的水由于外车道被堵死就存在于内车道中,经过车辆的反复碾压和水量的增加就出现了唧浆现象,所以若要解决唧浆问题,则必须首先解决基层下的排水问题。

4 防治方法

(1)防渗水。

① 各层(三层式或两层式)都用密实式沥青砼,防止或减少路面透水。少量的路面雨水不可避免地通过结构孔隙下渗,在沥青混凝土表面层下设置防水层。

② 封闭中央分隔带,绿化改为大盆栽,防止中央分隔带透水,防止中央分隔带两侧路缘

石与面层沥青砼连接处透水,或取消路缘石;设计时中央分隔带排水采用凸型中央分隔带,使大部分雨水自行排至路面外,但仍有部分水会渗入中央分隔带内。为防止这部分水渗入路面基层、底基层和土基,在中央分隔带内的路面两端部分及中央分隔带底部用水泥沙浆抹 2 cm,然后涂沥青,再铺防渗土工布,中央分隔带底部采用纵向碎石盲沟并设横向排水管作排水系统。在纵向碎石盲沟内埋设软式透水管,每隔 50～70 m 设置一个集水槽,再经横向排水管排出路基外。

③ 在路面水破坏部位对应的硬路肩位置上设置盲沟排水,或者在路面结构设计时,底基层采用 20 cm 级配碎石或沙砾碎石,兼作调平层与排水层。路肩上设置横向盲沟,在路肩边缘的石砌镶边中,按 3～4 m 的间距横向埋设 ϕ5 cm 硬塑料排水管,排除路肩部分的碎石盲沟积水。

（2）提高沥青与矿料的粘结力,表层粘结力应不低于 5 级。

（3）提高压实标准,并增加现场空隙率检验。

（4）确保沥青混凝土均匀无离析是防止或减少沥青路面出现水害的重要因素。

参考文献

[1] 中华人民共和国交通部. JTG F40－2004 公路沥青路面施工技术规范. 北京:人民交通出版社,2004.

在施工中控制台背回填质量的方法

张　雷　蔡爱林　季仲华　江　涛

（江苏省镇江市路桥工程总公司南通分公司 镇江 226008）

摘　要　桥头跳车是我国目前已交付使用的高速公路存在的较为普便的现象。本文从论述台背沉降形成的原因、危害以及施工中采取的质量控制措施等方面来介绍如何预防桥头跳车现象。

关键词　公路　台背回填　质量

进入 21 世纪以来,我国的高速公路得到了突飞猛进的发展,为国民经济的发展作出了不可磨灭的贡献。高速公路是国家基础建设的重要组成部分,因而高速公路的质量也引起了越来越多的重视。跳车现象一般发生在桥涵台背、挡墙背及路基范围内的结构物台背,如何控制台背回填质量,尽可能减少台背回填的沉降,是减少高速公路桥头跳车现象的办法之一。本文重点介绍如何从施工中控制台背回填质量,以减少台背沉降。

1　台背回填的不均匀沉降形成的原因和构成分析

1.1　构造物刚度差异

构造物刚度不同是形成差异沉降的基本原因。路基属于柔性结构,它在施工过程中或使用后会不断发生变形并产生较大沉降。桥涵属整体刚性结构,基本上认为是不可压缩的。

1.2　地基、地质情况的差异

桥涵设计时对地基的地质研究比较仔细,往往是将桥涵基础置于承载力较高的土层上,沉降量比较小,而路基设计对地基、地质情况是参考桥涵的地质柱状图推断的,往往存在一些差异。此外,当碰到软土地基时更难以彻底清理。

1.3　台背填料压实质量问题引起的不均匀沉降

众所周知,处理台背位置的施工质量问题更为重要,主要是因为台背填筑一般在构造物完工后方可进行,作业面小,施工困难、繁琐,填方体的材料、长度、层厚和压实度难以达到设计及规范要求,并且目前缺少有效的压实施工机具。

2　台背回填的沉降规律

(1) 其产生的范围与涵台背填土高度有关,一般在后台 5 m 左右范围内,对于大、中桥而言,往往在 10 m 或更大的范围内。

(2) 在时间方面,一般于通车后 2~3 年内产生。

(3) 不均匀沉降的发展有一定的时间过程,受多方面因素影响,很难把握路面层施工时间。

3 台背回填沉陷的危害

（1）对桥涵、构造物的工作状况和使用品质产生不利的影响，导致养护费用增加，并降低了公路使用性能。

（2）增加行车的风险，降低通行能力，甚至造成交通事故，影响车速。此外，由于车辆频繁在台背处加速减速，必然增加车辆能耗和废气的排放，这一点在城市中尤其应予以重视。

4 台背回填施工中的质量控制

4.1 基底的控制

如果底部的质量没有控制好，就会直接影响上部结构的施工质量。要避免台背回填的不均匀沉降，首先应从地基处理着手。

（1）基底清淤必须彻底，严禁有杂物、浮土、腐殖土等存在。

（2）基底范围内由于地表水或地下水影响其稳定，应在基底顶面或其他适当的位置设置必要的排水设施，或换填不易风化的片石、块石、沙砾等透水性材料，防止积水浸泡基底。

（3）基底土必须密实，若基底为耕地或土质松散时，应在填筑前进行压实，压实度一般不得低于 90%。

（4）水田、湖塘等地段的基底应视具体情况采取排水、清淤、晾晒、换填、掺灰及其他加固措施进行处理。对软土、湿陷性黄土、多年冻土等，应根据各自的特点采取特殊地基处理方法治理，如采取换土、强夯、固结、轻质路堤和粉喷等方法以改善地基、提高承载力，减少工后沉降。

（5）对于软土地基，由于现行地基处理方法一般未考虑台背的过渡，往往构造物的处理与路基的处理分开，从而导致沉降无法避免。因此在有基底处理时，适当加大涵台背基础处理的范围，适当将处理措施变化的位置往填土路基内部移动，最好有大于 5 m 的距离。

（6）做好桥涵台背路基的排水工作，避免路基水流对基底的浸泡和冲刷。

4.2 台背回填的厚度控制

回填厚度与压实机具有关，一般采用不同的压实厚度，用 12～15 t 三轮压路机碾压时，每层压实的厚度不宜超过 15 cm；用 18～20 t 三轮压路机碾压时，每层压实的厚度不宜超过 20 cm。当台背路基压实作业面狭小，作业空间受到限制时，为了保证不损坏构造物，不能使用大型机械，必须选择小型振动压路机和振动夯实机相结合进行压实，压实厚度不宜超过 15 cm，须层层压实。

4.3 台背回填的填筑的范围控制

（1）要有足够的长度实现过渡段的技术要求。

（2）应从施工作业的方便、压路机的压实宽度等方面进行控制。

（3）应控制好台背填土与已填路堤良好结合所需的长度。通过多年的实践摸索，现可以参考的经济尺寸是：填料要求级配得当，纵向的填筑长度在基底处不少于 2 m（便于机具碾压），以 2 m 为基准，对台背填土与路基原状土相接处采用 1∶1 的坡度相接，对于路基土为回填土部分采用 1∶1.5 的坡度相接。为确保良好结合，一般采用挖台阶形式与路堤相接，每级台阶高度不得大于 60 cm。

4.4 台背回填的填筑材料的质量控制

台背回填的填筑材料质量的优劣是沉降大小的内因,在施工中要严格控制:对于非片石或非砂砾石的回填材料,要求用料粒径为 5～10 cm 的匀细材料,填筑过程按每 15～20 cm 的内分层填筑压实;手摆片石严禁抛填施工,对于砂砾石填料,一是要对材料的粒径级配严格要求,二是要对材料的质量进行控制,严禁含泥多的材料进场,夯实时以机械碾压配合灌水法综合施工。在条件允许的情况下,尽可能选择透水性好、易压实、固结完成快、后期压缩变形小的砂性土和沙砾土,也可使用改善土、加固土、碎石土和轻质填料等。总之,不同的填筑材料有各自的特性,填筑时要正确选择,因地制宜,保证填筑材料的质量。

4.5 台背回填压实质量的控制

台背回填的压实质量是影响台背沉降的又一个重要的因素。由于排洪和通车净高的影响,台背路基填方一般比较高,工程量相当大,但是施工工作面狭窄,大型填筑及压路机械难以展开,因而能否控制好台背回填的压实质量是施工中的难中之难。在施工过程中应尽可能扩大施工场地,以便发挥大型机械的作用。若在施工中大型机械受场地限制时,可采用横向碾压的方法;当大型机械不能靠近台背时,可采用小型压路机,如手扶振动压路机、冲击夯等,但应确保不留死角区。

4.6 台背路基排水的控制

一种成功的做法是对基底做必要的处理后,填筑横坡为 3‰～4‰ 的压实粘土拱,在土拱上挖一条成双向坡的地沟。地沟尺寸一般可采用(40～60)cm×(30～50)cm,然后在台背后全范围内满铺一层隔水材料,再在地沟四周铺设有小孔的硬塑料管。管径一般不小于10 cm,小孔孔径为 5 mm,布成梅花形,间距 10 cm,并在塑料管四周填筑透水性材料,直到路基顶面。若采用盲沟,则取消其中的塑料管,而用大粒径的碎石填筑地沟,用土工布包裹盲沟的出口。

5 提高认识,强化施工管理

台背回填施工管理是确保台背回填施工质量的关键,在施工中应成立专业的施工队伍,采用专业的设备,使用经有关部门批准的材料,并安排专门的质检人员及试验人员进行施工及质量的控制,坚持行之有效的分工序检查验收,分层验收,每道工序、每个环节必须检验后才能进入下一道工序,时时把质量放在首位,使质量隐患消灭在萌芽状态。

6 结束语

只要各方面共同努力,分头把关,严格按照行业规范标准施工,结合工程实际,严格履行各自职责,相信这一顽疾一定会得到很好的根治。

参考文献

[1] 中华人民共和国交通部.JTG F10—2004 公路路基设计规范.北京:人民交通出版社,2004.

[2] 中华人民共和国交通部.JTJ 033—95 公路路基施工技术规范.北京:人民交通出版社,1996.

[3] 中华人民共和国交通部.JTJ 059—95 公路路基路面现场测试规程.北京:人民交通出版社,1995.

深层搅拌桩加固软土地基

万　瑨　巫同军

（江苏省镇江市路桥工程总公司 镇江 212017）

摘　要　深层搅拌桩是软土地基处理方法的一种，是近几年用于加固软粘土地基的一种常用方法。它利用水泥作为固化剂的主剂，通过特制的深层搅拌机械，在地基深处就地将软土和水泥浆强制搅拌，并利用水泥和软土产生的一系列物理—化学反应，使软土硬结成具有整体性、稳定性和一定强度的水泥土而形成优质的复合地基，以控制路基的工后沉降。

关键词　深层搅拌桩　试桩　复搅　质量控制管理

1　软土地基的确定及相关物理力学数据

软土路基的确定，是一项较易引起争议的工作。正因为如此，才有必要加强对软基的研究，用比较量化的试验指标进行控制。在确定软土时，要查明软土及与之相存在的一般土层的成因、类别、范围、物理力学性质和必要的水理化学性质。各省区各公路工程的软土成因不尽相同，因此其性质也千差万别，滨海、谷地、河滩、湖沼等各处对软土的辨别也应区别对待，不宜生搬硬套标准。本文对镇江某两条路段的主要软基取样并作了试验，所得数据经分析研究得出以下规律。

（1）一般天然细粒土的天然密度在 $1.60\sim1.75$ g/cm³，而水又是不可压缩的，其密度远小于土的天然密度，所以同样的土质含水量的增加必然导致土体干密度的减小。

（2）液塑限的因素。由以上结果分析，液塑限对软基的断定并不存在必然的联系。事实上，在本工程中遇到了相当多的高液限土（约为 60%），并且利用这些高液限土填筑路基，若处理得当效果也不错。但高液限土（大于 50%）并不是一种适宜的材料，击实试验表明，液限大，最佳含水量也较大，自然对应的最大干密度就会较小，一般高液限粘土的最大干密度为 $1.55\sim1.65$ g/cm³。

（3）孔隙比。孔隙比与含水量有较大的关系，其公式为

$$e_0 = [G\rho_w(1+w)/\rho] - 1$$

式中：ρ_w——水的密度；

　　　G——土粒比重；

　　　ρ——湿密度；

　　　w——含水量。

若 w 较大，将导致分母 ρ 较小，必然导致 e_0 较大。事实上，软土的 G 并未见有特别之

处,因此可以说 w 较大程度地决定了 e_0 的大小。

本工程推荐使用荷兰轻型触探仪来鉴别软土。

使用方法:开沟清表 30 cm 厚后的连续第 3 个晴天,现场测试地基,软基探测每断面间距 10 m 布置 5 个测点,或以 5 m×5 m 方格网"十"字角点作为触点。

在实际施工中,软土状态常与设计给定的情形不相符。为了明确施工土层状态,应采取不同的鉴别方式。这里就几种不同的鉴别方式进行说明。

2 深层搅拌桩加固软土地基

2.1 深层搅拌桩加固原理

江苏地区地处沿海、沿江、江淮之间的水网地区,软土地基大多为粉砂质淤泥土,软基处理的质量直接影响路基工后的沉降,从而影响路基的稳定性。特别是桥头段,软基处理的好坏对防止因工后沉降而引起的桥头跳车具有重要作用。因此,控制深层搅拌桩施工质量的意义重大。

深层搅拌桩加固软土地基实际就是水泥加固土的过程,一般公路处理桩位间距为 1.2~2.0 m,桩长 5~25 m(深层搅拌桩机最大处理深度可达 28 m),桩位平面位置呈正三角形(即梅花形分布)。通过机械深层搅拌软土与水泥浆发生的一系列物理化学反应形成复合地基的过程,可以控制软土地基段的工后沉降。

2.1.1 水泥的水解和水化反应

深层搅拌桩施工首先将水泥拌和成水泥浆,水泥中各种钙质矿物和水完成部分水解和水化反应后,再与软土中的水继续进行水解和水化反应,生成钙质化合物,这是形成复合地基强度的主导因素。

2.1.2 粘土颗粒与水泥水化物的作用

当水泥中的各种水化物生成后,一部分自身继续硬化,形成水泥骨架;另一部分则与其周围具有一定活性的粘土颗粒发生反应。

(1)离子交换和团粒化作用。

粘土中的化合物表面带有各种离子,它们与水泥水化生成的钙离子进行当量吸附交换,从而提高土体强度;又由于软土本身具有胶凝性,再与水泥水化作用形成的凝胶粒子结合,形成水泥土坚固联结的团粒结构,使水泥土的强度大大提高。

(2)凝硬反应。

随水泥水化作用生成的钙离子超出交换所用的数量时,部分不溶于水的结晶化合物逐渐硬化,同样大大增强了水泥土的强度和水稳性。

深层搅拌桩处理的复合地基工后沉降包括桩群体的压缩变形和桩下端未加固土层的压缩变形之和。从上述水泥加固土的原理可以看出,要使水泥土保持足够的强度:一要有相应数量的水泥;二是必须使水泥与土充分接触,均匀拌和,即用机械充分拌和水泥和土;三是对桩机处理深度的控制。这是控制工后沉降的主要手段,故在现场施工中对水泥浆液的测定和现场每日水泥总用量的检查是必需的,同时应根据电流的变化值来控制实际下钻深度。此外,必须对桩体进行全程复搅,保证拌和的均匀性(可适量带浆下钻),使桩端的未加固土层厚度尽量减小。

2.2 现场工艺性试桩

为更科学地指导施工,严格控制深层搅拌桩施工质量,在正式施工前必须进行工艺性试桩,其目的包含以下几方面:

(1) 验证室内配合比。

(2) 掌握下钻、提升的困难程度及其相应的速度。

(3) 确定钻头进入硬土层电流变化程度,掌控该段持力层的深度。

(4) 确定水泥浆液密度。

(5) 确定合适的输浆泵输浆量。

(6) 掌握水泥浆到达喷浆口的时间、搅拌机提升速度、复搅下沉速度、复搅提升速度等参数。

(7) 了解施工中冒浆情况及采用下沉喷浆和提升喷浆的不同效果。

现场工艺性试桩一般应在 5 根左右,在条件受限时不得少于 2 根;试桩施工段落最好选择在地质最差段落,以利于更好地控制后续施工。

2.3 深层搅拌桩现场施工控制

2.3.1 施工准备

(1) 施工现场准备。

进行深层搅拌桩施工的场地,必须按照设计要求的标高进行平整,清除一切障碍物、杂物并开挖排水沟,预防场地积水。现场库存必须满足施工 2 天所需的经检验合格、质量稳定的水泥、外加剂等材料。

(2) 施工机械准备。

深层搅拌桩施工机械必须选用配有全自动电脑记录仪的定型产品,施工前必须经当地计量部门检验标定并铅封;钻机导向架内外侧都必须标有醒目的刻度(由上而下每米标一个刻度),以便施工时随时观察下钻深度,这样可对施工桩长进行双控检查。钻机导向架中间挂有能反应钻机垂直度的标线。每台桩机必须配备明示标牌,标明施工技术要求、桩机资料、施工配合比等。施工现场必须同时配备能测量泥浆比重的比重计。

2.3.2 现场施工工艺控制细则

深层搅拌桩的主要施工顺序为:放线定桩位→钻机就位→下钻至设计深度→边搅拌边喷浆提升钻杆→至桩顶处停止搅拌→全程复搅一次(如整桩设计浆量还有剩余,应在复搅中继续喷完)→提升至地面→关闭搅拌机械→移至下一桩位继续施工。

(1) 施工技术要求。

必须根据工艺试桩确定的各种施工参数制定施工要点并严格遵守,各项技术参数为水灰比、水泥用量、其他材料的用量、水泥浆比重。其他要求:水泥浆液搅拌时间必须≥3 min,下钻速度控制在 1.0 m/min 之内;提升喷浆速度控制在 0.5 m/min 之内;桩身垂直度≤1.5%;采用提升喷浆,喷浆口设在钻头最下层叶片左侧,既有利于钻进润滑和复搅,又能保证喷浆长度。

(2) 施工工艺。

① 定位。将钻机移到指定桩位,对中双向调整钻机垂直度。

② 浆液配制。严格控制水灰比,加水时应使用经过核准的定量容器。水泥浆必须充分拌和均匀,检测其密度并记录,施工单位和监理单位应及时对所拌制的水泥浆用标定过的

比重仪进行检查。

③ 提升喷浆、复搅提升、开动浆泵,将经过过滤的水泥浆送至搅拌头,开始桩机钻进,桩机钻进采用设计桩长和电流突变(进入持力层)双控。在提升过程中保持连续喷浆;至设计深度或持力层后原地喷浆搅拌 30 s,然后开始提升复搅。复搅原则上为桩身全长,如无法进行全程复搅,应上报监理工程师批准。复搅过程中,应对局部喷浆不足的桩身部位进行补浆。

④ 成桩后,必须在移动钻机前打印施工过程资料和成桩资料,严禁移机后补打资料。成桩资料打印必须经现场旁站监督并签字确认。

2.3.3 施工控制要点

根据深层搅拌桩加固软土原理和深层搅拌桩检测实施细则,施工控制时必须保证全桩的水泥用量,保持持续喷浆并保证喷浆长度,加强复搅特别是上部 5 m 范围的复搅。具体如下:

(1)要保证深层搅拌桩的垂直度,首先要保证起吊设备的平整度和导向架的垂直度,控制深层搅拌桩的垂直度偏差≤1.5%,桩位偏差≤5 cm。

(2)严格控制钻机下钻深度、浆喷高程及停浆面,确保喷浆长度和水泥浆液喷入量达到设计要求。如因意外原因断浆,必须尽早(2 小时以内)补喷,重叠复喷 50 cm 以上;超过 2 h 按照规定重新补打 3 根桩,3 根桩呈正三角形分布。确保全桩水泥用量不得少于试桩时确定的水泥用量,每米用浆量误差不得大于 5%。

(3)水泥浆必须按预定的配比进行水泥、外加剂和水的拌制,保证每根桩所需的浆液一次单独拌制完成,使用前过筛并在 2 小时内用完。浆液储量不少于一根桩的用量,否则不得进行下一根桩的施工;施工时输浆管路保持潮湿,以利于输浆。

(4)加强复搅控制,特别是上部 5 m 的复搅,复搅时在全桩长范围内以不大于规定的速度进行匀速复搅,以增加水泥土的均匀性且复搅宜一次完成。

(5)经常检查输浆管,不得泄漏和堵塞,管道长度不得大于 60 m,管道接头也不能过多,防止造成堵浆。定期检查钻头,保持钻头直径误差为 -1 cm～+3 cm。

(6)合理安排桩位施工顺序,先施工一个区域四周的桩,形成一个封闭的区域,再逐渐往中心施工,有利于整体的成桩质量和软基处理效果。

2.4 对桥头软土地基段的质量控制

桥头软土地基易产生的危害包括以下几方面。

(1)桥头跳车。

所谓桥头跳车是指处在软基处的桥梁,在桥台和路堤完工后因工后沉降的值不同(一般灌注桩基础的桥台沉降比台后路堤要小),从而出现车辆行驶时因路面不平而产生的跳跃现象。该现象会增加桥梁的瞬时荷载,对桥梁有一定的破坏作用,同时也影响行车安全。

(2)在桥头处产生滑移和剪切。

对于软土地基处的桥台,若地基处理不好,则将使桥台向河内滑移、甚至断桩,严重时必须增加桥梁孔数或重新浇筑桥台。

由以上危害可以看出,必须对桥头软基段的处理加强质量管理,故公路工程除设计中需对桥头段减小桩距,加大水泥用量外,在实际施工中更要严格控制质量,对水泥浆液、施工深度、搅拌速度要做到严格控制,确保桥头段的施工质量。

2.5 管理控制

深层搅拌桩施工是道路施工中的隐蔽工程,具有线长、点多的特点,因此施工单位和监理对深层搅拌桩施工必须保持高度的重视,加强现场管理和过程控制,及时发现施工中出现的问题并予以解决,杜绝质量隐患,确保深层搅拌桩施工质量。

2.5.1 施工单位管理

项目经理部建立健全质量控制体系,层层把关。试验室做好原材料的检验工作;现场安排专人 24 h 全过程旁站,详细记录每根桩的钻进复搅时间、水泥用量、钻杆垂直度、电流变化情况、施工桩长等,发现问题详细记录并马上向上级汇报;项目部质量巡查人员不定时现场巡查,检查现场施工情况和旁站人员的工作情况并及时解决现场出现的问题。

2.5.2 监理的质量管理

监理首先对施工单位的开工报告、室内配合比、施工单位资质、进场设备、施工组织设计、施工工艺、质量控制措施、安全措施等进行审查并参与工艺性试桩的工作,对现场施工进行全过程旁站,随时对每一根桩的成桩记录、水泥用量、钻杆垂直度、施工单位的旁站情况进行抽检并对施工单位的资料做现场签字确认,发现问题详细记录,马上向上级汇报。监理组安排专人不定时巡查。

3 深层搅拌桩检测方法

3.1 深层搅拌桩主要的检测方法

水泥土搅拌桩作为软基处理的一种有效方法,得到愈来愈广泛的应用。由于其桩体强度介于刚性桩和散体材料桩之间,故施工质量的检测方法也有别于其他桩型。目前,对水泥土搅拌桩的工程质量检测多采用轻型触探、抽芯取样测定其无侧限抗压强度等方法,这些方法均对桩体有损。因此,有必要探讨新的、无损的检测法对此类桩体进行工程质量检测。事实上,水泥土搅拌桩作为地基土的一部分,它与桩间土共同承担上部荷载,两者构成的复合地基强度是决定水泥土搅拌桩施工质量的重要因素。地质雷达和地震面波法可有效解决上述问题,不但可以实现对水泥土搅拌桩的无损检测,而且可用来测定桩体长度和复合地基强度。将其应用到某堤围水泥土搅拌桩的工程质量检测中,取得了较理想的检测效果。深层搅拌桩主要的检测方式有轻型触探、抽芯检验、地质雷达、地震面波法等,可对水泥土搅拌桩进行质量检测,取得了一些成果,也验证了该检测手段的可行性。

3.2 监理对深层搅拌桩应采取的质量检测方法

3.2.1 水泥含量化学分析法

实践证明,就水泥深层搅拌桩而言,只要在搅拌过程中水泥掺入比能较好地满足设计要求,且搅拌均匀,则桩的质量一般能得到保证。因此,可通过检测固化剂掺入比和搅拌均匀度来判定深层搅拌桩的质量。水泥含量化学分析法可定量检测搅拌桩的水泥掺入比。化学分析通过分析被加固土在经深层搅拌处理前后特征物质成分的变化来计算水泥含量。

从化学反应角度看,水泥搅拌桩实际上是由水泥颗粒、土颗粒与土中孔隙水等物质相互作用的三相化学反应平衡体系。由于体系基本上是封闭的,反应过程中体系与外界没有或仅有少量物质的交换,因此,反应前后体系中只有物相发生变化,而总的化学物质组成成分基本不会变。这就可能通过测定反应前原土和水泥的化学成分以及反应后体系(水泥土）的化学成分来判断并计算其中水泥的含量，评价水泥与土搅拌的均匀程度，以此作为评判水泥深层搅拌桩软基加固质量的依据。深层搅拌桩常用的固化剂多为普通硅酸盐水泥或矿渣水泥。水泥熟料中主要氧化物成分有 CaO，SiO_2，Al_2O_3，Fe_2O_3，其中 CaO 含量为 $60\%\sim70\%$，SiO_2 含量为 $20\%\sim25\%$，二者之和约占水泥熟料氧化物总量的 80% 以上。作为加固对象，主要是具有高孔隙比、高含水量的第四纪系河、湖、滨海三角洲相的淤泥质软土。这类软土中主要有 3 种氧化物，即 SiO_2，Al_2O_3 和 Fe_2O_3，其中 SiO_2 含量为 $65\%\sim70\%$，Al_2O_3 含量为 10% 左右。上述 3 种氧化物约占软土氧化物总量的 80%，而软土中 CaO 的含量极少，通常仅有 2% 左右。常用水泥的 CaO 含量高达 60% 以上，而一般软土中的 CaO 含量很少，故原土中即使掺入少量的水泥也会使其中的 CaO 含量明显增加。在一定时间内，随龄期的增长，水泥土中的氧化钙含量几乎不发生变化。因此，选择 CaO 作为水泥含量测试和计算元素是完全可行的。采用化学分析法计算水泥搅拌桩水泥含量的具体做法是：在桩长范围内分段取样，测定其 CaO 含量，并同时对作为加固剂的水泥和加固对象原状土的样本进行 CaO 含量测定。

为验证化学分析法的精度，可在室内对若干组按不同原土、不同掺入比配制的不同龄期水泥土样进行化学分析实验，其检测结果与配制水泥含量基本一致，误差一般小于 10%。对镇江某高速公路路基工程 A2、A4、A5、A6 标现场深层搅拌桩芯样的水泥含量化学分析，地节土层为淤泥粉质粘土、粉土、伊利石，工程性状差。按设计要求，经加固的水泥土，水泥掺入比应达 $13\%\sim14\%$。选择取芯的桩中有浆喷湿搅桩和粉喷干搅桩。每隔 3 m 左右深度取样进行化学分析，结果表明：前期成桩的水泥分布极不均匀，水泥含量就接近于零，取芯观察证明各桩的搅拌均匀度与上述化学分析结论一致。由于水泥含量化学分析法对搅拌的龄期没有要求，因此在试验桩阶段就可以采用该方法对水泥搅拌桩进行测试。通过这种早期的定量测试，可以指导和控制其后的施工过程。

3.2.2　结论

（1）运用水泥含量化学分析法评价搅拌桩的质量，其优点在于它的分析结果客观、真实，能定量反映桩的施工质量。这种方法不受成桩龄期的限制，尤其在加固土体强度还不稳定的成桩初期，且用常规方法无法检测时，采用这种方法进行桩质量检测可以指导和控制后续施工质量。

（2）实践中可将水泥含量化学分析法与抽芯取样法相结合，解决重点检测和整体评价问题。这种方式既能定量评价搅拌桩质量，指导后期施工，又为抽芯取样法提供了判定的依据；而抽芯取样法对于整体、宏观评估软土地基加固效果是非常可靠和有效的。化学分析法与抽芯取样法的结合，可解决深层搅拌桩质量检测与控制的问题，值得推广应用。

4　结束语

只有在施工前认真分析水泥加固软土的原理，学习深层搅拌桩检测实施细则，将施工控制要点落实到过程控制中，加强对原材料的控制和现场的管理，再加上严格检查、监督和严谨的工后检测，才能达到了预定的处理效果。

参考文献

[1] 侯守江.深层水泥搅拌桩处理软土路基施工探讨.西部探矿工程，2008(4).

［2］林勋祝.深层水泥搅拌桩在高速公路软土路基处理中的应用.四川建材,2008(4).

［3］熊杰.采用深层搅拌桩处理软土路基的施工控制.中国西部科技,2005(7).

［4］李宏建.深层搅拌桩在深圳某路基加固中的设计与施工.河北建筑科技学院学报,1999(3).

［5］中华人民共和国建设部.JGJ 94—94 建筑桩基技术规范.北京:中国建筑工业出版社,1994.

［6］中南勘察设计院.JGJ 87—92 建筑工程地质钻探技术标准.哈尔滨:黑龙江美术出版社,1993.

［7］常士骠.工程地质手册.第 3 版.北京:中国建筑工业出版社,1992.

连续配筋混凝土路面施工要点

李凤霞

（江苏省镇江市路桥工程总公司 镇江 212017）

摘　要　本文分析了影响连续配筋混凝土路面早期开裂的主要因素，阐述了连续配筋混凝土路面施工中应注意的问题，总结了连续配筋混凝土路面的施工技术，为连续配筋混凝土路面在我国高速公路上的推广提供了一定的理论依据和实践经验。

关键词　连续配筋混凝土　路面　施工要点

随着我国经济建设的迅速发展，公路运输事业突飞猛进，道路交通量快速增长，高速、重载交通比重逐年增大。连续配筋混凝土路面使道路具有完整平坦的行车表面，改善了汽车行驶的平稳性，同时也提高了路面板的整体强度，在实际工程中应用广泛。实际上，连续配筋混凝土路面并非真正没有裂缝，只是由于混凝土的收缩变形被钢筋所约束，部分收缩应力被钢筋所承担，使得裂缝分散在更多的位置，裂缝宽度也很小，且连续配筋混凝土路面的横向开裂是在铺筑完成后逐渐发展的，因此，对连续配筋混凝土路面早期横向裂缝的研究是确保连续配筋混凝土路面长期使用的重要课题。

1　连续配筋混凝土路面早期横向裂缝

连续配筋混凝土路面横向裂缝的形成可以分为两个阶段。第一阶段是从路面摊铺开始至养护结束后开放交通，这一阶段混凝土的变形主要包括浇筑初期的凝缩变形、混凝土硬化时的干燥收缩变形及温度下降所引起的温缩变形等。第二阶段为开放交通之后，这一阶段路面的开裂行为主要表现在原有裂缝宽度的增加和少量新裂缝的产生。连续配筋混凝土路面不设置伸缩缝而在纵向设置连续的钢筋，加上基层对路面板的摩擦阻力，使得路面的干燥收缩和温缩变形受钢筋和地基的约束，从而使混凝土受到拉应力作用。早期混凝土抗拉强度相对较低，当混凝土所受拉应力达到其极限抗拉强度时，路面就会产生横向裂缝。第二阶段路面在行车荷载作用下形成的荷载应力将主要增加原有的裂缝宽度和产生少量宽度很小的新裂缝。因此，车辆荷载应力外的非荷载应力（如温度应力与干缩应力）是连续配筋混凝土路面早期横向开裂的主要原因。

2　影响连续配筋混凝土路面早期开裂的主要因素

2.1　混凝土因素

（1）混凝土的抗拉强度。混凝土材料有很高的抗压强度，在正常情况下连续配筋混凝土路面不会因为应力达到混凝土的极限抗压强度而发生破坏。但混凝土的抗拉强度较低，使其在施工期和运行期中,很容易在外力和温度变化作用下出现裂缝。

(2) 混凝土的干缩。混凝土的干缩是连续配筋混凝土路面早期横向开裂的主要原因之一。

(3) 混凝土的温缩。混凝土的体积会随环境温度的变化而变化,因此,外界温度降低所造成的温缩也是连续配筋混凝土路面产生横向开裂的另一个重要原因。骨料对混凝土的温缩系数起主要作用,骨料中硅含量对其影响尤其显著。

2.2 钢筋因素

影响连续配筋混凝土路面受力变形性质的钢筋参数有纵向钢筋配筋率、钢筋尺寸和纵向钢筋在板内的埋设位置。当钢筋配筋率高于某一数值后,连续配筋混凝土路面的横向裂缝间距几乎不再发生变化;而钢筋配筋率低于1‰时,对横向裂缝的影响显著。配筋率也影响着横向裂缝的宽度,一般认为,钢筋用量越大,横向裂缝的宽度越小。

2.3 环境因素

(1) 摊铺温度。虽然铺筑的季节和铺筑的时间对路面的早期开裂有一定影响,但长期来看并无较大作用。

(2) 环境降温。连续配筋混凝土路面连续钢筋一般设于板中位置,对板的抗弯刚度影响很小,因此温度梯度所产生的弯曲应力与普通混凝土大致相同,不同之处在于翘曲变形会导致板中面在纵筋方向的变形,变形在受到连续配筋的约束时会引起路面附加应力。

3 连续配筋混凝土路面施工关键技术

3.1 做好施工前的准备工作

清理连续配筋混凝土板表面,保持路面平整、干燥、整洁,不得有尘土、杂物或油污。路面有脏物时应清除干净。当粘有土块时应用水刷净,待表面干燥后喷洒。原道路表面清洁与否将会直接影响到粘结层结构的可靠性,因此连续配筋混凝土板表面的沙尘、油污等必须在粘结层施工前彻底清除干净。清理过程为:路面清扫车初步清除→吹风机清扫沙尘杂物→高压水枪清洗→自然风干路面。

3.2 公路路面基层施工

施工段落长度最好控制在100 m范围内。两段搭接宽度为35～50 cm,纵向接缝与完成工作面搭接6～7 m。为了保持冷再生结构层的完整性和铣刨的混合料符合级配要求,应严格控制冷再生机的行走速度,必须考虑与道路中心线垂直的横向接缝以及与道路中心线平行的纵向接缝,接缝会造成路面的不连续,若处理不好会影响再生层结构完整性。因此,施工中应尽量减少停机现象,在不可避免的情况下,应对所形成的横缝进行局部处理。

3.3 封层施工

首先清扫基层,洒布A－70沥青。沥青洒布车喷洒沥青时应保持稳定的速度和喷洒量,并保持整个洒布宽度喷洒均匀。沥青洒布量为1.0～1.3 kg/m²,洒布温度为130～175 ℃,前后两车喷洒的接茬处用铁板或建筑纸铺1～1.5 m,使搭接良好。洒布主层沥青后,立即用人工洒布主集料,洒布5～10 mm的碎石,1 000 m²用量为7～9 m³,洒布集料后应及时扫匀,达到全面覆盖、厚度一致、集料不重叠和不露出沥青的要求。洒布主集料后,立即用7～8 t钢筒双轮压路机从路边向路中心碾压3～4遍,每次轮迹重叠约350 mm。碾压速度开始不超过 2 km/h,以后可以适当提高。人工洒布粗砂,填补主集料空隙,使表面均匀平整,再用 7~8 t 钢筒双轮压路机从路边向路中心碾压 3~4 遍,使表面均匀平整。再次均匀洒布1.0~1.3 kg/m² 的 A-70 沥青,贴上防水土工布。

3.4 混凝土的搅拌与运输

从材料全部进入拌和楼至拌和楼开始出料的连续搅拌时间(即混凝土净拌最短时间),对强制式搅拌而言应不小于 35~45 s。混凝土拌和物从搅拌机出料后,运至铺筑地点进行摊铺完毕的最长允许时间,一般不能大于 1 小时。同时,应对搅拌站的大型搅拌机进行生产性验证,根据试验室提供的配合比试拌,进行混凝土弯拉强度、和易性、含气量等检验,并从每台搅拌机试拌的初期、中期和后期分别取样制作试件,以检验各台搅拌机拌制混凝土的均匀性。

3.5 混凝土的摊铺

在摊铺时,应保证混凝土板的密实度、板厚、平整度及饰面质量。摊铺速度应保持均匀,摊铺时应随时观察新拌混凝土的级配和粘度情况,并根据其稠度调整摊铺的速度和振捣频率。摊铺后的混凝土表面不能出现麻面、气泡、边角塌陷等问题,否则应及时采用人工修整。施工时要求尽量保证连续施工,以减少路面横向裂缝的数量。

3.6 混凝土休整与养生

混凝土路面休整作业时,不得在混凝土表面洒水或洒水泥粉,当烈日暴晒或干旱风吹时,宜在遮荫棚下进行。对于接缝和路表面不规则处必要的人工修整作业,严禁使用纯砂浆找平,宜选用较细的碎石混合料,并在经监理工程师批准的工作桥上进行,工作桥不得支撑在未达到强度要求的混凝土上。混凝土浇筑作业完成后,开始养生并进行防护。

参考文献

[1] 倪富健,卢杨,顾宇兴,等.沥青混凝土与连续配筋混凝土复合式路面承载力分析.交通运输工程学报,2007(1):43-48.

[2] 姚祖康.公路设计手册——路面.北京:人民交通出版社,2006.

[3] 中华人民共和国交通部.JTG D50—2006 公路沥青路面设计规范.北京:人民交通出版社,2006.

沥青混凝土的压实质量控制技术

许国庆　刘　琴

（江苏省镇江市路桥工程总公司 镇江 212017）

摘　要　沥青混凝土的压实质量将直接影响沥青路面的平整度和密实度。如何在配置较少压路机的情况下，较经济、高质量地保证路面压实质量，本文结合 S340 段的施工实践重点阐述了施工中控制路面压实质量的具体技术措施。

关键词　沥青混凝土　路面　压实质量　控制技术

在沥青混凝土道路施工中，对沥青混凝土必须进行压实，目的是提高沥青混凝土混合料的强度、稳定性以及抗疲劳抗车辙特性。因此，压实质量直接影响到沥青路面的平整度、密实度。良好的路面质量最终要通过碾压来实现，因此必须重视压实工作，深入研究压实质量的控制技术。

如何在实际施工中运用一种较为成熟的、对实际工程现状行之有效的压实施工控制技术是人们追求的目标，同时如何防止压实度的方差离散较大和超压也是大家关注的问题。笔者在 S340 段大中修施工中不断摸索，总结了相关技术关键点，实践证明对压实度质量控制技术是成功的。

1　重视设备的选型与组合

从沥青混合料的特性出发，恰当选择压路机的大小、最佳频率与振幅是关键性前提条件。选择碾压机型的基本原则是在保证沥青混凝土碾压质量的前提下，应选择最少的压路机，提高工作效率。

2　适时调整工艺参数

经过摊铺初期的仔细观察、测量和试验发现，夏季早中晚气温变化和风速的影响，使得混合料的冷却速率加快，压路机有效压实时间缩短，压实跟不上，于是将原来 50 m 碾压长度改为 30 m，并且更换了一台压路机，由功率较大的 DD110 代替较小的 CC21。美国英格索兰 DD110 压路机也是两轮振动，生产率高，钢轮宽达 1 980 mm，激振频率为 31～42 Hz，激振力为 35.7～133.4 kN，振幅为 0.46～0.94 mm。由于 DD110 的频率、振幅、激振力可调范围大，轮宽因而引起轮迹的机会少，因而工程质量得到保证，并取得了满意的结果。压路机不仅能与摊铺机匹配，而且路面平整度也由原来的 0.65 mm 提高到 0.60 mm 左右，部分路段达到 0.52 mm。

3 严格压实作业的程序及操作要求

压实分为初压、复压和终压 3 道工序,初压的目的是整平和稳定混合料,这是压实的基础,因此应注意压实的平整性。复压的目的是使混合料密实、稳定、成型,混合料的密实程度主要取决于该道工序。终压的目的是消除轮迹,最后形成平整的压实面。所有这些操作都必须严格按照作业程序和操作要求进行。

3.1 压实程序

初压时,采用 YZC10B 振动压路机(关闭振动装置)压 2 遍,速度控制在 1.5~2.0 km/h,温度控制在 110~130℃。初压后,随时检查平整度、路拱,必要时予以修整。如在碾压时出现推移,则等温度稍低后再压。

复压时,首先采用 YL16 胶轮压路机压 2 遍。由于胶轮压路机进行压实时,沥青路面与轮胎同时变形,接触面积大,具有揉合的作用,因此压实效果好。同时,胶轮压路机不破坏砾石的棱角,使砾石互成齿状,路面有更好的密实度。然后采用 YZC10B 和 DD110 各振动压实 2 遍,以提高路面的密实度。最后,采用 YL20 胶轮压路机压 2 遍,并始终将复压的温度控制在 90~110℃,速度控制在 4~5 km/h。

终压时,采用 DD110 压 2 遍(关闭振动装置),消除轮迹,形成平整的压实面,并将终压温度控制在 70~90℃,速度控制在 2.5~3.5 km/h。

整个压实过程共压实 12 遍,不但生产率高,工程质量也得到了保证。

3.2 压实应注意的问题

为了保证压实质量,本项目部特意编发了《压路机操作手规程》,对压路机操作人员进行培训与技术交底。

在碾压过程中,为了保持正常的碾压温度范围,每完成一遍重叠碾压,压路机就向摊铺机靠近一点。这样做可以避免在整个摊铺层宽度范围内的压痕。变更碾压道应在碾压区较冷的一端,并在压路机停振的情况下进行。

碾压中要确保压路机滚轮湿润,以免粘附沥青混合料。有时可采用间歇喷水,但应防止水量过大,以免混合料表面冷却。

压路机不得在新铺混合料上转向、调头、左右移动位置或突然刹车。碾压后的路面在冷却前,不得停放任何机械,并防止矿料、杂物、油料等落在新铺路面上,路面冷却后才能开放交通。

3.3 接茬处的碾压操作要求

3.3.1 横向接茬碾压

横向碾压开始时,使压路机轮宽的 10~20 cm 置于新铺的沥青混合料上碾压,这时压路机重量的绝大部分处在压过的铺层上,一边碾压,一边加入一些细小料。此后逐渐横移直至整个滚轮进入新铺层上,开始时可用压路机静压,然后振动碾压。

3.3.2 纵向接茬碾压

纵向接茬时,使压路机位于热沥青混合料上,只允许轮宽的 10~20 cm 在冷料层上,然后进行振动碾压。这种碾压方法是把混合料从热边压入相对的冷结合边,从而产生较高的结合密实度。

4　提高压实质量的关键技术

4.1　碾压温度

碾压温度直接影响沥青混合料的压实质量。温度过高时，会引起压路机两旁混合料隆起、碾轮后的摊铺层裂纹、碾轮上粘起沥青混合料及前轮推料等问题；温度过低时，碾压工作变得困难，易产生难消除的轮迹，造成路面不平整，甚至导致压实无效，或其他副作用。因此，必须严格控制压实温度，使初压为110～130℃，复压为90～110℃，终压为70～90℃。

4.2　选择合理的压实工艺、压实速度与压实遍数

合理的压实工艺、压实速度与压实遍数，对减少碾压时间、提高作业效率十分重要。选择碾压速度的基本原则是：在保证沥青混合料碾压质量的前提下，最大限度地提高碾压速度，从而减少碾压遍数，提高工作效率。必须严格控制压实速度，使初压为1.5～2.0 km/h，复压为4～5 km/h，终压为2.5～3.5 km/h。速度过低时，会使摊铺与压实工序间断，影响压实质量，可能需要增加压实遍数来提高密实度；碾压速度过高时，会产生推移、横向裂纹等。S340段施工中将压实遍数定为12遍，既保证了碾压质量，又提高了碾压速度。

4.3　选择合理的振频和振幅

振频主要影响沥青面层的表面压实质量。振动压路机的振频比沥青混合料的固有频率高一些，可获得较好的压实效果，施工中选取的振频为43 Hz。

振幅主要影响沥青面层的压实深度。当碾压层较薄时，宜选用高振频、低振幅。由于施工的碾压层较薄，因此选择的低振幅为0.46 mm。

4.4　随时监测碾压质量

由于沥青路面施工只有两层，因此应十分重视下面层的碾压质量。碾压后，随时用6 m直尺进行检测，不平整的地方当即用振动压路机修正，确保下面层的平整度均方差小于1.2 mm，为上面层的施工打下良好基础。

在上面层施工时，则严格控制碾压质量，层层把关，随时检测。当出现问题时，立即修正不合格的地方，并找出问题原因，为后续施工消除隐患。

5　结束语

路面压实质量的高低本身是个系统工程，不仅需要引起施工组织者的高度重视，还必须注重设备与人员的投入，并制定一整套管理措施和工艺规范，在开工前做好路面基层的质量检验与质量控制，施工中十分注意摊铺质量的技术配合等。S340段的施工实践与江苏省内现有的施工技术相比，其成功之处在于：它在复压与终压整修过程中正确应用了振动压实技术，使得配置较少的压路机能较经济和高质量地完成路面压实质量的控制，期望该项施工技术能为更多的施工企业所利用。

参考文献

[1] 刘国华.最新公路工程路基路面设计施工技术规范与工程质量检验评定标准汇编.科大电子出版社,2004.

沥青路面早期病害及预防措施

宦月红

（镇江市兴达工程有限公司 镇江 212200）

摘　要　沥青路面具有表面平整、坚实、无接缝、行车舒适、耐磨、噪声低、施工期短、养护维修简便且适于分期修建等优点，在公路与城市道路修建中已得到广泛应用。虽然沥青路面设计是建立在层状弹性理论基础上的耐久性设计，但沥青路面仍然存在设计年限内发生早期病害的现象。本文就几种常见病害的成因进行分析并结合实际提出相应的预防措施。

关键词　沥青路面　早期病害　预防措施

沥青路面的早期病害是指在设计寿命期前 1/4～1/3 期间内，沥青路面所发生的如开裂、松散、变形及泛油、翻浆等各种形式的路面破损。沥青路面的早期病害既影响交通运输的正常运行，又造成巨大的经济损失。沥青路面早期病害的成因比较复杂，涉及设计、施工、养护、管理等方面。本文从工程施工的角度，主要讨论施工及原材料方面的原因，以及针对成因应采取的预防及改善措施。

1　沥青混凝土路面早期病害成因分析

1.1　施工方面的原因

1.1.1　地基沉降

公路建设中不可避免地有部分路段要穿过水田、沼泽、淤泥地段等软土地基。路基修筑在软土地基上时，若对软基的处理不彻底，或软基地段处理后没有沉降稳定就进行沥青路面的修筑，往往就会发生路基失稳或过量沉陷，从而导致沥青路面破坏或不能正常使用。

1.1.2　路基压实不足

路基压实是路基施工过程中的重要工序，也是提高路基路面强度与稳定性的技术措施之一。土是三相体，土粒为骨架，颗粒之间的孔隙为水分和气体所占据。压实的目的在于使土粒重新组合，彼此挤紧，缩小孔隙，提高土的密度，形成密实整体，最终导致强度的增加和稳定性的提高。路基压实度不足将出现不均匀沉陷，进而会导致沥青路面出现纵向裂缝和横向裂缝（局部路段压实不足）。在所通车的各级公路中，"桥头跳车"是一个普遍存在的质量通病，主要是由于桥台与路基衔接处压路机碾压不到位，造成局部路段路基压实度不足而出现路面坑洞、横裂，从而出现桥头沉陷、跳车等现象。

1.1.3　路面基层施工质量低劣

抢工期、赶进度易造成料源紧缺，原材料质量难以保证，半刚性基层没有合理的龄期，或基层施工粗糙，这些都使得基层（底基层）质量低劣，造成基层网状开裂破坏，若反射到面层,即为面层出现网状开裂。水从裂缝处下渗到路基中,在行车荷载作用下会出现唧泥,造成沥青面层的早期病害。

1.1.4 沥青面层本身的破坏

这是造成沥青面层早期病害的主要原因,它根据影响因素又分以下几种情况。

(1)水产生的破坏。

由沥青面层本身的原因引起的路面早期病害有沥青面层松散、坑洞、泛油等。沥青面层破坏的一个很重要的原因是水。沥青面层中水的来源包括地面降水和路基中挤上来的水,或者大气降水渗到沥青面层中而排不出去的水,它们在汽车荷载及温度变化的作用下,容易使沥青面层产生破坏。此外,施工时压实度达不到要求,也会使沥青混合料空隙率过大,沥青面层中的水无法排出,沥青混合料在饱水后使石料与沥青粘附力降低,易发生剥落、松散等,从而降低沥青路面的抗剪强度。

(2)沥青面层颗粒离析。

若沥青面层集料大小颗粒离析,局部粗集料偏多,细集料偏少,则不易压实,矿料与沥青的粘结力小,抗剪强度低,容易出现松散。若局部细集料偏多,粗集料偏少,热稳定性差,则容易出现车辙、壅包等破坏现象。而施工中的运输和摊铺过程都很容易造成粗细颗粒离析。热拌沥青混合料特别是粗粒式沥青混合料,从拌和机向运料车上放料时,由于落差大,易出现沥青混合料离析。沥青混合料从运料车上倒入摊铺机受料斗时可能会再次出现离析。

(3)沥青混凝土铺装层偏薄。

在水泥混凝土桥面上加铺沥青混凝土铺装层时,有的设计桥面铺装层厚度偏薄(厚度小于 5cm),加上其层间不按规定均匀洒布粘层油,使得汽车高速行驶时,轮胎后产生真空吸力,在行车荷载作用下容易出现坑洞。

(4)沥青被油溶解。

在施工过程中由于施工机械在路面上停留而漏油,会造成沥青被柴油溶解,降低沥青与矿料之间的粘结力,使路面产生剥离、松散或出现坑洞。

(5)沥青面层的压实度偏低。

沥青面层的压实度对沥青路面的耐久性有着非常重要的影响,压实度的大小直接影响着沥青路面的使用质量。有些单位在施工时对压实度的重要性认识不足,片面追求平整度,而放松了对压实度的控制。通车后平整度迅速衰减,面层明显变形。应该明确,平整度固然重要,但压实度更重要,必须在确保压实度的前提下来提高平整度。

1.2 原材料原因

(1)所使用的沥青性能不过关。沥青路面铺筑所使用的沥青混合料主要由沥青结合料、粗集料、细集料和矿粉等多种成分组成。要求沥青材料具有优良的粘结力、抗老化性能、高低温稳定性能。另外,随着国民经济的蓬勃发展,公路运输超载、重载现象严重,对沥青材料的性能提出更高的要求。沥青材料性能不过关是沥青路面早期破损的主要原因之一,普通沥青已不能完全适应形势发展的需要,目前修建的高等级公路及城市道路的沥青路面已开始使用改性沥青。

(2)碎石的压碎值、磨耗值不符合要求,或使用酸性矿料造成沥青混合料的稳定度偏低,引起沥青路面早期的剥落。

（3）矿粉（填料）的细度对沥青混合料质量至关重要，沥青与矿粉的交互作用影响沥青混合料的抗剪强度。矿粉粒度小，比表面积大，其比表面积约占矿料比表面积的 80%，当矿粉较目标配合比的矿粉平均粒径增大一倍时，矿粉比表面积是原比表面积的 1/4。这样就会有较多的沥青不能直接与矿粉表面交互作用形成结构沥青，而形成了较多的自由沥青，降低了沥青与矿料之间的粘结力，在行车荷载的作用下形成泛油，因此控制矿粉的质量十分重要。因矿粉的质量很不稳定，往往粗细不均匀，或由于矿粉运至工地后，防雨防潮措施不良，造成矿粉潮湿、结团。而在拌和机内，矿粉是不加热的，这样就造成沥青与矿粉拌和不均匀，影响沥青混合料质量。

2 沥青混凝土路面早期病害预防措施

沥青混凝土路面早期病害不能彻底消除，但是可以通过优化设计、加强施工管理、提高现场施工质量等措施去预防，将其危害降到最低，从而延长沥青混凝土路面的使用寿命。

2.1 地基沉降预防措施

软土地基的排水固结是比较长的过程，因此，对于软土地基，一方面应根据软基情况采用可行方案进行认真加固整治，另一方面应将面层以下部分留有比较长的沉降时间，可将软土地段沥青路面施工安排在最后，特别是对采用砂垫层、打塑料排水板等方法进行软基处理的地段，填土后要埋设沉降观测设备，定期进行观测，待沉降基本稳定后进行面层施工。

2.2 路基及路面基层施工的预防措施

保证路基压实度符合规范要求。为消除桥头沉陷，对桥头部分填土时，可用整体性好的材料如水泥石灰土、水泥稳定碎石混合料、无砂大孔砼填筑。确保路面基层的施工质量，半刚性基层应在足够的龄期后才能进行沥青面层的施工。

2.3 沥青路面施工的预防措施

（1）严格控制沥青混合料的拌和质量，拌和过程中发现"糊料"或"离析"等异常情况应立即进行处理；加大马歇尔试验频率，严格控制沥青混合料的油石比、稳定度、流值等指标，必要时对混合料进行特殊配合比设计。

（2）设置沥青混合料成品料仓，控制成品料仓料位，防止卸料离析。

（3）提高面层摊铺质量。在摊铺混合料时运距不能过远，摊铺温度控制在 130～160℃ 为宜，摊铺厚度均匀，保证沥青面层的压实度，压实设备数量应配套，速度控制在 2 m/min 左右，碾压遍数不能太少，以免混合料孔隙过大；一般不能进行补料，尤其是下面层；基层雨后潮湿未干，不得摊铺，更不得冒雨摊铺；纵向、横向接缝应紧密、平顺，各幅之间重叠的混合料应用人工铲走。

（4）对桥面铺装层应按正常路段的上面层与中面层厚度进行设计，在水泥混凝土桥面上加铺沥青混凝土铺装层时，按规定洒布粘层沥青。

（5）施工机械在已铺好的沥青路面上停留，应在机械下面铺垫塑料薄膜或采取其他防油措施，防止油漏到路面上。

2.4 原材料及管理措施

（1）加强原材料的检验工作，绝不能使用质量不符合要求的材料，质量不符合要求的材料一律不准运入工地；已运入工地的，必须限期清除出场。同时，施工单位质量保证体系对每批进场材料进行检查，对材料的数量、供应来源、储存堆放进行清楚标识。

（2）混集料的骨料应选用表面粗糙、石质坚硬、耐磨性强、嵌挤作用好、与沥青粘附性能好的集料。如果骨料呈酸性，则应添加一定数量的抗剥落剂或石灰粉，确保混合料的抗剥落性能，同时应尽量降低骨料的含水量。混合料使用的矿粉要进行搭棚存放，作好防雨防潮措施。

（3）加强沥青混合料材料配合比的控制，施工单位自检体系要严格控制材料规格、用量和矿料级配组成及沥青用量。

（4）施工前应检查设备。在沥青路面施工前，施工单位要配合监理对拌和厂、摊铺、压实等施工机械设备的配套情况、性能、计量精度等进行严格检查，对不符合要求的机械设备应进行更换，直至符合要求。

3 结束语

路面早期病害已成为沥青路面的主要危害之一，在工程施工中根据其成因，从路基、基层施工、沥青面层施工到原材料控制，有针对性地采取一系列预防和改善措施，同时按全面质量管理的要求建立健全有效的质量保证体系。对施工全过程每道工序的质量进行严格检查、控制，只有这样才能减少沥青路面早期破损的发生，从而提高沥青路面的建设质量。

参考文献

[1] 张启炎，欧阳华.高等级公路沥青路面病害调查分析及处治.交通企业管理，2008(4).

[2] 中华人民共和国交通部.JTGD50－2006公路沥青路面设计规范.北京：人民交通出版社，2006.

客车国Ⅲ发动机的使用和维护

吴建华

（镇江江天汽运集团有限责任公司 镇江 212000）

摘　要　2008 年 7 月 1 日起,我国在全国范围内正式对总重大于 3.5 t 的柴油车实施第三阶段排气污染物排放标准(即国Ⅲ排放标准),国内客车厂家生产的客车从 2008 年 7 月 1 日起都配备了国Ⅲ发动机。国Ⅲ发动机与国Ⅱ发动机究竟有何区别,国Ⅲ发动机如何使用和维护已成为客运企业关注的焦点,本文简单介绍了国Ⅲ发动机与国Ⅱ发动机的区别,以及国Ⅲ发动机使用和维护的注意事项。

关键词　客车　国Ⅲ发动机　使用　维护

根据国家环境保护总局规定,从 2008 年 7 月 1 日起,我国在全国范围内正式对总重大于 3.5 t 的柴油车实施第三阶段排气污染物排放标准(即国Ⅲ排放标准),未达标新车一律不得销售、注册登记和投入使用。这就意味着从 2008 年 7 月 1 日开始,全国汽车运输企业新购买的营运客车配置的发动机必须为国Ⅲ发动机,这就要求人们必须对国Ⅲ发动机有所了解,掌握国Ⅲ发动机与国Ⅱ发动机的区别,以便更好地使用和维护国Ⅲ发动机。

1　国Ⅲ排放标准的概念

国Ⅲ排放标准是指国家机动车第三阶段排放标准,其准确定义为机动车尾气排放达到《轻型汽车污染物排放限值及测量方法(中国Ⅲ、Ⅳ阶段)》(GB 18352.3—2005)和《车用压燃式、气体燃料点燃式发动机与汽车排气污染物排放限值及测量方法(中国Ⅲ、Ⅳ、Ⅴ阶段)》(GB 17691—2005)中的第三阶段排放控制要求。也就是说,重型车第三阶段排放标准,即满足"国Ⅲ"排放标准的车辆废气中 CO(一氧化碳)、HC+NO$_x$(碳氢化合物和氮氧化物)、PM(微粒、碳烟)等有害气体的浓度要比满足"国Ⅱ"排放标准的车辆低 30%～50%。

从理论上讲,国Ⅲ比国Ⅱ更省油,比机械式发动机更稳定、更成熟耐用。

2　国Ⅲ发动机的优势（与国Ⅱ发动机的主要区别）

国Ⅲ排放标准等效采用了欧洲第三阶段机动车排放控制标准,达到"国Ⅲ标准"的车辆有两大突出特点:一是可大幅度削减单车的污染物排放,其排放污染物总量比达到国Ⅱ标准的车辆减少 30% 以上;二是加装了车载排放诊断系统。

车载排放诊断系统即车载自诊断系统(OBD)。车载自诊断系统的特点在于检测点增多、检测系统增多,在三元催化转化器的进出口上都有氧传感器。完全利用实时监控车辆排放情况来控制达标,这样可以更加保证国Ⅲ排放标准的执行。当车辆因为油品质量等因素造成排放物没有达到国Ⅲ标准时,OBD 系统将自行报警,转而进入系统默认模式,此时发动机将不能正常工作,车辆只能进入特约维修站进行检查和维护。OBD 不能在车辆出厂之后经过改造装载,所以实施国Ⅲ标准会使单车成本上涨。

机动车污染物排放要稳定地达到国Ⅲ机动车排放标准,车辆必须装备使污染物排放达到国Ⅲ标准的技术措施,同时使用达到欧Ⅲ标准的油品。国Ⅲ发动机结构与国Ⅱ发动机结构相比有了重大变化,所有发动机都使用了电控喷油系统,与此前的机械式大不相同。从喷油嘴、喷油泵到共轨系统等零部件的设计,都远比国Ⅱ发动机复杂得多,采用电控高压共轨、电控泵喷嘴技术、电控单体泵技术的发动机统称为"电喷"(电控喷射)发动机。"电喷"发动机最大的优点就是应用电控单元(ECU),也就是用电脑对喷油量、喷油时间进行精确控制,达到油气充分均匀混合燃烧,进而达到降低油耗的目的。

电控单元(ECU)是电子控制燃油喷射系统的核心控制元件。ECU 实际上是一个微型计算机,它一方面接收来自传感器(曲轴位置传感器、凸轮位置传感器、冷却水温度传感器、机油温度传感器、燃油温度传感器、大气温度传感器、进气温度传感器、增压压力传感器、机油压力传感器、大气压力传感器、电子油门传感器等)的信号,另一方面完成对这些信息的处理,并发出相应的控制指令来控制执行元件的正确动作,于是发动机的性能、燃油消耗和废气排放都可以保持在最佳状态。除此之外,电控单元还有自动切断电动柴油泵电路的功能。例如减速断油控制就是当汽车在高速行驶中突然松开油门踏板减速时(强制怠速工况),由计算机自动中断燃油喷射,直至发动机转速下降到设定的低转速时再恢复喷油,其目的是为了控制急减速时有害物的排放并减少燃油消耗,促使发动机转速尽快下降,以有利于汽车减速。在冷车启动后,若发动机尚未暖车即行驶汽车,电控单元还有限制转速迅速升高的功能,以防止发动机气缸在冷车时过度磨损。

在"电喷"发动机中,电控高压共轨技术、电控泵喷嘴技术最为成熟可靠,在国内外应用最为广泛。

2.1 电控高压共轨技术

这是指在高压油泵、共轨管、压力传感器和 ECU 组成的闭环系统中,ECU 通过接收各传感器的信号,借助于喷油器上的电磁阀,让柴油以正确的喷油压力在正确的喷油点喷射出正确的喷油量,保证柴油机最佳的燃烧比、雾化和最佳的点火时间,以及良好的经济性和最少的污染物排放。电控高压共轨技术被国际企业 VOLVO(沃尔沃)、奔驰、MAN(曼)和国内陕汽、解放、欧曼、玉柴、潍柴等企业采用,成为目前应用最广泛的实现国Ⅲ排放的技术。

2.1.1 共轨工作原理图

共轨工作原理如图 1 所示。

2.1.2 共轨发动机油路

燃油进油系统:油箱→粗滤(手油泵)→燃油分配器→输油泵(在高压油泵后端)→细滤→高压油泵→共轨管→喷油器。

燃油回油系统:一是喷油器回油,二是高压泵回油,三是共轨管回油。

2.2 电控泵喷嘴技术

在泵喷嘴系统中喷油泵和喷油嘴组成一个单元,由电脑控制摇臂或者间接地由发动机凸轮轴通过推杆来驱动喷油嘴准确喷油。电控泵喷嘴技术被 VOLVO、陕汽、东风等企业采用。专业发动机制造商美国康明斯的全电控发动机应用的就是泵喷嘴技术,迄今采用该技术的发动机全球保有量已经超过 40 万台,行驶里程达 3 000 亿公里,是久经考验的成熟产品。

另外,电控单体泵系统工作方式跟泵喷嘴相同。与泵喷嘴系统不同的是,电控单体泵用一根较短的喷射油管连接喷油嘴和油泵,由发动机的凸轮轴驱动。电控单体泵技术被奔驰、IVECO(依维柯)等企业采用,国内企业应用较少。

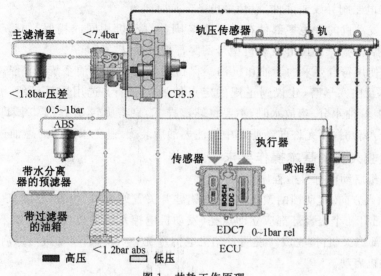

图 1　共轨工作原理

3　国Ⅲ发动机的使用和维护

3.1　电控单元(ECU)使用注意事项

(1)发动机出厂时已按试验规范严格进行了试验,用户不得随意调整电控单元内的数据,改变柴油机功率和配置。

(2)电控单元、共轨油泵和喷油器等为精密部件,用户不得自行拆解。整车进行焊接操作或插拔电控单元插接器时,务必关闭总电源,切断电控单元的电源,以免损坏电控单元或其他部件。

(3)在进行电控单元供电电源连接时,务必确认好电源的正、负极,以免损坏电控单元。

3.2　电控元件的日常维护

柴油机电控元件和线束一定要保持干燥、无水、无油、无尘。电喷共轨柴油机的日常维护应注意以下几点:

(1)拔插线束及其传感器或执行器连接的插件之前,切记应首先关掉点火开关、电源总开关,然后才可以进行柴油机电器部分的日常维护操作。

(2)电控燃油喷射系统的正常工作电压范围是 18~34 V,但蓄电池电压应尽量保持在 22~26 V。

(3)严禁用水直接冲洗发动机电控部分的零部件,当电器部分意外进水后,切记应首先切断电源总开关,并立即通知维修人员处理,不要自行运转发动机。

(4)定期用清洁软布擦拭柴油机线束上积累的油污与灰尘,保持线束及其与传感器或执行器连接部分的干燥清洁；当对国Ⅲ发动机维修后，例如更换高压油管或排除空气，应立即将油泵接插件上溅到的油用软布吸干。

（5）所有的接插件都是塑料材料，安装或拔出时禁止野蛮操作，一定要确保锁紧定位装置插到位，插口中无异物。

（6）国Ⅲ发动机的喷油系统在柴油机运行中会产生高压（110 V），当柴油机运行时，不要触动喷油器电磁阀导线或部件，以免触电。

（7）国Ⅲ发动机的一些零部件在外观上与国Ⅱ发动机相同或相似，如喷油器、高压油管、柴油滤清器等，严禁用国Ⅱ发动机型号的零部件替换。

（8）必须使用符合要求的燃油和机油。保持国Ⅲ发动机燃油系统的清洁非常重要，否则会导致单体泵柱塞早磨，建议到正规的定点加油站加油。选用质量等级为 CH 级的机油。对燃油初滤（油水分离）放水时，不要将螺塞拧下，只需旋转 3/4～4/5 圈即可。更换燃油初滤（油水分离）时，不允许向新滤芯中加注燃油后装配，避免未过滤的燃油进入油路。

3.3 驾驶人员的基本操作要求

（1）发动机启动前有自检程序。

将钥匙插入方向/起动锁的锁孔内，旋转钥匙开关置通电"1"位置，发动机 ECU 电源接通，仪表板信号灯 4 个报警灯都应立即点亮（发动机电控系统进行自检）。如果 4 个报警灯持续 2 s 后全部熄灭（自检完成），说明发动机电控系统一切正常，发动机可以启动。

（2）发动机启动。

将变速杆放在空挡位置，转动钥匙至"3"的位置，此时起动机应开始工作，启动时间不能过长（应小于 15 s）；启动时，不需要踩油门。国Ⅲ电控发动机的启动由电控系统直接控制。启动发动机时，由启动油量控制模块提供足够的起动油量，以保证迅速启动并不冒黑烟。发动机启动后，起动机将自动停止。若首次启动失败，应放开钥匙使其回弹位置"2"处，再回转至"0"位，间隔 2 min 后重复上述步骤，发动机启动后应迅速松开点火钥匙。

（3）发动机自动预热装置。

当环境温度低于一定值时，发动机自动预热，预热指示灯亮。当预热指示灯灭后，可以启动发动机。

（4）先怠速，后运行。

每次启动后，应怠速运行 3～5 min 才能逐步提速起步。禁止大油门运转冷态发动机。

（5）行驶过程。

行驶中不要猛轰油门，由于国Ⅲ发动机在急加速时 ECU 自动将油量平稳增加，因此即使猛踩油门也不会得到想象中的急加速。

（6）对国Ⅲ发动机，下坡时带挡滑行比空挡滑行省油。

国Ⅲ发动机在高转速状态如果突然完全松开加速踏板，则进入减速断油控制，此时控制器会停止燃油喷射，车辆依惯性滑行或沿下坡滑行。当发动机转速逐渐下降到怠速转速时，恢复供油，维持发动机运转。采用减速断油控制策略不仅可以降低燃油消耗，还可以增加发动机的制动作用。

（7）发动机熄火。

如果需要发动机熄火，只需将钥匙开关从位置"2"处回转至"0"位，电控单元停止供电并控制发动机熄火。为使发动机电控单元有足够的时间存储系统的各种数据，发动机熄火

30 s后,才允许关闭电源总开关。

(8) 低压油路排空方法。

当发动机因各种原因需要排除空气时,一定要在停机状态下,且必须采用手油泵排空,将燃油初滤(油水分离)上的放气螺栓拧开,快速按压手油泵排空。禁止以起动机拖动发动机排除空气,因为这样做会缩短电池寿命。高压油路无需人工排空,由高压泵自行排空。由于高压油管高达 1 800 bar,严禁在发动机运转时,拧松高压油管试压。如果需要松开高压油管时必须将车静置 15 min 以上,等油轨内压力(电控高压共轨柴油机的燃油喷射压力很高,达到 160 MPa)下降以后才能松开高压油管,否则油轨内的高压燃油喷出极有可能造成人员伤害。在排空过程中应避免燃油溅到排气管、起动机、线束及接插件上。若不小心溅到这些部件上,则需将燃油擦拭干净。

(9) 涉水行驶。

由于国Ⅲ发动机是采用电控单元控制的,所有输入输出的信号都是电信号,所以要防止进水。当必须要涉水行驶时,应避免电控系统因进水而受到损坏,原则上电控单元离水面的高度应超过 200 mm,并且涉水行驶时速度应小于 10 km/h。

(10) 故障指示灯。

当发动机出现故障时系统发出故障警报,此时该指示灯闪亮,并且按照一定的规律用闪码报出故障形式,驾驶员可以借此来识别故障,根据故障情况及时安排检查维修。

(11) 跛脚行驶。

当发动机发生故障时,故障指示灯将显示相关信息。如果它判断该故障不会引起发动机继续恶化,电控单元就使发动机以较低的转速和较小的负荷运行,进入所谓的跛脚回家状态,例如水温超过设定值、高压油管破裂、增压压力低等,此时发动机会限制转速和功率,这是国Ⅲ发动机为确保行车安全,并且能让用户方便维修的人性化功能设计。在跛脚回家的情况下,司机所能做的就是耐心地将车开到附近的维修站,踩油门踏板企图加速是没有用的。

总之,为了达到国Ⅲ排放标准,决定了国Ⅲ发动机与国Ⅱ发动机相比在结构上发生了重大的变化。客运企业的管理人员应该掌握国Ⅲ发动机与国Ⅱ发动机的区别,以便更好地使用和维护国Ⅲ发动机。

参考文献

[1] 徐家龙.柴油机电控喷油技术.北京:人民交通出版社,2004.

经济管理、行业管理

如何做好农村公路危桥改造工程设计工作

蒋辉明

（镇江市交通规划设计院 镇江 212003）

摘　要　本文结合设计工作实践经验，总结了农村公路危桥改造工程的特点，指明了农村公路危桥改造工程设计工作的原则、注意事项和程序。

关键词　农村公路危桥　改造　设计

1　概　述

镇江市在 20 世纪 60—70 年代建造了大量的农村公路桥梁，其桥跨结构主要为双曲拱和桁架拱。由于桥梁的建设标准较低，尤其是设计荷载等级较低（一般为汽车—10 级或汽车—15 级），加之桥梁年久失修，随着经济的快速发展，交通量越来越大，桥梁出现了不同程度的病害：拱圈或桁架开裂甚至断开，钢筋锈蚀裸露，桥面龟裂、沉陷、渗水严重，墩台出现竖向或水平贯穿裂缝，导致其承载力严重下降，给沿线车辆和行人的通行带来了安全隐患。为满足经济发展要求，加快实现社会主义新农村的战略目标，老桥亟需进行改造。农村公路危桥改造工程任务十分繁重，建设资金缺口较大。近年来，各级地方人民政府、交通主管部门对农村公路危桥改造工作十分重视，每年均制订农村公路危桥改造工作计划，给予资金补贴，并将其列入为民办实事工程。本文根据笔者实践经验，探讨如何做好农村公路危桥改造设计工作，供相关管理、建设、设计、监理、施工单位参考。

2　桥位选择

农村公路危桥改造如与相关规划无冲突，一般宜在老桥位进行，这是因为：

（1）桥位处的河道占用无须重新办理；

（2）老桥拆除可以消除安全隐患；

（3）桥头接线道路可充分利用；

（4）符合现状出行习惯。

一般新、老桥纵横向中心线宜重合。如遇老桥横向中心线与桥下河道或道路中心线不一致，宜调整新桥横向中心线，尽量使其与桥下河道或道路中心线相一致；如遇新桥宽度大于老桥，且一侧拓宽困难时，可采用单侧或不对称拓宽的方式。

3　桥梁的建设标准

设计单位应在接受建设单位的委托设计邀请后，组织拟定桥位处的现场踏勘并进行详细的地形图测量，在充分征询建设单位和相关主管部门的意见后明确桥梁的建设标准。

（1）使用年限。

桥梁主要受力构件必须在正常设计、正常施工、正常使用养护的条件下,其使用年限为100年。

（2）设计洪水频率。

二级公路上的大、中桥,设计洪水频率为 1/100;二级公路上的小桥和三、四级公路上的大、中桥,设计洪水频率为 1/50;三、四级公路上的小桥,设计洪水频率为 1/25。设计洪水频率内的历史最高洪水位可通过现场调查踏勘、向附近当地村民询问了解、向相关水利部门发函等方式获得。

（3）桥下被交河流的航道等级和净空标准。

应与相关航道主管部门联系,获得桥下河流的航道等级、最高通航水位、净空标准及规划等资料,如桥梁下部结构和基础在通航水域中,须设置必要的船舶航行标志、标识。

（4）桥下被交道路的等级和净空标准。

应与相关道路主管部门联系,获得桥下道路的等级、净空标准及规划等资料,并设置必要的防车辆撞击设施。

（5）道路等级。

一般来讲,农村公路的道路等级可采用二、三、四级公路标准。具体取用时,不仅要与现状相吻合,还要与规划相协调。

（6）设计荷载。

一般来讲,二、三、四级公路,汽车荷载等级为公路Ⅱ级,如二级公路为干线公路且重型车辆多时,可采用公路Ⅰ级汽车荷载。

（7）设计速度和桥梁宽度。

二级公路设计速度为 80 km/h,60 km/h,其相应的桥梁宽度分别为 12 m,10 m;三级公路设计速度为 40 km/h,30 km/h,其相应的桥梁宽度分别为 8.5 m,7.5 m;四级公路设计速度为 20 km/h,其相应的桥梁宽度为 6.5 m(双车道)、4.5 m(单车道)。桥面宽度的具体取值不仅要与现状相吻合,还要与规划相协调。

（8）桥上及桥头引道线形。

桥上及桥头引道的线形应与路线布设相协调,各项技术指标应符合路线布设的规定。桥上纵坡不宜大于 4%,桥头引道纵坡不宜大于 5%;位于市镇混合交通繁忙处的桥上和桥头引道纵坡均不得大于 3%。桥头两端引道线形应与桥上线形相配合。

4 桥梁的建设规模

在桥梁的建设标准明确后,桥梁的建设规模主要涉及桥梁的立面设计。桥梁立面设计的三要素为桥高、桥长、基础入土深度。

（1）桥高(指最低梁底高程)。

桥高通常在做以下 3 项对比后确定。

① 设计洪水频率内的历史最高洪水位加安全高度后的高程;

② 与航道等级相对应的最高通航水位加净空高度后的高程;

③ 与道路等级相对应的最高路面高程(考虑路面加铺因素)加净空高度后的高程。

（2）桥长。

梁底高程确定后再确定主孔跨径。一般来讲,在满足桥下净空宽度和泄洪要求的条件下,应尽可能采用较小的经济性跨径,降低上部结构建筑高度,减少投资。确定上部结构建筑高度后进行桥长设计时,为缩短桥长,减少投资,可按以下原则控制:

① 尽可能采用较大桥梁纵坡;

② 平原软土地基台后填土高度不宜大于 4.0 m,一般地基台后填土高度不宜大于 6.0 m,城镇人口稠密区,台后填土高度不宜大于 3.0 m;

③ 桥下净空断面须满足泄洪要求;

④ 桥梁基础宜尽可能避开老桥基础。

(3) 基础入土深度。

① 如地基土质承载力较高且具备开挖条件时,应首选扩大基础,否则宜采用桩基础。

② 基础入土深度须考虑河道的一般冲刷、局部冲刷以及规划河床断面的开挖情形。

5 桥梁的施工图设计

在桥梁的建设标准、建设规模初步确认后,由建设单位组织召开设计方案论证会,以会议纪要方式最终确认或直接由建设单位下达设计委托函予以明确。设计单位据此与建设单位签订委托设计合同,安排桥位处地质勘探,每座桥梁布置不少于 2 个地质钻孔,并由设计单位提供地基承载力要求。此后,设计工作进入施工图设计阶段。

为做好施工图设计,应高度重视以下设计细节:

(1) 桥梁抗震设防。

镇江地区抗震设防烈度为 7 度,设计基本地震动加速度峰值为 0.10g 或 0.15g,除二级公路上的大桥采用 8 度区的抗震措施外,其余桥梁均采用 7 度区的抗震措施。

(2) 桥面铺装。

鉴于桥梁规模较小,宜采用防水砼铺装。如铺装厚度计入结构计算高度,须设置不小于 3 cm 的磨耗层。

(3) 桥面护栏。

桥面设置人行道时,应设置人行道栏杆扶手;桥面不设置人行道时,宜设置砼墙式护栏,以减少后期养护工作量。由于农村公路为混合交通,为确保行人安全,护杆高度不应小于 1.1 m。

(4) 桥头接线。

桥头接线原则上要求与老桥两头道路衔接,平纵线形顺适,设置必要的波形防撞护栏,与桥上护栏相衔接。

(5) 管线事宜。

原则上原有老桥上的管线在新桥设计时应予以保留,并预留未来管线位置,但须遵循下列要求:

① 严禁天然气输送管道、输油管道利用公路桥梁跨越河流;

② 高压线跨河塔架的轴线与桥梁的最小间距,不得小于一倍塔高。高压线与公路桥涵的交叉应符合现行《公路路线设计规范》的规定。

6 结束语

农村公路危桥改造工程一般位于二级及以下公路上。单座桥梁工程规模较小,但其数量众多,建设资金缺口较大。农村公路危桥改造工程关系到当地的社会经济发展,关系到当地人民群众的生命和财产安全,则其设计原则应安全、适用、经济。该原则应贯穿于桥位选择、建设标准和规模的选定、施工图设计等各个设计环节。

公路工程施工单位人力资源管理
现状分析及其对策研究

庄 云 王 侠

（镇江市路桥工程总公司南通分公司 镇江 226008）

摘 要 企业的发展要靠人才,要靠人力资源的优化配置,但目前我国公路工程单位现有人才储备、技术素养都和世界发达国家存在相当大的差距。因此,要想在公路建设市场做大做强,必须完善企业人力资源管理模式,以适应新形势和新任务的要求。本文主要以万达公司为例分析研究了当前公路建设施工企业在人力资源管理方面存在的问题,同时从战略高度上提出加强和完善施工企业人力资源管理的对策。

关键词 公路工程施工单位 人力资源管理 现状 对策

1 万达公司现状

企业参与市场竞争,表面上看是产品和服务的竞争,是技术的竞争,其实质是人才的竞争。随着计划经济向市场经济、知识经济时代的转变,我国企业得到了长足的发展,同时也面临着更加激烈的市场竞争。企业能否在日趋激烈的市场竞争中生存和发展,关键在于企业人力资源管理的质量。

万达公司是在江苏省某市公路管理处养护工程处的基础上,于 2003 年改制而成立的有限责任公司。改制前的养护工程处资金困难,管理落后,设备陈旧,债台高筑。万达公司成立后,在公司领导集体的带领下,经过短短几年的努力,已发展成为拥有注册资本 1 700 万元,总资产 7 500 万元,下设 3 个专业分公司及若干项目经理部的现代交通工程施工企业,其组织结构网络如图 1 所示。

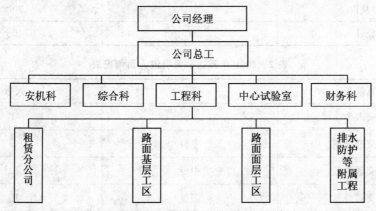

图 1 万达公司组织结构

2 万达公司人力资源管理中存在的问题分析

万达公司作为公路建设施工企业，由于其行业的特殊性，人员相对分散，这给人力资源管理带来了一定的难度。当前国家大幅投资建设、扩大内需，这对公路建设施工企业来说是个很好的机遇，很多施工企业在机遇面前却因人力资源管理上的缺陷严重影响了企业的发展。笔者通过对类似万达公司等诸多施工单位人力管理现状深入剖析，认为当前施工企业人力资源管理主要存在以下几方面的问题。

（1）招聘中存在的问题。

这主要表现为人才引进渠道过窄，随意性大，针对性不强，效果不理想。对于20世纪80年代的公路建设施工企业而言，每年的专业人才引进数量少得可怜，主管人的思想观念陈旧，认为修马路的活随便找几个民工就足以应付。那时受条件制约，尚未实行监理制度，基本上造路不用测量而用眼瞄，也没有什么诸如压实度、灰剂量之类的实验检测，总之基本就是闭着眼做。一条路干三四年，照样有效益。这种小富即安的思想导致企业不思进取，忽视了对人才的引进。在随后市场经济激烈竞争的大潮中，很多施工企业因此倒闭破产或被买断，而有些施工企业在政府的扶持下生存了下来，接受教训，加大了人才的引进，努力做到与市场接轨。但从现状来看，效果却不太尽如人意，人力资源源头管理依然存在缺陷。以万达公司为例，目前人才引进渠道过窄，仅仅依靠屈指可数的几个院校的招聘，而且存在随意性大、结构层次不合理等现象。具体情形见表1、表2。

表 1　万达公司人员情况表

学历 \ 人数 \ 年份	至 1999 年	至 2009 年
研究生	0	0
本科	12	35
大专	20	52
中专	35	80
高中	40	30
初中及以下	240	208
合计	347	405

表 2　2009 年万达公司引进人员情况表

所属院校	学历	人数
长安大学	本科	3
长沙交通学院	专科	5
南京交通学校	中专	12
镇江交通技校	中技	16

从表1、表2可以看出,尽管在10年间公司专业人员数量有了显著提高,但结构并不合理,高层次人才所占比例偏少。此外,人才的引进并没有根据工作特点、倾向测量试验等方面进行选拔,而盲目引进。一次招聘会后满载而归,算是向领导交了差,孰不知有些人到了单位后用非所学,根本没有取到良好的效果。

(2) 缺乏有效的人才培育机制,不利于培养人才。

施工企业的人力资源管理是一个长远而又行之有效的规划,并不局限于对人才的引进,还必须进行有效的培养,使原有的员工变成人才,引进的人才尽快适应并融入企业中。对于公路建设施工企业来说,岗位是多种多样的,每个岗位都需要人才。人才培养应是全方位的,具体可分为管理型人才(如项目经理),技术型人才(如总工程师),操作型人才(如机械操作手)。笔者认为劳动可以分为脑力劳动和体力劳动,但作为人才的概念应该一视同仁,只要能为企业发展作出突出贡献的就是人才。俗语说:"三百六十行,行行出状元。"但目前施工企业普遍存在员工培养机制不完善的通病。平时根本就没制订年度的员工培训计划,即使有计划,也被工程忙等理由推脱而执行不了。2008年,交通部开始推行试验检测工程师考试,但当时万达公司并未引起重视,文件简单发下去要求各符合条件员工自愿报名,结果报名人甚少,考试通过率很低。2008年底,交通部下文,拟建工程投标必须要求试验室主任具备检测工程师资格。此时公司领导才引起重视,要求公司上下所有符合条件员工全部复习参加考试,并召开大会进行动员。在领导的大力支持下,全国各地的公司在建项目上掀起了学习的高潮,2009年5月,120名公司考生分乘数辆大巴前往南京赴考,场面相当壮观,功夫不负有心人,万达公司取得了25%的通过率,得以顺利在公路投标市场上占有一席之地。笔者举此例意在说明,作为一个施工企业,万万不可不注重对职工的培养,甚至主观上打压员工的求知深造需求,这样对企业的发展是不利的。

(3) 人才任用与选拔制度不完善。

受我国传统思想的束缚,在人才使用上,不少企业尤其是公路建设施工企业还具有强烈的"情感经济"意识,在员工配置机制上具有较强的个人情感色彩。在这样的企业中,血缘关系成为企业与员工之间的纽带,使得一些优秀人才远离企业核心管理层而难以发挥其才能。在万达公司内部,同样存在类似的情况。

① 遗留的裙带关系现象普遍。

在万达公司中,很多关键性岗位被经验丰富但不具备管理能力或者无法掌握新材料、新技术的人员所占据,导致企业效率的低下。

② 论资排辈风气比较普遍。

所谓论资排辈,笔者认为目前施工企业在干部选拔任用时一是比工龄,二是比学历,三是比贡献。万达公司在人才选拔任用上没能做到不拘一格,没有对有技术、有能力的人才破格提拔,致使很多优秀的人才长期埋没在一线基层,不能及时参与更高层的管理,失去锻炼的机会。这对个人是损失,对公司而言更是损失。

③ 人才流失严重。

道路施工属于艰苦的工作,大多是在远离亲人、远离故土的情况下工作,并且工作环境恶劣,这样的工作很多人是不愿意考虑的。同时用人机制死板,很多大学生得不到应有的提拔任用,纷纷选择跳槽到别的企业。人才流失不仅提高了企业的用工成本,而且有可能导致企业的技术和商业机密的外泄,影响企业的竞争力。

（4）薪酬待遇，激励机制不完善，人才流失现象严重。

很多施工企业缺乏科学、严格的绩效考评制度，这不仅会扭曲和削弱激励的导向作用和推动作用，也将使企业陷入管理监督的困境。实践中有些企业员工对薪酬现状不满，难以有效激励他们积极地工作。这主要表现在以下几方面。

① 薪酬分配不公平现象严重。

万达公司项目化薪酬标准如表 3 所示。

表 3 万达公司项目化薪酬标准

薪酬职位 \ 产值	5 000 万以下项目	5 000 万～10 000 万项目	10 000 万～15 000 万项目	15 000 万以上项目
项目经理	6 万	6.5 万	7 万	8 万
项目总工（占 85%）	5.1 万	5.525 万	5.95 万	6.8 万
项目副经理（占 80%）	4.8 万	5.2 万	5.6 万	6.4 万
施工队长（占 70%）	4.2 万	4.55 万	4.9 万	5.6 万

（ⅰ）外部比较。

同行业施工企业之间薪酬待遇差异明显。如万达公司项目经理年薪为 8 万元，而南京某企业为 30 万元。

（ⅱ）内部比较。

企业内部基本吃大锅饭，体现不出多劳多得，按劳分配的原则。万达公司 5 000 万以下项目的项目经理待遇仅为 6 万元，扣除 20% 的风险金和四金，每月拿到手的就只有 3 600 多元，而项目上普通职工月收入约为 3 300 元，仅仅 300 元的差异怎能体现差距？而按表 3 薪酬管理办法，施工队长仅能拿到 2 600 元，如何体现公平？如何调动积极性？对此问题，基层已多次向公司反映，公司也专门去各项目调研，可研究了一年多，新制度也未出台。

② 缺乏相应的福利制度，使员工没有安全感。

施工企业受效益影响较大，对于职工的福利是时多时少，时有时无，万达公司前些年每两年组织职工旅行一次，但从 2005 年至今毫无动静。

③ 激励手段单一，忽略员工需求的多层次性，以物质激励代替一切。

一些施工企业只强调"奖金"，片面认为"没有钱是不行的"，而忽视了"钱并不是万能的"，更忽视了人除了需要钱之外，还有其他更人性的需要，从而不能充分调动员工的工作热情和积极性。万达公司的某些项目只强调"管"，认为人都有"奴性"，只要"管住"、"压制住"，到时多发点钱就万事大吉了，其结果必然是挫伤员工的"积极性"，限制员工的"创造性"，引发员工的"反抗性"。即使很多员工为"钱"忍气吞声，但该项目一旦亏损失去了物质支撑，员工们肯定会反戈一击。

薪酬待遇、激励机制的不完善直接导致员工信心下降，人才纷纷外流。对于企业而言，辛辛苦苦培养一个可以担当重任人才很不容易，但由于分配制度的不合理，导致人才纷纷被外单位挖走，损失是可想而知的。自 2006 年 9 月万达公司实行项目化薪酬待遇制度以来，共计流失人才 15 人，其中有 8 人是项目经理，8 人中有 4 人是在在建项目未完成时辞职离开的。人员的变动给建设单位造成不好的印象,同时也给企业带来巨大的经济损失。由于忽略了高层次人才对精神激励和自身发展的需要,结果造成能人留不住。

(5)缺乏良好的企业文化。

企业文化是企业在长期的运营实践中所凝结起来的企业价值观及企业精神,它对员工的行为方式和习惯会产生强烈的影响。目前大多数施工企业不注重企业文化建设,员工缺乏共同的价值观念,对企业的认同感不强,这往往会造成个人的价值观念与企业理念的错位。

3 加强施工企业人力资源管理的措施

综上所述,我国公路工程施工企业在人力资源管理方面还存在许多问题。为此,笔者根据自身10多年积累的一些经验,提出以下几种措施来加强人力资源的管理。

(1)企业领导高度重视。

应建立专门的、完善的、高效的人力资源机构,全方位构建人力资源管理体系,使其行使企业人力资源管理的职责,实现企业人力资源管理的正规化和科学化。同时做好人力资源规划,针对需求总量和结构进行预测,争取做到人员供需平衡。

(2)加强员工的培训,重视员工的个体成才。

处于知识经济时代,一个人只有不断学习和进取,才能跟上时代的步伐,不至于被时代所淘汰。企业应该不断为员工创造学习的机会,重视员工的个体成才。如果施工企业不重视员工的培训开发,将无法适应以人力资源竞争为基础的市场竞争挑战,同时也是对员工不负责任的表现。对员工的培训并不仅仅是进行岗位技能培训,更重要的是要开发人的潜力。对于施工企业来说,可派出一些人才去学习兄弟单位好的管理理念和施工技术,通过互相交流达到共同提高。

(3)建立科学的人才选拔制度和平等的竞争机制。

施工企业应建立一套科学的人才选拔机制,实行公开招聘,竞争上岗,使员工能进能出、职位能上能下,真正做到"能者上、平者让、庸者下"。为此,首先要建立科学、合理、公正、公平、择优的员工竞争上岗制度,其次要建立反映竞争结果的晋升、培训、薪酬奖励制度,以发挥竞争机制对员工的导向作用。一个施工企业每年要引进若干名大学生,而每个大学生都怀揣着对美好未来的憧憬,所以作为企业,有义务给他们创造一个既是锻炼又是公平竞争的平台,用好每一个人才,使他们人尽其能,共同为企业发展作贡献。

(4)建立科学的分配制度,完善激励机制。

制定科学的分配制度是搞好人力资源管理的关键。施工企业的分配受效益的影响较大,但不管怎样,必须兼顾公平、公开、公正的原则,以考核结果为依据,真正体现多劳多得的分配原则。对于已制定的不合理的分配制度要及时改善,改变以往利用工资、福利待遇的单一的激励手段。要变发"钱"为本为以"人"为本,从晋升、培训、荣誉等多方面给予员工激励,以此提高员工的工作积极性,确保人才队伍的稳定性。

(5)加强企业文化建设。

企业文化是员工所特有的集体精神面貌,是企业全体员工共同认同的价值观。施工企业的特点就是"不怕苦,敢打硬仗",它能够使企业形成强大的凝聚力和战斗力。这也是人力资源管理的一种工具,它能让企业的所有员工树立一种共同的理念,并且为这个理念而奋斗,从而依靠全体员工的力量,打造良好的企业形象。

当前社会快速发展,公路建设市场空前强大。对于施工企业而言,目前正是大干快上的好时机,而人力资源管理是企业参与市场竞争的重要因素之一,因此每个施工企业都应该做到与时俱进,找出自身在人力资源管理中存在的问题并加以深入分析,根据企业自身特点制定相应的对策来提升企业的绩效,从而提高企业的核心竞争力。

参考文献

[1] 秦志华.人力资源总监.北京:中国人民大学出版社,2004.

[2] 徐林发.中小企业改制.广州:广东人民出版社,2003.

[3] 谌新民,张炳申.中小企业人力资源管理研究.华南师范大学学报,2002(16).

[4] 郝朝晖.加强人力资源管理,提升中小企业竞争力.企业经济,2005(1).

[5] 张德.人力资源管理.北京:企业管理出版社,2002.

[6] 王承先.企业员工激励技术.广州:广东经济出版社,2002.

公路路政管理队伍标准化建设研究

王 宁　嵇业超　杨 骏

（镇江市公路管理处 镇江 212000）

摘　要　面向"十二五"，路政管理队伍如何加强自身建设，以满足公路现代化发展需要，已成为一个重要课题。本文结合镇江公路标准化大、中队建设实际，对这一课题作一些探索和研究，希望对江苏省公路制定统一的标准化队伍建设标准有所帮助。

关键词　路政管理队伍　标准化　建设　研究

"十一五"以来，随着公路建设的迅猛发展，公路管理队伍也进一步加强，江苏公路路政队伍按照"统一、规范、文明、高效"的要求，切实打造一支"责任型、服务型、创新型、节约型、法治型"路政执法队伍，开展了全省标准化路政大队创建活动，取得了可喜的成绩。面对"十二五"，面向公路现代化，路政管理队伍应如何建设与发展，使之与公路现代化发展相适应，已是一个重要课题。

1　公路路政管理队伍发展的现状与问题

伴随着"十一五"公路的大发展，公路路政管理队伍建设水平也发展到一个瓶颈，主要遇到以下问题。

（1）全省标准化路政大队已基本建成，大队建设已初具规模，但建设水平普遍不高，路政大队大部分没有实现独立办公。路政中队如何建设还没有标准可循。

（2）队伍建设有了很大提升，但队伍素质还不高，自 2009 年税费改革以来，公路部门人员又有了较大调整，大量的养路费、通行费收费人员充实到路政队伍中，造成了路政队伍管理能力和执法水平的参差不齐。

（3）路政队伍管理体制、管理经费还不统一。各路政管理队伍没有专门的管理和业务经费，管理体制全省也不统一，限制了路政管理队伍的进一步发展。

2　镇江公路路政队伍标准化大、中队建设实践

长期以来，镇江市公路管理处始终坚持"以人为本"的管理理念，着力加强路政标准化建设。2006 年，在全市路政大队全部创建成省级标准化路政大队基础上，积极思考如何进一步拓展标准化队伍建设内涵，怎样将标准化队伍建设延伸到路政中队，建设一批独立办公、驻点执法、管养一体的基层路政执法机构。积极研究制定标准化路政中队建设标准，在全镇江市范围内积极开展标准化路政中队创建活动，各路政大队严格对照创建标准，进一步优化机构设置，合理配置人员，加强窗口建设，全面提高执法人员素质，争取各种有利条

件推进标准化队伍建设,坚持内强根基,外树形象,牢固树立了基层路政执法队伍执法文明、管理规范、作风廉洁的良好形象。截至 2009 年底,镇江市现有的 16 个路政中队已建成标准化路政中队 14 个,其中 2 个新组建的中队正在积极创建中。通过实施标准化路政队伍建设,提升了路政执法队伍的向心力、凝聚力和执行力,镇江市路政执法管理得到全面加强,依法行政能力有了明显提高。"十一五"以来,全市公路系统累计依法办理行政许可 258 件,查处路政案件 25 839 起,立案 8 760 起,结案 8 690 起,结案率达 99.2%;路政审批 747 处计 54 920 m²,检查车辆 11 849 辆,查处超限 5 956 辆,卸载 106 801 t;查处违法建筑 107 处计 5 201 m²,拆除 2 606 m²,清除各类障碍物 47 613 m³,清除摊点 9 934 个,清除非标 9 133 块,有效维护了公路路产路权,保障了公路的安全畅通。

丹阳公路处高度重视执法队伍标准化建设工作,切实加强执法机构建设研究,科学整合路政管理、养护监管、超限治理等职能,建成了丹阳路政大队一中队、二中队 2 个标准化路政中队。几年来,丹阳公路处针对事企脱钩改制后,大队在岗路政员仅有 14 人,为解决路政管理工作中"多"(管养里程多)和"少"(路政人员少)的矛盾,大队以改革为动力,及时调整工作思路,大胆探索公路管养新模式。决定路政中队在承担路政管理职责外还承担养护基价类考核,每月对养护公司进行考核兑现,路政大队聘用养护道工为路政信息员,及时通报路网信息,使得养护道工也承担起路政巡查的责任,弥补了路政巡查力量的不足。同时,路政部门也配合养护公司指导养护工程施工路段管理,形成了路政、养护交叉管理的"管养一体"模式。在维护路产路权、应急抢险、保路护桥等工作中充分体现出新模式的优势。2007 年通过管养一体群管网络成功发现并消除肖梁河桥安全隐患,2008 年发现了县道新珥线采石桥和 241 省道北二环大桥的安全隐患。及时发现并迅速处置这些隐患,有效避免了重大事故的发生,受到了江苏省交通厅、江苏省厅公路局领导的一致肯定。

为全面加强执法队伍素质建设,实施执法队伍准军事化管理,镇江市公路管理处每年组织全体执法人员脱产集中培训和分类轮训,各路政大队坚持执法人员每周半天集中学习制度,进一步强化法律知识、业务技能考核测评,建立业绩考评档案,每名执法人员坚持每月撰写学习笔记一篇,每年撰写路政专业论文一篇,执法人员年培训率达到 100%。为进一步开阔视野,采取"请进来、走出去"等多种学习形式,不断拓展路政执法理念,创新路政管理手段。镇江市公路管理处每年还在各路政大队之间组织开展执法文书会审活动,互相学习交流,取长补短,不断提高执法文书制作水平。同时,连续 4 年深入开展"执法人员走上讲台"、优秀路政员、十佳路政员评选活动,通过专业知识考试、路网应急演练、演讲竞答比赛等形式,评选出代表镇江路政执法形象的先进典型,在全系统路政执法队伍中营造了"比、学、赶、帮、超"的良好竞争氛围,为打造一支"责任型、服务型、创新型、节约型、法治型"路政执法队伍奠定了坚实基础,为依法行政提供了坚强的组织保障。

为进一步提升执法队伍的行政管理和公共服务能力,镇江市公路管理处还推出了一批路政管理新举措:① 在制度建设方面,提请镇江市政府出台了《镇江市公路建筑控制区管理办法》、《关于加强干线公路规划控制管理的意见》,全面加强了公路控制区管理。② 在行政许可方面,加强了与镇江市发改委、国土、规划、建设、城管、园林等部门的沟通和合作,组织召开联席会议,推行涉路行政许可和干线规划控制建设项目会办制、联合审批制,对重大干线规划建设项目定期组织督查,起到了良好的管理效果。③ 在执法管理方面,组织开展了搭接道口、管线清查、非标专项整治等活动,全面清查梳理了历年来国、省干线公路上搭接道口、管线埋（架）设、非标设置许可和协议。对于已办理相关手续的，进行重新核对，登记造册，建立台账；对符合设置条件但未办理相关许可的，制发整改通知书，限期办理许可；对拒不办理许可和相关手续的，依法予以取缔，切实维护了公路路产路权。④ 在治超护桥方面，进一步优化治超站点设置，完善了治超网络体系，加快形成"干线为主、干支结合、兼顾农路"辐射全境、全方位的治超网络，切实保障路桥安全畅通。⑤ 在施工管理方面，做到了现场管理方案完备，安全责任明确，安全管理设施齐全、醒目、规范，监管记录齐全，努力实现了服务、管理、督查、整改"四个到位"，确保了施工路段未发生半小时以上的堵车和其他责任事故。⑥ 在路网管理方面，加快推进公路路网调度、信息服务体系建设，全面建成了集区域路网运行监控、公共信息服务、行政执法监督和应急指挥为一体的可视化、数字化、智能化的公路管理与服务应急指挥中心，并同步建成 S238 金港大道重要节点固定式监控设施和路政巡查车辆车载无线视频监控系统，并通过与镇江交通广播电台合作，及时、准确向社会发布全市路网施工路段、交通管制、突发事件等路网信息。

3 标准化中队建设标准研究

（1）为进一步加强公路路政管理，推进路政管理工作的规范化、制度化建设，全面打造"统一、规范、文明、高效"的路政执法基层队伍，创建人民群众满意的基层执法单位，根据《公路法》《江苏省公路条例》等法律法规要求，结合江苏省路政管理实际，制定标准化中队建设标准。

（2）创建"标准化路政中队"以规范执法、公正执法、文明执法为指导思想，以增强依法行政能力，保障公路安全畅通，提高工作效率和服务水平为目标，实现基层队伍正规化、管理科学化、制度规范化、执法工作文明化、行动军事化、设施现代化，促进路政管理工作再上新台阶。

（3）各省辖市所属路政大队各路政中队的创建工作，适用本标准。

（4）路政中队队伍建设应达到以下要求：

① 执法人员不少于 5 人，且均持交通部行政执法证，从事公路路政巡查及违法案件查处。

② 新录用人员年龄在 20 周岁以上 35 周岁以下，身体健康，具备国民教育序列大专以上学历；在职人员应达到大专学历且不得超过 45 周岁。执法人员均应具备计算机应用能力中级以上证书和 C 照以上驾照。

③ 认真落实培训及教育制度，每人每年至少参加 2 次以上法制、文化素质和岗位技能培训。每人每月撰写一篇学习心得。

④ 勤政廉洁、爱岗敬业、忠于职守、无私奉献。严格执行"十项禁令"，执行公务持证上岗，着装规范。执法时举止文明，服务热情。

⑤ 中队人员知法、用法、守法，无公路"三乱"行为，无违法乱纪事件。

（5）路政中队执法管理应达到以下要求：

① 按规定实施路政巡查。路政案件查处程序合法，认定违法事实清楚、证据充分，适用法律依据准确，裁量适当，文书制作清晰、规范，不超越权限执法。路产损失按标准索赔到位。所辖路段无新增违法建筑、违法搭接和非标，集镇段管理有效。

② 年度路政案件查处率 100%，结案率 95% 以上。行政复议无撤销、行政诉讼无败诉。对许可事项监管到位。

③ 确保路政巡查频率与质量符合有关规定。巡查日记、巡查报告内容记录完整、规范，并及时录入路政管理系统。

④ 所辖路段标志标线等交通设施监管到位，台账资料齐全并及时更新。施工路段监管有力，记录齐全。不发生因管理不善引发的重大安全责任事故。

（6）路政中队内务管理应达到以下要求：

① 建立健全中队人员岗位职责，管理线路、里程、人员公示上墙。

② 实行半军事化管理，落实巡查、备勤和出警要求。每年至少参加一次半军事化训练。

③ 中队内业管理规范，各项记录完整真实，案卷装订美观，报表准确及时。执法文书、罚没票据及路赔票据管理规范。

④ 有专用办公用房。办公、生活场所窗明几净。设施设备齐全统一、摆放有序。桌面不得摆放与工作无关的杂物。值班宿舍整洁卫生。床位、工作和生活用品整齐，被褥叠放规范。

（7）路政中队硬件设施应达到以下要求：

① 中队至少配备一辆路政巡查车，专车专用，保持车况良好，标志规范，警示灯具齐全，GPS 坚持有效使用，有条件的可配备清障设备。

② 中队应配备计算机、笔记本电脑、打印机、照相机、录音笔、办公电话等办公设备，调查取证设备及移动标志和警戒绳等安全保障设备。

③ 路政中队应向管辖路域中心发展，建设独立办公用房，实现庭院化管理。

（8）存在以下情况之一者，不得参加"标准化中队"评定，已评定的应予以摘牌，实行"一票否决"：

① 发生公路"三乱"行为；

② 因执法过错导致路政案件行政复议撤销或行政诉讼败诉；

③ 发生严重违规违纪案件被县级以上有关部门通报；

④ 发生同责以上重大交通责任事故；

⑤ 未完成年度主要工作目标；

⑥ 某些特定考核项目不能达到规定考核等次。

（9）各市结合自身实际，按照本标准制定本辖区公路路政"标准化中队"达标活动评定标准，参照标准化大队评定做法，每个考核项按情况分为优秀、良好、合格、不合格 4 个等次，达标率计算公式为 [（优秀项目数×1.0）+（良好项目数×0.8）+（合格项目数×0.6）]÷总项目数。达标率在 90% 以上的通过验收。

4 队伍建设发展的思考和建议

（1）建议省局提请省厅对两费转岗充实到路政队伍的执法人员组织专门的转岗培训和考试考核，建立省、市、县三级培训考核机制，全面提升执法队伍素质和管理水平。

（2）面向"十二五"，研究和思考路政管理体制与经费如何明确，如何建立在公路系统框架内的路政管理体系。

（3）进一步制定和完善"十二五"省路政总队—市路政支队—县路政大队—基层路政中队建设标准，深入开展标准化创建活动，使得全省路政管理队伍真正做到"统一、规范、文明、高效"。

工程造价在设计和施工阶段的控制

葛书华

（镇江市交通工程建设管理处 镇江 212005）

摘 要 在人们的印象中,控制工程造价就是编制预算、审查决算、制止施工单位的高估高算。其实,建设工程造价是指进行一项工程建设所需的全部费用。建设工程造价全过程控制就是在建设程序的各个阶段采用一定方法和措施,将建设工程造价的发生控制在合理的范围和核定的造价限额以内,防止"三超"现象的发生,以求合理使用人力、物力和财力,取得较好投资效益。本文从工程的设计和施工阶段阐述工程造价的控制。

关键词 工程造价 设计阶段 施工阶段 控制

1 以设计阶段为重点的工程造价前期控制

工程造价控制的关键在于前期的投资决策和设计阶段,而在项目作出投资决策后,控制工程造价的关键就在于设计。据西方一些国家分析,设计费一般在建设工程全寿命费用的1‰以下,但正是这少于1‰的费用对工程造价的影响度占75%以上。由此可见,设计质量对整个工程建设的效益是至关重要的。因此,目前尤其应抓住设计这一关键阶段,克服重施工、轻设计的传统观念,只有这样方能事半功倍,更有效地控制建设工程造价。

（1）积极开展设计招标。

通过设计招标和方案竞选,择优选用设计单位和设计方案,这是设计阶段控制工程造价的第一步。

（2）运用价值工程优化设计方案。

价值工程是通过各相关领域的协作,对所研究对象的功能与费用进行系统分析,不断创新,使之以最低的总成本可靠地实现产品的必要功能,从而提高产品价值的科学的技术经济方法。

同一个建设项目可以有不同的设计方案,相应地就会有不同的工程造价,可用价值工程进行方案的选择。在设计阶段运用价值工程控制造价,并不是片面地认为工程造价越低越好,而应将工程的功能和造价两个方面综合起来进行分析,提高它们之间的比值,研究产品功能和成本的最佳配置,做到质优价廉,又好又省。

（3）积极推行限额设计。

限额设计就是按照批准的总概算控制总体工程设计,各专业在保证达到设计任务及各项要求的前提下,按分配的投资额控制各自的设计,没有特别的理由不得突破其限额。当然,限额设计不是一味考虑节约投资,也绝不是简单地将投资砍一刀,而是通过对项目的可行性研究后确定的,包含了尊重科学、尊重实际、实事求是、精心设计和保证设计科学性的实际内容。限额设计改变了设计过程不算账现象,由"画了算"变为"算着画",能真正让设计师时刻想着"笔下一条线,投资万万千"。同时,限额设计也对设计人员提出了更高的要求,要求技术人员不断拓展自己的技术知识,不断提高自己各方面的工作能力,强化工程造价意识。

2 加强施工阶段的工程造价控制

通过工程招标,择优确定施工单位后即进入建设项目的施工阶段。在这一阶段应注重以下问题。

（1）应重点加强设计变更的管理。

设计变更尽量提前,变更发生得越早,损失越小,反之就越大。尤其对影响工程造价的重大设计变更,更要通过先算账后变更的方法解决,使工程造价得到有效控制。

（2）加强材料、设备的采购供应,控制材料价格。

材料费用是构成工程造价的主要因素。据测算,一般建筑工程造价中材料费用占$60\%\sim70\%$,且呈上升趋势。由此可见,选用材料是否经济合理对降低造价起着十分关键的作用。为此,应在满足材料合格的前提下努力争取最低价,掌握建材市场价格变化规律,制定材料价格的管理措施,建立一个能及时反馈、灵活可靠、四通八达的信息网络。对资金占用额大、采购较困难的大宗材料给予重点管理,使材料总费用降到最低线。提前做好材料供应计划,掌握市场行情,争取在材料价格波动的低谷购进材料。

（3）加强施工进度网络计划管理。

在施工过程中应尽量避免窝工、浪费工时的现象,对各个工种要做到及时调配,并要加强对施工机械进场、退场的灵活调度,避免台班费的无效浪费。

3 发挥监理工程师在施工阶段中对工程造价控制的重要性

3.1 工程计量的重要性

（1）计量是控制项目投资支出的关键环节。

计量采用工程量清单综合单价计价方法选择中标单位的工程,形成的合同是估算工程量单价合同。合同条款中明确规定工程量表中开列的工程量是该工程的估算工程量,不能作为承包商应予完成的实际和确切的工程量。因为工程量表中的工程量是在制定招标文件时在图纸和规范的基础上估算的工作量,不能作为结算工程价款的依据。监理工程师必须对已完成的工程进行计量,经过监理工程师计量所确定的数量是向承包商支付任何款项的凭证。因此,在工程结算中工程计量是极其重要的。

（2）计量是约束承包商履行合同义务的手段。

计量不仅是控制项目投资支出的关键环节,同时也是约束承包商履行合同义务,强化承包商合同意识的手段。FIDIC 合同条件规定,业主对承包商的付款,是以监理工程师批准的付款证书为凭证的,监理工程师对计量支付有充分的批准权和否决权。对于不合格的工作和工程,监理工程师可以拒绝计量。同时,通过监理工程师的按时计量,可以及时掌握承包商的进展情况和工程进度。当监理工程师发现进度缓慢时,他有权要求承包商采取措施加快进度。因此,在监理过程中,监理工程师可以通过计量支付为手段,控制工程按合同进行。

3.2　工程计量的程序

合同示范文本第 21 条规定,工程计量的一般程序是:承包方按协议条款约定时间(承包方完成的分项工程获得质量验收合格证书以后)向监理工程师提交已完工程的报告,监理工程师接到报告后 7 天内按设计图纸核实已完成工程数量,并在计量 24 小时前通知承包方。承包方必须为监理工程师进行计量提供便利条件,并派人参加予以确认。承包方无正当理由不参加计量的,由监理工程师自行进行,计量结果仍然视为有效,可作为工程价款支付的依据。

3.3　工程计量的依据及范围

工程计量的依据一般有质量合格证书、工程量清单前言、技术规范中的"计量支付"条款和设计图纸。

(1)质量合格证书。

对于承包商已完成的工程,并不是全部都进行计量,而只是对质量达到合同标准的已完工程才予以计量,即有了质量合格证书的才进行计量。

(2)工程量清单前言和技术规范。

工程量清单前言和技术规范是确定计量方法的依据。因为工程量清单前言和技术规范的"计量支付"条款规定了清单中每一项工程的计量方法,同时规定了按规定的计量方法确定的单价所包括的工作内容和范围。

(3)计量的几何尺寸以设计图纸为依据。

单价合同以实际完成的工程量进行结算,但被监理工程师计量的工程数量并不一定是承包商实际施工的数量。监理工程师对承包商超出设计图纸要求增加的工程量和自身原因造成返工的工程量,不予计量。

3.4　工程计量的依据及范围

监理工程师一般只对以下三方面的工程项目进行计量:工程量清单中的全部项目、合同文件中规定的项目、工程变更项目。

综上所述,工程造价的控制贯穿于项目决策、设计、施工到竣工决算的全过程。因此,为了合理地确定和有效地控制工程造价,不能仅仅依靠某一部门的个别因素,而是需要各部门的综合协调,共同努力。只有这样,才能最大限度地控制工程造价,实现较为理想的投资效益。

抓制度　重落实　认真做好安全监理

——泰州长江公路大桥安全监理工作的一点体会

张中社

（镇江市交通工程建设管理处 镇江 212005）

摘　要　本文结合泰州长江公路大桥安全监理工作的实际情况，提出施工现场安全监理的工作重点为：建章立制，加强培训和交底，认真审核安全专项方案和安全经费使用情况，加强设备和人员管理，加强现场安全管理，规范资料管理。

关键词　公路大桥　安全监理　制度　落实

安全生产关系着人民群众的生命和财产安全，责任重于泰山。作为工程监理的重要一环，安全监理也日渐重要。2004 年 2 月 1 日开始实施的《建设工程安全生产管理条例》（以下简称《条例》），规定了工程参与各方责任主体的安全责任，明确规定了工程监理单位和监理工程师应承担的安全责任，将安全监理纳入法制化。笔者自 2009 年开始参加泰州长江公路大桥的安全监理工作，在此谈谈对安全监理的体会。

1　本项目安全监理的特点

泰州长江公路大桥位于长江江苏省中段，北接泰州市，南联镇江市和常州市。泰州长江公路大桥主桥桥型方案为主跨 1 080 m 三塔悬索桥，桥跨布置为 390 m＋1 080 m＋1 080 m＋390 m。笔者所在总监办的监理范围为南北引桥，主要工作量如下：

B01 合同段：泰州长江公路大桥悬索桥北引桥，全长 2 145 m，北引桥第 1～3 联为预应力混凝土连续箱梁，梁体采用等高度单箱双室至单箱五室直腹板截面，第 4～11 联为预应力简支 T 梁。D01 合同段：泰州长江公路大桥悬索桥南引桥，全长 1 610 m；南引桥第 1～6 联为预应力简支 T 梁，第 7～8 联为等截面预应力混凝土连续箱梁。基础采用钻孔灌注桩，承台采用矩形分离式承台，T 梁墩身截面采用空心、实心两种，连续箱梁桥墩采用矩形独柱墩、矩形双柱墩及矩形三柱墩。

本项目安全监理的主要特点有：

① 高空作业多（最高处达 40 多米）；

② 特种设备多（仅 D01 标就有 6 台塔吊，7 个龙门吊，2 个汽车吊）；

③ 临时用电线路长（超过 2 km）；

④ 高大支架模板多（一联支架高度超过 9 m，长度 118 m）；

⑤ 跨线施工多（跨越国省干线 2 条，地方道路超过 10 条）。

这些特点决定了安全监理工作的复杂性、多变性。

2 安全监理的主要工作

（1）建章立制，夯实安全基础。

根据工程项目特点，按江苏省长江大桥建设指挥部和监理规划的要求编写本项目的《安全监理细则》，明确了总监办的安全管理组织机构、人员和相应的职责，并在 2009 年 4 月编写了《监理单位安全管理体系文件》。运行一段时间后，于 2009 年 11 月根据现场情况和江苏省长江大桥建设指挥部的要求对体系文件进行了修订。该体系文件的内容全面翔实，是监理进行安全工作的依据和指南。

进场后，总监办就督促承包人建立安全管理组织机构，检查安全管理三类人员尤其是专职安全员的到位情况。按国家有关规定，专职安全员应达到 1 个/5 000 万元。督促承包人建立健全安全管理制度，主要包括：人员岗位责任制、安全例会制度、安全技术交底制度、奖惩制度、危险作业审批制度、班组安全活动制度、设备管理制度、防火管理制度、特种作业人员管理制度、方案编制审批方案。

审查承包人的体系文件，要求根据现场实际情况编写，有针对性、可操作性强。目前泰州长江公路大桥 BJL 总监办所监理的 B01、D01 标项目部均已完成了《施工单位安全管理体系文件》的编写和申报，并已通过了监理和江苏省长江大桥建设指挥部的审批。

（2）培训交底，提高安全意识。

总监根据监理细则的要求，每年初制订年度培训学习计划，明确要求每月至少举行一次安全教育学习。学习内容可根据工程进度情况进行适当的调整，并按江苏省长江大桥建设指挥部的要求填写学习记录并归档。

员工新进场按要求进行三级教育，工人复岗、节后转岗也要按规定进行相应的教育培训；每年对管理人员和作业人员的安全生产教育培训不少于 2 次，其教育培训情况记入个人工作档案。未经安全生产教育培训或培训考试不合格的人员，不得上岗作业。

督促施工单位认真执行安全生产技术交底制度。在分项工程开工及工序转换前，要求施工单位负责项目管理的技术人员对有关安全施工的技术要求向作业班组、作业人员详细说明，要有书面记录，并由双方签字确认，主讲人员还需保留内容记录。

（3）加大宣传，增强安全氛围。

要营造人人抓安全的氛围，全员参与，加大宣传力度，尤其每年 6 月份的安全生产月，要举行形式多样的安全宣传工作，邀请专家进行专题讲座，进行教育培训；举行安全知识竞赛，组织安全论文征集，组织安全生产演练，签安全倡议书，布置安全展板，悬挂安全横幅彩旗，印发宣传资料；发放防暑用品，组织隐患排查和整改等。这些活动提高了全体参建人员尤其是一线工人的安全意识，使安全管理工作真正深入人心，真正做到全员参与、齐抓共管。图 1 为某工地安全宣传展牌。

（4）设备管理，消除安全隐患。

工程建设尤其是大型桥梁施工，特种设备众多，必须加强安全管理。2009 年 1 月 24 日修订后的《特种设备安全监察条例》是进行特种设备管理的依据。特种设备分 8 大类，与路桥施工关系密切的主要有压力容器（含氧瓶）、起重机械、场内专用机动车辆，另外锅炉、电梯也偶有使用。

图1　安全宣传展牌

特种设备的生产、使用、检验必须由具备相应资质的单位承担,在实际的工作中,监理应重点检查两点:一是"一机一档"的完整性,包含以下内容:① 安全技术档案——设计文件、产品质量合格证、监督检验证明、安装技术文件和资料、使用维护说明;② 使用登记证明:安全检测合格报告、安全检测合格证;③ 操作人员信息——身份证、操作证;④ 相关记录——日常使用记录、日常维修保养记录、运行故障和事故记录。二是设备现场"一证两牌"。图2是某工地特种设备的"一证两牌"。要求在现场张贴:安全检测合格证、设备标示牌(铭牌)、操作规程牌。检查不符合要求的设备不得投入使用,并要求限期整改。

图2　特种设备"一证两牌"

对直接从事特种作业人员的现场管理要求:持证上岗,到期复审(一般为2年),登记造册。监理检查的重点是特种作业操作证的有效期,人证是否一致,现场与登记是否一致。现场管理中要求持牌上岗,无证人员不得进行相关操作。

(5)方案审查,切实可行。

一般的工程监理应审查其施工组织设计和施工方案中的安全技术措施是否符合工程建设强制性标准,是否满足现场安全生产的需要。对危险性较大的工程(部2007年1号文第23条中规定的十类工程),要求施工单位编制安全专项施工方案。江苏省长江大桥建设指挥部在体系文件中明确了其编制要求,并提出了通用格式模板。专项方案要根据本工程特点,要有针对性,可操作性要强,切忌千篇一律。泰州长江公路大桥BJL总监办共审核通过 6 个安全专项方案(见图 3):现场临时用电、桩基施工、墩身施工、盖梁施工、T 梁预制和安装、现浇箱梁。为确保安全,D01 标的墩身安全专项方案,T 梁预制和安装安全专项方案还组织相关专家进行了论证、审查。

审核施工单位的《生产安全事故专项应急预案》,总监办也相应地编写了应急预案,成立了相关机构,并与江苏省长江大桥建设指挥部的总体预案接轨,形成一个整体。一旦事故发生,须立即启动应急预案,进行救援和处置。

图 3　安全专项方案上报和审批

(6)经费审核,确保现场使用。

为了保证安全生产费用真正用于施工安全防护用品的采购和更新、安全措施的落实、安全生产条件的改善,江苏省长江大桥建设指挥部出台了《泰州长江公路大桥安全生产费用管理暂行办法》,明确了"标段提取、确保需要、规范使用、综合监管"的管理原则,杜绝了不论现场安全经费使用情况如何,到时间就计量的弊病。要求每月 25 日前上报下月的《安全生产费用使用计划报审表》,本月的《安全生产费用月度使用明细报审表》报监理单位审核。审核时要求:实物与台账相符;发票凭证有效;现场安全生产必须满足安全生产要求。到达合同约定支付日期,施工单位填报《安全生产费用支付报审表》和相关证明文件,报监理审核,并报江苏省长江大桥建设指挥部确认(见图 4)。

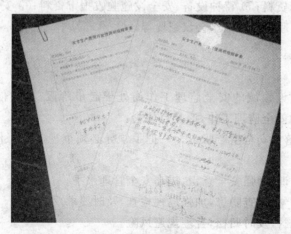

图 4　安全经费报审

本办法的实施有利于施工单位把安全费用真正用到安全管理、安全措施上,促使了安全费用的合理使用。

(7) 现场管理,重在落实。

总监办的现场管理以检查和旁站为主,并及时下发检查通报和整改通知书。对于关键工序和安全隐患比较大的工序,安全监理员要全过程旁站。安全检查分日常巡查和专项检查两类,安全员每天至少巡查一次工地并作好相关记录,并根据工程进展情况和安全需要组织专项安全检查。根据要求,积极开展安全隐患排查,按要求在现场设置安全隐患牌。对检查发现的问题及时下发整改通知书,要求限时整改。

现场安全监理的内容众多,就本项目负责,高空作业是安全监理的重点和难点。涉及高空作业的分项工程为:从墩身到盖梁到桥面施工,从 T 梁预制安装到现浇箱梁施工,几乎露出地面的分项工程就涉及高空作业。高空作业安全监理的要点为:① 督促施工单位建立健全高空作业安全管理制度;② 加强安全教育和培训,强化安全生产管理;③ 督促并检查安全技术交底情况;④ 审核安全专项方案,实际施工必须按方案的要求进行;⑤ 正确佩戴劳动防护用品,尤其是安全带的正确使用;⑥ 合理设置安全通道和防护栏杆,及时更换损坏的安全网;⑦ 在地面设置警戒区,并有专人管理。

(8) 内业资料,规范齐整。

为进一步推进泰州大桥安全管理标准化工作,提高大桥安全管理水平,江苏省长江大桥建设指挥部在广泛调研的基础上,编制了《泰州大桥安全管理标准化系列文件》,内容包括:《安全管理体系用表》、《施工单位安全管理档案目录》、《施工单位安全管理推荐用表》,确立了施工单位安全管理档案的统一模板。《施工单位安全管理档案目录》是指导施工单位日常安全管理和编制竣工文件,施工单位可在此基础上适当补充更翔实的安全资料。

监理的内业资料是安全监理在工程实施过程中留下的重要依据,一旦发生安全事故,这就是追溯安全监理工作、寻找事故原因、分析事故责任的重要凭证。一定要重视安全监理内业资料的整理归档,这在一定程度上也是对监理的一种保护。

内业资料应分类存放,且各类资料均应做卷内目录,以方便查阅和归档。其内容主要有:① 制度类——体系文件、安全监理实施准则、应急救援等安全制度;② 安全检查——现场指令、整改通知书、检查通报等及反馈;③ 安全专项方案报审资料;④ 三类安全人员、特种作业人员资料报审资料;⑤ 特种设备、安全设施验收报审资料;⑥ 安全培训教育;⑦ 安全经费报审资料;⑧ 监理月报、日志、会议纪要等。

3 结束语

目前我国交通建设领域的安全监理工作尚处于起步阶段,可供借鉴的资料和经验不多。笔者就本项目的安全监理工作,谈几点体会:

(1) 加强领导,落实安全生产职责。一把手领导必须重视安全工作,明确机构、落实人员、制定制度。

(2) 加大宣传培训,增强安全意识,提高安全管理水平。

(3) 深入现场,严格排查隐患,加强巡视检查,及时要求反馈整改。

(4) 完善内业资料,及时归档,合理规避风险。

排水管道工程的质量控制要点

许 君 李红卫

（江苏省镇江市路桥工程总公司 镇江 212017）

摘 要 本文从排水管道工程施工的整个流程，包括管材采购、测量放线、沟槽开挖、基础管座、安装、接口、检查井闭水试验、管道回填等质量控制步骤，对排水管道工程施工中常见的一些质量问题或通病进行了分析，并提出了相应的质量控制措施。

关键词 排水管道工程 测量放样 质量控制 措施

随着镇江城市经济的快速发展，城市基础设施建设步伐日益加快，并且随着环保要求的日益提高，排水管道工程在基础设施建设中所占的比重越来越大。在"镇大公路拓宽改造工程"及"S338省道拓宽改造工程"，对排水管道工程的施工提出了很高的要求。由于排水管道工程与人民生活生产息息相关，其使用功能的好坏涉及千家万户的切身利益，关系着城市防涝及地下水和土壤被污染的生态问题。因此，加强排水管道工程的质量控制，对消除工程质量缺陷、确保排水管道工程质量具有重要意义。

1 排水管材的质量控制

（1）常见质量问题。

常见排水管材主要有铸铁排水管道、塑料排水管、无筋水泥排水管、钢筋水泥排水管、高密度波纹 PVC 管，经常出现工程质量问题的主要是平接口无筋水泥排水管或者钢筋水泥排水管。由于其管材质量相对较差，易存在裂缝或者局部混凝土疏松，抗压、抗渗能力差等问题，容易被压破或产生渗水，管径尺寸偏差大，安管容易错口。

（2）质量控制措施。

① 重视管材资料的检查。

施工单位必须选用正规厂家生产的管材，并且检查管材的出厂合格证及检测报告资料是否齐全。

② 重视管材外观的检查。

管材进场后，工程施工员和质量检查员应对管材外观进行检查，管材不得有破损、脱皮、露筋、裂纹等现象，同时现场监理员应作平行检查，并取样送检。不得使用外观检查不合格的管材。

③ 加强管材的保护。

应要求生产厂家和施工单位在管材运输、二次搬运、安装过程中加强对管材的保护，避免出现管材破损。

2　测量放线的质量控制

（1）常见质量问题。

计算和测量放样差错会使管道或者检查井位置在平面上产生偏移，在立面上坡度不顺。

（2）质量控制措施。

① 对放线进行复测。

测量员在定出管道中心线及检查井位置后应进行复测，需特别注意的是，在检查井离路缘石或者人行道距离很近时，放检查井井位，必须根据检查井类型、检查井高度等因素确定检查井盖的中心点，确保检查井井盖安装不与路缘石或人行道冲突。其误差符合规范要求后才允许进行下步施工。

② 多沟通联系。

施工中意外遇到构筑物且需要避让时，应要求监理单位和设计单位进行协商，在适当的位置增设连接井，其间以直线连通，连接井转角应大于 $135°$。

3　沟槽开挖的质量控制

（1）常见质量问题。

在沟槽开挖过程中经常会出现边坡塌方、槽底泡水、槽底超挖、沟槽断面不符合要求等质量问题。

（2）质量控制措施。

① 防止边坡塌方。根据土壤的类别、土的力学性质确定适当的槽帮坡度。实施支撑的直槽槽帮坡度一般应采用 $1：0.05$。较深的沟槽宜分层开挖。挖槽土方应妥善安排堆放位置，一般情况下堆放在沟槽两侧。堆土下坡脚与槽边的距离应根据槽深、土质、槽边坡来确定，其最小距离应为 1.0 m。

② 沟槽断面的控制。

确定合理的开槽断面和槽底宽度。开槽断面由槽底宽、挖深、槽底、各层边坡坡度以及层间工作台宽度等因素确定。槽底宽度应为管道结构宽度加两侧工作宽度。因此，确定开挖断面时要考虑生产安全和工程质量，做到开槽断面合理。

③ 防止槽底泡水。

雨季施工时，应在沟槽四周叠筑闭合的土埂，必要时要在埂外开挖排水沟，防止雨水流入槽内。在地下水位以下或有浅层滞水地段挖槽时，应设排水沟、集水井，用水泵进行抽水。沟槽见底后应随机进行下道工序，否则槽底应留 20 cm 土层不挖作为保护层。

④ 防止槽底超挖。

在挖槽时应跟踪并对槽底高程进行测量检验。使用机械挖槽时，在涉及槽底高程以上保留 $20cm$ 土层，待人工清挖。如遇超挖，应用碎石（或卵石）填到设计高程，或填土夯实，其密度应不低于原天然地基密实度。

4　基础管座的质量控制

（1）常见质量问题。

基础管座常见的质量问题有：某些施工单位在沟槽内有积水和淤泥的情况下浇筑基础混凝土；基础平面高程偏差较大，厚度不能保证；管座混凝土跑模、混凝土有蜂窝孔洞等现象。

（2）质量控制措施。

① 防止带泥水浇注基础混凝土。

如有雨水或者有渗水流入槽内，应将沟槽彻底清除干净，清理淤泥，并铺设砂垫层，保证干槽施工；如果槽内有地下水，应采取排水措施。

② 严格控制基础的厚度和高程。

在浇筑混凝土基础前，支搭模板时要复核槽底高程和模板顶（或者模板内侧墨水弹线）高程，确认无误后方可浇筑混凝土。

③ 检查管座模板的强度、刚度和稳定性。

应特别强调支杆的支撑点不能直接支在松散土层上，应加垫板或桩木，使模板能承受混凝土灌注和振捣的重力和侧向推力。

④ 严格控制混凝土的质量。

要求按配合比进行下料，应对混凝土进行振捣且振捣密实。

5　安管的质量控制

（1）常见质量问题

安管常见的质量问题有：在圆形检查井中，管头露出井壁过长或缩进井壁；管道局部位移超标，直顺度差；管道反坡、错口。

（2）质量控制措施。

① 正确计算管道铺设长度。

根据规范确定两个检查井间管道铺设长度、管子伸进检查井内长度及两管端头之间预留间距。在安管过程中要严格控制，防止罐头露出井壁过长或缩进井壁。

② 严格控制管道的直顺度和坡度。

可采取以下措施并随时检查：安管时要在管道半径处挂边线，线要拉紧，不能松弛；在调整每节管子的中心线和高程时，要用石块支垫牢固，相邻两管不得错口；在浇筑管座前，要先用与管座混凝土同标号的细石混凝土将管子两侧与基础相连接的三角部分填实，再在两侧同时浇筑混凝土。

6　接口的质量控制

（1）常见质量问题。

接口常见的质量问题有：控制抹带砂浆质量差，接口抹带空鼓、开裂；接口抹带砂浆突出管内壁；铁丝网与管缝不对中，插入管座深度不足，铁丝网长度不够。

（2）质量控制措施。

① 严格控制抹带的施工质量。

水泥砂浆要按配合比下料，计量要准确，搅拌要均匀，保证砂浆的强度及和易性。抹带前先将抹带部分的管外壁凿毛，洗刷干净，再刷水泥浆一道。管径大于 400 mm 时分 2 层抹压;管径小于或等于 400 mm 时,可一次抹成;对于管径大于或等于 700 mm 的管道,管缝超过 10 mm 时,抹带时应在管内接口处用薄竹片支一脱垫,将管缝内的砂浆充满捣实,再分层施做。抹完后应覆盖并并洒水养护,防止抹带空鼓、裂缝。

② 控制内管缝与管内壁间的平整度。

管径小于或等于 600 mm 的管道,在抹带的同时用麻袋球或其他工具在管道内来回拖动,将流入管内的砂浆拖平;管径大于 600 mm 的管道,应勾抹内管缝。

③ 保证铁丝网搭接长度。

对于铁丝网水泥砂浆抹带接口,应保证铁丝网与管缝对中,并且铁丝网搭接长度和插入管座的深度应不少于 10 cm。

7 检查井的质量控制

(1) 常见质量问题。

检查井常见的质量问题有:带水浇筑检查井基础致其尺寸和高程偏差较大;井墙砖砌通缝、砂浆不饱满、抹面起鼓发裂;不做溜槽或做法不符合要求;踏步、井圈、井盖安装不符合要求。

(2) 质量控制。

① 严格控制检查井基础的质量。

不能带水浇筑垫层和基础,要保证基础的几何尺寸和高程符合设计要求,待混凝土达到一定强度才能砖砌。

② 严格控制井墙的砌筑质量。

井壁必须竖直,不得有通缝;灰浆要饱满,砌缝要平整;抹面要压光,不得有空鼓、裂缝等现象。

③ 流槽的做法要规范。

雨水流槽高度应与主管的半径相平,流槽的形状应为与主管半径相同的半圆弧;污水溜槽的高度应与主管内顶相平,下半部分是与主管半径相同的半圆弧,上半部分与两侧井墙相平行,宽度与主管管径相同。

④ 严格控制踏步、井圈、井盖的安装质量。

要使用灰口铸铁踏步,安装要牢固,污水井踏步要涂防锈漆;安装井圈要坐浆饱满,井盖和井圈要配套。在交通量大的道路上必须安装重型井盖。

8 闭水试验的质量控制

(1) 常见质量问题。

闭水试验常见的问题有:做闭水试验前就回填土;试验前准备不充分;闭水试验的水位和测量渗水时间不符合要求;渗水量计算错误。

(2) 质量控制措施。

① 明确是否要做闭水试验。

污水管道,雨、污合流管道以及设计要求闭水的其他排水管道都必须做闭水试验。闭水试验应由业主、施工单位、监理单位及相关部门联合进行,试验合格才能进行回填土。

② 要对试验前的准备工作进行检查。

试验前,需将灌水的检查井内支管管口和试验管段两端的管口,用1∶3水泥砂浆砌240 mm厚砖堵死,并抹面密封,待养护3～4 d到达一定强度后,在上游井内灌水。当水头达到要求高度时,检查砖堵、管身、井身,有无漏水,如有严重渗漏应进行封堵。待浸泡24 h后,再观察渗水量,对渗水量的测定时间不应少于30 min。

③ 控制闭水试验的水位。

试验水位应为试验段上游管段内顶以上2 m,如上游管内顶到检查井高度不足2 m,闭水试验的水位可到井口为止。

④ 正确计算渗水量。

在闭水试验过程中要真实记录各种数据,并根据规范正确计算渗水量。试验合格与否应通过数据确认。

9 回填土质量控制

(1)常见质量问题。

回填土常见的质量问题有:带水回填或回填土土质不符合要求;没有分层回填;对回填土密实度控制不严。

(2)质量控制措施。

① 严格控制回填土土质。

回填土中不得含有碎砖、石块、混凝土碎块及大于10 cm的硬土块;填土含水量以接近最佳含水量为宜。还土前,应对所还土壤进行轻型标准击实试验,测出其最佳含水量和最大干密度;回填时槽内应无积水,不得回填淤泥、腐殖土、冻土及有机物。

② 严格控制每层填土厚度。

管沟回填应分层夯实,每层松铺厚度不大于30 cm,并对每层填土的密实度按规范进行检测,合格后才能继续回填;要求管道两侧同时进行填土,两侧高差不大于30 cm。

③ 严格控制回填土密实度。

管沟胸腔部位密实度不小于90%;管顶50 cm范围内密实度应在85%～88%,以防止压坏管材和盖板;管顶50 cm以上密实度要求同路基密实度一样。

排水管道工程是隐蔽工程,只有加强对施工过程中各个环节的质量控制,才能防止各种质量通病的发生,确保整体工程施工质量达到设计、规范要求。

参考文献

[1] 中华人民共和国建设部.CJJ3－90市政排水管渠工程质量评定标准.北京:中国建筑工业出版社,2006.

城乡客运一体化发展模式初探

——开放式区域公交模式

鲍金萍

（镇江市运输管理处 镇江 212007）

摘　要　本文通过对城乡客运一体化现状和发展模式的剖析和研究，结合经济发展的区域性特点，提出开放式区域公交模式，并通过统筹、设计和组织等，为区域城乡客运一体化发展模式的选择提供参考。

关键词　城乡客运一体化　开放式区域公交　设计

随着我国城市化进程的逐步推进，对城乡道路客运的发展提出了新的、更高的要求。但是，城市公交和城乡客运长期以来的二元分割管理模式，造成"大部制"改革后，二者的有机融合并不能一蹴而就，仍需经历必要的长期过程。城市公交与城乡公交客运之间的经营矛盾、多种交通运输方式的有效衔接等诸多不协调的问题仍然存在。打破原有的城市公交、城际公交、城乡班车等客运方式各自为政、自成一体的运营管理模式，实施广义上的城乡客运一体化管理，统筹发展区域公交，而非局限于画地为牢式的发展特定区域内公交，以开放的客运市场管理思路和理念，拓展城乡客运一体化协调发展空间和外延，是解决各种矛盾的有效途径，同时也是统筹客运资源，实现客运一体化真正意义上升华的有效途径。

1　城乡客运一体化

笔者认为，城乡客运一体化从广义上可以理解为，根据城乡旅客运输发展的客观要求，为适应城乡一体化需要采取一系列措施，使城际客运和城市公共交通与农村旅客运输在统一规划布局、科学合理衔接、统筹协调发展的基础上，实现区域道路客运的互相融合，以达到公司化经营和区域公交化运作以及管理体制、经营方式等方面有序、协调发展的过程。

积极推进城乡道路客运一体化，有利于城乡道路客运行业管理，加强宏观调控能力，统筹规划、协调发展，避免城市公交与道路客运之间的无序竞争；有利于精简机构，优化城乡管理部门职能设置，提高效率；有利于城乡客运企业特别是公交企业转变经营机制，提高城乡客运的整体竞争力，建立统一、开放、竞争、有序的市场环境；有利于交通运输结构的调整，使得各种客运资源有效整合和充分利用，保持供需平衡。

目前，我国已有部分城市率先开展了城乡客运一体化工作，并取得了较大成效，为城乡客运一体化的发展提供了宝贵的实践经验。但是在对城乡客运一体化内涵的理解方面依然存在过于局限的问题，束缚了城乡客运一体化发展思路，对工作的推进和效果造成一定的影响。因此，对城乡客运一体化内涵的理解尚有进一步拓展和提升的空间，同时，在实施途径上有必要进行更加深入的研究和探索。

2 城乡客运一体化发展的重要途径

（1）理顺管理体制是城乡客运一体化发展的前提。

按照统一管理的原则，理顺城乡客运市场管理体制。按照城市公交规模，结合各城市的实际情况，将城市公共交通融入交通部门，实行统一规划、统一管理，并在此基础上，由政府牵头组织协调交通与国土、规划、税务等各部门的关系，使城乡客运市场健康、协调发展，为当地经济、社会发展作出应有的贡献。

（2）科学平稳推进是城乡客运一体化发展的根本要求。

随着"大部制"改革的进一步深化，管理体制问题最终将得以解决。在过渡期内，公交和道路客运企业的线路可维持原状，并在兼顾现状、放眼未来原则的指导下，按照城乡客运一体化的总体规划和部署，分区域和线路分步进行改造，同时在线路规划、站点整合等方面为后期的二次改造和整体发展预留操作空间。

（3）创新发展方式是推进城乡客运一体化的关键。

城乡客运一体化的内涵和外延决定了它不仅是指城市与乡镇或者乡村之间的客运一体化管理和运作，而是将城市公共交通和城际公交（或城间客运班车）与城乡客运班车作为一个有机的整体进行考虑。

城乡客运体系应当包括两个方面的基本内容：一是线路的一体化，即妥善安排城区公交线路和城乡公交线路、城际客运线路以及中转站的位置，使人们能够实现出行的"零换乘"或"最省换乘"；二是运营、管理的一体化，即由统一部门组织、调度和管理，综合考虑客流的流量、流时和流向，确定运力投放、班次排定、站点设置，以满足城乡居民的出行需求。

为解决城乡客运市场的各种矛盾，尤其是解决城市公交与农村客运班车之间的矛盾，兼顾城际、区域班车等运输组织方式的合理衔接，满足居民出行需求，必须对现有的客运资源进行科学的规划和整合，合理配置不同层次的运力，以开放的客运市场管理理念，探索创新式区域公交发展的方法和途径，从而实现统筹城乡客运一体化整体发展的目标。同时，农村客运站等基础设施建设必须纳入城乡公交一体化规划与建设之中，汽车站或候车设施数量的多寡、站址的选择应该在充分调查研究的基础上依照市场的需求而定。

3 开放式区域公交发展模式

所谓开放式区域公交，是指突破以单个城市区域内公交为设计对象的相对封闭的公共交通模式，着眼于线路最优、成本最省，以科学规划合理布局为基础，以整合各级客运网络资源为手段，以城乡公交、城市公交、城际公交有机结合为核心，以追求运输综合效能最大化为目标的公共交通规划和运营管理模式。

发展开放式区域公交是城乡客运一体化的有效实施途径，也是打造都市经济圈的必然要求。同时，开放式区域公交能有效弥补城际快客班车无法兼顾沿途居民出行的不足，使运输网络层次更加明晰，运输组织结构更趋于合理化。

（1）统筹。

从线网、交通基础设施等方面相结合的整体规划布局角度出发，在考虑多级旅客运输网络合理组织、衔接的基础上,整合和合理优化现有线网、节点、基础设施等多种资源,为城乡客运一体化发展提供保障。

(2)设计。

在政府的统一领导和各部门的协调下,对城乡客运基础设施及线网进行科学合理的布局规划和建设,并为潜在的人流集中区预留出基础设施及运输线网布设空间,同时兼顾线形的平顺衔接。

城乡客运一体化的线网规划主要在于乡镇线网的合理规划以及城区公交和城乡公交、城际公交之间换乘点的合理设置。由于各地的城乡差别、地域条件、经济情况存在很大差异,因此在实际规划中必须因地制宜地,确定规划方案。但对大部分地区来讲,城乡客运一体化的线网布局形式可以根据城乡地域条件以及目前城际、城乡、镇村客运网络的建成情况采用射环式,即以城市中心为中心,连接绕城环线,呈辐射状向周围地区发散;以城市中心下面的次中心地区为副中心,形成多重射环形式的城乡客运一体化线路网络布局。因为单纯的放射型城乡客运一体化线网,虽然在运输组织初期可以使网络覆盖范围内的居民能一次到达市中心,无需换乘,但也存在以下多种缺陷:① 要求市中心有足够的回车场地,造成土地资源紧张,同时也会影响市中心的交通组织等。② 通行能力减低,因为站场的服务能力直接影响到公共交通的通行能力。③ 不利于组织一体化客运,造成辐射中心(即市中心)巨大交通压力,也使旅客出行线路迂回,非直线系数增大。同时,由于城市建设日新月异,很多城市在建设过程中出现了新的商业区、文教区、工业区、居民区、车站等,在此情况下放射型线网形式的线网布局将使旅客出行线路迂回并使换乘次数明显增加。

射环型线网形式的曲线系数在 1.1 左右,是几种公交线网布设形式中最小的方式。同时,由于采取多个中心(或副中心)多重射环式布局,它不仅能够有效降低中心的压力,而且对城乡客运一体化的线路衔接、区域公交的合理组织、实现有效换乘等具有较好的适应性。

(3)组织。

在传统线网规划方法和思路基础上,综合考虑城市、城乡、镇村及城际间客运组织形式等实际情况,突破以单个城市为设计对象的公共交通管理模式,将城际公交、客运班车和城市公交统一纳入射环型线网布设规划,创设开放式区域公交。

在条件成熟的情况下,积极筹划开行城际公交来逐步整合城际间客运班车,同时利用射环型线网布设的优势,大力推进城际与城市公交的衔接,以实现无缝衔接。

辅以多种运输组织方式设计,如开行"大站快车"等,立足城际,通达城间沿途乡镇,弥补直达快客班车的不足,服务城市间乡镇乃至农村居民的出行。

开放式区域公交以射环型线网的优势和灵活多样的运输组织形式,使城乡客运一体化的实现途径更加多样化,同时引入公交发展新理念,将对区域经济发展发挥重要的支撑和促进作用。

4　基础保障措施

(1)理顺管理体制,平稳推进区域客运协调发展。

① 统一管理。

认真落实"大部制"改革政策,按照城市公共交通规模,结合各城市实际情况,将道路客运纳归一个部门管理,从根本上解决人为分割、各自为政的局面。

② 平稳过渡。

城市公交企业、出租客运企业及其相关业务的整体移交应本着"行业政策不变、享受补贴不变、服务功能不变"的原则，平稳过渡、适时调整、逐步完善城乡客运一体化布局。

③ 科学规划。

顺应经济发展趋势，制定必要的规划方案或制度，创造一个区域资源共享、公平竞争的市场环境；分步整合城市客运和农村客运、城际公交和城际班车客运，进而推进城际和城市公交的合理衔接；强化市场准入和退出管理，加快城乡、城际道路客运运力结构调整，整合经营主体，发展股份制经营，平衡开放式区域公交发展中的利益关系；促进企业完善各种管理制度，协调解决城乡道路客运及其相关业务中的矛盾，保持市场稳定，为人民生活提供优质运输服务，促进客运一体化社会效益和经济效益最大化。

④ 有效保障。

实施城乡客运一体化后，政府主管部门应在保持原有政策性补贴和扶持政策的同时，引入创新激励机制，在经营理念、运营模式、实施途径等方面进行科学研究和创新，并在财政、技术等多方面给予适当引导和扶持。

（2）政府引导，健全补贴和扶持政策。

开放式区域公交是实现城乡客运一体化的手段，其内涵及重要性决定了其应当享有与城市公交同等或者更优惠的待遇及财政扶持政策，应当在现有补贴和扶持政策的基础上（如给予补助或无偿提供基础设施，提供购车补贴或无偿提供车辆，提供经营性亏损补贴等）进一步予以优遇。在补贴方式上，可由行业管理部门组织有关专家和业内人士进行收支分析评估，提出补贴方案，由经营企业和行业管理部门签订经营及补贴合同，企业按约定的班次和时刻开班，政府按约定的方式和数额补贴，实行合同运输等。

5 建 议

（1）加快道路运输法律法规建设。

近年来颁布实施的《中华人民共和国道路运输条例》和《道路旅客运输及客运站管理规定》都只是针对道路运输，城市公共汽车和出租车则分别沿用《城市公共汽电车客运管理办法》和《城市出租汽车管理办法》。目前仍然没有统一的法律法规对城市公交、出租车和道路运输进行统一的管理，城乡客运一体化班车是适用于道路客运的相关法律法规，还是应当纳入公交予以规范和管理这些问题都没有明确，这在未来的行业管理操作中可能存在法律依据方面的漏洞。

应尽快制定和出台涵盖城市公共交通和道路客运的统一完善的法律法规，加快法规建设步伐，建立权责明晰、层次分明、较为完善的道路运输法律体系，对城乡客运一体化的机构管理、线路审批、站点规模和设施、车辆选型和投放、企业规模、服务水平、监督机制、扶持政策等作出明确规定。

（2）积极鼓励创新发展模式。

鼓励创新发展思路，以科学的设计和管理理念，引导城乡客运一体化的健康发展，建立有效的区域协调机制，加强开放式区域公交发展统筹和组织实施。

从一例民事判决来看路政管理的重要性

王岩

(丹阳市公路管理处 镇江 212300)

摘 要 公路的安全畅通,对人民群众的安全、便捷出行尤为重要。随着社会公众法治意识的提高,自我保护意识进一步加强,针对保障公路完好、安全、畅通的民事诉讼案件越来越多。从多年的案件来看,大部分集中在公路养护管理上。丹阳市公路管理处最近发生了一起关于公路路政管理赔偿的案件,从中出现了一些新的倾向,这对加强公路路政管理和原始记录存档工作具有一定的积极意义。

关键词 民事判决 公路管理 重要性

1 案情起因

2009 年 6 月 22 日,丹阳市吕城镇卢某向丹阳市人民法院民庭提起民事诉讼,要求被告江苏运通路桥工程有限公司、丹阳市交通局、丹阳市公路管理处赔偿原告卢某交通事故损失。

主要理由如下:卢某于 2009 年 4 月 3 日 23 时 40 分许,驾驶一辆苏 LH55×× 号牌小型普通客车沿老 312 国道(现称河横线),由镇江往丹阳方向行驶。至练湖湖头村处时,因该处道路施工尚未完全交付通行使用,且被告江苏运通路桥工程有限公司作为施工方,未在施工现场设置明显的安全警示标志,事故道路也没有任何照明设施,导致原告卢某避让不及,采取紧急制动时,致使车上人员蔡群星、庄一明分别受伤,车辆受损。原告已为蔡群星等的抢救治疗支付了医疗费等各项费用计 130 782.50 元。原告认为,在本起事故中,施工方在施工路段存在严重安全隐患的前提下未设置明显的安全警示标志,应对本事故的发生承担推定过错责任,并且确认作为公路管理人的丹阳市交通局、丹阳市公路管理处同样应就整条道路的安全隐患承担管理人的过错责任。卢某同时向法院提交了丹阳市交通局老 312 国道改造的招标公告及中标人江苏运通路桥工程有限公司 2008 年度招投标项目的考核等级及相关资料。

丹阳市交通局、丹阳市公路管理处依法对此进行辩护,主要理由是原告卢某是夜间疲劳驾车,车速过快,采取措施不当形成事故的,与追加被告无关。

(1)疲劳驾车措施不当,导致事故责任自负。

卢某于 2009 年 4 月 3 日 23 时,从镇江方向驾驶苏 LH55×× 号牌小型普通客车返回丹阳,至练湖湖头村,会车时车速过快,采取紧急制动时避让不及,致使车上人员 2 人分别受伤和车辆受损的交通事故。显然,驾驶员盲目开快车的行为,违反了《中华人民共和国道路交通安全法》第 22 条第 1 款和第 42 条第 2 款之规定,是原告卢某的违法行为直接导致了该起交通事故,属疲劳驾车,措施不当,责任自负。

（2）管理方无过错,责任不在管理方

因施工前丹阳市公路管理处对施工单位江苏运通路桥工程有限公司施工方案进行了审批,施工中进行了监督检查。施工单位在施工中已按照施工方案的要求,做到了计划周密、方案科学、手续完备、标志齐全、设置规范、分流合理、疏导有序。在施工后,丹阳市公路管理处对该路段已按规定的频率进行了巡查,路面完好,标志齐全。管理方无过错,责任不在管理方。

（3）事实清楚,被告方证据充足。

证据一（事故路段标志图片）：各类标志齐全,规范醒目。标志一：限速标志；标志二：窄路标志；标志三：导向标志、警示桩。

证据二（江苏恒业交通工程有限公司证明材料）：标志设置完成时间为 2008 年 11 月 21 日,在事故发生时间 2009 年 4 月 3 日之前。

证据三（巡查日记）：丹阳市公路管理处由 2009 年 1 月 5 日至 2009 年 4 月 3 日巡查该路线的日记,证明练湖湖头村河横线 1K＋700 m 段标志齐全醒目,丹阳市公路管理处已按规定的频率进行了公路巡查,路面完好,标志齐全。

证据四（该路段现场管理协议书及施工路段管理整改通知书）：充分证明了丹阳市公路管理处在施工以前及施工过程中加强了管理,发现练湖湖头村 1K＋700～2K＋000 m 段存在安全隐患并及时发出了施工段管理整改通知书,促使施工单位设置标志。因此,丹阳市交通局、丹阳市公路管理处不是原告卢某所主张的追加责任承担者,与卢某所诉求的事实不符,是卢某的违法行为直接导致了该起交通事故,追加被告日常管理中无过错,恳请丹阳市人民法院依法驳回原告对丹阳市交通局、丹阳市公路处的诉讼请求。

丹阳市人民法院经现场勘察,并对原告、被告所提出的诉讼和答辩进行了审理,最终认为原告要求被告丹阳市交通局、丹阳市公路管理处承担赔偿责任无事实和法律依据,本院不予支持。判决如下：① 被告江苏运通路桥有限公司于本判决生效后 10 日内赔偿给原告 85 008.63 元。② 驳回原告其他诉讼请求,案件受理费 954 元,由原告负担 333 元,被告江苏运通路桥有限公司负担 621 元。

2 本案的几个重点之处

（1）现在人民群众的法治意识逐渐提高,这是一件好事,但片面地认为只要在谁的地面上出了事故,谁就应该为企业负责,这个逻辑是行不通的。因此,法律法纪知识不全面,给公路管理部门增添着许多麻烦,有些事还是比较棘手的。

（2）对于公路在社会中的角色,卢某认为,丹阳市交通局、丹阳市公路管理处是公路的管理人,当然就是公路的主人,应当承担公路上的一切事故责任。不管是白天还是夜晚,不管自己的车速有多快,路上的来往车辆情况怎样,也不管自己的操作正确与否,一旦发生交通事故,总会找上交通部门、公路部门,也就是老百姓常说的“树上有枣无枣,打两杆再说”的现象成为当前社会的普遍现象。

（3）关于事故的成因：双方针对事故造成原因,展开了激烈的争辩,并对现场进行了仔细的勘察。原告认为因该处道路施工尚未完全交付通行使用,且被告江苏运通路桥工程有限公司作为施工方,未在施工现场设置明显的安全警示标志,同时事故道路也没有任何照明设施,导致原告卢某避让不及,采取紧急制动时,致使车上人员蔡群星、庄一明分别受伤,车辆受损。原告还确认,在本起事故中,施工方在施工路段存在严重安全隐患的前提下未设置明显的安全警示标志,作为公路管理人的丹阳市交通局、丹阳市公路管理处,负有管理责任,同样应就整条道路的安全隐患承担管理人的过错责任。丹阳市交通局、丹阳市公路管理处认为,造成事故的主要原因是驾驶员疲劳驾车,采取措施不当造成的,且自身与施工方是两个不同的主体,双方有明确的合同规定、安全措施规范,丹阳市公路管理处也对该地段进行了日常巡查,有巡查记录证明,发现问题后及时发出了整改通知书,现场已设置了限速、宽窄、导向3块标示牌和警示桩,已起到了管理和监督的作用。经法院现场勘察,事实也是如此,没有证据或者证据不足以证明丹阳市交通局、丹阳市公路处负管理人的附带责任。

3 几点提示

从本案的角度讲,交通局、公路管理处没有败诉,但从该事故的整个过程来看,今后的公路管理将面临一些新的困难和挑战,该事故对建设公路文明、公路文化、公路形象及公路整体管理新理念,加强公路路政管理,强化道路施工路段的安全措施、人性化管理、以人为本的科学管理,都具有一定的借鉴意义。

(1)路政管理职能的重要性。

公路路政管理巡查职责要明确,更要细化。对于各类等级的道路,应明细管理目标和职责范围,路面各种情况都应详细记录,特别是路面障碍物、垃圾堆、路肩路坡的毁损缺陷、运输车辆的滴漏抛洒等各种安全设施,防护栏、减速标志、宽窄路标志、警示桩等的缺损细节,都要有明细的记载。

(2)强化路政人员素质培训力度。

加强路政人员的工作责任心十分重要,不断的加大培训力度,强化基础队伍建设,进一步提高路政人员的政治素质和专业素质,从严治队,从严治路,从严治政,标本兼治,着力加强快速反应机制,强化队伍素质建设,不断提高路政人员的单人工作能力和协作配合能力。

(3)严格规章操作,规范日常巡查。

路政人员的主要职能就是保持公路安全畅通,及时发现问题,解决问题,不断巩固道路的安全系数,保护公路的路产路权,同一切危害公路利益的行为作坚决的斗争,保障人民群众安全便捷地出行,始终保持公路的完好状态不受任何侵犯。尽可能地消除不安全因素,确保人民生命财产的安全。

(4)加强施工路段的监督管理。

对于正在施工的路段,应进行严格管理,并对施工方案、施工期限、施工范围、周围通道、绕道线路进行严格的审核,不能放过任何环节。应制定施工现场的管理措施,对材料堆放、施工机械摆放位置、取土范围和方向、交通、通讯、交通标志、安全设施、绕行道标志、绕行线路等要加强全面管理,督促施工部门在施工地点和施工阶段做到"定点、定人、定岗、定措施",加强监管,发现问题及时上报并进行整改。路政人员要转变服务意识,改进管理,提前介入,主动上门服务,共同协商做好道路施工路段的安全管理,做到环境整洁,交通标志、施工标志、路面标志、夜间灯光配套齐全,促使施工单位内外部各种安全设施的完善。应更加突出道路施工路段的监管,作为公路管理部门,虽然不承担公路建设的组织实施任务,但在征地、拆迁工作上需加强协调与配合,依照有关法律、法规、规章以及公路技术标准的要求,认真抓好施工路段的管理,特别是对于拓宽改造工程项目,要提供详细的许可原始资料,减轻工程矛盾协调难度,道路的前后、左右两侧尽量不要遗留尾巴,造成不必要的各种安全隐患。如遇遗留问题,一定要妥善解决;一时解决不了的,应与施工单位进行充分的协调,做好收尾工作和安全警示措施,建立健全各种安全标志,确保人民生命财产不受损失,也避免公路管理部门涉及安全管理中的很多麻烦。

(5)重点强化施工路段的半幅封闭地段的管理。

在这种半封闭状态的路上,应视车辆通行密度情况制订详细的安全运行计划,封闭与开放的中间隔离带的标志,要醒目、安全,要充分考虑车辆的通过速度和宽度,在施工路段的两头应有专人管理;控制车辆的会车,防止堵塞车辆,影响施工路段的交通畅通。单行标志、各个安全标志要醒目,安放要规范,两头与中间都要有夜间的警示灯与照明灯,警示墩、警示桩应齐全规范,要足以起到警示作用;充分体现人性化管理要素,体现以人为本的宗旨,一切以人民生命财产安全为中心,严格管理。对施工单位不予配合、没有安全设施和不采取任何安全措施的,可向上一级管理部门汇报,必要时可下达停工整改书,在达到安全等级标准时同意恢复施工。

(6)全方位监管道路安全。

从本起案件来看,虽然公路管理部门没有败诉,但也为公路安全管理敲响了警钟。公路不安全因素,应引起公路管理部门的高度重视。对各种危害公路安全的行为,应"全力控制",加强管理力度,消除隐患。尤其是倾倒堆土和垃圾、焚烧各类废物废料、摆摊设点、堆放物品、打谷晒场、探沟引水、利用公路边沟排放污染物、填埋和堵塞边沟等影响公路畅通的行为,应坚决予以打击。本案件虽然存在自身疲劳驾驶,操作不慎造成事故的因素,但也与施工路段的安全设施不全和不当有关。人民群众法治意识的不断提高对公路这一公共产品的安全提出了更高的要求,一旦遭遇交通安全事故,当事人往往就会把注意力转移到公路管理部门,以求弥补各种损失,求得精神补偿和心理平衡。这就给今后的工作带来了极大的压力和被动,因此一定要全方位做好道路的各项管理工作,不断强化对道路的安全整治,突出一个"安"字,形成一个"全"字,保持一个"畅"字,完善一个"通"字。始终以安全畅通为目标,坚决杜绝利用公路倾倒垃圾、堆放物品、打谷晒场、设置障碍等影响公路畅通甚至污染绿化、农田水利设施的其他行为,发现异常动态要及时向专业部门报告,并努力做到迅速消除隐患,确保道路安全。

4 结束语

以上是本人对这起案件的一点思考,案子很小,但不能掉以轻心,这对今后的工作可以起到警示作用。在公路管理中应按照科学和可持续发展的思路进行管理,真正按照以人为本、以路为本的要求抓好每一项管理工作,全面提升路政管理水平,做到道路标志标线设置科学规范,设施齐全,清晰准确,路域环境整洁、美观、赏心悦目,使公路成为人民群众满意的公共产品。

丹阳市农村公路路政管理运行机制的实践与探索

朱三荣

（丹阳市公路管理处 丹阳 212007）

摘 要 本文结合丹阳市农村公路的实际，通过对农村公路路政管理现状及存在问题的剖析，从多个方面对进一步加强农村公路路政管理工作提出措施和建议。

关键词 农村公路 路政管理 探索实践

农村公路在服务地方经济及社会发展中占有十分重要的地位，随着农村社会经济的发展越来越依赖于农村公路的发展，进一步加强农村公路的路政管理工作时不我待。这就要求公路管理部门必须要花大力气，保护路产，维护路权，延长农村公路使用年限，提高公路服务质量，保证人们通行安全。本文结合丹阳市农村公路的实际，就当前农村公路路政管理工作的现状、存在的问题以及如何加强农村公路路政管理谈一些简单的看法。

1 丹阳市农村公路路政管理的现状

丹阳市的农村公路具有分布广、线路长、路面等级参差不齐的特点，截至 2009 年底，丹阳市公路里程达到 1 990.658 公里，其中农村公路就有 1 822.781 公里。按行政等级划分，有县道 23 条计 297.491 公里，乡道 121 条计 688.211 公里，村道达 837.079 公里。为加强对农村公路的养护和管理，丹阳市成立了市农村公路管理养护工作领导小组，由分管市长任组长，成员由市政府办、交通局等部门领导和各镇（区）领导组成。领导小组下设农护办，办公室设在丹阳市公路管理处，负责全市农村公路管养的日常事务。各镇（区）政府成立了相应的农护办，形成了全市、镇（区）二级农村公路管养机构，明确了各级管养机构职责。市农护办负责全市农村公路管养的日常事务。

丹阳市在对县道、乡道等农村公路的路政管理机制上，采取的是以市公路管理处（市公路路政大队）管理为主，镇（区）农护办配合，专职管理与协助管理相结合的模式。丹阳市公路管理处将县道、乡道与国省干线公路的路政管理职责一起纳入辖区路政中队进行管理，并根据丹阳市县道、乡道的现状，通过科学合理地安排现有路政人员和路政装备，重新确定了各路政中队的管辖区域和线路（以大运河为界，东部地区由路政二中队负责路政管理，西部地区由路政一中队负责路政管理）。村道的路政管理由辖区的村民委员会负责，镇（区）农护办给予指导帮助。在这方面，丹阳市东部经济发达地区各镇（区）的农护办走在了前头，已经组织人员负责村道的日常保洁、路障清理、绿化维护和路产路权保护工作；而西部地区各镇的农护办因经费缺口较大，人员未落实，现只能对村道进行简单的日常保洁、路障清理等工作。

2 丹阳市农村公路路政管理中存在的问题及原因

（1）农村公路路政管理环境不利。

丹阳市农村的建筑格局基本上是沿农村公路铺开的，在"要想富，紧靠路"的思想支配下，一些乡镇企业在公路两侧建控区内兴建餐馆、仓库、厂房等违章建筑，并占用公路堆放建材，装卸物资，给公路安全畅通带来了极大的隐患。沿线群众在农村公路及公路用地内堆放物品、打谷晒场等情况更是十分普遍。

（2）农村公路路政管理政策法规滞后。

国家和各级政府虽然先后出台了《公路法》、《江苏省公路条例》等法律法规，但农村公路路政管理工作方面的法律法规还不够健全。如何控制村道公路两侧建控区，哪些行为要禁止等都存在法律法规上的空白，使村道的路政管理无法可依。

（3）农村公路路政管理经费保障严重不足。

丹阳市的各镇（区）政府都比较重视农村公路的建设和改造工作，纷纷向上级部门争取资金或发动当地群众捐款将公路修通改造好。但公路修好后却不重视公路的养护和路政管理工作，造成农村公路养护和路政管理经费严重不足。其直接后果是农村公路上的交通标志、警示桩、防撞护栏等交通安全设施严重短缺不齐，现有的交通标志和交通安全设施已不适应当前农村公路发展的需要。

3 丹阳市在农村公路路政管理中的一些探索和尝试

（1）突出大路政，以市农护办为依托，形成公路群管网络。

丹阳市农村公路有分布广、线路长等特点，而丹阳市公路管理处现有路政人员数量偏少，只能完成辖区内国省干线及农村公路中县道的巡查任务。加上受编制和经费的制约，亦不可能大量聘用乡村道路的路政管理人员。近年来，丹阳市公路管理处以改革为动力，坚持管养结合、以管促养的工作思路，依托市农护办，通过各镇（区）农护办，大胆探索和完善公路群管网络管理模式。将各镇（区）农护办主任和各村委会主任纳入路政管理信息系统，同时通过改制企业养护公司，聘请养护工为路政管理信息员，由他们及时上报路网信息，形成了全覆盖的公路群管网络；通过养护线路分段承包制，把养护工聘为群管网络员，签订责任状，制定百分考核细则，使得养护工也承担起路政巡查的责任，形成了路政、养护交叉管理模式，弥补了中队路政巡查力量和频率的不足，形成了有丹阳特色的公路"群管网络"模式。2007 年通过群管网络成功发现并消除肖梁河桥隐患，2008 年发现了县道新珥线采石桥和 241 省道北二环大桥的隐患。及时发现并迅速处置这些隐患，有效避免了重特大事故的发生，受到了各级领导的一致肯定。

（2）突出大巡查，实行全方位立体式巡查制度。

公路巡查是路政管理的主抓手，只有保证经常性地巡查，才能及时发现问题，提高管理质量。丹阳市公路管理处按照《公路法》、《江苏省公路条例》的规定及丹阳市农村公路（不含村道）的路政管理实际，制定落实了相关工作制度：一是推行路政巡查责任人制度。要求中队确定基层路政管理人员的巡查责任线路，将公路日常巡查线路落实到人，考核检查到人。二是实行基层中队长责任管理制度。大队与各中队长签订巡查责任书，明确责任和义务，明确巡查标准，要求各中队严格执行《公路路政巡查制度》，全年人均每月上路不少于 23

天,在日常巡查过程中认真践行"三勤"(腿勤走、嘴勤说、眼勤看)、"四早"(早发现、早制止、早处理、早执行)制度。干线公路和主要县道公路每天巡查不少于一次,其他县道每周巡查不少于两次,乡道每周巡查不少于一次。三是实行路政中队长例会制度。通过定期召开中队长会议,及时通报各中队辖区的违法违章新动态和存在的问题,便于掌握基层的真实情况,调整工作布局和工作重点,并将各中队辖区农村公路路政管理作为考核重点内容,依据考核结果,对优秀的中队长和路政员进行相应的奖励。四是实行"5+2"领导班子带队上路巡查制度。处领导班子成员每人带两名科室人员,节假日轮流上路巡查,重点对县道路域环境及路政管理工作进行督促检查。五是健全完善农护办工作制度。由市农护办牵头,定期召开各镇(区)农村公路管养会议,及时了解、分析农村公路的路政管理动态,并经常派人到各镇(区),指导农护办人员在职责范围内更好地开展工作。正是这一系列制度措施的实施,市农护办在 2008 年公路日常巡查中共检查发现 108 座危桥,及时通知了各镇(区)农护办设置相应的安全警示标志,并积极上报市政府,争取资金进行改造。

(3)突出大治理,形成以政府为主导,多部门联动治超。

随着政府还贷二级公路收费的逐步取消,不少原本走高速公路和国道的车辆改走农村公路,导致了丹阳市农村公路超限超载车辆增多,直接影响农村公路使用寿命和桥梁安全。针对这一现状,丹阳市公路管理处通过市农村公路管理养护工作领导小组,积极提请市政府出台相关文件规定,要求各镇(区)政府牵头,联合公安、交警、运管、各镇(区)农护办等部门,全面开展对在农村公路上超限超载车辆的流动突击检查活动。同时,市农护办还要求各镇(区)农护办在超限超载现象严重的乡道、村道的重要出入口及节点位置,设置规范的限宽限高设施,防止超限超载车辆驶入。在"冬季百日治超"成果的基础上,开展"夏季治超专项行动",按照"依法严管、标本兼治、立足源头、长效治理"的总体要求,采取固定检测与流动稽查相结合的方式,重点抓好超限运输的源头监管,努力探索治超的有效途径,遏止超限运输车辆对农村公路的危害,保护农村公路的完好。

(4)突出大规范,提请市政府出台规范性文件。

路政管理涉及面广,牵涉的职能部门多,靠公路部门单兵独进已不能适应公路发展的需要,各部门的支持与配合是完善路政管理体制的重要环节,也是消除涉路违法案件的重要措施。结合"路政示范县"创建工作,丹阳市公路管理处积极提请市政府依法制定出台了《丹阳市农村公路管理养护实施意见》、《丹阳市公路保护办法》、《丹阳市人民政府关于规划公路用地和公路建筑控制区范围的规定》等配套的公路工作具体管理制度,对涉及公路的建设、规划、公安、国土、工商、交通以及财政等部门职能职权进行明确划分,形成了由政府牵头,公安、城管、建设、规划、工商、交通等部门参加的公路管理联合执法机构,从而有效整合了各部门的管理资源,彻底解决职能交叉、多头管理等突出性问题,为形成"政府牵头、交通主管、公路主办、社会参与"的大路政管理体制提供了制度保障。为规范农村公路沿线的项目建设,丹阳市公路管理处还通过市农护办协调规划、国土和建设部门建立了联合审批机制;同时在公路处内部建立了"路政、养护、安全、养护公司联席会议工作机制",保障了全市农村公路管养工作的有序开展,从而把农村公路路政管理由部门行为上升为政府行为,实现了行业管理向政府履职的转变。

4　今后的建议

（1）公路部门要进一步加大公路法律法规的宣传教育力度，通过多种形式向群众宣传公路法律法规，并通过对本辖区查处的路政案件进行剖析，以案说法增强沿线群众的爱路护路意识，提高群众的法制观念，形成一个"爱路光荣，损路可耻"的社会氛围，营造一个全社会需要公路、关注公路、爱护公路、管好公路的新局面，逐渐消除沿线群众随意侵占公路，在公路用地内堆放物品、打谷晒场、边坡种植等恶习，将侵占路产路权行为和公路建控区的违章建筑控制在萌芽状态；对于经教育劝说还不依法纠正违法行为的当事人，则坚决运用法律武器，严格执法，依法管理，从而震慑不法当事人，维护法律的尊严，树立公路执法的权威。

（2）公路部门要进一步实行规范化管理，要用法规制度来指导路政管理工作，做到有法可依。可根据《公路法》、《江苏省公路条例》、《路政管理规定》等法律法规，制定符合本地实际的《农村公路路政管理实施细则》，明确村道路政管理的有关事项。通过提请市政府出台《农村公路养护与管理实施办法》等地方规范性文件，进一步明确农村公路的管理内容，责任主体、事权划分、管理体制，资金渠道、路政管理要求等。

（3）公路部门要进一步加大农村公路安保工程的资金投入力度。市农护办要督促各镇（区）政府加快推进农村公路的安保工程建设，尤其要解决乡道、村道的标志标线等历史欠账，指导他们在农村公路交通安全设施建设时从实际需要出发，因地制宜，既要满足现行规定要求，又要防止盲目攀大求高，增加工程造价。应依据国家和有关技术规范标准，完善安全设计标准，逐步达到标志标线规范、齐全、醒目。公路部门也可考虑将国道、省道上每年更换下来的交通安全设施，按照"安全、经济、合理、实用"的原则，充分利用于农村公路。

总之，尽管当前农村公路的路政管理存在许多问题、许多困难，但管好农村公路是公路管理机构的神圣使命。公路管理机构应当与时俱进、开拓创新，积极研究新问题、解决新困难、探索新机制，开创农村公路路政管理工作的新局面。

参与文献

[1]　陈艳金.农村公路路政管理的问题与对策.交通世界（建养·机械），2009(6).

[2]　贺进年.农村公路路政管理的分析.中国科技博览，2010(4).

重型货车节能技术的应用

王 蕾

（镇江市运输管理处 镇江 212001）

摘 要 本文主要论述货运行业节能的重要性,介绍了柴油机技术、车辆轻量化技术、空气动力技术在重型货车节能技术的应用,提出道路运输行业合理选择车型、有效治理超载、规范车辆安装导流装置的应对策略。

关键词 重型货车 节能技术

1 货运行业节能的重要性

当前我国能源消耗强度高、规模大,能源问题已成为关系我国经济可持续发展的重大战略问题,而道路运输业是能源消耗的大户。一是燃料消耗量大。截至 2009 年底,江苏省道路营运车辆的保有量达到 786 861 辆,占全省机动车保有量的 5.4%,但所消耗的成品油占全省成品油消耗总量的 30%左右。二是能源利用率低。与国外先进水平相比,我国平均油耗要高 10%～25%,货车百公里油耗更是高出一倍以上。因此,货运行业在节能降耗方面有很大的潜力。

根据交通运输部《公路水路交通节能中长期规划纲要》,到 2015 年,营运货车单位运输周转量能耗将比 2005 年下降 12%左右;到 2020 年,营运货车单位运输周转量能耗将比 2005 年下降 16%左右。

近年来,货运车辆向大吨位稳步发展,就镇江而言,重型货车所占的比重逐年提升(见表 1)。大力发展重型货车对交通运输行业节能十分有利,通过综合研究国内外相关学术文献、总结相关试验分析与实践经验可知,如果载货车辆平均吨位提高 1 t,节能效果将提高 6%。

表 1　2006—2009 年镇江市营业性重型货车拥有量

	2006 年	2007 年	2008 年	2009 年
重型汽车/辆	927	1 000	1 138	1 661
载货汽车/辆	12 212	12 293	13 179	16 094
所占比例/%	7.59	8.13	8.63	10.32

要实现道路运输行业节能目标,必须立足车辆源头。中华人民共和国交通运输部于 2009 年审议通过了《道路运输车辆燃料消耗量检测和监督管理办法》,从控制营运车辆燃料消耗量入手,限制高耗能车辆进入道路运输市场,进一步完善了我国车辆节能管理体系,有利于推动汽车节能技术发展和应用,引导低油耗车辆的生产和使用,加强道路运输车辆节能降耗管理,从整体上降低我国汽车燃料消耗水平。

影响车辆油耗的因素主要有 3 个方面:一是汽车技术,二是汽车运用水平,三是公路交通设施的建设水平。本文主要就重型货车节能技术的应用作简要阐述,提出道路运输行业在车辆技术不断进步的情况下,应如何采取有效策略提高节能效果。

2 重型货车节能技术的应用

柴油汽车虽然是公路运输中能源利用的佼佼者,但是燃料中所含有的能量却只有 1/3 能够被用于汽车移动方面,其余部分因燃料燃烧的不完全、发动机的散热和传动系统的损耗而损失掉。用于汽车移动的能量又分为 4 个部分:① 使汽车加速的部分;② 克服坡度和弯度的部分;③ 克服滚动阻力的部分;④ 克服空气阻力的部分。汽车的总行驶阻力即是这些组成部分之和。降低车轮滚动阻力和空气阻力成为近年来降低货车燃油消耗的首选方法,加之近年来治理超载日趋严格、计重收费日益精确、成品油价格逐渐高升等因素的影响,柴油机技术、车辆轻量化技术、空气动力技术被逐渐应用到货车领域。

(1)柴油机技术。

随着柴油机排放法规的日趋严格,国内许多重型货车车用柴油机都有以下的发展趋势:适当降低转速;加大冲程;采用四气门结构;中心布置燃烧室;P 型喷油器在中心垂直布置;采用高压喷射,喷油压力大于 1 000 bar;采用泵喷嘴,每缸一个单体泵或用电控共轨式高压喷射;采用增压中冷技术。这些措施完善了柴油机的燃烧过程,其平均有效压力有较大提高,经济性能较好,有害气体排放及微粒排放可以达到较高的限值要求。

(2)车辆轻量化技术。

一般来说,汽车重量每减少 10%,燃油消耗量将降低 8%左右。对于在高油价时代艰难生存的货运企业来说,这无疑是非常诱人的。如果车辆自重降低 0.8 t 就可以多装货物 0.8 t,按照每年行驶 20 万公里、每公里平均运价 0.28 元计算,一辆轻量化重卡一年可比载重量相同的普通车型增加收入 4 万~5 万元。

目前国内常用的重货轻量化技术手段包括:更换铝合金油箱、铝合金变速器壳、铝合金轮毂,采用少片簧或橡胶悬挂,把斜交胎换成子午线轮胎,双胎改为单胎等。这些技术手段可以在不降低车辆性能的前提下,使车辆自重得到降低,从而达到降低车辆油耗的目的。例如,东风天龙系列重卡利用轻量化技术降低车辆自重达 1 t 之多,个别车型自重降幅达到 10.5%。

(3)空气动力学。

空气阻力在车辆高速行驶时尤为突出。它和汽车的外形及尺寸(横截面积)关系极大。相关研究表明,在平路以 70 km/h 等速行驶时,总重 16 t 的载重汽车空气阻力占 62%,而总重 38 t 的汽车仅占 40%,轻型载重汽车空气阻力所占的百分比特别突出。

经德国 MAN 公司权威测试,使用合适的空气动力导流措施能够有效降低油耗,例如将车顶导流罩调到最佳位置(同挂车车厢几乎平齐)与侧裙板的搭配使用(如图 1 所示),每百公里油耗可降低大约 1.5 L。

① 车顶导流罩。

它可在驾驶室与车厢之间实现很好地空气导流作用,显著减少重型货车的空气阻力。

② 侧导流罩。

它可缩短车头与挂车车厢的距离,同时减少两者之间紊流的产生。

图 1　空气导流装置

③ 侧裙板。

它可利用横向风减少卡车的空气阻力。

3　运输行业应对策略

（1）合理选择车型。

近年来，由于国际市场原油价格不断上涨，汽油、柴油价格也不断攀升，燃油费在道路运输成本中所占的比例不断提高。据调查测算，2003 年燃油费占运输总成本的 22％，2004年占 25％，2005 年占 28％，2006 年占 32％，2007 年占 37％，目前接近 40％。一辆营运车辆如果百公里油耗减少 2 L，在整个使用期内行驶 100 万公里，就能降耗 20 000 L 燃油，减少成本 10 万元以上，这对降低运输成本的作用十分明显。对于货物运输来说，选择好的车型无疑是节油的先决条件，节能环保型车辆将是我国道路运输装备发展的主要方向。因此，降低车辆的燃油消耗不仅能对缓解国家的能源短缺矛盾作出重要贡献，而且有利于促进车辆生产企业技术进步，有利于提高道路运输企业的竞争力。

道路运输企业在选购车辆时，应遵循"技术先进、经济合理、生产适用、维修方便"的基本原则，除充分考虑车辆的质量、价格、售后服务等主要因素外，还必须考虑车辆类型、使用性能、经济车速及燃料、润料、零配件等因素。按照"公开、公平、公正"的招标程序，对各招标车辆进行深入研究、全面分析、综合评价。加快淘汰老旧汽车，提高车辆的新度系数与新度率，从源头上控制高耗油、高排放车型的选购，推进营运车辆的节能工作。

（2）有效治理超载。

由于车辆轻量化后，降低了承载能力，不少国产轻量化重卡已经不能适应高强度超载和长期在恶劣路况下行驶的传统用车环境。它们只能在标称的载荷范围内工作，在条件较好的公路上行驶，更适合运送重量轻、附加值高的货物。如果超载使用，将会对轻量化重卡造成严重损坏，在节能效果上则会适得其反。

交通部门要严查超载车辆，采用源头治理与路面治理相结合、重点治理与长效治理相结合的方式,突出对"车、货、人"的监管,把好"车辆准入关"、"货源装载关"、"承运主体关"三个关口,也就是不让超限超载车辆出厂、上路,不让货源点超载装货,不让货运司机超载出厂,从源头上杜绝任何"超载"车辆上路行驶。

(3)规范车辆安装导流装置。

道路运输管理部门应对有利于在用车辆节能减排的改装技术进行规范和引导。车辆安装导流装置时必须接受制造厂的建议,私自安装车辆导流板不仅可能不省油,还会因违反相关法律法规而受到处罚。

一般而言,汽车制造厂和专业导流装置厂在导流节能技术上有着丰富的经验。车辆安装导流装置遵循制造厂的建议,应在规范的改装企业选择合理的导流装置,否则可能会产生适得其反的效果。

目前,在不影响车辆安全运行的情况下,为达节能目的而对在用车辆进行改装,国家在此方面还没有明确的鼓励措施。交通运输部于 2006 年 4 月下发的《关于进一步加强道路运输车辆改装管理工作的通知》中指出,对于道路货运车辆加装防风罩,在不影响安全和识别号牌的情况下,可由道路运输经营者自行决定,交通主管部门和道路运输管理机构不得将其认定为非法改装道路运输车辆。运输管理部门应加强对该文件相关部分的学习和研究,对运输企业在技术改造升级等方面给予建议和指导,避免在执法过程中"误伤"有利于节能减排的改装行为。总之,应进一步加快相关法律法规的研究,为节能开辟更大的技术空间。

4 结论和建议

道路运输行业节能迫在眉睫,大吨位是未来货运行业主要发展方向之一,重型货车节能技术的发展对提高道路运输行业节能效果有重要影响。目前,柴油机技术、车辆轻量化技术、空气动力技术是重型货车节能技术发展的三大方向,但是,由于这些技术在中国发展时间不长,存在轻量化车辆超载影响安全和法律法规尚未对车辆安装导流装置进行规范的问题。

因此,道路运输企业在选购车型时,要结合自身特点选择技术先进、使用成本低,又符合自身生产特点的车辆;尽量使用轻量化车运送重量轻、附加值高的货物;管理部门要严厉打击超载,避免发生交通事故;为鼓励节能降耗,国家要加快相关法律法规的研究,规范在用车辆导流装置的安装。

高速公路防撞护栏安装施工实践

张道宁

（句容市交通工程有限公司 句容 212400）

摘 要 交通工程及沿线设施是高等级公路建设的重要组成内容，防撞护栏作为高速公路上的基本安全设施，对保证高速公路上的交通安全起着十分重要的作用。自 1995 年以来，笔者先后在多条高速公路上进行了防撞护栏安装施工，积累了一定实践经验，总结了一些施工方法，为提高施工进度和质量取得了一定成效。

关键词 高速公路 防撞护栏 施工实践

1 施工放线定位

防撞护栏立柱的放线定位对防撞护栏的外观质量影响很大，其中立柱放线定位的方法正确与否至关重要。施工图设计的立柱位置是由路缘石确定的，这相当于假定路缘石的铺设在纵向是绝对顺直的，在横向是没有错位偏差的，而实际施工情况并不是这样，路缘石的铺设在纵向和横向上与设计都是有误差的。如果只按路缘石来放线定位，护栏立柱在纵向上的顺直度就达不到设计要求，护栏板安装后，线形会出现局部凸凹。在高速公路施工时，经过实践总结确定了以下定位方法。

（1）立柱间距的确定。

确定立柱的间距时，应以桥梁、通道等构造物和活动护栏开口、立交、平交为控制点进行测距。立柱的标准间距分为 2 m 和 4 m 两种，2 m 为加强型护栏立柱间距，4 m 为普通型护栏立柱间距，而实际施工中经常出现非标准间距，所安装的护栏板称非标板。由于非标板长度不定，制造过程繁琐，影响工期，因此在确定立柱间距时应尽可能减少使用非标间距。如果立柱间距有不太大的间距零头数，可通过分配法将其调整至多根立柱。另外，在立交桥匝道上放线定位时，立柱间距实际尺寸要注意内收外放，但收放的尺寸不宜超过 5 mm。这是因为护栏板是直的，而立柱安装在匝道上整体线形是曲线，只有立柱间距尺寸放收之后，护栏板才可顺利安装，且安装完成后线形顺适美观。

（2）立柱纵向位置的确定。

先在路缘石上用红铅笔根据立柱间距画出横线，再用线绳和钉子顺路方向上放出一条长线，反复调整线形，最后用红铅笔在这条线上画出十字线，并在打入立柱时，严格按立柱距十字线中心距离打入，这样就保证了立柱在纵向上的顺直度。

（3）立柱高度的控制。

立柱的顶面高程是否平顺决定了护栏板顶面高程的平顺与否，立柱安装高度是影响防撞护栏线形的最大因素。施工图设计也是假设路缘石绝对按设计标高的，但如果照搬图纸打桩施工,则路缘石顶面的不平顺就反映到立柱顶面,最终使得护栏板整体不平顺。由于立柱安装的高低调整十分困难,影响工期和质量,本项目采用了根据路面实际高程(路面实际高程有时与设计高程有差距)控制立柱顶面高程的方法,打入立柱时对每根立柱进行测量。具体做法是:首先用水准仪对每一个立柱位置的十字线进行水准测量(不需水准点,只测相对标高),根据这些数据计算出坡度,将高度差值分摊到所测量的每个立柱上,再加上设计值70 cm即为要得到的立柱高。在每一个将要打入的立柱上用红铅笔画出打入深度,这样就能保证立柱顶面高程平顺并符合设计要求。

2 打桩机的选择应用

护栏立柱的打入效率及准确性与打桩机型号种类有关,以前使用的打桩机是内燃导杆式打桩机,这种打桩机的优点是故障率低、定位准确,缺点是冲击力低,打桩速度慢,移动慢。目前使用的是 YDD350 自行式打桩机,这种打桩机自行速度快,桩锤重 350 kg,打桩迅速有力,对各种基层均能较快打入,且击锤速度持续均匀,不容易将桩口打毛,对立柱起到保护作用。根据经验,每台打桩机配 4 人最为合适。立柱定位后便开始打入,最初几锤要重,然后停下来用水平尺检测立柱是否垂直。如不垂直,可调整打桩机,调整后继续重击;快到位时停下来,再次用水平尺检测垂直度,检测合格后改用轻锤击打;最后几锤要特别小心,防止立柱打入过深。立柱过深或不垂直将会影响护栏线形。

3 护栏板的安装

目前有镀锌和涂塑两种护栏板。与钢材相比,镀锌层硬度较低,易受机械损伤,因此在施工中要轻拿轻放;镀锌层受损后,应在 24 小时内用高浓度锌涂补,必要时予以更换。安装时,首先把托架装到立柱上,固定螺栓但不要拧太紧,然后用连接螺栓将护栏板固定在托架上,搭接的护栏板之间用拼接螺栓相互拼接。拼接方向严格按照设计规范要求,如果拼接方向相反,即使是轻微的碰撞,也会造成较大损失。在安装过程中应利用护栏板上的长圆孔及时调整线形,连接螺栓和拼接螺栓不要过早拧紧,将整段护栏板线形调整平顺,没有局部凹凸,护栏的顶面高程线形满意时,再把所有螺栓拧紧。根据经验,安装护栏板以 3 人或5 人为一组最合适,当安装方向与行车方向相反时,护栏板比较容易安装。

4 施工时应注意的几个问题

(1)防撞护栏在施工时应准确掌握各种沿线设施的资料,特别是埋设于路基中各种管道的准确位置。在施工过程中不允许对地下设施造成任何破坏。如遇地下电力通讯管线、排水管或涵顶填土深度不足时,应调整立柱位置或改变立柱固定方式。

(2)当立柱打入过深时,应将立柱全部拔出,将其基础重新夯实后再打入或调整立柱位置,不能只将立柱拔出一部分进行调整。

(3)设置于桥梁上的防撞护栏在安装立柱法兰盘时,应注意法兰盘的定位和立柱顶面标高的控制。

5 结束语

根据多年来的专业交通安全设施施工经验,防撞护栏是高速公路建设的重要工程之一,也是高速公路外观质量的重要面子工程。防撞护栏的内在质量源于原材料及加工过程,它的外观质量则取决于施工过程,因此应不断创新实践,总结经验,提高施工水平。

238 省道改线工程质量管理

张三根　　王中和　　左建春

（扬中市交通运输局 扬中 212200）

摘　要　工程质量的管理是全方位的，项目法人对工程项目的质量、安全、进度、成本、文明施工等，都要纳入正规化、标准化管理，这样才能使项目各项工作有条不紊、顺利地进行。必须牢固树立"细节决定成败、精细决定品质"的思想，狠抓工程的精细化管理，切实做到"粗活细做、细活精做、精益求精"。成功的管理能促进项目的发展，推动交通建设市场不断前进，坚持开拓创新，总结经验，在项目的实践中不断摸索，开辟一条工程质量管理的成功之路。

关键词　公路工程　质量　管理

1　238 省道改线概况

238 省道扬中段改线工程起于扬中大桥收费站东，向北辟新线，沿规划新坝镇迎宾大道路线向东北，经丰裕镇转向东南，与 231 省道、泰州长江公路大桥交叉，经沿江工业集中区，绕经八桥镇东侧，接回老路，沿老路继续向南，在西来桥西侧向南辟新线至。该工程全长 37.9 km，其中本岛新建里程 29.7 km，沿线共征地 3 980 亩，拆迁约 1 050 户。

本项目采用一级公路标准，设计速度 100 km/h，231 省道至开发区港隆路段约 9 km 采用双向八车道型式，路基宽 42.5 m；其余路段采用双向六车道，路基宽 32.8 m；同步实施路两侧绿化带各 20 m。全线总造价约 14 亿元，其中扬中本岛改线段造价约 11 亿元。

2009 年八桥段 2.5 km 已完成沥青路面摊铺，新坝段 4 km、沿江工业集中区段 7.2 km 已完成沥青表处，初步具备通车条件，并已完成绿化。按照市委、市政府的安排部署，238 省道改线工程 2010 年要实施本岛剩下的约 16 km（包括三茅丰裕段和永胜八桥段），年内完成道路基层，年底前实现本岛工程全线贯通。全线已完成 12% 灰土底基层，水稳碎石已开始摊铺，按照序时进度将顺利完成 2010 年目标任务。

2　质量管理措施

（1）推进公路建设项目前期工作。

严格落实前期工作目标责任制，按照"先急后缓、整体推进"的思路，切实转变前期工作观念、工作方法，采取有力措施提高前期工作质量；充分落实项目法人责任，排出前期工作时间表，成立专门机构，明确专人负责，盯紧每一个项目；积极办理土地、环保、林业等手续，筹集建设资金，及时协调解决制约前期工作的各种困难和问题，为加快干线公路建设奠定坚实基础。

（2）提高公路工程勘察设计质量。

一是深入贯彻公路勘察设计新理念，注重精细设计，倡导作品设计，在开展典型示范工程基础上将新理念落实到工程建设的具体实践中。二是严把质量关，不断进行科技创新，建立设计质量责任制，把质量责任逐级分解，落实到人。三是加强工程地质勘察、筑路材料调查，严格按照规范、细则要求作业，利用先进科技手段预测判断可能出现的各种工程地质问题，对筑路材料品质进行详细调查，以满足施工过程使用要求。四是高度重视安全性评价工作，严格执行国家公路交通安全设施设计规范，对所设计公路的交通安全状况进行评价，在设计方案确定时要从结构设计、施工工艺、建筑材料以及管理技术水平、施工能力等方面进行评估，确保方案安全、可靠、经济、合理。五是加强勘察设计过程管理。全面实施设计审查制度，对于勘察深度不够、设计质量不高、达不到强制性及耐久性要求的设计文件不予审批。六是体现精细化设计，认真研究设计方案对生态环境和资源利用的影响，注重细节设计，加强绿化工程的设计，边坡、边沟等防护与排水工程设计要"形式多样、美观实用"。七是要加强与被交叉、拆迁、占用部门的联系与协调。

（3）推行精细化管理，提高建设质量。

质量是工程建设永恒的主题。推行精细化管理的目的是实现"工序科学、工艺规范、技术先进、质量优良、作业安全、施工文明、管理有效"。应进一步完善质量保证体系，强化施工过程的质量控制，落实项目法人，设计、施工、监理单位的质量责任，加强重点工序、重点部位、重点材料的质量监控力度，从每一个环节、每一道工序、每一种原材料供应上严把质量关，明确各项施工工艺、施工方法、操作规程和质量控制措施，加强过程监控，把隐患控制在过程当中，切实提高干线公路工程建设质量。

（4）加强安全生产监督管理。

认真贯彻安全生产法律法规，建立健全安全保证体系，项目法人，勘察设计、监理、施工单位各负其责，建立健全安全生产制度，做好施工现场易燃易爆危险品存放点等施工安全以及施工驻地、施工人员安全隐患排查工作，逐步把隐患排查和整治纳入施工过程管理。建立预警机制，制订安全生产应急预案和专项突发事件应急预案。

（5）规范公路建设市场行为。

为规范扬中市招投标市场，由市纪委、监察局牵头，成立了扬中市统一的招投标交易中心，交通工程招标全部进入其中，从方案设计到施工、监理招标，接受全过程监督，确保招投标工作阳光操作，体现公平、公正。通过公开招标，本项目选择了方案设计单位、施工单位、监理单位。自招投标大市场成立以来，扬中市交通运输局所有招标项目全部进场，招标工作全部成功，未收到一起举报投诉。根据省交通运输厅要求，扬中市交通运输局积极推广应用招投标信息系统，建立从业单位信用档案，定期对中标企业进行考核并将考核等级及时上报。

在廉政建设方面，扬中市交通运输局会同纪委监察局、检察院组织全体工程建设的参与者进行廉政教育培训，交代纪律，明确责任，并与施工单位签订廉政合同，施工单位向市纪检、监察部门缴纳廉政保证金，主动接受纪检、监察机构监督。

3　推行精细化管理

（1）完善组织机构。

项目伊始，为加强对项目的组织管理，扬中市交通运输局成立了市238省道改线工程建设指挥部作为项目法人,完善了组织机构,出台了工程项目管理办法。为确保改线工程质量,通过公开招标选择了监理单位,重点加强项目业主的全面技术质量管理与控制、设计变更和工程分包的审批,重点加强对施工组织与施工现场的管理,督促监理单位按监理规范对施工单位加强监理,确保抽检频率与抽检的准确性。在工程建设管理方面严格实行工地例会制度,须业主、监理单位、施工单位共同参加,由施工单位介绍一个月内施工计划完成情况,通报对上次例会布置工作的实施情况、下一个月的计划、施工中存在问题,及需要业主协调解决的问题,布置下一阶段的要求及注意事项。业主对施工单位和监理单位提出要求进行协调。

(2)严格执行项目基本建设程序。

认真贯彻交通项目建设法律法规和各项规章制度,严格执行公路质量强制性标准。在项目招投标和签署合同过程中严把市场准入关,严格按照招标文件的承诺办事,不让资质和施工能力达不到要求的施工队伍参与建设,也不允许资质和能力达到要求的队伍降低水准参与项目建设;在项目建设过程中加强合同管理,对施工单位项目经理、技术负责人和主要管理人员、重要机械和设备实行跟踪管理,对中途削减施工能力或将中标的业务转让他人的,严格按照合同的约定进行处理,力争保证施工能力不中途缩水;对施工监理单位的主要监理人员在岗情况和时间进行明确的合同约束,确保监理工作质量,确保工程项目全过程处于受控状态;对设计单位以及现场设计代表也明确工作要求,确保设计质量和变更的及时性,服务好工程建设。通过前一阶段的调查和走访,无论是建设单位还是设计、监理、施工单位都符合要求,能很好地履行各自职责。

(3)抓好进度控制。

细化目标责任,坚持实行计划管理,层层下达施工组织计划,将合同约定的工期分解到月、旬、周。建立月报和旬报制度,及时掌握工程进展,实施动态监控。在合理工期执行方面,受前期地下水位较高、雨水时间较长、地方矛盾较多等因素制约,工程进展缓慢。为完成今年路基工程施工任务,一方面,应积极协调解决矛盾,清除施工障碍;另一方面,制定奖惩措施,在确保工程质量的前提下要求施工单位优化组织,打破常规,加班加点,抢抓有利时机,以保障目标计划的完成。

(4)抓好投资控制。

加强合同管理,合理使用建设资金,严格履行财务制度,建立资金使用审签制度,规范资金使用行为。加强计量支付管理,完善计量台账,及时掌握计量的进度。严格控制设计变更,实行设计单位、施工单位、监理单位、业主、主管单位、专家共同会审制,并按照审批权限进行报批。在计量支付方面,严格支付程序,未经验收工程不予计量,质量不合格工程不予计量,未经计量工程不予支付。每次计量支付必须同时经计量工程师、监理工程师、总监、分管领导、主要领导签字确认后方可拨款。

(5)抓好质量控制。

严格落实质量责任制,从工程建设的各环节入手,层层分解质量责任,签订质量责任书。完善质保体系,严抓质量监管,有针对性地制定专项施工技术管理规范、专项施工监理流程和专项质量检验评定标准。按照分项工程、分部工程、单位工程及标段工程进行质量管理,实行分项、分部、标段开工报告制度,质量评定制度和交验制度。在保证总体工程经济合理的情况下同时重视局部、细节的技术处理。保证科学合理的建设工期,坚持速度服从质量,避免由于工期不合理或压缩工期造成工程质量低劣。在工程质量方面严格落实三级质量保证体系,严格依照合同的约定处理,施工企业和监理单位必须建立工地试验室,试验检测设备与持证试验人员到岗到位;施工管理、技术人员和机械设备必须到位,监理人员必须到位;施工组织设计必须经过审批;合格的工程材料必须组织到位;相关试验必须经监理平行试验确认;监理单位要加强现场的监督和过程检查,发现问题及时纠正,及时整改。对已完工程实体质量的检查情况表明各项检测指标均合格。

(6) 依靠科技,提高技术水平。

积极推广省内外比较成熟的技术措施和施工工艺,引进新的建筑材料和机械设备,增加公路建设的科技含量,深入开展扬中水网地区软弱地基的处理、桥头沉降、路面早期破坏等关键技术研究,解决工程难题,不断提高工程整体质量。推行建设项目网络化、信息化管理,在工程管理、计量支付、财务管理、资料管理等方面普及计算机管理,在管理手段上实现创新。

农村公路桥梁的安全管理

沙　俊

（丹阳市公路管理处 丹阳 212300）

摘　要　桥梁是公路的重要组成部分，桥梁安全直接关系到公路交通的安全和畅通。农村公路桥梁养护长期得不到重视，养护经费不足，使得一些桥梁长期处于失养状态，损坏日趋严重，加上设计荷载等级低，已难以适应农村经济发展的需要，以致公路通行不畅，形成交通安全隐患。因此，必须对农村公路桥梁养护引起足够重视。笔者从路政部门的角度简单阐述了公路桥梁的安全管理问题，并提出了自己的一些看法。

关键词　农村公路桥梁　安全　管理

桥梁是公路的重要组成部分，桥梁安全直接关系到公路交通的安全和畅通。随着我国农村经济的日益发展，对区域间交通运输提出了更多的需求，反映在公路运输上就是区域间交通量猛增，运输车辆载重量加大。而多数县乡道公路桥梁始建于 20 世纪 60—70 年代，桥体已陈旧老化，破损现象日趋严重，多数桥梁荷载等级低，难以适应日趋增长的交通量需要。虽然新建、改建了部分农村公路危桥旧桥，但仍有相当数量的危桥、旧桥在使用，对人民群众的生命财产安全造成了极大的影响，也严重制约了农村经济的发展。

1　农村公路桥梁安全的一些突出问题

（1）桥面排水设施及桥面铺装的缺陷，往往导致桥面积水、车辆滑移，诱发交通事故。

（2）桥面不平整，使车辆颠簸，影响车速。如不改善，将缩短桥的使用寿命。

（3）引道路面与桥衔接处不够平整，导致桥头跳车，行车不顺，影响车速，降低行车质量，容易引发交通事故，长期下去也会影响桥的使用寿命。

（4）在干线或支线随处可看到桥栏杆残缺不齐和不及时修复的现象。造成栏杆残缺的原因很多，如行驶车辆交通事故撞坏，人为破坏。栏杆残缺虽然不影响车辆运行，但车辆行人在桥上缺乏安全感，降低交通安全舒适水平。

（5）桥梁构件损坏。桥梁投入运营后，由于使用年限、超载车辆、温度变化、施工材料质量等各种原因出现的变位、沉陷空洞、裂缝等病害，在日常养护中也没有及时修补，造成混凝土剥落、钢筋外露锈蚀，活动支座失去活动能力等。这类病害若不及时处理，很可能酿成大病。

2　农村公路桥梁安全隐患出现的原因

（1）桥梁"先天不足"。

修建质量较低的桥梁造成桥梁使用的"先天不足"。相当数量的桥梁尤其是早期修建的桥梁,由于资金短缺,设计、施工标准低,加上技术管理薄弱,其施工质量不能保证这些桥梁的使用寿命。农村汽车保有量的迅猛增长和大型运输车辆的不断增多,尤其是超载超限车辆的非法行驶,使得部分桥梁结构产生病害,技术状况逐渐下降,影响到正常使用。特别是 20 世纪 60—70 年代修建的承载能力较低的双曲拱、坦肋拱结构的桥梁,在长期超负荷的作用下,已成为公路行车的安全隐患。

(2) 超限现象严重。

为躲避公路部门检查,超载超限车辆多绕行农村公路,使得农村公路多数桥梁实际负荷超过了设计能力,大大缩短了桥梁的使用寿命。根据专家分析,车辆超限重量的增加和其对路面的损害是呈几何倍数增长的,超限 10% 的货车对道路的损坏会增加 40%,一辆超载两倍的车辆行驶 1 次,对公路的损害相当于不超限车辆行驶 16 次;一辆 36 t 的超载车辆对道路的毁坏程度相当于 9 600 辆 1.8 t 重的小汽车对道路的破坏。司机和车主超限运输每赢利 1 元,就会造成公路损坏 100 元的代价。车辆超限超载运输也因此成为了威胁桥梁安全的第一杀手。近年来,很多桥梁发生的安全事故都与车辆超限超载运输直接相关。如 2007 年 5 月 14 日,一辆超载车经 232 省道由北向南快速通过常州运村运河大桥西半幅时,由于汽车超重且快速行进,导致桥梁振动加剧,桥肋发生明显晃动,桥梁由北向南发生坍塌。有的桥梁虽然没有发生事故,但长期受到超限车辆的碾压,桥梁结构已经发生了严重损坏,埋下了安全隐患。

(3) 养护不到位。

养护资金的短缺是造成农村公路桥梁养护跟不上的主要原因。农村公路桥梁养护资金投入严重不足,养护资金缺少来源,资金筹措缺乏相应的保障机制,有些地方正常养护都无法维持。2001 年公路养护体制改革后,县乡公路桥梁养护经费主要由汽车养护费切块补助和地方手拖费、摩托车费补助解决。长期以来,政府及有关部门只重视公路桥梁建设的投入,忽视桥梁养护管理的投入,或只重视干线公路桥梁,而忽视多数农村公路桥梁的建设和养护管理,使得农村公路桥梁养护经费不能足额到位,农村公路桥梁养护管理不能到位。另外,农村公路桥梁养护主体不明确、养护理念落后、养护手段单一等也都是桥梁衰老加快、寿命缩短、出现安全隐患的重要原因。

3 保障农村公路桥梁安全的几点建议

(1) 加大整治力度。

对排查出来的农村公路四类、五类病桥,立即成立专家组,对病桥进行再次检测。按照统筹规划、轻重缓急、量力而行、分步实施的原则,确定具体整改措施,在最短时间内进行重建、改造。对近期不能马上列入改造整治的病桥,采取封闭交通或限制通行的方法,确保安全。

(2) 加大资金投入。

各级人民政府和村级组织都应按照"县乡自筹、省市补助"的原则,积极组织筹措农村公路桥梁养护与管理资金,建立由财政投入、养路费和其他资金共同组成的多渠道的农村公路桥梁养护与管理资金筹措机制,建立健全养护资金的保障体系。由于我国农村公路桥梁数量巨大,养护经费全部由国家承担目前尚不可能,应不断拓宽多种资金筹措渠道:积极向省市等有关部门争取政策上的补助,要求县级财政列出专项资金承担一部分,各农村公路桥梁所在乡镇也要自筹一部分(可以通过投工投劳形式解决),同时积极鼓励社会、个人捐资等。

(3)加大治超力度。

一方面,要求农村公路(主要是乡道、村道)养护主体在重要出入口及节点位置设置规范的限宽限高设施,防止超限超载车辆驶入;另一方面,通过坚持开展"冬季百日治超活动"、"夏季治超行动"等集中专项整治,进一步加大路面执法力度。按照"依法严管、标本兼治、立足源头、长效治理"的总体要求,采取固定检测与流动稽查相结合的方式,对所有经检测确定的超限超载车辆,要一律先卸载后处罚,坚持严管重罚,严处恶意超限,坚决消除违法行为。坚决禁止非法超限超载车辆上桥行驶。同时,重点抓好超限运输的源头监管,努力探索治超的有效途径,遏止超限运输车辆对农村公路的危害,保证农村公路的完好。

(4)加大养护管理力度。

转变重桥梁建设轻桥梁养护,重干线公路桥梁管理轻农村公路桥梁管理的观念,加大对农村公路桥梁日常管理、养护的力度,做到"三个落实"(一是养护管理责任人的落实。每一座桥梁都有一名领导、一名专职桥梁工程师、一名养护工人负责,明确各自的职责。二是养护管理制度的落实。定期对所有桥梁进行技术检查,对三四类桥梁每月或每星期观测一次,加强暴、洪水季节的险情排查。三是检查考核办法的落实。定期对桥梁养护管理工作进行考核评比)。严格建立一桥一档,详细登记农村公路桥梁的基本情况,制订桥梁事故的应急处置预案。为专家检测确定为病桥的桥梁设立限载标志,除险加固保畅安。

(5)加大科技支持。

加强对桥梁检查检测设备的配备工作。交通管理部门需要对桥梁的上部结构、附属构造物进行观察、测量,没有专业的设备和仪器是做不好这项工作的。尤其应尽快配备定期检查和特殊检查需要的设备、仪器,例如风速检测仪、温度检测仪等。检查手段的先进化、信息化,将促使农村公路桥梁管理系统和公路桥梁数据库日趋完善。

4 结 语

农村公路桥梁安全涉及历史问题、管理体制、投资方式、养护制度等各个方面,需要引起各级政府部门的重视和路政部门、养护部门的积极参与,不可能一蹴而就。在建设社会主义新农村,构建和谐公路的新时期里,保障农村公路桥梁安全工作任重而道远。

参考文献

[1]李尚英.安全事故暴露的问题.建筑工人,2004(6).

[2]王健伟.加强桥梁检测 确保桥梁安全.中国科技信息,2005(13).

[3]郭勇.浅析我国公路桥梁安全状况及对策.跨世纪,2009,17(2).

风险管理在施工管理中的应用

李 锦

(江苏省镇江市路桥工程总公司 镇江 212017)

摘 要 本文对施工中常见的风险种类进行识别,结合企业生产经营活动的实践,对施工过程如何规避风险进行了较为详细的论述。

关键词 公路施工 风险识别 风险管理 风险种类 措施

由于公路工程建设项目具有工期长、投资大、参与主体多、组织关系复杂、一次性等特点,在实施的过程中存在大量的不确定因素。在市场经济条件下,施工企业在生产经营活动的全过程中自始至终处于多变的自然环境和社会环境之中,面临着错综复杂的矛盾。显然,通过恰当的分析和正确的预测来规避风险,从而保证项目能按预期的目标实现,减少或避免损失的发生,对现代建筑施工企业有着至关重要的现实意义。

所谓风险管理,就是人们对潜在的意外损失进行辨识、评估,并根据具体情况采取相应的措施进行处理,即在主观上尽可能有备无患或在无法避免时亦能寻求切实可行的补救措施,从而减少损失或进而使风险为我所用。

1 施工中常见的风险种类与识别

(1) 投标决策阶段的风险。

这个阶段的风险主要包括:是否进入市场,是否对某项目进行投标,如何确定投标的性质,采取的中标策略是什么。在这一系列的工作决策中都潜伏着各种各样的风险。

① 信息失误风险。信息失误风险就是指在获得信息时存在失误,如获得的信息是过时的信息等。

② 中介与代理给承包商的风险。中介风险是指由于中介业务人员为牟取私利,往往不让交易双方见面,从而骗取承包商的巨额佣金。代理人的风险是指代理人选择不当或代理协议不严谨而给承包商造成巨大损失。许多代理人要求承包商委托他作为某一国家或地区的独家代理,而私下代理人为私利与业主串通,使施工合同存在对承包商不利的条款,或同时给多家代理,故意制造激烈竞争气氛,使承包商利益受损。

③ 报价失误风险。这些风险包括:低价夺标寄希望于变更索赔;低价夺标进入市场,寄希望于在后续工程中获利,而业主方无后续工程建设能力,给承包商造成亏损;依仗技术优势、关系优势盲目乐观,从而报高价,致使无法中标。选择合作伙伴失误,在低价中标后合作方撤出。

④ 保标与买标风险(当然这属于违法行为)。

（2）签约履约阶段的风险。

签约履约阶段是风险比较集中的阶段，它包括以下几种情况：

① 组织风险。

（ⅰ）业主方人员的构成和能力的风险。

工程项目的顺利实施，自始至终都离不开与业主的紧密合作。有的业主管理能力差，无法开展征地、拆迁、交通疏导、施工手续办理等工作，造成人员和设备窝工闲置。因此，业主带来的风险是施工企业经营生产中的重要风险。

（ⅱ）设计人员和监理工程师能力的风险。

设计人员与监理工程师的素质与能力对工程施工的质量与进度控制都将带来较大风险。

（ⅲ）项目经理能力的风险。

项目经理的管理和创新能力，直接影响和决定着工程质量、安全、效率及成本。如果项目经理缺乏基本的经营管理素质，工作责任心不强，不善管理，将导致工期滞后、质量控制不严、项目施工亏损的风险。频繁更换项目经理也是造成施工成本无法控制的弊病之一。项目领导班子配备不合理，领导素质参差不齐，也是产生风险的原因之一。

② 经济与管理风险。

（ⅰ）经济风险。

要素市场包括劳动力市场、材料市场、设备市场等，这些市场价格的上涨直接影响到工程的成本；金融市场，包括利率变动、货币贬值等因素，都影响施工企业的经济效益，尤其是采用 BT 和 BOT 的项目则更为敏感；供应影响，它主要表现为发包人供应的资金、材料、设备，或质量不合格，或供应不及时；国家政策，如工资、税种、税率的调整等，都会给工程项目带来一定的经济风险。

（ⅱ）合同风险。

有些业主利用企业急于揽到任务的迫切心理，在签订合同的过程中往往附加一些不平等的条款，如工程质量的标准、工程款结算的方式和时间、工程量清单不准确等，致使施工企业在承接工初期就处于非常不利的地位，甚至陷入合同陷阱。

（ⅲ）项目施工管理风险。

某些总包项目由于规模较大、技术难度大、专业分工多，在管理上难免顾此失彼。一旦发生质量或安全事故，不仅给项目带来直接或间接的经济损失，而且严重影响企业的生存。

（ⅳ）安全风险。

安全风险主要是指公路工程建设过程中造成的人员伤亡以及工程或设备毁损方面的风险。施工设备风险包括未按合同规定的时间进场，使用过程中出现机械故障及配件供应不及时等。

③ 工程环境风险。

（ⅰ）地质地基条件。

有时工程发包人提供的地质资料和地基条件与实际出入很大，处理异常地质情况或其他障碍物时，都会增加工作量和延长工期。

（ⅱ）水文气象条件。

如台风、暴风雨、雪、洪水、泥石流、坍方等不可抗的自然现象，和其他影响施工的自然条件,都对野外施工的公路、铁路工程影响非常大,甚至造成人员伤亡。

④ 技术风险。

（ⅰ）设计和规范。

设计图纸供应不及时或出现设计变更都会延误施工进度,造成工程项目的经济损失。设计单位对规定以外的特殊工艺没有明确借用的标准、规范,在施工过程中又未能较好地进行协调,这也将影响到以后的验收和结算。

（ⅱ）施工技术协调。

这些风险主要包括:施工过程中出现了与自身专业能力不相适应的技术问题,各专业间又不能及时协调;业主管理水平差,对承包人提出需要发包人解决的技术问题不能及时答复;合同履行过程中,业主工地代表或监理工程师工作效率低下,不能及时解决遇到的问题,甚至发出错误指令。

（3）竣工验收与交付阶段。

竣工验收与交付阶段的风险时常被一些经验不足的承包商所忽略,其实这一阶段也有很多风险,它主要体现在竣工验收的条件、竣工验收资料的管理、债权债务的处理等方面。其中,竣工验收是施工企业在项目实施全过程中的重要一环。前面任何阶段遗留的问题都将会反映到这一阶段。因此,施工方应全面回顾项目实施的全过程,以保证项目在验收时能顺利通过。

2 施工企业防范风险的方式

为了防范风险,施工企业一般可采取控制风险、转移风险和保留风险3种方式。

（1）控制风险。

控制风险包括避免风险、消灭风险和减少风险3种,主要措施包括:熟悉和掌握施工阶段的有关法律法规,深入研究和全面分析招标文件,签订完善的施工合同,掌握要素市场价格动态,加强履约管理,管好分包商。

（2）转移风险。

转移风险主要措施包括:推行索赔制度,向第三方转移风险,如推行担保制度、加入工程保险、合理进行专业分包。

（3）保留风险。

当风险不能避免或因风险有可能获利时,应有意识地承担风险。在固定价格的施工合同中,可以考虑增加一定比例的风险金,即处理合同中明确的潜在风险所需要的基金。

3 施工管理中防范风险的措施

（1）以防为主,提高风险意识。

施工管理的各级人员必须树立高度的风险意识和危机意识,面对复杂多变的市场形势,要时刻保持清醒的头脑。对于可能产生的方方面面的风险,管理人员应超前分析透彻,做好风险预测。经营管理人员一定要认真研究招标文件,弄清报价范围及程度。工程造价中主材是最活跃的部分,价格变动频繁,新材料、新工艺不断涌现。为了简便,主材可直接采用市场价计价,这样就避免了复杂的价差分析。合同管理人员必须熟悉和掌握国家有关法律法规,认真研读条款,分析合同文本,通过合同谈判的方式对条款进行拾遗补缺,避免损害自身利益的条款存在。

（2）通过索赔，向业主转移风险。

索赔要讲究策略和技巧，对于长期合作的业主，应尽量通过和谈的方式解决；只有当协商解决不了问题时，才在收集证据有效、充足的基础上，有理有节，有进有退，并在有效时限内诉诸法律解决。索赔的证据包括投标文件、会议纪要、来往信函、指令或通知、施工、组织设计、施工现场的各种记录、工程照片、气象资料、各种验收报告、有关原始凭证、国家发布的相关规定及有效信息。

（3）当风险不能避免或有可能获利时，采取措施保留风险。

在买方市场条件下，风险是客观存在且无法避免的。当风险与收益共存时，应巧妙把握获利的机会。

（4）对项目管理的风险，实现风险转移。

施工企业在承接工程任务后，应及时与材料供应商签订材料供应合同，这样可以有效地防止材料涨价给施工企业带来的损失；对于资金不到位的项目，选择有实力、有经验的材料商和分包商，这也是转移风险的有效办法。企业可通过合理合法的专业分包，寻找有实力、信誉好的合作伙伴，将部分专业性极强的工程分包给专业施工企业。选择、管理、利用好专业劳务分包企业，实现合理的风险转移，既可以提高专业施工的质量，也有利于提高整个工程的利润，同时进行建设工程一切险和第三者责任险也可以减少风险带来的损失。

采取融资方式运作项目已成为一个发展方向，BT 与 BOT 的资金投入量大（动辄数十亿元）、资金占用周期长（4～6 年）、风险很大，公司可以用 35% 自有资本金进行项目管理的运转，其余部分凭借地方政府的信誉进行二次招标，吸纳有社会闲散资金的专业分包队伍和材料供应商参加。企业可通过签订融资分包合同，将资金投入和占用的风险转移给第三方，同时自身也赢得了市场。

（5）提升企业自身的竞争力是规避风险的关键。

抗险能力可以衡量一个企业管理水平的高低。因此，强化管理，提高管理水平，不仅能有效抵御风险，还能减小风险造成的损失。

工程项目作为施工企业效益的源头，是管理的出发点和落脚点。因此，项目管理应以确保工程质量为前提，以追求利润最大化为主线，以贯标和成本控制为切入点，走质量效益型之路。

成本控制是项目管理最终实现效益最大化的关键。在竞争激烈的市场环境下，低价中标已成为不可抗拒的潮流，要生存就要顺应这一潮流，为此，项目管理应实行项目经理管理目标责任制、施工前成本分析预测制、财务审计定期制、预算财会人员公司委派制、项目管理绩效全员考核制等，以有效降低效益风险，使施工的成本管理呈现良性发展的态势。

参考文献

[1] 于九如. 投资项目风险分析. 北京：机械工业出版社，1999.

[2] 丁化. 工程保险何日走出徘徊. 中国工程建设通讯，2003(21)：13-14.

[3] 王景涛. 新编风险投资学. 大连：东北财经大学出版社，2005.

[4] 张鲁风，刘新峰. 建立工程风险管理制度的基本设想. 华北水利水电学院学报，2003.

如何提高工程投标中的施工组织设计编制质量

刘春江　陈之悦

（江苏省镇江市路桥工程总公司 镇江 212017）

摘　要　对于建筑业来说,每建设一个工程,首先要对工程进行策划,也就是编制施工组织设计和方案。施工组织设计的编制工作是工程技术和施工管理两大要素互相结合的过程。做好施工组织设计的编制工作是企业适应新时期要求的具体体现。本文主要根据笔者工作经验阐述了公路工程投标中所存在的问题,并提出了改进工作质量的方法。

关键词　投标　施工组织设计　编制　对策

投标施工组织设计是投标阶段中的重要组成部分。它不仅是评分的重点部分,同时也是指导施工的重要技术经济文件,其本身的质量直接影响着评委的评分高低,也对将来工程建设的成败和经济效益具有决定性的作用。因此,提高施工组织设计的编制质量具有重大意义。

本文就投标阶段施工组织设计编制工作提出一些微薄的见解。

1　施工组织设计的目的

施工组织设计是组织工程施工的指导性文件,应在正式开工前编制并审批完毕。编制施工组织设计应根据业主的工期要求,制订合理的施工计划,针对主要工序制定先进的施工方法和工程的质量目标、安全目标、环境目标,并保证质量管理体系的高效、低耗、有效运行,以实现优质、安全、环保,取得最大的经营效果,全面完成施工任务。

2　投标施工组织设计编制工作的原则和特点

（1）施工组织设计是组织工程施工的纲领性文件,应认真贯彻党和国家有关工程质量、安全、环保的政策和方针,以"百年大计、质量为本"作为对用户负责的工作重心。遵守《施工承包合同》和业主单位的要求,采用科学的组织管理方针和先进的施工技术水平,合理安排施工程序和劳动组织,采取先进的施工方法,提高机械化施工程度,增强功效。由技术人员认真结合现场路线调查情况、合同的工期要求、设计图纸到位情况和现场实际人员编制施工组织设计方案。

（2）投标施工组织设计的内容必须符合国家法规、标准、技术规范,必须适应业主、招标文件、地方法规和《公路工程国内招标文件范本》的特殊要求。

（3）投标性施工组织设计应结合相应工程项目所处的地域、地理条件、材料来源以及交通运输等实际情况进行编制。

（4）投标性施工组织设计是指导工程单位中标实施施工的依据，是施工技术和施工管理相互协调统一的过程。投标性施工组织设计也帮助业主了解和掌握施工单位对该项目的基本部署情况，并从总体上了解施工单位对该工程进行前期的工作部署以及施工技术能力、进度安排等情况。

（5）投标性施工组织设计的编制工作是技术性、综合性很强的智力劳动过程，要求编制人员具有一定的理论基础和实践经验。它往往是在投标阶段编制时间紧张，资料不齐全，对现场环境了解不透彻，依据不充分的条件下进行的。在种种条件都不成熟的条件下，技术标的编制必须做到既要兼顾评标的得分要点，又要兼顾将来中标后的施工实施。

（6）投标性施工组织设计必须能够体现本企业的管理优势、合理的进度安排及技术含量，以提升业主对本企业的信任感。

3　投标性施工组织编制工作存在的问题

（1）编制人员对招标文件了解不全面，没有深刻领悟业主的意图或因疏忽大意而导致废标。

（2）编制的投标性组织设计不能真正地指导和控制实际施工。建筑市场的激烈竞争导致建筑企业对工程项目经济性的重视程度远远超过技术性。施工组织设计常常流于形式，未能给予足够的重视。另一方面，编制人员往往不能同时具备理论知识和施工经验，使其不能对具体的工程实际进行合理的策划与设计，与工程实际脱节，不具备指导功能。

（3）在管理上，没有坚持施工组织设计作为指导性文件的权威性。在前期实际考察、编制、审核、修订等方面均未给予施工组织设计应有的地位，而在编制前期往往派遣一些不参与编制的人员前往现场考察，这势必导致编制的方案与实际脱节。因此，必须根据现场情况实行动态管理，修改、补充施工技术中不实用的部分，以达到既定的目标。

（4）从投标单位取得投标文件到开标，这段时间往往都很短暂，最长为一个月，因此在编制工作中，编制人员没有充足的时间考虑一些先进的施工技术及科学的管理方案。

（5）施工组织设计的编制工作存在着大量的重复性工作，对于一些常规的施工工艺，不同的编制人员对同类型施工工艺分别进行单独的构思设计，从全局来说是重复性的劳动，而每个人水平的高低又必然影响到整个技术标质量的好坏。

4　提高施工组织设计编制质量的对策

（1）投标单位在资格预审通过后应及时组织投标小组，组员应相对固定且对投标工作较为熟悉，并按照业主的要求派遣参加编制施工组织设计的人员进行现场实际考察。施工管理人员、材料管理人员、安全管理人员应同时参加，重点了解工程所在地的环境情况、交通运输条件、用电用水条件、材料来源以及工程的基本情况。

（2）仔细全面了解招标文件的要求。在编制标书时必须满足业主的强制性要求；务必有两人以上依据招标文件的要求认真审核招标文件；必须对技术标与商务标之间的投标人、投标价、工期等信息进行再三核对，不能有一丝不符之处。纸质投标文件与电子文件必须完全相同，光盘刻录后应在不同光驱上进行试读。这些工作虽然繁琐但不可忽视，否则易产生废标。

（3）严格按照业主的评分标准进行编制，加分项目必须满足，编制完后可在公司内部进行自评，便于提高编制质量并及时改正发现的问题。

（4）加强对投标人员业务能力的培训工作。企业对于投标人员的业务学习要舍得投入，使他们及时了解最先进的施工技术，并与兄弟单位进行经验交流，以取长补短。特别是在开标时刻，应派遣编制人员参加开标工作，以便了解其他单位的工作优势。另一方面，安排投标编制人员进入施工现场，并在工程中实质性地参与某种工作，使其了解工程基本情况，完善知识结构。这些方法对于其提高编制水平非常有利。

（5）对投标性施工组织设计的编制工作进行标准化管理研究。按照国家标准或规范性文件，将常规的不同类型结构特点的分项、分部工程制成标准模块，以便在以后编制时使用。在使用模块时，可根据工程的实际地理情况进行必要的修改，这样在编制投标文件时不仅减少了工程量，而且编制时间充足，使编制水平得到保证。

5 总　结

在建工程项目施工组织设计的编制与工程项目施工的质量是休戚相关的。正确的施工组织设计编制是工程项目施工质量管理的指南，是工程项目施工质量的重要保证。投标性施工组织设计是投标工作中的重要组成部分，在投标中务必做到尽善尽美。细致的组织工作是提高编制水平的前提；充分理解招标文件要求，提高业务水平则是提高编制水平的保证。

参考文献

［1］中华人民共和国交通部.公路工程国内招标文件范本.北京：人民交通出版社，2003.

现浇混凝土梁板裂缝的成因及监理控制措施

余 健 鲍 洋

（镇江市区公路管理站 镇江 212017）

摘 要 现浇混凝土梁板结构裂缝是混凝土工程质量通病，也是当前工程管理人员关注的热点问题之一。本文简单阐述了产生混凝土裂缝的成因，并从桥梁监理人员角度提出了对混凝土裂缝的控制措施，以控制非结构性裂缝的危害程度。

关键词 现浇混凝土 梁板 裂缝 成因 监理 控制措施

现浇混凝土梁板结构裂缝是混凝土工程质量的通病，也是质量控制难点之一。减少或控制非结构性裂缝、避免结构性裂缝的产生是混凝土工程裂缝控制的主要目标。针对现浇混凝土裂缝的研究，国内外已有不少文章，但它们大多数是从施工、设计及材料控制角度进行研究的。本文从桥梁监理人员角度，浅谈如何采取有效的监理措施，将现浇混凝土梁板结构裂缝的有害程度控制在规范允许的范围内。

1 裂缝成因分析

（1）设计原因。

对于可能出现开裂的结构部位，设计单位未采取必要的处理措施，是出现裂缝的原因之一。例如，铺设在现浇混凝土梁板中的电气安装管线过分重叠，设计时未采取加强措施，现浇板厚不能得到保证，致使该处应力集中，出现混凝土裂缝。

（2）材料的质量原因。

混凝土拌和原材料质量不合格，特别是水泥安定性不合格，不仅会导致混凝土开裂，甚至会影响结构安全。

（3）施工工艺原因。

导致裂缝产生的施工工艺因素包括：混凝土中水分蒸发、水泥结石和混凝土干缩，而施工后未对混凝土及时养护；混凝土的搅拌、运输、浇筑、振捣各道工序中存在缺陷和疏漏；模板构造不当，导致漏水、漏浆，支撑刚度不足，支撑地基下沉，过早拆模；钢筋表面污染，保护层过小、过大，浇灌中钢筋移位；在极端恶劣的天气下施工等。

（4）混凝土的温度变形。

混凝土具有热胀冷缩的性质，当环境温度发生变化时，就会产生温度变形引起附加应力。当其超过混凝土抗拉应力时，即产生裂缝。

（5）混凝土的收缩和徐变。

混凝土在空气中硬结，体积将缩小，易产生干缩裂缝。

（6）荷载作用。

混凝土早期受震、拆模方法不当、拆模过早、施工超载等原因也会造成裂缝。

2 监管控制措施

钢筋混凝土产生裂缝的原因存在于设计、施工全过程，因而在监理过程中应采取全面的监理控制措施。

（1）组织控制措施。

① 对现场监理机构的组织管理。

对现场监理机构的组织管理，应落实监理目标控制的组织机构和人员，明确各级目标控制人员任务和职能分工、权利及责任，不断完善目标控制的工作流程，并对进场材料设备、施工工艺、方法、施工环境、施工图纸等关键环节控制，从组织管理上予以保证。

② 对施工单位的组织管理。

在工程开工前，监理工程师应审查施工单位的施工现场质量管理情况，检查其是否具备施工技术标准、健全的质量管理体系、施工质量检验制度和综合施工质量水平评定考核制度，仔细审查施工组织设计及施工方案等。当各项指标均满足要求时，监理工程师方可签署开工报告。在现浇混凝土梁板施工前，监理方应组织召开由施工单位技术负责人、质检员及各有关施工队负责人参加的会议，加强质量意识，将质量控制目标落实到位，明确各施工工序必须执行"三检制"。只有在公司质检部门专职质检员签字验收，并由监理人员验收、签字认定后，方可进入下道工序施工。

（2）技术控制措施。

监理的技术控制措施对解决建设工程实施过程中的技术问题是不可缺少的。现浇梁板裂缝控制技术措施的控制要点主要包括以下几个方面。

① 做好图纸会审和技术交底工作。

对可能出现开裂的部位，建议设计单位采取必要的处理措施，以确保其不成为开裂的主要原因。如超长结构、结构变形集中处、受温度影响很大的部位等，建议采取设置后浇带、掺外加剂、调整配筋等方法。

② 审核施工方案的合理性。

对审核不合理的施工方案实施否决权。例如，对未考虑模板的数量是否满足混凝土养生期的施工方案予以否决。

③ 审核施工进度计划。

正确处理好质量和工期的关系，在保证质量的前提下制订合理的工期，避免由于盲目追求工期目标而造成结构质量隐患。

④ 加强原材料的质量控制。

建立原材料进场登记、检验制度，未经监理工程师检验合格的材料不允许在工程中使用。

⑤ 对混凝土浇捣施工过程实行全过程旁站监理。

督促施工人员严格按施工操作规范、施工方案进行施工，及时发现并纠正混凝土施工操作中过振和漏振等现象，严格控制混凝土的配合比、水灰比和水泥用量，检查砂、石子的级配，减小孔隙率和砂率，以减少混凝土收缩量，提高混凝土拉裂强度；加强商品混凝土坍落度的检查,要求施工方必须在规定的坍落度条件下施工,严禁贪图方便而在混凝土浇捣现场任意加水,以防止混凝土离析过大影响强度;严禁在恶劣的气候下进行混凝土浇捣施工。

⑥ 严格把好隐蔽工程检查验收关。

对混凝土承重模板及支架的设计合理性、刚度、强度和稳定性进行检查,防止当混凝土强度尚未达到一定值时,模板支架变形过大,致使混凝土超值挠曲引起裂缝;检查钢筋的品种、规格、数量是否符合图纸及规范要求,同时检查钢筋定位、保护层厚度、钢筋间距是否符合要求,发现质量隐患及时向施工单位提出整改意见,直至合格为止;在混凝土浇捣时督促施工队设专人看护钢筋,及时纠正以防变形。

⑦ 混凝土浇捣完毕后,表面刮抹应限制到最小程度。

当施工产生泌水现象时,不宜在混凝土表面撒干水泥刮抹,最好在混凝土终凝前用木楔进行两次压抹处理,以提高混凝土表面的抗裂能力。混凝土浇捣完毕后,要对表面进行覆盖或浇水养护,时间为 7～14 天,在此期间防止强风及烈日暴晒。在混凝土强度达到 1.2 N/mm² 前,严禁踩踏、安装模板或支架及堆放荷载。

⑧ 严格控制混凝土模板或支架拆除时间。

根据工期督促施工方配备足够数量的模板或支架,保证按规范进行拆模,杜绝过早拆模,引起结构裂缝。

⑨ 加强沉降观测。

认真做好监理的日常巡视检查,发现裂缝及时上报处理,并跟踪检查,确保处理效果的可靠性。

(3)经济控制措施。

经济措施是通过审核工程量及相应的付款、结算报告作为控制工程质量的手段之一。应督促施工方建立质量奖罚制度,实现质量管理全员参与。

(4)合同控制措施。

监理合同控制措施对目标控制具有全局性的影响,监理的组织控制措施、技术控制措施、经济控制措施均要以合同为依据。督促施工单位根据施工合同规定的质量目标,制定必要的目标过程管理制度、目标质量验收标准和表式以规范工程的管理,将预防现浇梁板裂缝的目标分解为若干个控制事件,将责任落实到每个工序的参与人员,并根据控制目标质量验收标准进行验收检查,根据检查结果进行奖惩。

3　结　论

虽然现浇混凝土梁板裂缝的现象不可避免,但实践证明,通过科学的组织,合理的技术措施、管理措施,可以避免结构性裂缝的产生,以控制非结构性裂缝的危害程度。加强建筑工程的质量管理,切实提高建筑工程的质量水平,是工程各参与方的共同目标。只有各方分工协作,群防群治,群策群力,才能确保建筑工程结构安全和满足使用功能。

关于发展现代物流业的思考

钱　晨

（镇江市运输管理处 镇江 212001）

摘　要　现代物流业是利用先进的信息技术和物流装备,实行物流运营一体化、信息化、高效化的先进组织方式,能有效降低企业物质消耗,提高企业经营效益。成品油税费改革后,加快推进传统货运业向现代物流业转型显得尤为必要,对于活跃城乡商品流通,促进三产发展,扩大社会就业,增强区域经济综合竞争力具有重要意义。

关键词　现代物流业　道路货运网络　经营管理信息系统　货运组织技术　运输装备

1　现代物流业具有较好的发展前景

（1）现代物流将成为新的经济增长点。

近年来,各地依托丰富的资源优势,经济发展驶上了"快车道"。道路运输是国民经济的基础性和服务性产业,对经济持续增长具有一定的支撑作用。作为新时期应运而生的现代物流,是需要大力发展的第三产业,其潜在需求巨大,必将成为新的经济增长点。

（2）现代物流是深化运输开放的内在需要。

随着我国加入WTO,全球经济一体化加快形成,国外大型运输企业通过资本扩张、兼并、流程再造等途径,以独资或合资的形式进入我国发展物流网络。因此,国内大型企业也应根据市场变化情况,逐步向综合物流转型,为自身发展提供持续扩张的空间。

（3）现代物流是促进企业发展的客观必要。

目前,大部分运输企业体制机制不健全,严重影响了生产经营。传统运输企业转型为物流企业,是运输企业做大做强和提高运输效率的有效手段。只有加强自身结构的调整和转型,积极发展现代物流业,拓展服务方式,才能在激烈的市场竞争中不被淘汰。

2　当前我国现代物流业发展现状以及困扰其发展的主要因素

（1）企业规模小,运力分散,经济势力薄弱。

近年来,尽管总的社会运力得到了较大的发展,但是大多数货运车辆属于个体运输业户,而且一户一车者占绝大多数。多数货运企业的货运车辆也由职工买断经营,企业不拥有自己的车辆,只是实行松散型的集约化经营或车辆挂靠管理,因而货运经营收入低,企业经济效益差,经济势力相当薄弱,不具备强大的市场竞争能力。

（2）车辆集约化经营的集中度较低。

由于多数车辆集约化经营的集中度较低,且都是自主经营,企业对车辆不拥有强有力的调度指挥权,因此,企业不能够根据市场需求调配运力,不能形成集中的运输力量,致使市场反应能力差,难以满足现代物流市场的需求,更不能满足现代大规模生产的要求。

（3）经济实力薄弱。

由于经济实力薄弱,货运车辆车型大多数选用投入较小的中型车辆,而重型车辆、箱式车辆和其他专用车辆数量较少,不能形成合理的运力结构,对货运市场的适应能力差,运输效率较低,运输成本较高,投资回报率低。

（4）货源管理能力差,货运收益低。

多数货运企业和个体货运业户不具备货源管理能力,不拥有稳定的货源,不能够同客户建立紧密的合作伙伴关系,不能开展相关的增值服务,依然只是对外出卖运输劳务,依靠"车轮"获取收入。而货运市场的激烈竞争,导致运价较低。货运收益很低,这既不利于货运企业的发展,又不能满足客户对高质量运输服务的要求。

（5）货运企业内部管理松散。

由于货运企业的松散管理,企业对货运车辆及其驾驶人员的控制、管束和制约能力差,不能建立完善的运输安全服务网络,运输安全性、可靠性差,货物保险能力低,因而企业信誉不高,客户满意度较低。

（6）发展环境不够优化。

这包括以下三方面:一是部门服务意识不强。物流行业管理体制仍存在条块分割的现象,少数涉运部门只顾自身利益和眼前利益,未真正树立"部门让利、放水养鱼"的理念。二是金融扶持力度有限,物流企业信用等级评估机制还不健全。三是基础设施配套不完善。不少地方汽修、汽配行业布局零乱,未建立有形货运市场,也未实行汽修汽配、汽车贸易、货物仓储,托运配送、餐饮住宿"一条龙"服务,物流集聚作用未能得到发挥。

（7）物流专业人才紧缺。

这包括以下三方面:一是结构比例不合理。按照现代物流业发展需要,企业专业管理人员与司机的比例最少应为1∶4,而不少中小货运企业司机占绝大多数,专业人才比例偏少。二是文化水平偏低。目前95％的司机是高中以下文化程度,管理人员大部分是司机出身,大中专院校毕业特别是物流专业科班出身的专业人才更是凤毛麟角。三是培训机制不健全。大多数地方未建立和启动物流培训及人才引进工作,不能及时更新知识和掌握现代物流专业知识、管理理念及各种信息,制约了现代物流产业的发展壮大。

3 加快发展现代物流业的基本思路和改进措施

（1）有效整合资源,拓展延伸服务。

道路运输企业大多具备了仓储、运输等各种资源,但这些资源按原有模式运作一般都较为分散,业务较为单一。整合分散资源是道路运输企业向现代物流发展的前提和走出困境的关键,同时,拓展延伸服务是发展的基础。

（2）广泛开展合作,努力完善道路货物运输网络。

物流业的发展,不是一个行业、一个企业能独家包打天下的事情,需要企业之间横向联合,通过不同服务分工和协作,进行物流服务的优势互补,使分散的任意区域的物流企业形成网络,从而满足现代化生产与流通的需要。这些大型工业企业的经营者已充分意识到,完善的货物运输网络不仅能帮助道路运输企业提高运输生产效率,而且大力发展作为第三利润源泉的现代物流业,对降低企业产品的流通成本,提高本企业产品的市场竞争力也十分重要。此外,他们通过实践,也确实初步看到了现代物流的成效。但是,这些大型工业企业的经营者可能还没有意识到,他们目前所从事的物流其实只是企业物流。不可否认,开展企业物流的确可以取得一定的效果,但收效非常有限。这是因为就单个工业企业而言,其物流活动绝对是不对称的,即单向的物流要大大高于双向的物流,加上其没有货运网络作为支撑,运输效率一般都较低。如果将这些作业内容交由道路运输企业或物流企业去做,他们一方面可对多个工业企业的物流活动进行组合,另一方面可利用企业自身的货运网络,使单向企业物流活动转化为双向,从而进一步降低物流成本,提高经济效益。因此,道路运输企业必须高度重视货运网络的建设,应根据本地货物的流量和流向,在本地出口货物的主要流出地和外地进口货物的主要产地广设货物受理网点,不断健全和完善货运网络,力争做到常规货运、快件货运和物流共同使用同一货运网络。只有这样,才能有效地提高生产效率,使之真正成为整合工商领域企业物流的有力武器。

(3)建立健全经营管理信息系统。

经营管理信息系统是道路运输企业发展货物运输和现代物流的灵魂。在信息时代,市场瞬息万变,商机稍纵即逝。尤其是对于道路运输企业和物流企业而言,其运输网络遍布全国各地,车辆更是跑遍大江南北,再加上为众多客户服务的规模较大的货运站场及仓储系统,如没有一个反应快速灵敏、指令畅通无阻的计算机经营管理信息系统,不仅无法适应经济发展与社会的进步,而且将严重制约企业自身的发展。因此,道路运输企业必须高度重视经营管理信息系统的建设,应以企业货运网络为依托,结合货运生产的特点和实际,尽快建立与之相适应的计算机经营管理信息系统,在此基础上可根据物流业务开发和发展的需要进一步完善,同时在开发软件时应注意使用部颁统一代码,以便今后联网,实现信息共享。只有这样,才能较好地适应运输生产和现代物流发展以及企业内部管理的需要。一方面,网络平台可将企业服务网点连接起来,实现资源共享,信息共用;另一方面,网络平台与客户端连接,可迅速实现客户的服务要求、服务查询、服务实时跟踪等,提高操作效率和服务水平。

(4)做好市场定位,明确发展策略。

道路运输企业发展现代物流要正确选择切入点,必须做好市场定位,并对具体的市场和客户进行细分。因此,运输企业在向物流转化过程中,必须进行市场调查,根据本企业的规模实力和可以依托的优势,选择目标客户,确定自己的发展策略。

(5)加强货运站场基础设施的建设和管理。

货运站场基础设施是道路运输企业组织货运生产、发展现代物流必须具备的基本条件。经过多年的发展,大多数道路运输企业拥有一批数量不等的货运站场,基本上可以满足货运生产的需要,但从现代物流作业的需要来看,现有的货运站场绝大部分规模偏小、仓储能力不足,远不能适应现代物流发展的需要。根据发达国家道路运输企业发展现代物流企业的经验,站场占地规模应在20万平方米左右才能同时满足仓储、包装、组装加工等物流作业的需要,此时建设铁路专用线才比较经济合算,因此,道路运输企业应在借鉴国外经验的基础上,结合企业发展实际,适时对现有的货运站场及仓储设施进行改造和扩建,扩大站场规模,提高仓储能力;同时,要对现行的按厂家分区存放货物的方式进行改革,尽快实行按货物分类存放,并要大力推广应用计算机信息技术来提高仓储管理水平。这样不仅可使现有库房得到有效利用,进一步提高库存能力,而且只需改造部分库房就可满足部分贵重货物存放的需要。另外,道路运输企业发展现代物流还需注意充分利用工商企业现有的仓储设施。由于受计划经济"大而全"思想的影响,大型工商企业大都拥有数量巨大的仓储设施和库房管理人员,因此不可能将其产品或零部件、原材料全部交给物流企业去储存,否则其库房将闲置;更重要的是其库房管理人员会因无法安置而下岗,这正是工商企业最大的后顾之忧,也是其之所以发展企业物流的重要原因之一。为解决这一矛盾,可采取租用其仓库和聘用其库房管理人员的办法,先将物流业务开展起来,然后待其需要扩大生产规模时再将库房退还,改造后即可变成生产车间,这样于人于己都有利。

(6)努力改善和提高运输装备水平。

运输车辆装备是道路运输企业完成货物位移或"流动"的重要工具,同时也是影响运输生产效率和物流作业效率的重要因素之一。目前,道路运输企业高效低耗的重型货车和特种专用货车所占比例普遍偏低,远不能适应货运尤其是物流业务发展的需要。因此,应加大投入,切实加快车型结构调整和车辆更新的步伐,优先发展运输效率高、能耗低的重型货车和特种专用货车,并辅之以数量适当的轻型货车,形成中长途运输以重型货车和特种专用货车为主,短途运输尤其是市内配送以轻型货车为主的格局。只有这样,才能进一步提高效率、降低成本,取得良好的经济效益。

(7)大力进行货物运输组织技术创新。

先进的货物运输组织技术是道路运输企业融入现代物流业的有效途径,同时也是与社会个体运输业户和其他中小运输企业在货运市场竞争中的制胜武器。以啤酒和可乐等饮料运输为例,瓶装运输时不仅降低了行业进入门槛,而且存在着装卸和运输过程中易破损等弊端,更重要的是,扣除瓶子的重量后所运输的有效物资只有50%。若采用散装运输技术,将啤酒运送到销售地后再灌瓶,则可提高近一倍的运输效率,而这种货物运输形式,社会个体运输业户和中小运输企业是无法做到的。再以水泥运输为例,袋装水泥运输装卸时间长且易破损、易受潮并因此要降低标号,同时包装袋的制作还将消耗大量的材料。如果采用罐车散装运输技术,不仅能大幅度提高装卸效率,而且可以确保水泥质量标号不变,同时还能节约大量资源。因此,道路运输企业要对传统的货物运输组织技术大胆进行改革创新,在确保所运货物安全的前提下,对于不同的路况和运距,可采用不同包装,甚至设计自制一些可重复使用的标准集装单元或专用夹具,实行货物无包装运输。这样不仅可节约大量的包装材料和费用,又可使车厢容积得到充分利用,进一步提高运输效率,更重要的是能通过向包装加工环节的延伸服务,形成你中有我、我中有你的局面,进一步密切和巩固与工商企业的合作,在激烈的市场竞争中始终处于主动地位并具有明显的优势。这将对运输的发展和物流业务的开发发挥积极的促进作用。

(8)营造良好发展环境。

加大政策扶持力度,各地要适应市场经济形势,根据物流业发展的需要,制定有关扶持政策,如土地扶持、税收扶持、环境扶持等,为现代物流"保驾护航"。各级金融部门要灵活运用现有国家政策,落实物流贷款计划,加大向物流产业的信贷投放额度,增强物流企业的造血治本功能。各涉运管理部门要牢固树立大局意识和整体观念,切实转变职能,调整管理思路和工作方式,重点制止地区封锁和有碍公平竞争的垄断行为,努力创造公平竞争、规范有序的市场环境。同时,应提高物流市场的准入条件,限制一些小规模物流企业的成立,以避免低档次、恶性化的价格竞争,防止社会资源的过度分散,促进社会资源整合。

(9) 大力培养物流人才,提高从业人员素质。

道路运输企业要将人才的吸纳和培养,提高整体队伍素质作为发展现代物流的重要问题来抓:一是不拘一格地吸纳和使用人才,重视人才的选拔和培养,为他们创造良好的工作环境和工作氛围;二是改革原有的分配机制,按市场化的分配机制拉开分配差距;三是将企业传统的行政干部体制改为现代职业经理人制,逐步培养一支具备现代物流知识和技能,市场意识强的"职业经理人";四是重点培训一线人员,对业务人员进行服务理念、服务方式、业务开拓流程规范培训,对操作人员在货物流动过程中各个环节的操作规范进行培训。

我国出租车行业规范发展面临的问题及对策

毛鸣寒

（镇江运输管理处 镇江 212001）

摘　要　我国出租车行业总体上在向好的方向发展。各地在促进出租车行业健康发展中形成了很多好的经验和做法，为进一步完善行业管理体制提供了条件。目前我国已初步形成与城市化水平相适应、基本能够满足居民特殊出行需要的出租汽车服务体系。出租车与公交车、地铁、城际铁路等大容量交通运输方式共同构成公共交通体系。

关键词　出租车　规范　思路

出租车的管理，是政府赋予交通管理部门进行行业管理的一项职责。出租车行业作为一个城市的窗口行业，它的运营秩序和服务质量能够直接体现出一个城市的管理水平和文明程度，甚至代表着当地政府的形象和市民的整体素质。因此，加强对客运出租车行业的管理，着力提高出租车行业文明程度，促进客运出租车市场健康有序的发展，具有十分重要的意义。

1　目前我国出租车行业基本概况

目前我国出租车行业总体上在向好的方向发展。一些突出矛盾和问题已经不同程度地得到解决，引发行业不稳定的因素在逐步减少。大部分城市的出租车经营权归属已经明晰，公司和司机的经济关系也初步得到规范，行政乱收费基本得到清理和遏制。各地在促进出租车行业健康发展中形成了很多好的经验和做法，为进一步完善行业管理体制提供了条件。目前我国已初步形成与我国城市化水平相适应、基本能够满足居民特殊出行需要的出租汽车服务体系。出租汽车与公交车、地铁、城际铁路等大容量交通运输方式共同构成公共交通体系。

（1）从业者车辆状况。

目前在政府登记注册的出租车有109万辆，大量非在册出租车（主要指轿车），即一般所说的"黑车"，其数量大概是现有在册出租车的1～2倍或者更多。据不完全统计，中国注册出租车和非注册出租车总数应该在400万辆左右。

（2）从业者服务状况。

目前一般每辆出租车的从业人数应该是1～2人，一般是2人，全国通用，很多车是一车三班。若按照在册出租车数量测算，出租车从业人数至少有200万人；如果按照400万人推算，当然很多黑车不是两班制而是单班制，即使这样，整个出租车行业的从业人数应该在600万以上。目前，出租车从最低档的面包车，如铃木、夏利，到较高层次的富康、捷达，再到北京的现代、奔驰,最后到杭州出现的奔驰出租车。从运价上看,目前公里价最高的是杭州和深圳,分别是 3 元和 2.5 元,价格最低是中西部一些城市,每公里 0.6 元到 0.8 元;起步价最高为 12.5 元,最便宜为 1~2 元。单车运营点对点,单人作业,短距离,小载客量。社会利用率高是出租车非常重要的特点。窗口性、印象性,传播范围大是出租车行业的特点。

(3) 从业者年龄状况。

我国出租车从业者年龄大概在 30~40 岁。从文化结构来看,我国出租车行业从业者的平均文化程度以初中、高中居多,也有部分大专和本科生从事出租车经营;从性别来看,出租车行业虽然也有大量的女性存在,但仍然以男性居多;从出租车班制来看,目前主流班制是双班制和单班制,以双班制为主。就整个出租车行业而言,它在整个国民经济中的位置并不重要,全行业为国家缴纳的税收大概每年 20 亿元。

2 我国出租车行业存在的问题

通过近几年连续不断的清理整顿,出租车行业管理工作虽然取得了一定的成效,但仍然存在不少问题和不稳定因素,一些影响行业发展的深层次问题还没有得到有效解决,主要表现在以下几方面。

(1) 经营权有偿使用问题。

出租车经营权分为政府行政审批和有偿出让两种。20 世纪 90 年代以前,经营权一般都由政府行政审批无偿给予,在此之前行政审批投放的车辆也通过有偿更新、核定经营期限和缴纳有偿使用费等方式实行了有偿使用。根据《国务院办公厅关于进一步规范出租汽车行业管理有关问题的通知》精神,所有城市一律不得出台出租车经营权有偿出让政策,今后应逐步从经营权有偿出让转为无偿出让。但出租车作为有限资源,经营权无偿使用后,同样面临一些迫切需要解决的问题:是否会增加私下转让和炒卖的空间;如何妥善处理新老政策的衔接,保持行业稳定;已实行有偿出让并按年缴纳有偿使用费的,是否须在经营期限内继续缴纳完毕;已经一次性缴纳有偿使用费的,是否要折算退还剩余年限的有偿使用费;已实行有偿出让的城市,今后新投放出租车或者出租汽车经营权到期后,在下一轮配置时是否可以按照原标准或低于原标准继续收取有偿使用费。

(2) 经营模式问题。

对于出租车经营应该走公司化还是个体化之路,社会观点不一,行业内也有较大的争论。从理论上讲,在市场经济体制下,企业、个体经营者都是市场的主体,公司达到什么样的规模,政府不应该强制规定,但从实际情况看,由于大中城市的出租车数量很多,如果都是个体户,的确存在管理上的难度;从经济学角度看,公司化没有任何价值,企业通过收取高额的"份儿钱"将经营风险转嫁到出租车司机身上,自己旱涝保收,坐收渔利,这样加大了经营成本。有的专家、学者认为,出租车行业投资和技能要求相对不高,不需要投入巨额资金和应用高新技术,劳动者和劳动资料高度结合,劳动者之间的联合劳动和协作却不多,竞争在车辆之间展开,劳动组织形态更适合以个体为主,因此出租车经营主体应该是个体。

(3) 经营权高额转让问题。

目前各地对出租车实行有偿使用方式。出租车经营权拍卖价格过高,不少企业又采取一次性买断经营的方法,这使得出租车私下转让价也居高不下,给经营者带来很大的经营压力。个体经营者转让经营权现象更是普遍,不少个体车辆已多次易手。

（4）经营主体分散，企业规模小。

长期以来，出租车行业缺少真正意义上的龙头企业，无法起到引导和主导作用。企业普遍缺少市场风险意识和进取精神。企业规模小、车辆少，往往导致管理力量不足，管理工作不到位。有的企业以包代管，采用买断式、一脚踢的承包方式，名义上车辆是属于企业的，实际上却是个体经营，企业对车辆和承包人没有控制能力，长期处在一种失控状态。有的企业只收费不管理，将管理责任推给政府管理部门，违规行为得不到有效遏止。

（5）出租车从业人员整体素质有待提高。

出租车从业人员缺乏稳定性，更换车辆频繁，疲劳驾驶现象突出，安全行车意识淡薄。新的出租车从业人员服务意识淡薄，金钱意识浓重，职业道德素质低下，存在着超速行驶、乱停乱放、拒载和擅自抬价等行为，还有不少出租车驾驶员在经营中存在使用不文明用语、言语粗俗等现象。

（6）法律法规不完善、管理体制不健全。

我国至今没有一部关于出租车管理的国家或地方性法律法规及规范性文件，仅有的《江苏省道路运输条例》也比较原则化，实际工作中难以操作，如经营权配置与转让收回、经营期限、经营模式、车型、驾驶员管理、行业规范等。同时，国家管理体制不健全、政出多门、职责不清也影响了出租车行业管理的统一、规范和效率。

（7）政策宣传不到位，全民参与监管的氛围不浓。

某些市民乘坐出租车时还有讨价还价的陋习，没有直接上车并向驾驶员说明目的地，这样无形中滋长了驾驶员挑客的经营行为。

3 加快我国出租车行业建设的几点建议

（1）将出租车纳入市民就业渠道。

无论何种经营模式，最关键的是让一线司机的感受直接产生社会效果。如何做到在保障一线司机收益的同时，提升他们的服务意识，加强他们的素质教育就显得尤为重要。政府应该让利于民，将出租车纳入市民就业渠道，统一归口管理，而不应该成为一种投资品，也不宜公司化商业运作。这样无论是做公益活动还是服务评比，都比较容易规范和开展。市政府可定期组织有关人员采用充当"乘客"等方式对市区出租车进行抽查，如有违规行为（拒载、拼载、甩客等），应根据相关法律从严处罚。

（2）提高整体素质，打造文明品牌车队。

交通部门作为驾驶培训学校的主管部门，一方面应强化驾驶员培训质量监管，丰富文明驾驶培训内容，规范安全驾驶行为，另一方面应定期开展营运驾驶员的职业再培训，不断提高营运驾驶员的职业素质。在培训阶段，运管部门应严把从业资格证的通过率，并加强司机素质及基本技能的培训。此外，出租车司机换班应上岗登记（网络系统），这对约束其不法行为及保障驾驶员人身安全都有重要意义。另外，针对出租车驾驶员流动性大的问题，应加强从业者的主人翁意识，普遍提高文化素质。适当提高驾驶员的收入，让出租车司机处于主动状态。对出租车行业进行统一归口管理，便于相关部门提出规范标准并进行推广。乘客可对出租车外观及内饰标准进行监督，使其成为后期服务评比的内容之一。

（3）健全出租车市场准入和退出机制。

有进有退是市场经济运行的基本法则，因此应严把出租车经营的准入和退出关。对现有出租车经营企业,按规定规范其经营行为,推行服务质量招投标制度,完善经营权配置方式;建立服务质量考核体系,加强基础工作,完善出租车公司和驾驶员的质量信誉档案,设置一套比较客观、准确的指标体系,将服务质量的定性要求转化为定量指标。另外,由于目前我国出租车经营权采取有偿使用,经营者因各种原因(如经营权使用到期、违规处罚等中途退出)会造成集体上访等现象,应根据不同情况制定相应制度。政府应建立出租车行业储备基金,及时定向回购退出的运力(经营权),这样既能宏观调控运力,维持市场秩序,又能保护国家和投资者的合法权益。

(4)加强出租车配套服务设施建设,改善出租车经营条件。

各地公安、交通部门应在各市区主要路段、大型居民区附近加快出租车停靠站点建设。此外,应建立一个具有一定规模的出租车服务中心,解决出租车驾驶员的吃饭、换洗座套、洗车等问题。出租车服务中心建立后,还可以把办证、GPS调度等服务设施一同纳入服务中心,为驾驶员提供一条龙服务。各地应根据当地具体情况在合适的位置适量增设出租车临时停候站,统一规划,这样可从一定程度避免出租车乱停乱挤、抢占公交车道等现象。同时,在候车站管理方面,应在醒目位置标明乘客和出租车须知,规范排队和乘客流程。使出租车候车站不仅仅能解决商业区乘车难的问题,也能解决夜间乘客打车难、空跑车、客人随时随地不按交通规则拦车等问题。

(5)组建出租车行业协会,加强行业自律。

出租车行业协会应当制定行业职业规范和信用管理制度,并监督其成员遵守,同时应积极主动向政府有关部门反映协会成员的意见和要求,依法维护出租汽车经营者和从业人员的合法权益。建立行业协会与政府行政管理部门对话机制,就制定规则、保护权益、维护秩序、考核体系、民主监督、车位定价等方面进行沟通协调,共同做好出租车市场的管理和服务。行业协会还需承担一些教育培训和管理职能,在政府部门和出租汽车公司之间发挥有效的桥梁作用,促进全行业的健康发展。

(6)加强媒体对司机和乘客的双重素质教育和宣导。

交通广播可联合交警部门、出租车行业开展各种有意义的评比、现象分析、交通规则宣导等活动。乘客可随时投诉不良现象,并将其作为评定出租车服务的标准。媒体对先进事迹应大力宣传,树立标榜,不仅要对出租车司机进行监管,同时也要加大对市民的素质教育、交通法规的宣导,提高市民的交通意识,举办有行业特色的文化活动,提升出租车行业的品牌形象。开展丰富多彩的行业文化活动是凝聚行业队伍、陶冶业内人员文化情操的有效途径,同时也为客运出租车行业与社会各界提供了很好的交流机会。树立行业先进企业和优秀驾驶员的典型,加大对先进模范典型的宣传力度,媒体应发挥积极的正面引导作用,从而带动整个行业队伍素质的提高,促使业内的每一个人员都成为城市窗口的文明使者,成为城市一道美丽的流动风景线。

公路管理瑕疵诉讼风险与防范

张 冲

（镇江市区公路管理站 镇江 212003）

摘 要 近年来在公路建设快速发展的同时，公路管理瑕疵责任的案件也呈上升趋势。本文针对公路管理养护实践中存在的养护、管理缺陷责任，从内部管理方面提出相应的预防和应对措施，防范公路管理瑕疵诉讼风险。

关键词 公路 管理瑕疵 诉讼风险 防范

到 2009 年底，我国公路通车里程已达 382.8 万公里，公路交通网的日益发达极大地改善了人们的出行条件，促进了经济发展。但是，由于现有管理水平和公众期望之间的差异，公路管理瑕疵诉讼案件日益增多，使得公路管养部门越来越多地被推上被告席。1963 年，美国加州全年约有 10 起针对高速公路管理部门的诉讼案例，而到了 2002 年，加州的此类诉讼案例高达 1 200 余起，交通部门共赔付 6 000 万美元，超过预算 2 000 万美元。我国公路现已进入高速发展时期，随着人们法律意识的提升、服务要求的提高，公路管理瑕疵诉讼案件会逐年呈上升趋势。大量的案件给正常的公路管理工作以及公路管理机构的社会信誉等造成巨大影响。如何防范此类风险，维护自身的合法权益，对于提高公路服务水平和规范公路管理行为具有重要意义。

1 公路管理瑕疵诉讼风险类型与分析

瑕疵亦称欠缺，通常指一种不完全、不完备的状态。公路管理瑕疵，就是指道路、桥梁、隧道等人工建造的构筑物存在维护不周、保护不当、疏于修缮检修等不完善的问题，缺少通常应具备的安全性。目前，公路管理瑕疵诉讼风险主要集中于两方面，即第三方遗落物因素与公路部门过失因素。

（1）第三方遗落物因素。

路面抛洒滴漏的遗落物致人伤害。如公路上遗落的砖块、抛洒的碎石导致交通事故。

案例 1

2006 年 8 月 5 日晚，河南省淅川县刘某驾驶摩托车行驶至豫 54 线邓西公路时，撞到公路上的石头。车祸致刘某于次日夜晚死亡。刘某家人认为淅川县公路管理局作为公路的养护单位，没有及时清理路障，导致刘某的摩托车与放置在公路上的石头相撞，这是导致惨案发生的直接原因。因此，刘某的家属起诉该公路管理者，要求赔偿 85 173.71 元。

法院审理认为：刘某在行驶过程中，应尽到观察和避让障碍物的义务，但由于其疏忽导致车损人亡事故的发生，自身应承担一定的过错责任。公路管理局作为公路养护管理单位,没有及时清除石块,致使事故发生,存在一定过错,应承担相应的过错责任。一审判决淅川县公路管理局败诉。

(2) 公路部门过失因素。

公路管理机构的公路养护、管理工作中存在过失致人伤害。如沥青砼路面存在坑槽、水泥砼路面存在破碎板等严重影响行车安全的病害,没有及时进行维修;对应当设置的交叉路口标志、桥梁限载标志、上跨构筑物限高等标志没有进行设置等。

案例 2

2006 年 3 月,雇主杨某雇吴某、丁某运送黄豆给买主。吴某驾驶严重超载且未定期进行安全技术检验的机动车,在通过江苏省大丰市一桥梁时压断桥面水泥板翻入河中,车上杨某、吴某、丁某 3 人均溺水身亡。后死者亲属向法院提起民事赔偿诉讼。

法院审理认为:作为桥梁的管理者,镇政府未在桥梁两端设置限载警示标志,未尽到管理者的管理义务,对事故的发生负有一定的责任,最终判其承担 30% 的赔偿责任,分别赔偿 3 名死者亲属人民币 40 000 多元。

(3) 公路管理瑕疵诉讼风险分析。

《中华人民共和国公路法》规定:"县级以上地方人民政府交通主管部门应认真履行职责,依法做好公路保护工作,并努力采取科学的管理方法和先进的技术手段,提高公路管理水平,逐步完善公路服务设施,保障公路的完好、安全和畅通。"同时《最高人民法院关于审理人身损害赔偿案件适用法律若干问题的解释》也作了明确规定:道路、桥梁、隧道等人工建造的构筑物因维护、管理瑕疵致人损害,适用民法通则第 126 条的规定,由所有人或者管理人承担赔偿责任,但能够证明自己没有过错的除外。这就意味着,一旦行驶在公路上的车辆因管理瑕疵造成生命财产损失,法院是根据过错原则来划分民事赔偿责任的,公路管理部门想要减免己方责任,则必须证明自己没有过错。案例 1 和案例 2 公路管理部门的败诉,主要原因是公路管理部门负有对辖区公路保证公路畅通的义务,由于未及时上路巡查、处理破坏公路设施的不法行为,或设置必要的警示标志而导致惨案发生,理应承担管理不善的行政责任。

2 公路管理瑕疵致人伤害纠纷的防范

(1) 严格按照部门规章制度管养公路。

交通部公路司〔2001〕66 号对《关于请求明确〈公路养护技术规范〉有关条款含义的紧急请示》的答复中已明确"公路养护单位,要对公路进行定期清扫,定期清扫时的作业标准是清除杂物,做到路面清洁。定期清扫的频率应根据各地关于公路小修保养工作的相关规定执行。"法律上司局是没有立法权的,因此其规定也不具有法律效力的,但公路司的这一文件却有一定的拘束力:交通部制定的《公路养护技术规范》是使公路法第 35 条(即公路管理机构应当按照公路经常处于良好的技术状态)具有操作性的具体体现。交通部《公路养护技术规范》又将该规范解释权授予交通部公路司,因此,交通部公路司对规范进行解释是合法合理的,公路司的批复也具有一定的约束力。因此,如果公路养护单位按照规定的频率或有关工作要求做到了定期清扫,就不能认为其"疏于养护"。因此公路部门应严格按照《公路养护技术规范》、《公路桥涵养护规范》、《公路养护安全作业规程》等规范文件进行公路养护管理,履行法律和规章规定的合理限度范围内的义务。

（2）注重收集及保管履责证据。

公路养护路政巡查记录，既是公路管理工作人员的工作记录，也是公路管理机构履行法定职责的体现，特别是一些有可能成为诉讼证据的文件与记录尤为重要。这些情况的查明可为日后发生的法律纠纷中管养部门弱责、减责提供重要依据。公路管养部门要结合各自工作职责，真实详细地做好公路巡查记录。巡查要及时合理，谨慎注意各种安全隐患，巡查记录应详细、完整；对高差较大的坑槽等严重影响行车安全的路面病害要及时修复，无法短时间修复的应设置警示标志标识，采取临时防护措施，并进行图像影像记录。同时，引发公路事故的原因也可能是多发的，例如司机酒后驾驶、无证驾驶，第三方重大过失等，这些都是可能引发人身伤害的因素，公路管理机构要及时收集保管相关证据，以应对可能的诉讼风险，避免或减轻公路管理机构的责任承担。

（3）创新管养巡查模式。

公路线长面广，沿线情况复杂，受不确定因素影响较大，仅凭公路管理工作人员要做到无管理瑕疵确实存在一定难度。因此，公路部门应加大舆论宣传力度，建立健全举报制度，让广大人民群众参与到公路管理中来，对侵害路产路权的行为进行举报，及时反映路面病害、道路污染等情况，监督公路管理工作人员职责履行情况。

路政管理巡查路网可与养护巡查路网相结合，在一定条件下也可实施路政与养护联合巡查制度，此举使每次巡查集路政、养护于一身，共同监督检查。通过联合巡查，路政养护人员在工作中相互交流，发挥每位巡查人员最大的功效，发现问题后现场就能采取有效的处理措施，减少了中间环节，使巡查中发现的问题不必层层汇报、不必科室协调，大大提高公路管养巡查处置的效率。

（4）加强日常通行安全保障管理。

公路管理机构作为法律法规授权的、行使公路管理与养护等活动的事业单位，保障公路的完好、安全、畅通为法定职责，应按照交通部规定的公路养护技术规范对公路进行养护，保证公路经常处于良好的技术状态，履行法定的职责是应尽的义务和责任。为做好安全保障工作，应处理以下关系：一是要建立和完善道路安全设施档案、道路隐患及危险源档案。完善公路安全设施档案，加强动态管理。建立道路隐患及危险源档案，是更好地明确和落实责任，及时采取有效整改措施，以及检查整改效果的必要基础。二是排查通行隐患，提高公路安全通行水平。发现隐患、落实整治是提高道路通行条件的根本目的，应做到发现一起，整治一起，一时无法整治到位的隐患，要明确责任和监管措施，设置醒目警示标志，履行告知责任。三是重点加强农村公路安保设施的投入和隐患整治力度。农村公路受资金等条件的制约，道路安保设施投入较少，各类防护设施、交通标志、标线缺乏，另应高度重视农村公路的安保问题，加大安全设施的投入；对重要运输线路、客流量较大的路段，根据危险程度、交通流构成等实施安保工程，合理确定护栏形式和防撞等级，完善警告、限速等交通标志标线及必要的减速设施；根据公路线形、路侧危险程度合理选用示警桩、示警墩和轮廓标线等视线诱导设施，逐步提高农村公路的安全保障能力。四是重点做好灾害性天气的应急管理工作。要进一步完善夏季防汛、冬季防滑等安全保畅预案的可操作性，通过使用 3G 无线网络、车载 GPS 等设备之间的数据建设，全面扩大监控范围，提升应急处置能力，确保灾害性天气下公路的安全畅通。

3　结　语

综上所述,在公路管理瑕疵诉讼活动中,除了驾驶员的过错行为是致害的主要原因,应承担相应的民事责任外,作为公路管理机构应当从管理养护方面加强内部管理,熟练掌握和使用科学的管理方法,来减少事故诉讼的风险。从法律法规角度看,公路管理部门应严格按照规章制度管养好公路,及时收集、妥善保管履责证据;从管理养护的技术层面看,公路管理部门需要创新管养模式,强化公路的安全保障。

参考文献

[1] 尚婷.对重庆高速公路交通事故法律纠纷的思考.重庆交通大学学报:社会科学版,2009(6):24-27.

[2] 肖国清.有责的淅川.中国公路,2008(5):56-57.

路政执法中的难点表现、形成原因及解决方法

李 瑢

（312 国道镇江段公路管理站 镇江 212028）

摘 要 四通八达的公路网络是我国经济发展的命脉,同时,公路事业的不断发展也给公路路政管理带来了许多新问题,路政管理的难度越来越大,对路政执法人员的要求也越来越高,本文通过分析公路路政管理面临的严峻考验、难点表现和形成原因,提出如何适应新形势,采取新举措,为新时期公路发展"保驾护航",解决发展中出现的问题。

关键词 路政执法 难点表现 形成原因 解决办法

随着国家对基础设施建设的不断投入,我国公路建设发生了翻天覆地的变化,取得了举世瞩目的成就。四通八达的公路网络是我国经济发展的命脉。但同时也给公路路政管理带来了许多新问题,路政管理的难度越来越大,对路政执法人员的要求也越来越高,公路路政管理面临着严峻考验。如何适应新形势,发现新问题,研究新课题,采取新举措,为新时期公路发展"保驾护航",解决发展中出现的问题已成为"公路卫士"责无旁贷、刻不容缓的历史重任。

1 目前路政执法的问题和难点表现及其形成原因

（1）部门配合不够。

在执法实践中不难发现,国土、城建、工商等有关部门都是各自为阵,在路政执法中有时会形成相互制约、配合不协调的现象。国土、城建、工商等部门在各自的审批范围内经常与公路发生交叉,造成公路利益受到损害。一些政府有关部门完成审批的"涉路"行政许可项目往往等到项目开工时,公路管理部门才得到通知。这就造成了路政管理工作的被动,造成了与有关执法部门配合上的不尽如人意。一些人常常把公、检、法机关的执法称为"硬法",而把公路路政部门的执法视为"软法"。

（2）执法环境差。

在公路建设时,由于征用土地涉及高额费用问题,许多承担征地任务的地方政府出现没有正式、完备的征用土地手续的情况,这就造成了众多公路部门路产路权的"虚置"。有些群众便在公路两侧种植作物,认为征地时政府只支付了部分面积的费用,而政府又无明确的手续,这种权属不清的问题大大增加了路政管理的难度;其次,部分人还没有真正认识公路保护的概念,错误地认为保护公路是公路部门的义务,偏失了公路需要爱护的意识。另外,一些地方政府对路政执法过程进行行政干预。为了招商引资或替企业排忧解难,某

些地方政府往往也会通过行政手段干预路政执法,使得基层的执法无法有效进行。例如,有些地方部门在公路的一侧建立一个固定的商品交易市场,此举对发展经济的作用是不言而喻的,但同时存在使公路街道化、马路市场化的风险。因此,这种利用公路资源又反过来影响公路发展和建设的现象,使路政执法无法依法处置到底。

(3) 法律法规存在不足。

公路法是涉及公路的规划、建设、养护、经营、使用和管理的法律,但是,其本身没有一处条文清晰界定"公路"的概念。有些地方公路刚开始规划时,一些群众就在线路两侧蜂拥"违建",而交通主管部门不能对此实施管理,眼看着新修的公路慢慢地"街道化"。如果法律能明确界定公路是指已列入规划的、在建的和已经交通主管部门验收认定的各级供汽车行驶的公共道路,那么"路政提前介入"就有了充分的法律依据,基层的路政执法就可以有效地实施,能够强制拆除违章建筑,以确保路政管理的长效性。

目前路政执法难归结起来主要为取证难、扣车难、处罚难。

① 取证难。

在路政执法过程中,如果证据难以取得或证据不够充分,就很难对违法行为实施处罚。造成路政执法取证难的原因主要有:(i) 公路具有点多、线长、面广和车辆流动性强的特点,这就决定了路政案件发生的广泛性、随机性和流动性。仅仅依靠有限的路政人员和简单的车辆巡查手段,便经常出现路政人员接到报警后赶到现场,案件当事人已经逃之夭夭的现象。(ii) 路政执法人员在依法调查违法事实时,大部分相对人根本不予配合,群众也不理解,给路政执法人员调查取证造成困难。(iii) 路政执法取证器材满足不了现代执法的需求。如由于缺乏电子监控系统,时常发生路产被盗和汽车肇事损坏路产而无法赔偿的事件。

② 扣车难。

路政执法人员在依法拦截车辆接受检查时,车主、驾驶员会使尽各种花招来对付检查,试图逃避法律的制裁,暴露了目前路政执法中"有法难执"的窘况。如驾车闯关,拒不开车,通知车主前来阻挠,将车驶到路边店寻找保护或驾驶员紧闭车门后弃车而逃等。产生扣车难的原因主要有:(i) 路政管理法律、法规配套措施不够完善,公路法未对造成公路较大损害的车辆应采取何种强制措施作出明文规定。《江苏省路政管理条例》第五十二条、《江苏省路政管理规定》第三十八条均规定了责令其车辆停驶和责令其车辆停放在指定地点。很显然,责令其车辆停放在指定地点,需要得到车主、驾驶员的主动配合,并未赋予路政部门真正意义上的行政强制权,而在实际执法中,车主、驾驶员一般不会主动配合。(ii) 缺乏有效的制约机制。交警部门已有一套较为完善的监督制约机制,依靠车辆和驾驶员年审年检制度控制违章车辆和驾驶人员,并且与车辆保险挂钩进一步保障了违法行为的处理执行和整个交通秩序的维护。只要有违法记录,年审年检就过不了关。而交通系统至今无法形成一套有效且环环相扣的年审年检制约体系。

③ 处罚难。

这主要表现在以下几方面:(i) 行政文书送达难。送达行政处罚文书时,相对人故意躲避,路政执法人员往返数次都无法送达。(ii) 行政处罚执行难。执行难是一个复杂的社会问题。路政处罚执行难的主要原因是路政管理具有复杂性,有的工作涉及许多部门,而仅仅依靠路政部门难以执行。1997 年,我国出台了公路法,但一直没有出台与之匹配的实施细则。缺乏相关的配套法规,使得公路法具体可操作性大打折扣,大大影响了路政执法效果。

目前,路政法律体系中的不足还表现在以下几方面:第一,公路法中使用的专门术语没有明确定义,如公路附属设施、非公路标志等。第二,公路法规定的行政罚款的幅度大,缺乏配套的法规予以细化,造成自由裁量权过大,不利于执法过程中的实际操作。第三,路政行政强制措施设定单一,力度不够。相对人出现拒不接受检查、不履行执法人员对其责令履行义务的,公路法除对非公路标志和在公路建筑控制区修建建筑物等有"逾期不拆除,由交通主管部门拆除"的规定之外,没有其他行政强制措施。《路政管理规定》对一些违法行为规定了相应的行政强制措施,但力度相对不够。若不对现行公路法进行修改,地方性法规和规章规定的行政强制措施面临失效的危险。

2 目前路政执法问题和难点的解决办法

目前,交通系统内部执法队伍基本上是按照"一事一法一机构"来设置的。这样就形成了多头执法体制,在道路上执法的有路政、运政等队伍。执法人员、执法装备、执法手段等资源不能共用,既影响了交通行政执法资源的综合利用,又影响了交通行政执法效能的充分发挥,降低了行政效率,造成交通执法快速反应能力差,合力差,执法威慑力不够,执法力度不强。

为解决这一问题,就需对现有的交通行政执法队伍进行清理整顿,加强机构编制管理,明确有关权责关系,健全监督制约机制,组建相对独立集中统一的交通行政综合执法机构。改变多头执法的状况,形成合力,从而提高交通行政执法的威慑力。

(1) 紧紧依靠当地政府的支持,把部门行为转变为政府行为是多年来路政管理工作取得的宝贵经验。

路政管理工作具有一定的复杂性和社会性。路政管理机构作为一般的行政执法部门,由于人员编制少,手段缺乏以及法律赋予的强制措施不够等,单靠自身的力量明显不足,为此只有主动向地方政府汇报路政执法工作的热点、难点问题,争取地方政府对路政执法工作的支持。另外可成立由当地政府分管领导牵头,各相关职能部门领导协作配合的领导小组机构,形成至上而下齐抓共管的良好局面,只有这样才能更好地解决问题,促进发展,维护和谐。

(2) 加强路政科技建设是路政执法工作实现跨越式发展的必由之路。

运用计算机及网络通讯技术作为辅助管理手段,促进路政管理业务责任化、规范化、透明化,减轻路政管理工作中重复劳动强度,从而达到提高工作效率的目的。建立电子监控系统,当前电子监控技术已日臻完善,并在诸多领域广泛应用。为提高执法效率、保障执法公正,应在路政执法中推广电子眼技术的应用,及时、准确地掌握各类路政违法行为的动态,构建起交通系统内执法机构的信息交流平台。目前路政、运管都有各自的信息管理系统,但各系统之间缺乏联系,资源不能共享。建议省交通厅对各信息管理系统进行科学整合,提高共享性。总之,在路政执法工作中要充分运用高科技管理手段,把路政执法工作推向一个新的高度。

(3) 路政执法一定要把握好合法、合理与效率原则,处理好原则性与灵活性的关系。

在执法过程中,路政执法人员不要以"管人者"自居,切勿存在态度上的"冷、硬、横",不能不注重语言的表达,无意中伤害了相对人的感情,导致他们产生抵触情绪。要熟练运用相关的法律法规和业务知识,规范执法行为,规范自己的言行举止,提高语言表达艺术。要向相对人讲清违法行为的危害性、法律依据和其应承担的责任,做到不急不躁,以理服人;要注意倾听相对人的谈话和诉说,充分给其陈述、申辩的权利,让其心服口服;要主动询问相对人各方面情况,了解和征求他们对路政执法工作的意见和建议,拉近双方距离,以达到教育、处罚违法相对人的目的,尽可能产生好的执法效果,避免恶性事件的发生和发展。如今的路政执法不仅仅要求路政人员熟悉法律法规等业务知识,更重要的是做到与时俱进,在不断提高执法人员整体素质的基础上,讲究方式方法,灵活变通,最终达到事半功倍的效果。

(4)从根本上提升路政执法公信力,增强人民群众对公路执法部门的满意度和信任度。

进一步增强执法为民的意识,在提高路政执法管理的执行力、强化执法权威上下工夫,提升依法行政的水平和能力,真正做到规范执法、文明执法、公正执法。

① 以队伍建设为根本,规范路政执法行为。

队伍建设是提高执法公信力的关键和基础。队伍建设主要是加强业务培训,提高执法能力。(i)要加强法律法规以及执法程序学习,有计划地开展各种专题培训班(学习《公路法》、《路政管理规定办法》、《国家赔偿法》、《行政许可法》等法律法规),让每一名路政人员树立法制观念,熟练掌握业务知识和相关法规,认识执法工作的严肃性,正确运用法律法规赋予的权力,严格按照执法程序办事。(ii)培训工作既要"缺什么、补什么",又要着眼于未来。针对工作出现的问题和不足进行分析和探讨,以适应现代化管理的需要。通过制定各岗位、各层次的培训内容,如开展突发事件、重大交通事故、特殊天气情况下如何进行路政管理的讨论活动,制订切实可行的特殊情况应急预案,从而不断提高路政执法人员的管理技能。通过在岗培训、提高培训、岗位练兵、技能比武等形式,全面提高路政执法人员的业务工作能力。(iii)要严格规范日常执法行为,认真按照《交通行政执法职业道德基本规范》和《路政员守则》的要求,做到秉公执法,热情服务;执法人员按规定着装,佩戴行政执法证件,亮证执法,文明执法,坚持把文明用语和执法行为是否规范纳入路政执法人员考核内容之中。在执法程序方面实行阳光操作,主动接受社会监督;在执法文书制作方面,从现场取证、笔录到最终处理都要严格按规范要求,有效记录路政人员办案全过程;在执法行为方面,要严格两人以上办案制度,规范文明用语,严禁吃、拿、卡、要、报等行为。通过将这些内强素质、外树形象的举措内化和融合转化为一种自觉行为,进一步增强执法人员的责任感和使命感,树立依法行政、执法公正和有法必依、依法必严、严明执法作风,建立起一支高素质的公路路政执法队伍。

② 以执法必严为目标,强化路政执法权威。

这些措施主要包括:(i)加大案件查处。对侵犯公路路产路权,损害公路合法权益的重大违法行为,发现一起查处一起。对案件的查处坚持做到立案及时,证据充分,程序合法,材料齐全,理赔到位,切实维护好路产路权。(ii)探索推行"现场执法音像记录"制度。对于重大案件,执法人员进行现场检查和执法办案时,可因地制宜进行全程录像,这样既可以减少行政复议与诉讼的发生,还可以减少办案的随意性,使案件更公开、公平、公正。(iii)规范行政处罚自由裁量权。对自由裁量权以制度的形式细化从轻、从重、减轻等情节的处罚尺度,严格掌握处罚的轻重、裁量的宽严,科学使用执法裁量权,提高执法公平性和严肃性,有效杜绝人情执法、随意执法、徇私执法。处罚软件系统与路政重大案件集体讨论制度有效结合,更是增加了执法案件的透明度,确保行政执法公平、公开、公正。

③ 以舆论宣传为主线,优化路政执法环境。

提升路政执法公信力离不开行政相对人和广大群众法律意识的提高。（i）树立"宣传也是监管"的意识,做到"报刊有文,电视有形,电台有声",宣传公路路政部门的职责和工作成效,提高群众守法意识,取得社会各界对路政执法工作的理解和支持。（ii）加强沟通交流,进厂矿、企业、学校以搞好源头宣传,通过与行政相对人"零距离"接触,积极营造执法者与行政相对人的和谐关系,优化执法环境,赢得行政相对人对路政执法工作的理解和支持,形成文明和谐的路政执法环境,提高路政执法公信力。

④ 以综合治理为保障,巩固路政执法成果。

第一,各级路政部门要争取当地政府和人大的重视与支持,努力把行业行为转化为政府行为,积极向政府做好汇报工作,争取政府明晰公路用地范围和路产、路权范围,明确公路管理部门对建筑控制区内土地审批的优先权;其次,要与国土、规划等部门建立联系制度,切实从源头上控制好建筑红线区;第三,建立与人民法院的联络制度,与人民法院定期召开联络会,通报执法情况,克服当前行政执法中存在的地方和部门保护主义干扰而造成执法难的问题;第四,健全协管员制度,定期召开协管员会议,及时向沿线乡镇、村领导通报路政管理中发现的问题和要求。

⑤ 以文明建设为宗旨,创树路政执法新形象。

树立执法为民理念,增强文明执法的自觉性,按照路政管理的特点和创建公路文明行为的要求,以爱岗敬业、勤奋工作、遵纪守法、廉洁奉公为基准,以忠于职守、文明礼貌为标杆,要求路政执法人员严格执法、办案准确、排障及时,在工作中做到文明用语、礼貌待人、态度热情,为司乘人员提供良好的行车条件。实施亲民执法,尤其是坚持"服务人民、奉献社会"的宗旨,处理好管理与服务的关系,采取一些人性化措施,主动为司乘人员排忧解难,要把扶危救困视为天职,树立文明执法的新风尚,创树路政执法的新形象。

公路工程和生态环境保护

刘胜利

（江苏省镇江市路桥工程总公司 镇江 212017）

摘 要 本文从公路工程建设的各个阶段对环境的影响出发,确定生态环境保护的原则和办法,分析每个工程阶段所采取环境保护的具体措施,有针对性地提出相应的环保措施,使公路工程给自然环境带来的不利影响降到最低限度。

关键词 公路工程 生态 环境影响 环保措施

环境保护是我国的一项基本国策。随着我国国民经济的蓬勃发展,公路建设步伐越来越快。近年来,我国公路总里程不断增长,汽车保有量持续增加,公路在国民经济综合运输体系中的位置愈来愈重要。伴随着公路的高速发展,公路污染、公路对周边环境影响等问题也大量凸现出来。如何解决公路建设带来的环境问题,如何按照现阶段我国实际情况,分析评价公路建设各阶段对环境的作用与影响,采取何种措施减少或杜绝公路环境污染、恢复路域生态损失,这些问题一直都困扰着公路管理部门。

公路工程对环境的影响不同于一般的厂矿企业,它具有范围广、时间长、因素多以及难于弥补和难于预测等特点,因此,公路工程的环保工作要根据自身的行业特点,以工程前期、施工期和营运期等各个阶段为契入点,有针对性地采取相应的有效措施,以减少公路工程对自然环境的影响。

1 公路工程对生态环境的影响

（1）工程前期对环境的影响。

公路设计在环保方面的缺陷常常表现为:不合理占用土地(如农业用地、森林用地、野生动植物保护用地等),使土地资源严重浪费;破坏森林植被,造成水土流失,引起水质污染,影响沿线动植物生长;为节省造价、方便施工等而依照标准图设计造成的桥涵缺乏艺术造型,样式统一呆板。

（2）工程施工期对环境的影响。

施工期间拟建项目由于挖土填土、借土弃土、改移河道、清理表土、开采料场等活动会造成地表植被破坏、地形改变、沟谷大量消失、生物栖息的生态环境恶化、地表侵蚀加速、地表径流增大、水土流失增加、自然流水形态改变、水质恶化加剧等问题,从而直接导致对原有自然环境的破坏;运输车辆的增加和调整运土石方的落土也会使相关公路交通条件恶化,对原有交通秩序产生较大干扰;施工机械作业及运输车辆作业等产生较大噪声及其尾气排放,对沿线居民的正常作息产生不同程度的影响。

（3）项目营运期对环境的影响。

营运期开始意味着项目巨大的经济效益和社会效益开始发挥作用,同时也意味着对沿线环境长期负面影响的开始。随着交通量的与日俱增以及噪声、汽车尾气、粉尘污染逐渐加剧,沿线居民、学校和机关单位的学习、工作和生活将长期受到不利影响。尾气、粉尘、油污对沿线居民生活、农田、土壤、水质的影响较明显,并呈逐步加重的发展趋势。

2 环境保护的原则和一般要求

（1）环境保护原则。

① 协调治理、和谐发展。

正确处理环境保护与施工进度、质量、效益的关系,在施工中落实环境保护,在环境保护中增进施工,保持节俭、安全、干净、应用的施工方式。

② 强化措施、综合治理。

不断完善环境保护体制机制,健全环保制度,坚持环境保护与施工计划综合决策,并和当地环境主管部门综合协调,应用法律、经济等必要的组织措施解决施工中的环境问题。

③ 控制破坏、改良环境。

严格掌握新的环境破坏行动,积极主动缓解已经造成的环境问题,扭转目前恶化的环境破坏现状。

④ 分类领导、突出重点。

因地制宜,分阶段处理环境问题。改善受施工影响的主要河流、生产浇灌、生活饮水、观光旅游及其他环境敏感区域的环境质量。

⑤ 依附科技、创新方式。

依附科技创新,推广利用新技巧、新资料、新工艺,强化环境质量监测,重视环境制度建设,优化环境保护工作机制,简化环境保护工作程序,做到低能耗、低污染、低排放,以最小的环境代价和资源代价,建设"环保生态路"。

（2）环境保护措施的一般要求。

① 搞好环保调查,了解当地环保内容与请求,树立环保检讨制度,把环保措施层层落实,做到义务到人,奖罚分明。

② 在布置施工现场时,钢筋加工、混凝土拌和、构件预制等设施应尽量远离居民区,以减少视觉和噪音污染。机械车辆途经居住场所、学校等地方时应减速慢行,不鸣喇叭。

③ 经常征求当地环保部门及群众对施工规模内环保工作的看法并及时整改,避免和减少由于施工办法不当引起的环境污染。

④ 工程完工后,应及时打扫现场。在河道中施工的临时设施待工程完工后,应进行彻底清理以恢复原貌,防止侵犯河道,紧缩过水断面,防止水土流失段毁田或堵塞河道。

3 环境保护措施和实施办法

（1）文物保护。

① 施工中如发现文物古迹,要暂时结束作业,保护好现场,立即报告监理工程师,确保文物不流失。

② 土方工程以及其他工程须要借土、弃土时,应对现有的或计划的保护文物遗址采取避让的原则,另行选择地点。

(2) 防止水土流失以及对废弃物的处理。

① 在施工期间应始终坚持工地的良好排水状况,在填方边坡修建临时泄水槽,坡脚开挖临时排水沟。挖方段在来不及建设永久性排水沟的情形下,要设置临时排水沟。各类临时排水渠道要与永久性排水设施相衔接,不得引起淤积和冲洗。

② 驻地、施工便道、砂石料场、预制场、取土场、弃土场四周挖好排水沟,确保占用的土地无冲洗,确保各种临时排水体系不改变现有水文状况。

③ 设废物收集箱,生活区设化粪池、污水沉淀池。施工垃圾及生活垃圾应在指定地点处理。生产及生活垃圾有专人清理,定点寄存,经集中收集后运至环保部门指定的地点掩埋。及时清理并坚持生产、生活区环境卫生,严禁随便倾倒垃圾,同时认真搞好四周的绿化工作。

④ 按业主和监理工程师指定地点弃方。弃方的下部和边角要砌筑拦土坝或墙,防止水土流失,未经监理工程师同意不得超范围弃方。及时对弃方进行压实,并在其表面进行植被笼罩,尽可能对弃土场进行整平以用作耕地。

⑤ 桥涵施工进程中的废弃物应在工程完工时即时清理,以免堵塞河道、妨害交通。

⑥ 钻孔桩泥浆、清洗骨料的水应集中收集,经过滤、沉淀或联合实际采用其他方式处理,经检验到达排放标准后,方可排放,严禁向河道及邻近沟渠、农田直接排放。

⑦ 桥涵基本弃土应按设计要求及时实行工程防护,及时平整设计无防护的对边坡,组织职工利用工余时间进行任务植草、植树,严禁向设计范围外弃土。

(3) 水污染方面

① 沥青、油料、化学物品等不堆放在民用水井及河流湖泊附近,并采取措施防止其被雨水冲刷进入水体。

② 施工驻地的生活污水、生活垃圾、粪便等集中处理,不直接排入水体。

③ 对桥梁施工机械、船只进行严格检查,防止油料泄漏。严禁将废油、施工垃圾等随意抛入水体。

④ 水泥混凝土拌和站不得设在饮用水源地保护区内。

⑤ 施工过程中搅拌站的排水、混凝土养护水等含有害物质的废水不得排入地表水Ⅰ～Ⅲ类水源地保护区。

(4) 大气污染方面。

筑路材料的运输装卸、各种混合料拌和、借土开挖及弃土堆放、土石方调运等活动会造成短期内粉尘污染。另外,施工期大量机械作业的尾气排放会使空气质量恶化,对沿线居民的正常作息产生不同程度的影响。

为了减少大气污染,保护生态环境应着重解决以下问题:

① 公路施工堆料场、拌和站设在空旷地区,相距 200 m 范围内不应有集中的居民区、学校等。

② 对于沥青路面施工,沥青混凝土拌和厂应设在居民区、学校等环境敏感点以外的下风向处,不采用开敞式、半封闭式沥青加热工艺。

③ 施工便道定时洒水降尘,一般路段每天 2～3 次,靠近村镇处每天 4～5 次,以减少扬尘;运输车辆特别是运输粉性材料(如水泥、石灰等)的车辆和施工现场堆积的筑路材料,必须加盖篷布,以免风吹起尘。

（5）噪声方面。

① 当施工路段距住宅区距离小于 150 m 时，为保证居民夜间休息，在规定时间内禁止施工。

② 混凝土拌和场和预制场要远离学校、医院、疗养院、城乡居民区和有特殊要求的地区，减少拌和站对环境敏感点的噪声污染。

③ 尽可能以挖掘代替爆破，以多点少药代替大量炸药爆破，采用延时爆破技术等手段降低噪声和振动。

④ 注意机械保养，使机械保持最低声级水平。

（6）维护绿色植被。

① 尽量保护公路用地规模以外的现有绿色植被，若因修建临时工程损坏了现有的绿色植被，应负责在拆除临时工程时予以恢复。

② 保护好公路用地范围之外的古树名木和法定保护的树种，在公路用地范围之内的，要采取搬迁等措施加以保护。

（7）土地资源的保护。

① 临时用地不再需要时，应依据业主及监理工程师的指令及时进行复耕、绿化。

② 借土要根据业主及监理工程师的指令到指定的场合取土，尽量不占耕地。若必须从耕地取土时，要将表层种植土集中成堆保留，并在工程交工前做好还地工作。

③ 对所有参与施工的职员进行加强保护自然资源的教育。

（8）现有公用设施的保护。

① 施工过程中，若碰到农田水利设施、地下管线等一切公用设施与构造物，要采取一切恰当措施加以保护。

② 对于靠近公用设施的作业，开挖前要通知有关部门，并邀请有关部门代表在施工时到场，并将上述通知和邀请的副本提交监理工程师备案。

4 结 论

公路工程必然要对环境产生负面影响，而环境保护工作越来越受到重视，因此在公路施工中加强环保工作势在必行。公路施工环保工作要从源头抓起，首先要有环保观念，在公路设计阶段就应重视环保措施，并在公路工程开工前制定一套完整的环保制度，为公路施工环保工作提供制度上的保障。在公路施工中要切实执行环保措施和制度，将环保落到实处，将公路施工对环境的负面影响降低到最低限度。

参考文献

[1] 张跃峰. 公路工程环境保护措施研究. 交通世界，2007(15)：16-25.

[2] 何林，魏援. 公路环境保护与环境影响评价. 青海交通科技，2007(6)：158-241.

[3] 彭淑清，钟坚勇. 公路建设与环境保护探讨. 华东公路，2008(6)：56-88.

[4] 郭发忠. 公路工程设计中环境保护的实践. 重庆交通学院学报，2004，23(5)：103-141.

[5] 刘纯青，李峰，龙春英. 高速公路路堑边坡景观营建艺术模式初探. 安徽农业科学，2005(12).

[6] 赵建强. 公路交通与环境保护. 北京：人民交通出版社，2009：33-65.

[7] 刘书套. 高速公路环境保护与绿化. 北京：人民交通出版社，2001.

[8] 陈钢. 公路生态环境建设探讨. 山西建筑，2008(4)：344-345.

运输企业的节能技术管理

张俊俊

（镇江市运输管理处 镇江 212001）

摘 要 在全球资源越发紧张的背景下,能源问题已经成为全球最关注的问题之一。作为耗能大户的道路运输业,有必要更有义务做好节能技术管理工作。本文从道路条件及交通环境、车辆选型及配置、车辆技术状况、车辆使用情况、企业经济管理等方面入手,分析其影响效果及技术管理体现作用,最终达到运输企业的节能目的。

关键词 运输企业 节能 效果影响 技术管理

1 能源概况及节能概念

能源是整个社会生产活动赖以进行的物质基础,同时也是一种稀有资源。随着石油资源的日益减少,能源稀缺已经是一个全球关注并持续升温的重大热点问题。道路运输行业恰恰是耗能大户,据有关资料研究,我国 5.5％的营运车辆所耗的能源占整个社会车辆能源消耗量的 30％以上,占整个交通运输能源消耗量的 50％以上。为此,《国民经济和社会发展第十一个五年规划纲要》已经提出了"十一五"期间单位国内生产总值(GDP)能耗降低 20％左右的约束性指标。为实现国家的节能指标,交通部也要求"十一五"期间,营运车辆、船舶百吨公里能耗下降 20％。要实现这样的一个总体目标,光靠政府部门喊口号、立标语是没有用的。为了很好地解决广大运输企业的节能问题,应从各方面入手寻求有效的解决途径,充分发挥技术管理的作用,从而推动企业的节能效应,实现能源的节约。本文就以客运企业为例,简单阐述运输企业节能技术管理。

节能就是指在满足同样的生产需要或达到相同的生产成果时,使能源的消耗减少,其减少的量就是节能量。因此,节能完全是一个相对意义上的概念,所谓节能量也只能用某一个基准进行比较之后才能确定。节能的本质在于提高单位能耗的效果,或提高能耗的使用效率。对于运输企业而言,节能就是以最小的前期资金投入和后期燃料消耗来换取最大的经济回报和社会效应。

2 影响企业能耗的因素

影响企业能耗的因素是多元的,可以简单地总结为以下几方面:道路条件及交通环境、车辆选型及配置、车辆技术状况、驾驶技术水平、企业经济管理等。

（1）道路条件及交通环境。

道路条件是指道路的技术等级、质量、路况、线路、线形等,交通环境是指道路所在的地理环境。一般而言,道路条件和交通环境越好,车辆的节能水平就越高。从道路企业角度而言,这一因素只能作为一种客观的外部因素来对待,这方面的节能也只能适应环境的变化。

(2)车辆选型及配置。

① 车辆选型。

新购车辆的初始综合技术性能将会对车辆运行成本产生很大的影响,应按照车辆的营运用途合理进行技术配置,选择高能低耗的车辆会使车辆营运的效益最大化,成本最小化,反之,因燃油消耗成本比重的上升,将对经济效益产生负面影响。因此,在选购新车时应首先根据经营线路的旅客流量、运力结构、道路状况等科学合理选择车型,使客座率得到最有效发挥;在客源充足的线路要投放安全、高效、节能、环保的大型高级客车,在班次频繁、客源不很充足的县际以上中长途线路应选择安全、节能、环保的中型高、中级客车,区乡短途线路则可选择安全、节能、环保的小型中级、普通级客车;对已确定车辆的座位数、档次级别的前提下应选择车身最短的车型,如需要选购一台30座高级别中型客车,应选择能达到高一级标准的 7 m 客车系列,而不是 8 m 客车系列,这样车辆的整备质量会低些,油耗也就低一些。

② 车辆配置。

关于车辆配置方面,应切实对车辆的用途、运行环境、经常使用的工况进行综合考虑,不盲目追求高配置。例如,从事长途运行的车辆,其经济车速应高,底盘应低,车身的流线型要好;短途运行的车辆,其经济车速要相应降低。高原地区由于海拔高,空气稀薄,汽车发动机应有增压装置;山区由于道路崎岖、坡度大,车辆行驶速度低,经常换挡、制动,根据这些行驶环境的特点,在车辆配置上应该注意选择发动机功率稍大,有足够的储备功率和较大的扭矩,经济车速较低,并配有耐磨、稳定性好、散热好的轮胎的车辆。

这里要特别提及选配发动机的问题。选配发动机时要充分考虑发动机的万有特性,但客车的最佳动力性和最佳燃油经济性会因班线不同而无法重合,所以要根据路况对发动机性能与变速箱、减速器传动比匹配进行评估。

一般来说,应尽量选择最大扭矩较大、最大扭矩点转速低的发动机,这样可以提高客车适应范围,减少换挡频率,增加变速箱的挡距,减少驾驶员的劳动强度。就变速箱来说,挡位越多,动力匹配点更充分,就会越节油。需要注意的是,大动力发动机在高速行驶时会节油,中低速行驶时发挥不了发动机的性能。小动力发动机用于中低速行驶相对节油,用于高速行驶时,发动机处于满负荷或超负荷工作,费油严重。减速器的减速比也是不能忽视的参数,平原高速公路、山区道路、市内公交需选用不同的比值。

选型合理的车辆,在实际营运中将提高车辆的实载率,减少单位运输量的燃料消耗和排气污染,降低车辆维修频率,减少维修费用,经济效益较好。

(3)车辆技术状况。

车辆技术状况即车辆在使用过程中的技术性能完好情况,它对日常生产中的油耗有着很大的影响。由于车辆的技术状况与车辆维护有着直接的关系,从节能的角度看,车辆技术维护的好坏是影响能耗最直接的因素。因此,定期对车辆进行预防保养,提高整车技术性能也是节能重要措施。在日常生产活动中,运输企业的机务部门务必要做好车辆的例行保养,包括:① 经常清洁空气滤清器,保证进入发动机气缸内的空气清洁、充足,可减少气缸与活塞、活塞组件、气门组件的磨损,并使燃油完全燃烧。② 保持水箱及空调系统清洁,经常用高压空气冲吹水箱、空调冷凝器、过滤网,视情况更换冷却水或防冻液,保证冷却系统循环畅通、空调管道畅通,保持发动机正常工作温度。③ 经常检查、调整发动机皮带的松紧度,保证水泵、机油泵、空气压缩机、空调机及发电机工作的正常运转,可减少因皮带打滑产生阻力而消耗功率。④ 按各车型发动机维护要求定期更换机、柴油滤清器芯及机油,并视情况进行发动机总成维修,使发动机具备良好的工作状况。⑤ 按标准量添加规定型号的机油、齿轮油,减少负荷及润滑油搅动、摩擦阻力。⑥ 调整好离合器、变速器、主减速器、传动轴间隙,可减少传动系统的功率损失。⑦ 轮毂轴承间隙、刹车片间隙调整不当会影响制动距离及滑行状况、增加功率消耗。⑧ 保持正常轮胎气压,轮胎气压过低会加大与地面的接触面积,增大摩擦阻力,多消耗功率,加快轮胎磨损;轮胎气压过高会对车辆行驶造成隐患,易发生爆胎事故。因此,需经常检查并及时调整轮胎气压,使轮胎随时保持标准的气压值。

(4) 驾驶技术水平

驾驶操作技术是继车辆技术状况之后非常重要的能耗影响因素。驾驶技术包括汽车发动机不同温度下的起动技术、起步加速技术、换挡操作技术、车速选择技术、行车温度控制技术和车辆滑行技术等。驾驶员的操作技术水平越高,节油效果就明显。

① 发动机的启动技术。

油路、电路、怠速、点火提前角的正确调整及发动机预热是发动机顺利启动的前提。常温启动发动机时要完全关闭阻风门,轻踏加速踏板,尽量一次启动成功。冬季室外停放的车辆在冷启动前,应注意发动机的充分预热,根据温度情况轻踏几次加速踏板即可启动发动机。汽车在行驶过程中,经常遇到停车熄火后重新启动的情况,此时发动机的温度比较高,启动时应轻踏加速踏板,然后迅速转入怠速运转。

② 起步加速技术。

试验表明,当发动机水温上升到 40℃ 以上时,起步具有较好的节油效果。机体温度低时,燃料雾化不良,燃烧不完全,加之机油粘度大,磨损损失功率增加,因而费油;满载车在良好路面上起步时使用二挡。阻力较大时或拖带挂车及半挂车时用一挡起步;汽车坡道起步时,加速踏板、离合器、驻车制动器的操作配合应协调,不使车辆倒退、熄火,达到平稳的顺利起步。

③ 换挡操作技术。

汽车在良好路面上行驶时,在一定的行驶范围内既可使用次高挡也可用最高挡,但用最高挡时较节约燃料。这是因为最高挡时发动机的负荷利用率较高,且有效比油耗较低。为了节约燃料,在节气门开度不超过 90% 的条件下,应尽可能使用最高挡。

汽车上坡时应及时减挡。减挡过早,不能充分利用汽车惯性爬坡;减挡过晚,车速降低过多,常需要多换一次挡,增加油耗。

④ 车速选择技术。

汽车满载在良好路面上行驶时,存在一个经济车速(使等速燃料消耗量最小的车速)。车速高于或低于经济车速,油耗均会上升。不同车型的经济车速和范围一般都可通过试验得到,驾驶员在日常的驾驶过程中应充分注意经济车速的变化。在良好路面上行驶时应尽可能保持经济车速行驶,一般为车辆的中速。

⑤ 行车温度控制技术。

汽车行车温度包括冷却液温度、机油温度、发动机罩内气温、变速器和驱动桥齿轮温度等。水温过低时燃料不易雾化,各缸进气不均,燃烧室壁散热损失增加,燃烧速度下降,造成发动机和转矩下降,油耗增加;水温过高时会使机体过热,充气量下降,容易出现爆燃、早燃等异常现象,供油系统容易发生气阻,这些都会造成功率下降,油耗增加;正常的冷却液温度有利于燃料雾化和混合气分配均匀,使发动机有良好的燃料经济性和动力性,并保证机油粘度和润滑能力,减少发动机磨损。

⑥ 车辆滑行技术。

当汽车行驶中前方遇窄道、修路施工、车辆抛锚、会车等预见性停车时,预先将变速器置空挡,进行减速滑行,这样可以达到节约燃料和保证安全的目的;当汽车在道路宽直、无视线遮挡、行人和车辆稀少的条件下,采用以高挡加速至较高车速后,空挡滑行至较低的车速,然后再挂高速挡加速,进行加速滑行。试验表明,在平均车速相同的情况下,采用最佳的加速滑行在满载时节油 14％左右,在空载时节油 22％左右。

(5)企业经济管理。

以上论述的这些因素都是在充分发挥运输企业主观能动性的基础上进行的技术管理,那么作为企业本身,经济管理的杠杆作用也是必不可少的。

① 制定合理的奖惩考核办法。

运输企业的车辆都应有一套完整的机务消耗奖惩考核制度,把驾驶员的油耗、轮胎消耗、材料消耗与收入挂钩,做到同奖同罚。例如将营运车辆的油耗、修理费用纳入节能管理考核之中,采取定额消耗、节奖励、超自负的考核办法,充分调动各岗位人员的节能积极性。

② 不断修正经济指标,提高节油水平。

一般企业的油耗定额指标应随着车辆的更新、线路的变化而改变。油耗定额不能定得太低或太高,要根据在原定额基础上降低或提高一定百分比的方法进行适当调整,同时又充分考虑夏冬冷暖空调和实载率(营收)的因素,使基层单位在确定每辆车的单车定额油耗时有一定的自主调节权。

3　结束语

节能工作任重而道远,需要从运输企业的每一级做起。从领导层到普通员工都要牢固树立节能的思想,从基础工作做起,从点滴事情抓起,加大节能工作宣传力度和实施步骤,深挖节能降耗潜力,增加科技投入,应用科技手段,从管理上增效益,从技术上实现节能。为了使企业自身获得更多的经济效益,也为了建设节约型交通,每一个人都应该作出自己应有的贡献。

图书在版编目(CIP)数据

镇江公路交通科技论文选萃/江苏省镇江市公路学
会编.—镇江：江苏大学出版社,2011.4
ISBN 978-7-81130-214-1

Ⅰ.①镇… Ⅱ.①江… Ⅲ.①公路运输—科学技术—
文集 Ⅳ.①U4—53

中国版本图书馆 CIP 数据核字(2011)第 053224 号

镇江公路交通科技论文选萃

编　　者/江苏省镇江市公路学会
责任编辑/段学庆
出版发行/江苏大学出版社
地　　址/江苏省镇江市梦溪园巷 30 号(邮编：212003)
电　　话/0511-84440890
传　　真/0511-84446464
排　　版/镇江文苑制版印刷有限责任公司
印　　刷/丹阳市兴华印刷厂
经　　销/江苏省新华书店
开　　本/787 mm×1 092 mm　1/16
印　　张/21.75
字　　数/529 千字
版　　次/2011 年 4 月第 1 版　2011 年 4 月第 1 次印刷
书　　号/ISBN 978-7-81130-214-1
定　　价/54.00 元

如有印装质量问题请与本社发行部联系(电话：0511—84440882)